检察理念与实务研究集萃

JIANCHA LINIAN YU SHIWU YANJIU JICUI

张铁英 主编

中国检察出版社

序

这本《检察理念与实务研究集萃》集结了二分院近几年来的调研精品，读来感觉很有启发，掩卷思来还有意犹未尽之感。它凝结着二分院检察人员在认真履行检察职能过程中创新思维、深刻思考的智慧，笔耕不辍、矢志检察的情怀。在本书即将付梓之际，特向全院检察人员致以衷心的祝贺和崇高的敬意！

我常说，检察官是文官，"文"在有广博的文化知识、深厚的法学理论基础、深邃的思辨剖析能力和过硬的写作表达能力。它要求每一名检察人员要把学习研究作为工作中的常态、伴随一生的生活方式，把工作过程作为学习思考、研究写作的过程；把学习研究过程作为有效履行法律监督职能的过程。我认为，"两个过程"的完美结合就是学以致用、理论联系实际的过程，就是完成以检察实践检验检察理念、法律规则等真理标准的过程。当前，社会矛盾凸显，但人民群众对公平正义的期待更加强烈；法治愈加完备，法律监督的难点盲点愈加不可小觑。这都需要我们检察人员能够静下心来，潜心学习研究党的路线方针政策、中国特色社会主义理论，分析把握我国社会主义初级阶段基本国情，体察人民群众甘苦冷暖，紧紧围绕党和国家工作大局，精心谋划检察工作发展新思路新举措。认真对照案情与所要适用的法律法规，对那些过于抽象、原则，特别是内涵或外延不确定或不清晰的适法问题，准确恰当合理地完成执法办案中的释法应用工作。使办理的每一起案件都能坚持摒除"就案办案、机械执法"等惯性思维和陈旧执法方式，切实实现法律效果和政治效果、社会效果的有机统一。显然，这是学习研究与检察实践有机结合的通常范例。可以说，学习研究是创新开展检察工作、高质高效办理案件的一大法宝，也是其实现的一个重要途径和方式。

多年从事司法工作的经历使我养成一个比较好的习惯，就是"干什么琢磨什么"，尽最大努力把自己要干的事情弄明白。比如几年来一直在"耿耿于怀"地不断思索"检察"和"监督"两个检察学中最基本的概念，经反复思考我悟出一些对加强法律监督颇为有用的道理。我的理解是检察之所以区别于检查，在于检察主体和客体的国家性，更含有"仔细看、认真查、详细审、深追究"的更高规范性要求。至于监督，我的理解是"监"是看、"督"是办，"监"是前提条件，"督"是必备手段。由此引发了我对检察理论和实践一些焦点问题的进一步关注和思考，比如我国检察权的定位及职权配置，检察规律、司法规律及其区别，以及检察体制和工作机制改革等问题。学习研究这些问题，对提升全体检察人员的法律监督理念、能力和水平，更好地科学推动检察工作，自觉增强中国检察制度的理论自信、制度自信和道路自信都大有裨益。

我认为，自觉增强检察职业自信是履行好检察职权，完成好敢于监督、善于监督、依法监督、规范监督检察使命的重要前提，而这一前提源于对检察职业的理论认同。一直以来，对检察制度的质疑声音始终不绝于耳，客观上给一些检察人员造成认知迷茫，给履行法律监督职能造成行为掣肘。正确解决这一命题，需要全体检察人员从检察实践到检察理论，从感性到理性作全方位的学习研究和实践探索。确立对检察制度正当性、合理性的认知，全面把握并遵循检察规律和法律监督规律，创新法律监督方式方法，改革检察体制机制，等等。这一切都需要我们全体检察人员把学习研究作为伴随检察职业终身的活动，把"两个过程"的完美结合作为职业生涯最基本的工作方式。

衷心希望二分院全体检察人员再接再厉，继续保持良好的学习研究状态，用更多更好的理论调研成果展示自身能力，推动检察工作不断迈上新台阶，再创新水平。为天津实现科学发展、率先发展、和谐发展作出更大的贡献！

是为序。

于世平

2013 年 3 月 25 日

目　录

课题集萃

名刊采撷

奖杯熠熠

决策关注

检徽生彩

课 题 集 萃

　　课题制是发挥集体智慧攻克重大科研项目的有效组织形式，也是高检院、市院倡导大力提升检察调研水平的重要方式。本单元集中展示了二分院党组在《天津日报》、《天津政法》发表的理论调研文章以及课题组近年多次成功申报并完成的重大课题成果及其在国家核心期刊发表的情况，集中展现了二分院检察人理论调研的整体素养和实力。

强化法律监督意识，
扎实做好"三项重点"工作*

天津市人民检察院第二分院党组理论学习中心组

　　在庆祝中国共产党成立 90 周年大会上，胡锦涛总书记从党和国家生死存亡的高度深刻地指出，当前，我们党面临着"四个考验"，存在着"四个危险"，强调要把党建设好，必须做到"五个必须"。这一概述，不仅高屋建瓴，而且发人深省。"四个考验"是摆在我们党面前回避不了，绕不过去的现实问题，不承认或不能正确面对这"四个考验"，在实践中就会陷入主观唯心主义的泥潭；"四个危险"反映了我们队伍中的一些突出问题，解决不好事关党的生死存亡；"五个必须"则是正视"四个考验"，化解"四个危险"，实现社会公平正义的必由之路。作为承担法律监督职能的检察机关，如何面对这"四大考验"以及在"四大考验"面前如何强化法律监督，维护社会公平正义，是值得检察机关每位干部特别是领导干部深思的问题。4 年前，中央提出了以"深化社会矛盾化解、社会管理创新、公正廉洁执法"为核心内容的政法工作切入点。在刚刚结束的全国政法工作会议上，周永康同志再次强调了各级政法机关，尤其是基层政法机关在做好"三项重点工作"中的地位和作用，他指出："政法工作的活力源泉在基层，主要的执法活动在基层，工作的重点难点也在基层。没有强有力的基层基础工作，再好的思路、政策、措施也难以落到实处，惠及城乡群众。"几年来，天津市人民检察院第二分院充分发挥分、州、市院检察机关承上启下的枢纽作用，结合天津市经济社会发展，特别是滨海新区经济社会发展实际，针对各项法律法规的实施，强化法律监督意识，在诉讼活动监督、查办大案要案、接待人民群众来信来访等各项检察工作中积累了许多成功经验。总书记的"七一"讲话和周永康同志在全国政法工作会议上的讲话，为基层检察机关探索落实"三项重点工作"的实现途径，

---

　　* 本文发表于《天津日报》2012 年 1 月 30 日。

提供了新视角、新方向、新思路。

一、"四大考验"进一步警示了社会管理创新的必要性

随着改革开放逐步深化，计划经济体制与思维方式和市场经济体制与思维方式的矛盾日渐凸显，改革进入深水区，矛盾处于突发期，国际环境呈现多变性。面对国际国内、政治经济、内政外交等复杂多样的形势，社会管理方式方法上的滞后性也暴露出来，许多计划经济体制下的管理模式、思维方式与新的形势发生冲突在所难免，社会管理模式和管理制度的创新已成为摆在各级政府和机关面前的当务之急，迫在眉睫，这既是挑战，又是机遇，总书记在"七一"讲话中提出执政、改革开放、市场经济、外部环境"四个方面"的考验进一步警示了社会管理创新的紧迫性。因此，周永康同志在全国政法会议上的讲话中强调："各级政法机关要增强政治意识、大局意识、忧患意识、责任意识，进一步提高维护国家安全和社会政治稳定的能力和水平。"

探索一条廉洁、高效、干净、彻底的检察权运行机制和渠道，是检察机关在社会管理创新上的集中体现，也是站在检察机关角度应对"四大考验"的最好行动。作为分院检察机关的领导干部，要善于从实际出发，遵循客观规律，研究新问题，正视新矛盾，敢于迎接新情况、新问题的挑战，沉下身子，关注社会民生，在社会管理创新方面，站在宪法和法律的高度，围绕忠诚的政治本色、为民的宗旨理念、公正的价值追求、廉洁的基本操守做文章，探索检察权的合理设置和正确实施，充分发挥检察机关的法律监督权，确保检察权的正确实施，确保对侦查审判活动的有效监督，确保国家和人民利益不受非法侵蚀，确保检察权为民所用，为党所行，将党和人民的利益放在至高无上的地位，避免因不能很好地履行检察职能而导致的"检察权休眠"状态发生。

30多年改革开放的实践证明，我们不是没有制度，也不是制度不好，而是现有的好制度没能发挥应有的作用，许多干部在其位不谋其政，甚至乱谋其政，他们对人民群众的疾苦视而不见，对人民群众的诉求无动于衷，对人民群众的利益漠不关心，对党的方针政策及各项制度置若罔闻，导致许多制度处于休眠半休眠状态，检察权的行使就是要探求一条激活机制运转的渠道，真正地发挥社会啄木鸟的作用，为社会良性运转提供法律保障。

近几年来，从中央到地方各级检察机关在检察权的设置及法律监督的实现方式等方面做了大量的研究，一系列行之有效的法律监督制度相继出台，不仅提高了检察监督的权威性，也有效地抑制了一些案件多发部门的违法违纪问题。在法律监督方面，2011年3月最高人民法院、最高人民检察院联合会签的《关于对民事审判活动与行政诉讼实行法律监督的若干意见（试行）的通

知》和《关于在部分地方开展民事执行活动法律监督试点工作的通知》，完善了检察机关对民事审判、行政诉讼监督、民事执行活动监督的范围和程序，对于保障民事行政审判和执行活动的公平正义必将发挥重大作用；2010 年最高人民法院、最高人民检察院、公安部、国家安全部、司法部联合下发的《关于对司法工作人员在诉讼活动中的渎职行为加强法律监督的若干规定（试行）》以及检察长列席同级人民法院审委会制度的实行，有效地防止了定罪量刑等司法权力滥觞。在内部监督方面，为了有效地遏制因检察机关自侦案件中侦、捕、诉一体产生的问题，制定了自侦案件批捕权上提一级的制度，强化了上级检察机关对下级检察机关的领导和监督制约。几年来，二分院党组从辖区经济社会现实出发，围绕滨海新区建设，深入开展调研工作，以案件质量考核评估和绩效考核工作为切入点，在侦查监督、公诉、民行检察、监所检察等诉讼监督工作，在反贪污贿赂、反渎职侵权等自侦工作以及控告申诉等检察工作中，通过"走进社区、走进企业、走进村镇、走进学校"的四走进活动，了解民情社意，增强检察工作的主动性，提高检察工作的针对性，不折不扣地将党和国家的各项新制度、新措施落在实处。

周永康同志指出"加强基层基础建设的关键，是把基层政法各单位领导班子建设好"。几年来，二分院党组一班人，把强化班子建设作为重中之重，强化班子成员的政治与业务学习，增强政治意识、大局意识、责任意识、法律意识、廉政意识，坚持党组理论中心组学习制度，强化检委会议事议案制度，营造了积极向上、风清气正的工作氛围。

这些内外制度的改革、创新和落实，对于应对现实考验、化解社会矛盾起到了积极的促进作用。

二、"四个危险"进一步告诫了化解社会矛盾的严峻性

内政外交、政治军事、民权民生等社会矛盾是不以人的意志为转移的客观存在，这是任何一个国家、任何一个执政党都会遇到的治国理政的实际问题，在我们这里为什么会成为"四个考验"呢？就是因为这些年来我们的党员干部队伍中出现了"四个危险"信号，这"四个危险"信号已经成为事关党和国家生死存亡的重要问题。因此，总书记在"七一"讲话中提出"四个危险"进一步告诫各级领导干部化解社会矛盾的紧迫性。

总书记在讲话中指出，在我们的党员干部队伍中存在着精神懈怠的危险、能力不足的危险、脱离群众的危险、消极腐败的危险。正是由于这些危险，社会矛盾集中多发；正是由于这种危险，个别干部面对矛盾束手无策，甚至火上浇油；正是由于这种危险，干群关系、党群关系高度紧张。这一警示，振聋发

聩，既反映了我们队伍中的一些消极腐败现象已经到了触目惊心、影响党和国家稳定的地步，也显示了我们党勇于进取，敢于面对缺点、消除腐败的决心和气魄。

"四个考验"，集中地体现了当前社会矛盾的存在状态，正如周永康同志指出的："随着我国综合国力不断增强、国际影响力不断上升，我国发展的内外关联度越来越高，受国际政治经济因素影响的程度越来越深，在国际上碰到的矛盾越来越复杂，外部压力明显增大。同时，国内影响社会和谐稳定的因素明显增多，特别是国内问题与国际问题相互关联，既有矛盾和新的矛盾相互交织，现实社会与虚拟社会相互影响，政法工作面临一系列新挑战。"在个别地区和部门，由于个别领导干部的腐化堕落，脱离群众，侵蚀群众利益，导致党群关系、干群关系十分紧张，甚至个别领导干部的这些问题已经成为引发社会矛盾的导火索，党和政府的威信受到前所未有的挑战。对此，作为领导干部要站在一种全新的角度，进行多方位、多视角的思考。不能用头痛医头、脚痛医脚的简单方式方法处理复杂问题，要透过现象看本质，要善于逆向思维，要善于从制度角度探讨影响社会稳定的深层次原因。

检察机关承担着法律监督的神圣职责，在化解社会矛盾工作中起着重要作用。检察机关的各项检察业务都与人民群众的利益息息相关，与社会公平正义的价值取向紧密相连。控告申诉检察、民事行政检察等业务直接面对的是人民群众的诉求，刑事检察、自侦业务等部门通过打击犯罪、保护国家和人民利益，被人民群众广为关注。

检察机关的业务不同于法院。法院是坐堂判案，其工作性质具有"被动性"的特点，即不告不理。检察机关的工作基本上处于主动的位置，虽然有个别业务部门的部分工作环节具有被动性的特点，如控申、刑检、民行等部门受理案件环节是被动的，但受理案件之后其工作性质又变被动为主动，办案人不仅要调查取证，还要对审判活动进行审查监督。职务犯罪侦查主要是主动性的业务，侦查人员对每一个犯罪嫌疑人的侦查都要付出极大的辛苦和智慧，办案结果都会受到社会的关注和评价。不管是被动地等待还是主动地出击，检察工作面对的都是社会矛盾突发点，而且检察机关的业务均处于上位的监督位置和社会正义的代表位置，因此在化解社会矛盾的工作中检察人员往往被推到社会矛盾的最前面。据统计，全市检察机关每年都要受理人民群众来信来访案件5000 至 6000 件，受理民事行政检察案件 1000 件以上，查办职务犯罪案件 300 件以上，审查批捕案件 10000 件以上，审查起诉案件 15000 件以上。分院是这些工作任务的主要承担者，一些大案要案、影响较大的案件基本上都集中在分院一级。这些案件涉及社会各层级、各方面，交织着各种矛盾，体现着各种诉求，牵动着千家万户。如果我们不作为或者乱作为，其后果将是不可想象的。因此，分院检察机关的领导干部，要不断强化自身的理论和业务学习，提高法律监督能力和水平，正视社会各层级、各行业人民群众的诉求，捍卫宪法和法律，确保法律的正确行使。要做矛盾的化解者，不能做矛盾的制造者；要做人民群众的贴心人，不能成为人民群众的死对头；要成为党和人民利益的捍卫者，不能成为人民利益的掠夺者；要以高昂的精神状态、廉洁高效的工作作风投入到化解社会矛盾的工作中去。

三、牢记"五个必须"阐明了促进执法公正的根本途径

承认执政能力的不足，正视精神懈怠、脱离群众、消极腐败的现象侵害我党的肌体，正是我们党自信和强大的表现，也是我们走出危险迎接考验的思想前提。为此，胡锦涛总书记在讲话中指出，要把党建设好，必须做到五个必须：一是必须坚持解放思想、实事求是、与时俱进，大力推进马克思主义中国化、时代化、大众化；二是必须坚持德才兼备、以德为先的用人标准，任人唯贤，把各方面优秀人才集聚到党和国家事业中来；三是必须坚持以人为本，执政为民理念，牢固树立群众观点，自觉贯彻党的群众路线，始终保持党同人民群众的血肉联系；四是必须坚持标本兼治、综合治理、惩防并举、注重预防的方针，深入开展党风廉政建设和反腐败斗争，始终保持党的先进性和纯洁性；五是必须坚持用制度管权管事管人，健全民主集中制，不断推进党的建设制度化、规范化、程序化。

胡总书记的"五个必须"囊括了党的思想路线、组织路线、群众路线、党风建设和制度建设五个方面的问题，这五个方面的问题，过去是，将来仍然是我们党战胜一切敌人、克服一切困难的法宝。依法治国、促进公正执法必须以"五个必须"为指导。

（一）一切从实际出发、实事求是的思想路线是实现社会公正的出发点

促进公正执法，核心内容就是实现社会公平正义。公平正义是人类孜孜以求的价值目标，正如约翰·努尔斯在他的《正义论》中指出："正义是社会制度的首要价值。"人类追求公平正义是因为社会现实中有许多违背公平正义的事件和行为，因此，实现公平正义的理想与消除违背公平正义的现实是同步的。而消除违背公平正义的现实必须了解产生这些社会不公现象的前因后果。"不登高山，不知天之高也；不临深渊，不知地之厚也"，不把握社会不公产生的根源和基础，就不能铲除社会不公。因此，从这个意义上讲，一切从实际出发、实事求是的思想路线是我党实现社会公平公正的出发点。

（二）正确的用人导向和用人方针是实现社会公平正义的组织保障

"非成业难，得贤难；非得贤难，用之难；非用之难，任之难。"自古选贤任能的明君贤士数不胜数，但无论是慧眼识英的张子房，还是虚怀若谷的李世民，选贤任能都靠的是其本人的智慧和心胸，一旦其人亡，贤也尽失，以至于出现事业终结的悲壮结局。"得贤则昌，失贤则亡"，这一千古不变的真理再次向我们昭示，正确的用人导向和用人方针是实现社会公平正义的组织保障。中国共产党人总结了古往今来人才兴衰与事业兴亡的经验教训，不仅在社会管理上确立了依法治国的宏图大略，在人才选任这一核心问题上，也提出了用制度选人的大政方针。

"徒法不足以自行"，社会公正要靠具有公平正义理想和追求的政党及队伍来实现。正如毛泽东同志指出的，政治路线确定后，干部就是决定因素。因此，总书记在讲话中大篇幅地就我党的干部路线进行了阐述，强调必须坚持德才兼备、以德为先的用人标准，任人唯贤，把各方面优秀人才集聚到党和国家事业中来。这一论述，意义深远，事关全局。选准用好干部，不仅关系到党的事业的兴衰成败，也直接决定着社会公平正义理想的实现。

（三）以人为本、执政为民的工作理念是实现社会公平正义的精髓

群众路线是我党的生命线，其实质就是一切为了人民。古人云："举事以人为者，众助之；举事以自为者，众去之。"因此，只有为了人民，才能依靠人民；只有为了人民，人民才会信赖你；只有为了人民，人民才会支持你。离开人民群众的信赖和支持，我们的事业就是无源之水，无本之木，就会枯竭乃至消亡。战争年代，我党依靠人民群众，推翻了"三座大山"；新中国成立后，我党依靠群众战胜了各种社会及自然的灾难，顺利地完成了由革命党向执政党的转变。作为执政党，必须要实现对人民的承诺，要反哺于人民。几年前胡锦涛同志提出"情为民所系，权为民所用，利为民所谋"的以人为本、执政为民的执政新理念，就是告诫全党，我们党执政的目的不仅是让人民享受丰衣足食的物质生活，还要实现精神层面的自由平等和公平正义。因此，实现社会公平正义必须坚持以人为本、执政为民的理念，这是实现社会公平正义的精髓。

（四）标本兼治、综合治理、惩防并举、注重预防是实现社会公平正义的重要措施

实现公平正义，促进执法公正，必须遏制社会不公、精神懈怠等一系列消极腐败的社会问题，而这些导致社会不公的消极腐败问题涉及政治、经济、文化、道德、传统与当代、国际与国内等方方面面的因素，靠头痛医头、脚痛医脚的治理方式，只能治标不能治本，必须建立一套标本兼治、综合治理、惩防

并举、注重预防的系统机制，才能从根本上遏制产生社会不公的消极腐败问题，才能实现社会和谐，推进司法公正。

（五）用制度管权管事管人，推进党的建设制度化、规范化、程序化是实现社会公平正义的制度保障

延安时期，黄炎培先生与毛泽东同志有过一次著名的窑洞对话，黄炎培先生说："其兴也勃焉，其亡也忽焉，古往今来，一人，一家，乃至一国，都没能跳出这个周期率。"毛泽东同志说："我们找到了摆脱这个周期率的途径，这就是民主。"民主就是一种制度，我们党带领中国人民推翻"三座大山"，追求的就是建立一种以民主制度为核心的，公平公正的社会制度。多少年来，在民主制度建设的道路上我们走过弯路，出现过失误，但建设社会主义民主国家，为人民提供公平公正的社会环境的努力从未停止。

管理好中国这样一个大国，没有共产党是不可想象的，管理好一个八千万党员的大党没有科学而严格的管理制度也是不可能的。因此，在"七一"讲话中，胡总书记提出"必须坚持用制度管权管事管人，健全民主集中制，不断推进党的建设制度化、规范化、程序化"，强调完善党的各项制度，实现党建工作制度化、规范化、程序化是建设社会主义民主，实现公平公正的根本所在、治本之路。

总之，胡总书记在"七一"讲话中提到的我们面临的"四个考验"，存在的"四个危险"和克服危险、迎接考验的"五个必须"，是全党在新形势下探索社会管理创新、化解社会矛盾、推进司法公正的行动指南，也是检察工作强化法律监督、维护公平正义的方向标。在今后的检察工作中，我们将以忠诚、为民、公正、廉洁的政法干警核心价值观教育实践活动为载体，深入贯彻十七届六中全会和胡锦涛同志"七一"重要讲话精神，深化社会主义法治理念教育，全面加强我院干警的政治思想、业务能力、纪律作风、检察文化建设，为迎接十八大的胜利召开努力工作。

践行三项重点工作，
为法治天津建设尽职尽责[*]

天津市人民检察院第二分院党组理论学习中心组

　　"社会矛盾化解、社会管理创新、公正廉洁执法"三项重点工作是邓小平中国特色社会主义理论的延伸和发展，是科学发展观的具体体现，是唯物史观在新时期的具体应用。几年来，各级党政机关、各部门、各行业在各自领域就如何做好"三项重点工作"进行了积极探索，积累了许多经验。作为肩负法律监督职能的检察机关，正确把握和认识"三项重点工作"的逻辑体系，在社会主义社会法治体系中准确定位，对于正确履行法律监督职能，依法行使检察权，投身法治天津建设，为贯彻市第十次党代会确立的"一二三四五六"发展目标和工作思路提供法治保障，具有十分重要的理论和实践意义。

一、"三项重点工作"的逻辑定位

　　从静态上分析，"社会矛盾化解、社会管理创新、公正廉洁执法"三者是相互独立、各有其客观内容的命题。"社会矛盾化解"是三项重点工作的目的；"公正廉洁执法"是三项重点工作的价值取向和化解社会矛盾的根本途径；"社会管理创新"则是三项重点工作的全局和核心。

　　概念上的独立是理论研究的方法，在客观现实中，孤立的事物是不存在的。同样，"三项重点工作"中的三个基本命题，在社会实践中也是三位一体、相互联系、相互制约、相互促进的逻辑整体，任何一项内容都不能孤立地理解。"化解社会矛盾"必须依靠科学的社会管理模式，即"社会管理创新"来实现，而检验社会管理模式正确与否、先进与否的标准则是能否"公正廉洁执法"。离开"公正廉洁执法"的实践标准孤立谈论"社会管理创新"，无疑会使社会管理创新陷入形式主义的误区，用庸俗的、花架子式的社会管理方

---

　　[*]　本文发表于《天津日报》2012 年 10 月 6 日。

法指导社会实践，不仅不会化解社会矛盾，反而还会激化社会矛盾。客观存在的社会矛盾是社会管理创新的出发点，离开客观存在的矛盾特点和规律，搞"社会管理创新"和"公正廉洁执法"，无异于缘木求鱼、南辕北辙，必然成为理论上的主观主义和实践中的空想主义，对化解社会矛盾也是没有半点益处的。因此，共产党人应该用发展的、变化的、具体的、历史的观点理解和认识这三者之间的逻辑关系，切忌贴标签、两张皮式的形式主义倾向，要在化解矛盾过程中寻求社会管理创新的灵感，要在促进公正廉洁执法的价值尺度内化解社会矛盾，要通过建立科学规范的社会管理制度，促进公正廉洁的执法队伍和执法环境建设，进而达到化解矛盾，实现社会和谐的理想目标。三者的关系处理好了，则对社会进步形成相辅相成、相互制约、相互促进的正效应，否则，就会出现相互冲突、彼此对立、按下葫芦起来瓢的消极负效应。

市第十次党代会提出的奋斗目标和工作思路，是我市广大人民群众在市委、市政府领导之下，多年实践"三项重点工作"的结晶。检察机关在促进天津法治环境建设，保障市委制定的宏伟目标和蓝图实现上担当着不可或缺的历史使命，必须以唯物史观为指导，正确理解和认识"三项重点工作"这一逻辑体系。

二、"三项重点工作"的功能定位

（一）正视和科学认识社会客观矛盾是化解社会矛盾的前提和基础

对立统一规律是唯物辩证法的基本规律，这一客观规律反映在社会历史领域体现为生产力与生产关系，上层建筑与经济基础的矛盾运动。人类社会几千年社会形态的发展与变迁，归根结底是这一矛盾规律的发展与变迁，而在这一组矛盾运行过程中，公民个人之间、团体与团体之间、公民与社会、公民与政府之间的诸多鲜活的利害关系构成诸多具体的矛盾形式，从而促使社会生产力进步，推动社会生产关系和上层建筑的调整和变革，正如恩格斯所说："历史是这样创造的：最终的结果总是从许多单个的意志的相互冲突中产生出来的，而其中每一个意志，又是由于许多特殊的生活条件，才能成为它所成为的那样。这样就有无数相互交错的力量，有无数个力的平行四边形，而由此就产生一个总的结果，即历史事变，这个结果又可以看作一个作为整体的、不自觉地和不自主地起着作用的力量的产物。"总之，"人的本质是一切社会关系的总和"，人是社会历史活动的主体，在人类社会发展的过程中，人与自然、人与社会、人与人之间的矛盾是客观的、不以人的意志为转移的，矛盾贯穿于始终，对矛盾视而不见，或对矛盾采取无限制扩大、无原则缩小的主观主义都不是唯物史观，正视社会存在和社会意识中的矛盾并认识其规律，适应矛盾发展趋势，才是唯物史观的基本要求，才是化解矛盾，应对危机的唯一途径。

中国特色的社会主义改革事业经历了 30 多年的风风雨雨，然而当改革进入深水区时，因新旧体制不协调带来的各种利益冲突必然加剧，出现矛盾是正常的，没有矛盾或者掩饰矛盾都是危险的。随着社会主义市场经济体制逐步完善，社会生活、社会结构也发生着深刻变化，日益复杂多样的人民内部矛盾，各种传统的、新型的社会治安问题以多种方式呈现出来。企业改制、土地征用、房屋拆迁、环保维权、劳资纠纷等各种不和谐因素构成当前社会矛盾触点。而这些社会矛盾触点归根结底都是不同公民、团体、政府之间的利益纠纷，是社会改革过程中，生产方式变革与上层建筑不尽适应的体现，反映了广大人民群众权利意识日益提高与社会公共管理手段和方式相对滞后的矛盾。这些矛盾是客观的不以人的意志为转移的，回避不了，消灭不了，压制不了。对于一个卓越的执政党来讲，矛盾不是危机而是机会，只要善于从复杂多样的矛盾中抓住主要矛盾，因势利导，各种矛盾就能迎刃而解。

发展是硬道理，稳定是大前提，市第十次党代会从天津市社会经济文化状况的实际出发，立足现在，展望未来，制定了"一二三四五六"奋斗目标和发展思路，提出了建设法治天津的宏伟蓝图，也给天津市各级检察机关提出了更高的标准和要求。检察机关是国家法律的监督机关，处于社会矛盾的聚焦点，承担着惩治犯罪、保障人权、维护国家和人民权益的神圣使命，既面对诸多的人民内部矛盾，又面对复杂的敌我矛盾，正视矛盾并正确区分和认识两种不同性质矛盾的特点是检察机关做好"三项重点工作"的前提和基础。即将实施的新刑事诉讼法是继 1996 年刑事诉讼法颁布后最大的一次修改，修改内容涉及 110 条，不仅将人权保障理念写入总则，而且从当前诸多矛盾焦点出发，立足于化解矛盾功能，完善了证据制度、强制措施、辩护制度、侦查措施、审判程序和执行程序，增设了未成年人刑事案件程序、特定案件的和解程序、没收程序和强制医疗程序等。列入新内容的直接目的是实现犯罪控制与人权保障的统一，是目前做好矛盾化解和转化的法律依据。因此，对于检察机关各部门而言，贯彻新刑事诉讼法，首先面对的不是法律专业新知识的考量，而是全新的执法思想和执法观念的考量。为此，检察机关各部门必须及时掌握新刑事诉讼法的理念和具体内容，以高超的法律技巧，按照市第十次党代会的精神，结合辖区法治建设实际，要率先在执法观念上有一个新的变化，要善于在对抗性、非对抗性矛盾交叉的案件中，抓住主要矛盾，做好检察工作，达到惩治犯罪、保障人权、化解矛盾的多重目的，努力做使矛盾向好的方向转化的工作。侦查监督、公诉、二审、自侦等检察业务部门，面对的各种矛盾都是对抗性因素与非对抗性因素的合体，如何降低对抗性因素，扩大非对抗性因素则成为执法人员面临的重大考验。这个工作做好了，就是检察机关践行市第十次党代会精神的最好法治保障。

（二）构建公正执法的制度和环境是化解社会矛盾的根本途径

在"三项重点工作"这一逻辑体系中，公正廉洁执法不仅是当代法律价值的基本取向，也是社会文明程度的试金石。法律价值的客观根据和评价标准是由社会生产方式所决定的权利度量和自由度量，历史上的每一种生产方式都有与之相适应的权利度量和自由度量界限，正是这种权利和自由度量界限，决定了正义、秩序、公平、效率、安全的内容和标准的不同，从而形成不同的法律价值观。围绕由生产方式所决定的客观权利界限而实现的公平，是社会发展的基本条件，任何社会管理制度、政策、方针的出台，都必须以能否促进社会公正廉洁执法为实践标准。只有促进社会公正廉洁的制度和政策，才是真正的社会管理创新的制度和政策；只有促进社会公正的制度和政策，才能实现社会矛盾化解、促进社会和谐的根本目标。任何先进的社会管理制度和措施的实施，必须由廉洁公正的执法环境来保障。因此，从这个意义上讲，公正廉洁执法是"三项重点工作"这一逻辑体系的价值取向。

在历史的长河中，由于人们对社会历史规律的迷茫，面对社会发展、历史变迁过程中突然出现并激化的各类矛盾，统治者往往是茫然无措，处理的方式无非是镇压与麻痹，其结果虽然使矛盾得以暂时缓解，但更大的矛盾暗流涌动潜伏下来。随着生产力的发展和进步，人类对自然、对自身的认识发生了质的飞跃，神权被世俗取代，以人为本的人权意识逐渐成为人们认识社会历史的主流思想。马克思主义唯物史观的创立，揭开了人类历史的神秘面纱，使人类社会的发展真正地步入了人权发展时代。经过近两个世纪的理论与实践的探索，法治思想和依法治国的理论逐步成为我国社会主义社会建设的治国方略。公正廉洁执法问题就成为依法治国方略的首要问题。

公正是司法永恒的价值追求和与生俱来的内在品质，是司法权威和公信力的源泉所在。刑事司法活动的使命是实现国家的刑罚权，涉及对公民的人身自由、财产乃至生命权的限制与剥夺；民事行政司法活动的使命是保障公民和法人等平等主体的合法权益的正常交换与分配，保障平等主体的正当权益不受侵害。因此，无论是刑罚权的行使还是民事行政权的行使，都与广大人民的生命财产权利息息相关，一旦权力脱离公平公正的轨道，必然导致社会矛盾的升级和激化。

构建公正廉洁执法的法治环境是落实市第十次党代会精神的重要组成部分，没有公正廉洁的执法环境，就不可能有社会稳定和经济发展，"一二三四五六"的奋斗目标就会化成泡影。检察机关承担着法律监督的使命，是保障社会公正的最后一道屏障。目前就我院来讲，每年都要接待来信来访群众500余件，受理300余件民事行政案件，400余件公诉案件，对其中任何一个个案处理得不公，对执法者而言，也许是1%的差错，对当事人而言则是100%的损失，对社会造成的影响也会很大。因此，提高公正廉洁的执法能力和执法水平是维护稳定、化解矛盾、确保市委确定的目标和蓝图顺利实现的重要保障。

（三）社会管理创新是"公正廉洁执法、社会矛盾化解"的统一

社会管理创新不是抽象的、空洞的说教，更不是追求外在形式的标新立异、花样翻新，而是具体的、科学的，建立在实践理性上的科学行动。政府与社会、法治管理与行政管理、公民权利与政府权力这三层关系是社会管理所面临的基本问题，社会管理创新就是正视政府与社会、公民权利和政府权力、法治管理与行政管理三者的客观矛盾，并科学掌握三者矛盾的内在发展规律，因势利导，有的放矢地制定出相应的政策和策略，从而实现社会整体的和谐与进步。所谓的社会管理创新就是要求每一项政策和策略的出台与实施，都应与社会矛盾发展的客观规律相适应，应该是与社会发展趋势相一致的，应该具有促进社会相对公正的价值取向，否则，就不能称为社会管理创新。因此，在社会主义范畴体系下，社会管理创新必须是符合社会历史发展必然性的，必须建立在公正廉洁执法的价值取向之下，具有化解社会矛盾、促进社会和谐的功能，即如邓小平同志所指出的，只有"有利于发展社会主义社会生产力，有利于增强社会主义国家的综合国力，有利于提高人民的物质文化生活"的社会管理政策和策略才是社会管理创新的范畴。

在新时期，社会矛盾尽管复杂多样，但仍然没有超出人民内部矛盾的范畴，解决社会矛盾的方法和途径，必须用解决人民内部矛盾的政策和策略。我党吸收人类文明发展过程中的一切优秀成果，与时俱进，从国际国内社会发展的大趋势出发，审时度势，科学地提出了依法治国，建立社会主义法治国家的大政方针。从这个角度讲，社会管理创新是执法的方式方法的创新，是化解矛盾手段和渠道的创新，是社会矛盾化解和公正廉洁执法的统一；公正廉洁执法是社会管理创新的延伸和具体化，是化解矛盾的重要推手；化解社会矛盾是社会管理创新的内涵，是公正廉洁执法的根本。新刑事诉讼法的修改，是社会管理创新的重要典范，修法工作正视我国当前的诸多矛盾，以维护社会和谐稳定、深化司法体制改革为目标，集中体现了维护司法公正与化解社会矛盾的统一，坚持惩罚犯罪与保护人权的统一。全面、正确、高效地贯彻新刑事诉讼法，为市检察院第二分院相当长时期内推进"三项重点工作"，为法治天津建设服务，为天津经济社会发展服务，成为贯彻市委"一二三四五六"奋斗目标和工作思路的重要抓手。

三、以思维方式的变革推进"三项重点工作"的落实

　　哲学革命是政治变革的先导，任何一场革命和改革，首先是思想上的革命和改革。没有"十月革命"的一声炮响送来的马列主义，就不可能有 20 世纪中国革命的伟大胜利；没有实践是检验真理唯一标准大讨论的思想解放运动，30 多年的改革开放政策就不可能出现。同样，没有思维方式上的改革，推进"三项重点工作"的理论和实践就可能会夭折。为此，以科学发展观为指导，树立正确的思维方法，对于正确贯彻和落实"三项重点工作"，贯彻市第十次党代会精神将发挥事半功倍的作用。

　　（一）变平面思维方式为立体思维方式，找准自身位置

　　克莱德曼的《世界是平的》一书畅销海内外，在这里"平"的世界只是一种概念，这种概念不是表明世界已经客观上变平，而是向人们展示了各阶层、各行业的信息共享、资源共享、权力和权利共享的方便、快捷与不受地域限制，但其前提仍然是建立在立体社会构架之下。无论信息、资源如何共享，纵向分层级、横向分行业的立体结构是不会改变的，在这个纵横交错的立体结构中有各单位、各部门的定位，有个体人的定位，能否找准自身定位，决定着部门功能能否较好发挥。理解和实践"三项重点工作"，首先就是要找准宪法赋予的部门定位和功能，各就各位、各负其责、各尽其职。既不能做扩大解释，又不能做缩小解释。做扩大解释将导致权力扩张，出现乱作为情形；做缩小解释将导致权力失眠，出现不作为情形。《中华人民共和国宪法》确定了检察机关的地位、功能及机构设置，明确了各级检察机关行使检察权的界限和权能。其地位和功能定位源于宪法规定，在整体设置中，又有其特定的管辖定位，这个管辖定位就是市检察院第二分院的准确位置，行使检察权除了上级院指定管辖之外，必须按照法定管辖范围行使权能。既要防止越位，又要防止不到位，各级检察机关在法定的区域和权限内发挥自身的职能就是法治天津建设的题中之义。

　　（二）变局部思维方式为系统思维方式，发挥自身职能

　　社会是一个立体建筑，这个立体建筑不是一堆建材杂乱无章地简单堆积，而是一个环环相扣的系统工程，每一个环节每一组功能都是整个立体系统的重要组成部分，都在整体中发挥着不可或缺、不可僭越的作用。系统是各相关部分的有机结合，部分是整体的部分，整体是部分的整体，系统整体功能的正常运转通过每一个部分的制约与协作来完成，任何一个部分发生故障都将影响到整体功能的正常发挥。在找准位置的前提下，按照自身的功能定位发挥职能作用则是系统思维的基本要求。

检察机关是国家的法律监督机关，从宏观上讲，与法院和政府构成具有我国特色的"一府两院"宪政模式。从微观上讲，则与公安机关、司法行政机关、法院共同构成我国的政法机关。在贯彻落实"三项重点工作"中，检察机关既是公正执法的促进者，又是公正执法的实践者。这一特殊职能就决定了检察机关在司法过程中要牢固树立监督意识、人权意识、程序意识、证据意识、时效意识，确保国家法律的统一正确实施。刑事检察各部门在办案工作中要严格按照《刑事诉讼法》的要求，充分发挥侦查监督、公诉、二审监督等职能作用，依法对辖区内侦查部门和审判机关的执法活动进行监督，确保执法、司法行为的公正合法，保障案件当事人的合法权利不受侵害。职务犯罪侦查部门要依法对侵害国家和人民生命财产安全的腐败行为进行法律监督，保障国家和人民的生命财产安全，保障国家公共权力的廉洁、公正运行；监所检察部门要做好对监管场所的检察监督，查办发生在监管人员中的职务犯罪案件，保障被监管人员的合法权利不受侵犯；民事行政检察部门要在发挥对生效民事行政法律判决进行监督作用的同时，深入探讨民行法律监督多元化格局的实现途径，确保民事行政裁判的公正性。各部门各司其职，各尽其责，坚守法律职能，保质保量地做好本职工作就是对法治天津建设的最好贡献。

（三）变模糊思维方式为精确思维方式，做好本职工作

模糊思维方式是当代计算机发展过程中利用仿生学原理提出的类人类思维方式，其特点就是当面对似是而非的状态时，能够及时科学地做出正确选择，看似模糊，实则精确。信息化、数字化技术在遍及社会各个触角的同时，也在改变着人们的思维方式，"差不多先生"已寿终正寝，"斤斤计较"、"量化标准"已经成为各阶层人群维护自身权利的重要内容。与此同时，法律法规的标准也越来越具体，越来越细化，"细节决定成败"已经成为不争的现实。在新修改的《刑事诉讼法》第110条中，每一修订的内容或增加的内容，都是在"量"上的精确化，充分体现了定性和定量的一致性，防止了司法权的滥用。因此，作为司法人员，如果不能从思维方式上确立精确思维的观念和习惯，必然会使司法工作陷入被动局面，从而使法律的权威性大打折扣。如职务犯罪侦查部门面对鱼目混珠的各种证据，如何精确把握关键证据，势必影响着侦查结果的质量。公诉部门能否对证据细节进行甄别比对，直接决定着公诉的质量和量刑建议的准确程度。监所检察部门在对羁押人员的羁押必要性审查的工作中，每一细小环节都可能涉及人权保障问题。因此，树立精确性思维，对法条、对证据精雕细琢，是每一个检察官做好本职工作的前提和基本要求，是推进法治天津建设的必备技能。

无论从理论上还是实践上，"三项重点工作"之间都是相互依存、相互制

约、不可分割的逻辑整体，只有联系地、全面地、动态地把握"三项重点工作"的关系，才能在系统整体中找准自身的位置，发挥自身的职能，才能为全面贯彻和落实市第十次党代会提出的目标和思路提供法律保障。

创新思路理念　健全制度机制
不断开创检察工作新局面*

天津市人民检察院第二分院研究室

近年来，市二分院始终坚持以科学发展观为统领，与时俱进、开拓创新，在加强诉讼监督、优化内在结构、创新工作机制、强化执法办案方面进行了积极探索、大胆实践，取得了良好的效果，为实现全市经济社会又好又快发展，加快推进滨海新区开发开放提供了良好服务和坚实保障。

一、抓执法理念，着力增强政治意识、大局意识和责任意识

始终坚持以社会主义法治理念为指导，把实现执法的法律效果、社会效果、政治效果的有机统一作为考量办案质量的重要标准，引导广大干警牢固树立"三个理念"，以思想上的高度统一确保行动上的步调一致，更好地服务全市经济社会发展的大局、践行司法为民的宗旨、维护社会公平正义、维护全市社会和谐稳定。

（一）牢固树立办案就是化解社会矛盾的理念

执法办案从根本上说，就是解决矛盾冲突、协调利益关系。工作中，积极引导广大干警把每一起案件的办理过程都当作化解矛盾纠纷的过程，不仅要保证案件依法正确处理，而且要主动向化解矛盾延伸，加强源头治理，健全工作机制。职务犯罪侦查部门以人民群众来信来访作为查办职务犯罪案件的重要线索，对反映的问题进行认真梳理分析，找准突破口，通过打击职务犯罪，达到化解社会矛盾、捍卫国家和人民权利的目的。反贪局始终保持对腐败犯罪的高压态势，积极为国家挽回经济损失；认真总结贪污腐败案件的发案规律，以检察建议的方式，主动向发案单位提出整改意见和建议；积极开展职务犯罪预防，将反贪工作关口前移，深入机关、企事业单位及案发单位，帮助企业查找、堵塞漏洞，严格制度规

＊ 本文发表于《天津政法》2012 年 9 月 10 日第 17 期。

范，收到了良好的效果，有效预防化解了社会矛盾，促进了社会和谐稳定。

（二）牢固树立执法办案就是社会管理的理念

检察机关是社会管理的重要组成部分，在宪法和法律范围内探索改进各项检察工作的实现途径是社会管理创新的内容之一。市二分院坚持"强化法律监督，维护公平正义"的检察工作主题，制定了一批廉洁、高效、公正、便民的执法措施。信访接待工作中积极推行"倾听诉求、深入沟通，释法析理、以情感化，疏导心理、斡旋调解，通报进程、主动下访，延伸职能、关注民生"的五步工作法，营造了理性、平和、文明、规范的执法环境。2011 年对受理的 265 件人民群众举报、控告、来信以及 230 件各类申诉案件，依照法定程序分别作出公正处理。近三年处理的 60 余起刑事申诉案件无一起闹访缠访。

（三）牢固树立促进公正与效率就是提高执法公信力的理念

公正是法律实践的灵魂，效率是法律的实现过程，在坚持法律、完善程序、确保公正的前提下，提高司法效率是对受害人的权利保障，也是司法资源的有效利用。在执法实践中，面对嫌疑人众多、案情复杂的实际情况，侦查监督部门始终坚持高标准、严要求，克服人员少、任务急的困难，确保了案件侦查工作的顺利进行。公诉部门强化了"履行公诉基本职能到位、实现执法办案最佳效果，信访接待到位、提升检察机关公信力，发挥职能监督到位、维护公平正义"三个到位的办案措施，保障了公正与效率的统一。监所检察部门认真落实高检院和市院对监所工作"上提一级"的工作部署，加大人财物的投入，在较短时间内完成了对辖区 10 个监管场所检察室的接管和派驻任务，实现了随派驻、随正常运转、随取得实效的目标，维护了刑罚执行和监管活动的公平公正，维护了监管场所的安全稳定，维护了被监管人的合法权益。

二、抓执法办案，着力提高检察工作水平

始终坚持把执法办案作为中心工作，把实现公平公正作为执法办案的价值追求。2011 年，结合执法工作实际，研究制定了《关于建立社会风险评估预警机制的办法》，在各业务部门全面推行社会风险评估预警机制，以确保执法办案的公平公正，确保各项检察监督职能的正确履行，确保各项工作经得起实践和历史的检验。围绕落实评估预警机制，重点加强了以下三方面工作。

（一）完善侦查监督机制

健全完善了重大、疑难、复杂、敏感案件提前介入机制，强化释法说理工作，与侦查机关建立双向说理制度，保障犯罪嫌疑人的合法权益。综合运用检察建议、纠正违法等监督手段，加大对侦查活动的监督力度。2011 年，共审查批捕案件 210 件，不予批捕 26 人，较好地贯彻了宽严相济的刑事政策，有效化解了一批社会焦点问题。健全完善了重点问题调查研究机制，新刑事诉讼

法修改通过后，一线办案检察官主动就涉及人权保障的条款开展工作调研，积极参与了最高人民检察院理论研究所关于《羁押必要性审查》等课题的调研工作，为准确高效公正地贯彻落实新刑事诉讼法做好了各项理论预研工作。

（二）完善诉讼监督机制

创造性提出了"四四二"工作法，即建立诉讼环节听取被害人意见、部门负责人对重大敏感案件接待接访、涉检信访敏感案件信息速报、执法办案风险评估"四项机制"，采取集体讨论案件加强内部监督、发放检察官联系卡加强外部监督、分类分级审批强化自律意识、办案专业分工"四项措施"，运用以情况反映渠道为领导科学决策提供依据、以发放检察建议为渠道发挥服务企业发展的职能作用"两种途径"。同时，结合刑事诉讼法的修改，不断探索延展监督空间，加强庭前活动程序监督，形成了庭前监督与庭审监督并重的"双轨制"监督模式。积极探索量刑建议制度的落实机制，积累量刑建议监督经验，为法律监督实现由单纯定性监督向定性与量刑并重监督转变奠定了实践基础。2011年，共审查公诉案件549件，二审支抗14件，改判13件，较好地履行了审判监督职责。认真办理基层院一审上诉和抗诉案件，注重多做释法说理工作，坚持"多人来人往，少文来文往"，确保上下级检察机关、相关办案部门间执法思想和办案工作的一致性和连续性，完善了强化刑事审判监督工作机制，实现了支持抗诉率和抗诉成功率的"双提升"。2011年，市二分院抗诉工作在全市、全国均处于领先位置，共受理刑事抗诉案件24件55人，支持抗诉17件43人，支持抗诉率为70.8%；法院已审结的13件抗诉案件中，11件采纳了抗诉意见并作出改判，抗诉成功率达92.3%。

（三）创新办案模式

积极探索民行检察多元化监督格局，大力推行"四个三"工程，即强化息诉意识，做到讲清办案程序条件和标准、讲清法院裁判的理由和依据、讲清缠诉的风险成本"三个讲清"；畅通申诉渠道，做到公开办案人和部门负责人办公电话、通信地址、检察长接待日期和地点"三个公开"；倾听群众意见，做到对当事人受案之初及时见明情况、审案之中适时约见解疑释惑稳情绪、案件审结跟踪见面做疏导"三个见面"；化解矛盾风险，做到承办人、处长、主管检察长"三级负责"。2011年，共办理民事检察和解案件6件，移送线索4件，执行监督1件，制发检察建议、再审检察建议10份，取得了良好的社会效果和法律效果。

三、抓队伍管理，着力提升检察干警的素质能力

始终坚持"建立一个好制度，打造一套好班子，建设一支好队伍"的队

伍建设整体思路,坚持用科学的制度管事、管人、管队伍的工作理念。2011 年,从创新机制、优化结构入手,研究制定了《天津市人民检察院第二分院绩效管理及考核办法》,将绩效考核机制引入检察管理过程,形成了以制度管理队伍的良好氛围。

(一) 坚持用制度抓班子

以绩效考核机制为抓手,在对各项检察工作进行量化、细化、规范化的基础上,将部门工作效率与中层管理能力直接挂钩,把工作效果作为对中层干部选拔、使用和调整的客观标准。今年初,按照考核结果与使用相统一的原则,以各部门的工作量化标准和实际工作效果为参数,对中层干部能力和素质进行全方位考评,并依据考评结果对 8 名中层干部调整了岗位,实现了中层班子的优势互补,保障了各部门工作的良性运转,形成了良性竞争的激励机制。

(二) 坚持用制度换岗位

在调整中层班子的同时,根据绩效考核指标和干部特点,合理配置人力资源,通过内部轮岗、外派挂职、基层锻炼等方式,全方位培养锻炼干部,形成了干部管理和培养的常态机制。年内,对 23 名干警的工作岗位进行了调整,为干警拓宽视野搭建了平台,为骨干力量的全面发展提供了空间。在干部职级晋升过程中,坚持"晋升标准客观化,信息公开不神秘,民主推荐有基础,组织考察保公正,纪检监察贯始终",将职务职级晋升工作纳入良性循环轨道。两年内对 100 余名干警的职务职级进行了晋升,收到了晋升者心情愉快、未晋者心里服气、全体干警目标明确的效果。同时,注重关心干警的政治生活,把干警的工作、思想和精神状态与干部的政治生活统一起来,使每名干警都能明确职责、瞄准方向、把握目标。

(三) 坚持用文化建设助推思想政治建设

按照高检院和市院的统一部署,结合检察工作实际,研究制定了《二分院检察文化建设"十二五"规划》,着力营造文化育检、文化强检的工作环境,逐步培育"创新、民主、团结、进取"具有二分院特色的文化氛围,将政治思想文化建设具体化、经常化、大众化,寓教育于工作、寓政治于业务,使全体干警在日常工作生活中养成对检察工作宗旨、清廉意识、工作纪律的尊崇与敬畏。今年以来,组织开展了"青年干警在检察文化建设中的定位、责任和使命"专题讲演活动,在局域网开办了检察文化专栏,设立了"好书推荐"、"图文并茂"、"文化精品欣赏"、"见与识"等版面,丰富了干警的文化生活,提高了干警的文化素质,陶冶了干警的精神情操,为做好检察工作、加强队伍建设提供了强大精神动力、有力舆论支持、良好文化条件。

检察规律视野下绩效考核制度之构建*

——以天津市检察院第二分院考核制度为样本的分析

天津市人民检察院第二分院课题组

检察工作基本规律，是指检察工作发展中不以人的意志为转移的、本质的、必然的联系。检察机关创立任何制度都应当遵循检察工作的基本规律。近十年来，我国检察机关都在进行绩效考核的实践，通过实践不断完善绩效考核制度，这一制度的主要内容是，检察机关运用一定的评价方法、量化指标及评价标准，对检察院、检察院内设部门及检察干警为实现其职能所确定的绩效目标的实现程度和结果的综合性评价①。由于绩效考核制度是从企业引进的产品标准化生产和管理制度，所以检察机关绩效考核制度中带入一些与司法规律、检察工作规律不相融的，甚至是相背离的"遗传基因"。检察机关只有不断调适绩效考核的制度框架和操作细节，并从中国检察制度的大框架出发，围绕公平正义的执法理念，才能建立更符合检察工作规律的绩效考核制度。

一、我国检察机关绩效考核制度的渊源

（一）管理学上的理论渊源

绩效滥觞于管理学，管理学认为，"绩效是指那些经过评价的工作行为、方式以及工作行为的结果。"② 包括个人绩效和组织绩效两个方面。尤其在人力资源管理方面，绩效体现为完成工作任务、工作结果或产出、行为，绩效考

＊ 此文为 2011 年最高人民检察院全国重点调研课题。作者简介：张铁英，天津市人民检察院第二分院检察长；张秀山，天津市人民检察院第二分院研究室主任；王琦，天津市人民检察院第二分院研究室干部；孙宝成，天津市人民检察院第二分院研究室干部；施长征，天津市人民检察院第二分院公诉处干部。

① 杨祖伟、苏长明：《建立符合检察工作规律的绩效考核机制探索与实践》，载最高人民检察院理论研究所编：《第十一届全国检察理论研究年会优秀论文集》，2010 年 4 月。

② 方振邦：《绩效管理》，中国人民大学出版社 2003 年版，第 3 页。

核，又叫绩效评估、绩效考评，从文意上来理解，绩即成绩，效即效果。现代绩效考核制度最早被应用于企业管理当中。对于分工越来越细化的标准化工业生产来说，绩效考核可以直接通过产品的质和量或者利润等可量化的载体对工人、管理者及团队的业绩、能力进行评价。后信息时代，随着政府管理的逐渐规范化，政府部门提供的公共服务也成为一种公共产品，公务人员的劳动亦是马克思所说的复杂劳动的一种，绩效考核制度也逐步被政府部门借鉴并应用于工作成果看似难以量化的人力资源管理领域。我国的检察机关是国家机器的重要组成部分，是法律监督机关，其价值取向是为社会、为人民提供司法服务，其工作性质也是一种社会公共产品。因此，检察管理工作中引入绩效考核必定要以管理学绩效原理、考核模式、组织原则为其重要的理论渊源之一。

（二）政府部门的考核实践

绩效考核制度作为一项流行的公共政策，存在于各个领域。在管理学界，研究最多的是企业及政府部门的绩效考核制度。"政府绩效管理作为现代国家衡量政府行政效果、行政效率的主要工具，开展政府绩效管理无疑是符合时代大趋势的，也毋庸置疑发挥了不可替代的作用。"① 从 20 世纪后半期开始，西方国家纷纷在公共服务领域、政府部门开展绩效管理，从此绩效考核制度正式走入政府部门，并成为政府部门管理的重要手段。绩效考核作为绩效管理制度的核心，自引进到我国之后，我国学术界对绩效考核的研究一直没有停止。在我国政府机构中，结合当前的公务员制度对公务员实行的年度考核就是一种绩效考核的初级表现形态。我国的检察机关有明显的行政化、科层化的特点，所以有的学者直接将中国的检察权归并于行政权②，我国政府部门开展多年的考核实践"天然地"成为检察机关绩效考核制度构建的实践源泉。

（三）制度生成的时代背景

改革开放后，我国从企业到政府机关，相继引入绩效考核制度，这使得检察机关开展绩效考核有了现实可能性。随着我国司法改革的深入，人民检察院的工作也逐步走向正轨，但检察院的办案程序仍然按照从承办人到主管领导，再到分管检察长的审批过程。这种传统行政模式有利有弊，相对于公平正义的司法价值而言，显然是弊大于利，因此如何从这一弊大于利的传统管理模式中解脱出来，引进绩效考核制度不啻为一种积极探索。

---

① 翟旭：《关于政府绩效评估的几点反思》，载《科技创新导报》2008 年第 4 期。

② 参见陈卫东：《我国检察权的反思与重构——以公诉权为核心的分析》，载《法学研究》2002 年第 2 期。

（四）法律和政策依据

《中华人民共和国检察官法》第八章专门针对检察官的考核做了有关规定。这为检察机关的绩效考核提供了法律依据。2002 年最高人民检察院颁布的《人民检察院基层建设纲要》指出："以考核干警的能力、绩效为核心，探索建立分级管理机制。在明确内设机构和工作岗位职责的基础上，分类分级明确工作目标，以动态考核为主、定性与定量相结合，实行全员能力和绩效考核，奖优罚劣。""改革完善业务工作考核办法，注重对办案质量、效率和综合效果的考核评价。" 2010 年最高人民检察院下发了《最高人民检察院考核评价各省、自治区、直辖市检察业务工作实施意见》和《最高人民检察院考核评价各省、自治区、直辖市检察业务工作项目及计分细则（试行）》的规范性文件，使得检察机关的绩效考核日趋制度化、完善化、科学化。这些都为实施绩效考核提供了相关的政策依据。

二、检察机关实行绩效考核的功能与价值

（一）保障检察系统内部的有效领导和管理

1. 检察机关实行绩效考核有助于提高检察机关双重领导模式的效率。我国检察机关实行地方党委与上级检察机关的双重领导体制。在这种体制下，上级检察院对下级检察院的领导与被领导关系主要体现在对检察业务的领导上，《宪法》第 132 条规定："最高人民检察院领导地方各级人民检察院和专门人民检察院的工作，上级人民检察院领导下级人民检察院的工作。"体现在以下几个方面：（1）上一级的人民检察院的检察长有权向本级人民代表大会常务委员会提请批准任免和建议撤换下级人民检察院检察长。（2）下级人民检察院在办理案件的过程中，如遇重大疑难问题，可以请示上级人民检察院，并要服从上级院的指示和业务指导。（3）上级院在必要时可以将下级院的案件上调办理，也可将自身办理的案件交下级院办理。（4）上级院对下级院的领导是相关业务部门的垂直领导，如市一级人民检察院的反贪局领导全市各区基层院的反贪局。"这种体制是在我国长期的历史实践中建立起来的，但是这种领导体制在实践中也存在一些问题，如检察一体化的程度比较低……"[1] "司法权力的地方化严重地制约了检察机关独立行使检察权和依法履行法律监督职能。"[2] 绩效考核制度能够在一定程度上祛除这种"法律监督地方化"的弊端，更大程度地实现检察一体化，充分实现法律监督职能的实现。

---

① 孙谦：《中国特色社会主义检察制度》，中国检察出版社 2009 年版，第 33 页。

② 贾志鸿：《检察院检察权检察官研究》，中国检察出版社 2009 年版，第 231 页。

当上级业务部门从本地区情况出发制定相关的要求和标准时，绩效考核作为一种有效的管理、评估手段能发挥其不可替代的作用。绩效考核目标的完成情况是科学、客观地评价检察院工作的最重要依据。如某市检察院要控制本地区的批准逮捕率，只要让本院的侦查监督部门制定量化标准，然后将其纳入对下级部门的绩效考核中即可实现。

2. 绩效考核为检察机关上下级对口部门和人员之间构建了一个沟通、对话与管理的平台。绩效制定者与绩效完成者之间可以就工作行为与结果进行沟通、反馈，有关绩效考核的规定让检察机关上下级、部门之间的管理走向制度化。以绩效考核为核心的管理能够改变以往纯粹的自上而下下达命令的习惯，使得上级与下级之间的管理走向人性化、动态化。

3. 绩效考核的一个重要环节就是得出绩效结果，其结果对组织和人员有重要的评价功能。"通过考核，实现对检察官的合理使用，做到人尽其才、充分发挥每个人的作用"①，从而实现人员的科学管理。绩效考核结果又是制定下一周期的绩效目标的科学依据，根据以往的目标完成状况，结合具体的工作实际，制定各院、各职能部门以及组织中个体的绩效目标。从而使检察机关的工作走上良性、科学的发展道路。

（二）保证检察工作目标的有效完成

组织绩效是建立在个人绩效完成的前提之下的，若把组织绩效按一定程序、模式分配到具体的职位和个体时，只要该组织中的每个个体实现了其绩效指标，那么组织整体的绩效就实现了。检察机关这种组织和个体包括上级院与下级院、单位与部门、部门与其所属检察干警。绩效考核可以将工作目标合理量化，通过对指标的改进和程序的完善，同时兼顾组织整体和个体目标的实现，从而将有利于各部门和全院顺利完成各项目标任务，保证检察院整体的职能充分发挥。

（三）促进检察干警队伍的全面发展

检察机关内部管理的每个环节与绩效考核都有着密切的联系。科学有效的绩效考核制度可以了解到某个院、某个部门以及检察干警在某一特定时期内的工作状况，检察干警个人对工作岗位的适应程度，可以将考核的结果作为依据提取相关的信息。"从最基本的意义上看，奖惩、工资福利、职务升降、培训、降职、辞退和调动等人力资源管理活动，都需要以绩效考核的结果为依

---

① 徐鹤喃：《中华人民共和国检察官法实用问题解析》，中国计划出版社1995年版，第75页。

据。"① 此外，全面的绩效考核内容不仅包括工作业务，还有对检察干警的工作态度、政治素养、职业道德等方面的考察，既能够提高检察干警业务素质，更能够加强队伍作风建设。

从这个意义上讲，绩效考核制度也是对检察官进行有效监督，充分发挥领导与群众相结合的作用与积极性，防止其脱离群众或者进行犯罪活动的一种有力手段。绩效考核既是管理手段，更是一种有效的内部监督方式。

（四）落实和实现刑事政策的重要保障

"在我国，刑事政策和策略，简略来说就是一个国家在同犯罪作斗争中，根据犯罪的实际状况和趋势，运用刑罚和其他一系列抗制犯罪的制度，为达到有效抑制和预防犯罪的目的，所提出的方针、准则、决策和方法等。"② 刑事政策是司法实践中指导检察工作的重要准则，在一定时期内有相对的稳定性，又有一定可变性。检察机关作为多职能合一的司法机关，其行为必然要受刑事政策的约束，绩效考核制度通过量化指标和制定既定目标，可以将刑事政策所追求的效果具体地落实到制度层面，通过各种量、率来加以控制。如果没有这一过程，刑事政策就会变成一纸空文。

三、机关绩效考核制度中存在的主要问题

我国检察机关的宪法定位、机构设置、人员配置当从 1978 年恢复重建开始检视。由于特定的历史原因，从总体上延续了传统的以行政管理为基本架构的管理体制。随着改革开放的不断深化，社会主义法治建设、依法治国方略的确立，检察机关的司法地位和属性日益凸显，去行政化已渐为检察改革的一种倾向。在这种大背景下，在检察制度设计与管理工作中引入绩效考核制度必然会跨过许多障碍和问题，正视这些障碍和问题是我们做好绩效考核制度设计的前提。绩效考核制度是 20 世纪六七十年代流行的目标管理制度的深化，是现代管理制度的最新表现形态。第二次世界大战后，随着科技的进步，材料的更新，工业的产业化、信息化、自动化等客体因素的标准化程度提高，对工业主体——劳动者的专业化、知识化要求程度也日益严格，这种高素质的劳动者和标准的生产工序的统一，为目标管理及绩效管理制度的建立提供了基础和前提。就目前而言，在我们所处的检察环境中，实行绩效考核制度必须面对三大急需解决的问题：

---

① 魏成龙：《公共部门人力资源管理》，北京师范大学出版社 2008 年版，第 234 页。
② 肖扬：《中国刑事政策和策略问题》，法律出版社 1996 年版，第 2—3 页。

（一）绩效考核所要求的主体因素——人力资源配置背景不尽如人意

1978 年检察机关恢复重建时，正值"文化大革命"后的百废待兴时期，各行各业大量需要人才，社会整体大面积缺乏人才，人才供求关系出现了前所未有的需大于供的矛盾。于是，在这种背景之下，恢复重建的检察机关就成为人才匮乏的重灾区，新的人才没有（1977 年恢复高考至 1983 年，大学本科的录取率为 0.7%，本科、专科、中专合在一起不足 5%），旧的人才（"文化大革命"前毕业生）有主，于是，在重建过程中，延续了"文化大革命"以前的招录干部思路，检察机关成了解决就业的一个重要部门，"我国《检察官法》实施以前，检察官的来源渠道主要有军队转业安置、单位间干部调配、社会招干、大中专毕业分配以及凭借各种关系安置的领导干部的家属、亲戚、朋友。"人员组成参差不齐，导致掌握法律专业技能的人员偏低，法律专业化程度较低，与检察机关承担的法律监督职责严重脱离。"十年树木，百年树人"，人才的这种状况一旦成为既定事实，至少在 50 年内才能逐渐改观。虽然说检察机关至今已经恢复重建 30 多个春秋，但目前的队伍状况仍然离绩效考核要求的主体标准有一定距离。不能因为有距离就成为我们不继续推进绩效考核工作的理由，相反，我们要通过推行绩效考核制度，加快人才主体结构的转化速度，加快检察机关的正规化、标准化建设的速度。从历史上看，在"文化大革命"结束后，1978 年我国重建人民检察院系统。检察官的司法职业化也使得检察机关引入绩效考核成为一种必然选择。在社会经济转型的新时期，依法治国基本方略稳步推进，检察机关法律监督职能更加重要，地位和作用也更加凸显。在新情况、新问题不断出现的情况下，检察工作的所面临的任务更加艰巨，客观上要求检察机关必须进一步实现有效的科学化管理，加强检察队伍的全面建设。

（二）绩效考核所要求的标准化模型尚不规范

标准化的程序和标准化的材料是绩效考核制度对客体状况的基本要求，绩效考核制度之所以在企业管理中率先推行并卓有成效，与企业生产过程中的这种客体特点是分不开的。而在检察制度设计中，这种标准、统一、规范的制度模型还在创建过程中，这种模型我们姑且将其设定为体制内模型和体制外模型两大部分，体制外模型是指检察机关在宪法中的定位及检察机关与其他机关的关系。体制内模型是指检察机关为实现宪法目标而设定的内部机构及其关系。通过强调绩效考核工作的依据标准化模型这一特点，提出检察工作的管理模型，这种模型分体制内和体制外两种表述方式，体制外体现为检察机关与相关部门的关系，体制内体现为检察机关内部各部门的关系。绩效考核就是应建立在内外两个模型相对科学固定的基础之上，而这种科学固定的标准则是促进和保障司法公正的程度。

（三）偏重于绩效考核的外延功能，忽视了绩效考核的内涵功能

绩效考核制度是管理工作的软件系统，这个软件系统是通过各部门、各子系统之间的相互制约、相互促进、相互作用而实现整体的价值目标的。其中人力资源管理是绩效考核制度的核心环节，其他各环节都是人力资源效率的具体应用和体现，这种相互制约的内在结构是绩效考核工作的内涵功能。绩效考核工作中的考核指标、考核方法、考核步骤等则是绩效考核工作的外延功能。在绩效考核工作的实践中，我们的探索重点不是放在内涵功能的研究和探讨，而是放在了外延功能的研究和探讨。如前所述，对体制内模型中的各部门的业务设定，人员素质设定，各部门之间的内在联系、彼此制约方式方法等如何规范缺乏整体和系统的筹划，导致部门与部门之间缺乏有机的联系，不仅难以形成共同促进的合力，相反有时还会导致彼此之间的内耗。即便是对各部门的考核标准实现了量化设定，也是各行其是，彼此之间的量化标准没有内在联系，导致彼此之间为一个量的多少而相互猜忌，从而不仅没有使绩效考核对工作产生积极影响，反而还给工作带来了许多负效应。这种负效应体现为：

1. 考核模式的孤立性，考核内容不统一。我国检察机关的绩效考核是分开独立进行的，采取的是条线纵向为主的模式，各条线的考核都自成一体，而从整个检察机关的层面或从公、检、法三机关相互配合、相互制约的更高层面看，绩效考核机制存在着不相协调，甚至相互矛盾和冲突的地方。这其中一个重要原因是绩效考核的指标过于数字化、绝对化。立案多、追捕追诉多、不捕少、不诉少、无罪是办案部门案件质量和工作业绩的主要指标。其实在实践中，由于证据变化、证据标准差异、法律适用分歧等原因，个别案件立案后撤案、立案后不逮捕、逮捕后不起诉，甚至起诉后判无罪，都是一种符合客观司法规律的正常现象。

片面强调考核的条线分割，造成有关部门对一些涉及几个部门或环节的全院性工作，如侦捕诉联动、自侦案件线索移送、控告申诉首办责任制乃至信息、调研、宣传、档案等综合性工作的重视程度不够，配合意识不强，工作合力欠缺，检察资源浪费。有利于考核得分的项目，纷纷往各自条线拉，无助于考核得分的内容，往往朝其他部门推。长此以往，必将不利于检察工作的健康发展，对检察工作正确政绩观的树立和落实造成极大影响。

2. 考核内容的功利性严重，背离司法规律。目前，检察机关比较注意案件的实体质量和证据质量，而有所忽视案件的程序质量及社会质量。在检察机关考核中，有"数字崇拜"的倾向，对某项工作提出完全量化的要求，如自侦部门一年必须立案多少件、多少人，公诉部门不起诉率不得超过几个百分点，由这些数字充当检察工作的指挥棒，必然导致在某些案件上法律监督职能

无法实现，有可能呈现"考核成绩高，工作效果差"的畸形现象。

由于在考核内容设定时客观上存在有的项目容易定量，有的项目难以定量的情况。过分强调考核数据的意义，责任追究中重形式不重内容，重结果不重过程，导致被考核者将主要精力集中在能够通过定量测评"得分"的项目，而对那些不能定量测评的所谓"吃力不讨好"、"得势不得分"的项目，则"说起来重要，做起来次要，忙起来不要"。相当多的基层院和干警存在"扒分"意识空前强烈，"以数量论英雄"、"以分数定成败"、"以数字出经验"的片面认识。

而且，考核期限的设定也引发了一定程度的短期行为。如在前一考核期加紧立案，或以巨额案值立案，使自己在考核时领先；然后又在后一个考核期的初期撤掉一些案件，或"大案"变"小案"起诉，由于撤掉或"变小"的是上一年度立的案件，因此，不影响本期考核分等。

另外，重办案工作实绩，轻队伍素质长期培养的倾向与此也不无关系。办案数量和质量是眼前就必须解决的问题，也是看得见、摸得着的"实绩"，而队伍素质的提升非一朝一夕、一年半载之功，况且抓队伍的岗位练兵、调研分析等综合能力，势必占用办案时间，影响办案进度和其他"得分"的工作。因此，重业务轻队伍建设实际上是基层一些部门现实而又无奈的选择，其中的急功近利一定程度上是不尽合理的考核惹的祸。

3. 考核制度的潜规则性，存在刑事程序失灵的隐患。程序法在实施过程中难以避免地存在着被规避和架空的危险，这一直成为诉讼制度所面临的最大的现实挑战，其原因之一是那些不符合办案规律的考核，办案人员为避免不利的考核结果而不得不主动规避某些法律程序。

迄今为止，几乎所有地方检察机关都对破案率、立案率、不批准逮捕率、不起诉率（尤其是逮捕后的不起诉率）作出了几乎苛刻的限制性规定，并为此构建了一个纷繁复杂的加分和减分的指标体系。这种量化管理和考核机制对于检察机关遵守法律程序问题带来了很大的负面影响。现在我国侦查机关每年立案300余万件，经侦查终结移送起诉后，检察机关几乎没有消化，不起诉率只有2%左右。而日本检察机关的起诉率只有40%—50%，在实行法定起诉主义的德国起诉率也只有20%。当然具体国情和司法制度不同，不能简单对比，但按司法规律考量，每一个司法环节的过滤功能都要一定的数字比率得以体现。

司法人员之所以规避某些刑事程序，是因为遵守这些程序规则会造成他们的直接利益损失[1]。本来，按照刑事程序法的制度设计，司法办案人员不应与

---

① 参见陈瑞华：《刑事程序失灵问题的初步研究》，载《中国法学》2007年第6期。

案件的结局有着直接的利害关系，否则，他们就都属于被申请回避的对象。但是，由于不合理的业绩考核制度的存在，刑事司法程序运转过程中，后一机关对案件的实体处理结果直接决定前一机关是否办成了"错案"，并因此影响前一机关的业绩考核结果。这种以后一机关的实体处理为标准的业绩考评制度，造成司法办案人员将追求某种有利的考评结果作为诉讼活动的目标，而自然忽视了法律程序的实施，甚至这种有利结果的取得本身就是通过架空和规避法律程序实现的。

四、以检察工作规律引领检察机关绩效考核制度的构建

（一）影响直辖市分院构建绩效管理考核机制的客观因素

1. 整体因素。构建直辖市检察院分院内部考核管理机制，首先要从全市检察系统的整体进行考量，要把本院对各部门工作的内部考核与市院对各项业务工作的统一考评有机结合起来，既对各部门进行横向比较，又考量各部门在全市相同职能部门中纵向比较的水平，从而对部门的工作有更全面、更立体的评价。在我国四级检察体系下，直辖市分院处于非常特殊的地位，既具有基层院的某些特征，又在检察工作内容和质量上与其存在很大差异。在天津市院统一进行的部门业务考评中，一直以来把分院与区县院按照同一标准体系一同进行考核，对各项检察业务工作一起评分排名。实际上，分院的主要业务，如批捕、起诉、职务犯罪侦查等，由于级别管辖的原因，与区县院有着质的差别，无论从数量、质量，还是效率、效果，都不具备一定的可比性，因此考核排名难以反映分院的实际工作状况和质量。同时，分院一级的检察机关较少，京、津、沪都只有两个分院，缺乏平级比较的对象数量，两院之间极具偶然性的简单对比，无法反映检察工作的本质规律和特点，考核结果的评价和运用难以科学有效。因此，市院对基层院以业务分数排名为基础的考核结果难以直接适用到分院考核中来。总之，众多的检察绩效考核实践告诉我们，只有建立并实行自身科学合理的绩效考核机制体系，才能指引和推动我院各项检察工作纳入科学发展的轨道。

2. 自身因素。分院内部不同部门间的工作性质、工作内容、工作量及所承担的风险都存在较大差异，不同部门之间横向评比客观上存在制约因素，甚至有些矛盾难以调和。如公诉部门，由其窗口部门的性质决定，工作易出成绩，成绩易宣传，可加分项目多。而有些部门，如行政处、法警支队、纪检监察部门，由其后勤保障工作的性质决定，以日常性工作为主，不出差错即是成绩，不易设置加分项目。不仅如此，不同的工作性质又决定了部门人员的配备

状况，呈现很大的人员及一些素能差别。如法律专业的硕士等高层次人才优先配备到一线业务部门，而非法律专业人员由于任职资格限制，大多安排在综合部门，业务能力、写作能力等方面的差异无法回避。因而，不分情况和差别、看似一视同仁的简单机械式考核规定，很难实现实施中的真正平等。如何设定基础项目考核指标和加、减分项目及幅度，以达到部门间的总体平衡，从而真正实现以考核促进各项检察工作的全面协调发展，都成为考核体系设计的关键点。

（二）科学吸纳合理要素，构建遵循检察规律、适合我院检察实际的绩效考核框架

从体例上看，我院的绩效管理考核制度由总则、综合工作绩效管理考核办法和职能工作绩效管理考核办法构成，即各部门的考核分数由三部分组成：部门加减分、综合工作得分和职能工作得分。三部分分数的排列不是随意的，而是按照由一般到特殊的顺序排列。

1. 内容的层次性。职能工作是各部门区别于其他部门所承担的某项具体检察工作，在全院工作中是无可替代的。如公诉处承担公诉和出庭支持公诉工作，反贪局承担查办贪污贿赂犯罪和职务犯罪预防工作。综合工作是各部门都要承担的工作，如信息、新闻宣传、调研等，对这些工作的考核由各主管部门统一制定考核办法，而各部门职能工作的考核中不再规定。部门加减分则规定各部门、各项工作中都有可能出现的，为院赢得较大荣誉或者给院造成较为恶劣影响的情形，不设基础分，也不封顶，出现规定的情形就按规定加减分。

2. 分值分配的比例。职能工作内容差别性大、工作量大，个体性强、程序性强，而综合工作内容繁多，工作弹性较大，标准相对统一，如何分配两者的基础分，成为必须解决的问题。我院职能工作的基础分设置为100分，所有综合工作基础分的总和为50分，两者比例为2:1，出于以下两点考量：

（1）从绩效考核管理的初衷而言，排名是手段，而充分调动各个方面的积极性，做好检察工作则是出发点和归宿。各司其职是分工的基本理念，职能工作是本分，综合工作是锦上添花，因此，职能工作的优劣成为衡量各部门工作成绩的首要和主要标准。各部门考核的基本内容就是其基本的职能工作，职能工作圆满完成，才能得到基础分，出现失误即根据情况予以减分，也就是说，一个部门要想在考核中取得好成绩，必须首先做好职能工作，一旦职能工作出现较大失误，单纯依靠综合考核加分根本无法补救。避免部门为了获取考核分数喧宾夺主，放松职能工作，或职能工作没做好，用综合工作来遮掩的现象。只有职能工作做好了，部门的最终得分才有可能提高。

（2）从全院工作的整体性来看，一方面，每项综合工作都有主管部门，

对主管部门来讲，该项工作具有双重性，既是其职能工作的重要组成部分，负责组织、协调和考核全院该项工作，另一方面也和其他部门一起承担具体的考核指标，有其综合考核的得分，如综合工作分数比例过高，有可能造成全院为某一部门加分的不公平现象。综合工作与职能工作的不可替代性相比，在院范围内具有互补性，即一个部门的不足可以被其他部门的突出成绩所弥补，而不影响全院在该项工作上的整体成绩，部门综合指标的制定往往是对全院整体指标的分解，对特定时期职能工作压力过大的部门来讲，把主要精力放在职能工作上而适当放弃对部分综合工作的高分追求，既不影响全院工作，也不致对本部门的年度考核造成过大影响。

3. 主观性工作与客观性工作。对客观性工作和主观性工作规定不同的管理考核办法，是我院绩效管理考核的一个重要导向。客观性工作是指更多具有客观因素，不以检察人员个人意志为转移的工作项目，如批捕、公诉案件收案数，公诉案件出庭支持公诉数等；主观性工作是指受检察人员工作态度、工作方法等主观因素影响较大的工作项目，如结合工作实际撰写高水平调研文章并在一定层次的报刊发表，追捕、追诉漏罪、漏犯等。

客观性工作的特点是工作量的大小部门无法掌握，按要求做是必需的，而质量上的差别很难量化。针对这些特点，我们把客观性工作的圆满完成作为基础分的主要组成，未完成的要减分，单纯的数量增加则不予加分，只有突出的高质量工作成绩才予以加分。主观性工作的特点类似于传统意义上的"软指标"，在传统工作流程中没有特殊要求，也没有予以足够重视。此类工作的完成需要充分发挥部门和个人的积极性，必须付出更多努力，达到更高的标准才能得到加分。对此，一方面我们规定一定的指标进行普遍要求，发挥绩效管理与考核机制的引导作用；另一方面把主观性工作构成作为加分的重要内容，高质量的主观性工作则给予大幅度的加分，这是部门间拉开分数差距的重要途径。例如，在中央级媒体（包括平面、广播电视和网络媒体）发表宣传检察机关执法办案和队伍建设稿件的，给予部门相对较高的加分。

4. 考核指标的设定。一是综合工作考核指标的设定。我院综合工作考核指标共有 18 项，分两种情况制定不同的考核办法。对管理性的综合指标，如档案、保密、值班等工作，规定统一的标准，原则上只对不能达到要求的予以减分，加分项目相对很少。而指标刚性低、质量差别大的工作，则根据各部门不同的工作性质和人员配备，把 15 个部门划分成若干档次，对不同档次的部门规定不同的指标。同时把部门指标分解成不同的质量等级指标，对完成质量提出明确要求。以新闻宣传工作考核为例，考核分 3 个档次：第一档次为工作窗口性强，成绩易宣传的部门（3 个）；第三档次为工作服务性强、工作不宜宣传的部门（3个）；其余为第二档次部门（9个）。一、二、三档次部门每年在本院互联网网站发布新闻稿件的指标分别为16篇、12篇和8篇；在中央或省部级媒体（包括平面、广播电视和网络媒体）发表新闻稿件的指标则分别为8篇、4篇和0篇。

二是职能工作考核指标的设定。根据不同的工作性质和要求采用了不同的指标设定方式：（1）直接指定指标。对工作自主性强，院党组需要明确提出要求的项目，在考核办法中直接规定其工作指标。如对反贪局的考核规定：全年立案侦查贪污贿赂犯罪嫌疑人不少于10人。（2）各部门得分的平均值。为调动综合工作主管部门的积极性，促进全院工作的整体协调发展，规定各综合工作的主管部门该项工作的得分为全院各部门该项工作的平均分。如研究室考核办法中规定：调研工作加分取全院调研工作各部门综合得分的平均分减去基础分。（3）设置动态指标。对受客观因素制约，每年的工作会有一定起伏的项目，以前两年的平均数作为当年的考核指标。如控告申诉部门考核办法规定：本院管辖的刑事申诉案件、国家赔偿案件立案复查数不少于前两年的平均数。

（三）对绩效考核机制及实施成效的总体评价

2011年以来，我院建立并推行以部门为单位的绩效管理及考核机制，这是院党组认真分析把握分院职能特点和工作规律，紧紧围绕检察职能、主题和"十二五"时期工作重点，着力推进"发扬传统、坚定信念、执法为民"主题教育实践活动而作出的一项重大部署和务实举措。作为我院"十二五"规划中的一项重大制度建设项目，从讨论制定到实际运行，绩效考核机制得到了广大干警的积极响应和热情参与，民主、公开、公正的运行程序极大地激发了广大干警群策群力、凝心聚力的动力。目前，尽管该项制度建设尚处于不断探索和完善阶段，但已在提升工作水平、强化规范管理、推进队伍建设等方面作用凸显，由绩效机制带来的可喜成果和良好氛围，让广大干警的精神状态更加振奋、工作信心更加坚定、"想干事、干成事、干好事"的热情和愿望空前高涨。

我院的绩效管理及考核制度体系是在遵循检察工作规律和特点，明确内设机构和工作岗位职责，分类分层确定工作目标的前提下，运用一定的量化指标、评价标准及评价方法，对内设部门为实现其职能所确定的绩效目标和结果进行综合性评价的总称。准确充分体现定性与定量相结合，对工作数量、质量、效率和效果进行综合考核评价的价值追求。具体由综合工作指标、职能工作指标、单独加减分项目及考核方法和程序等考核规范组成。在考核对象上涵盖了所有部门，在考核内容上囊括了全部检察工作，实现了对象和内容全覆盖，要求和标准全明晰，方法和程序全确定、全公开，为制度的平稳良性运行奠定了重要基础。绩效制度制定并实施的两年来，我们注重发挥三项机制功能、确立了三项规范标准、取得了八项积极成果。

1. 充分发挥绩效考核机制的科学管理功能，确立了精细化、标准化工作规范，引领"干什么"的主动性。绩效考核机制作为一种有效的管理、评估手段，能发挥其不可替代的管理功能。能够改变以往纯粹的自上而下下达命令式的传统做法，使得上级对下级的管理更加制度化、人性化和动态化；能够对部门和人员进行统筹管理使用，做到人尽其才，充分发挥每名干警的积极性；通过确定并执行精细、标准的任务规范，能够客观评价工作成效；能够以绩效结果作为制定下一个周期绩效目标的依据，使上级对下级的动态管理，实现工作信息随时对称式交换对接，将常态管理寓于一贯稳定的绩效任务的制定和执行之中，使检察管理走上良性、科学发展的轨道。两年来，通过狠抓三个工作环节，初步实现了科学管理的价值追求。一是牢牢把握绩效机制的管理功能定位，明确绩效机制的根本目标，实现院党组对检察工作科学管理的全过程控制，以考核抓管理，以管理促工作；实现及时全面准确了解工作全局，随时把握工作整体发展态势，确保各项检察工作数量、质量、效率和效果有机统一的科学化管理目标。二是以精细化、标准化工作规范为有效载体和实现途径，确保绩效机制根本目标的圆满实现。通过对各部门按职能特点进行类化和细化梳理，列明不同的职责内容、任务指标，并按照不同工作性质、难易程度及主动性和客观性工作特点，确定不同部门的工作标准和加减分项目及分值。既对重点工作规定明确的考核指标，又对日常性工作提出明确要求，充分体现对精细化、标准化价值目标的追求。精细化、标准化、规范化体系的建立，让院党组实施管理有了实实在在的抓手，有了让人服气的决策依据，有了科学管理的风向标。三是用精细化、标准化任务规范，引领部门和干警"干什么"的主动性和自觉性。长期以来，在确定并履行部门职责时，普遍存在职责任务原则笼统、模糊不清、随机性强等制约性矛盾。通过在全院制定一套精细化、标准化任务规范，以一种向各部门、全员公开明示的方式，使部门和广大干警预先清晰地知道了干什么的问题。目前，部门及广大干警工作的主动性、创新性、连续性和稳定性明显增强，工作的随机性、随意性、浅尝辄止、疲于应付、马虎粗糙和大起大落等问题得以有效纠正，懒散局面明显改观。部门和广大干警都在深入思考并准确把握院党组确定的工作主线、主攻方向，悉心谋划和推进工作，全力组织推进精细化、标准化任务指标的完成，一种紧贴检察职能和主题、紧张有序、干实事、重实效、求突破的良好工作氛围已初步形成。

2. 充分发挥绩效考核机制的评价功能，确立了高质高效的考核标准，激发"怎么干"的创造性。对已经确立的任务规范进一步明确明晰的评价标准并进行客观准确的评价，是实现管理功能的重要手段，也是评价手段在绩效机制中不可或缺的价值功能。只有对职责任务数量、质量、效率和效果的完成情况，干警的工作态度、政治素养、职业道德等方面进行全方位评价，才能对被考核部门评出公正客观准确的考核结果。才能促使部门和广大干警把精力切实用在比照高质高效标准积极谋划"怎么干"上来。用评价这一有力的指挥棒，实现对任务指标从部署、落实、评价到改进的良性循环。才能更加有力地激发被考核部门和干警不断创新工作，在全市乃至全国打造更多的工作亮点、创建更多值得推广的新鲜经验。为此我们采取了以下措施：一是在制定任务指标时，相继制定对应的评价标准，并力求做到详细准确，无漏项、无歧义。高检院、市院有规定的，以其为标准；没有或不明确的，自行制定标准。二是坚持把客观性作为发挥评价功能的基本原则，减少以至杜绝主观性和随意性的评价倾向。针对各部门工作性质差异、可比性不强等特点，努力寻求并划定经得起推敲的评价"起跑线"。对任务量、工作难度、工作主动或被动性状况、人员情况等要素作综合考量，最大限度地增加不同部门的可比性成分，使其基本处在一条评价线上。注重把那些客观制约因素大、主观能力因素需要强的工作项目纳入加分范畴，摒除那些单凭主观人为操作因素和纯属客观被动性工作的项目纳入加分范畴。三是坚持把总体平衡调控作为推进考核评价工作的重要措施。特别是在各部门的加减分项目和分值上进行总体控制，使其更加符合各项工作的性质和实际。对那些不好量化的部门，设置以定性评价决定加减分的方法，并设置一个可平衡调控的加减分幅度，酌情评价计分。防止加分高的部门越干越省力，加分少的部门越干越泄气倾向，达到无论先进后进，都能激发创造性工作的热情和活力，实现整体工作态势齐头并进。四是坚持定性与定量、主观与客观、部门与个人相结合评价原则，以公正客观的评价结果，最大限度地激发部门和干警创新工作的积极性和主动性。比如把并不是直接评价对象的干警作为个体评价要素纳入部门评价范畴，对其工作态度、政治素养、职业道德等主观性、定性要素指标，设定获得一定级别或层次的荣誉奖项，作为计入部门加分范畴的评价规则，增强了干警的荣誉感和使命感，强化了个人与集体在评价体系中的共生共荣意识。目前，部门和广大干警从不同侧面瞄准重点难点创新思维、打造亮点的工作动向和举措频频闪现。

　　3. 充分发挥绩效考核机制的激励功能，确立了公开透明的运用机制，建立"会怎样"的预判平台。从某种意义上说，激励功能是管理和评价功能的扩展和延伸，其价值内涵在于既激励先进，更要鞭策后进，形成比学赶帮的良好氛围，这是绩效机制追求的重要目标。我们抓住两个关键环节，努力搭建一个预判平台,追求激励功能的效应最大化。一是把绩效考核结果直接与年度部门评优、表彰及福利待遇等与干警切身利益对接挂钩,排除了以往考核中饱受质疑的各种非客观因素的干扰,切实实现奖勤罚懒、奖优罚劣的考核目标,确保考核真正实现应有的意义和价值。二是制定并推行公开透明的程序运行机制,各部门可随时通过明示的动态考核办法及量化指标通报平台,对自己及其他部门的工作进行评估,可以预先估算自己的年终排名,从而预知自己可能得到的评价与荣誉。为达到预期目标,部门和干警可随时对自身工作进行用力调整。这种运行模式,不仅让后进部门知道自己的考核位置,更能详细了解为什么,差在哪里,以及今后努力的方向。初步建立了良性的考核回路机制,实现了通过考核促进工作螺旋式上升的目的,完成了确定目标、进行考核、结果反馈、效果提升、确定新的考核目标的良性循环系统和运行机制。

回顾两年来的考核实践,取得了以下八项成果:一是准确把握了考核机制的功能定位。二是科学遵循了检察工作规律和特点。三是确立了一套精细化、标准化的任务指标体系。四是确立了客观公正的评判标准。五是确立了定性与定量、主观与客观、部门与个人相结合的评价原则。六是确立了总体平衡调控的确认方法。七是建立了公开、透明、公正的运行程序。八是建立了良性的考核回路机制。

(四)坚持推进和完善绩效考核制度的几点认识

1. 准确把握三个关系。一是职能与目标的关系。检察职能和主题是对检察工作的本质要求,是衡量一切检察工作成败和优劣的标准,决定着考核规则的合理性、合法性和正当性。因此,目标的设定不能与职能相背离,并能准确充分反映其本质要求,符合法律规定,符合检察规律和诉讼规律,杜绝出现二者不协调、掣肘等不良情形。在考核机制制定和实施过程中,针对二者动态性变化特点,我们认真坚持对二者关系全程评估和监测工作思路,一经发现二者背离、不协调情形,适时进行目标或规则调整。但必须看到,我院作为一个单独个体,要想彻底扭转这种背离状态尚显力不从心,它还与检察系统整体考核机制相关联,特别是受上位考核机制的制约,彻底解决这一问题需要全市乃至全国检察机关整体协调推进。二是定性与定量的关系。现代管理理念中愈加强调精确化管理,就是要求最大限度地实现对难以量化工作内容的量化,且实现全体人员对量化指标的知悉、认同和有效执行。机关工作的最大特性在于其职能的政治属性和社会属性及其效益化,对其难以作短期或即时性量化评价,造成一直以来多以定性评价为主要管理手段,而该手段是一种主观倾向浓重的模糊性评价,与当今管理要求的精确化标准相去甚远。考核中,我们运用二者兼用对策,有效发挥两种手段不同的评价功能,最大限度地增加量化比例和内容，尤其对难以量化的内容，认真研究探索量化的途径和方法，尽可能把那些主观性评价内容合理转化为可操作的量化指标，并严格遵循公开、公正的操作程序，确保全面客观收集、确认和运用。但仍存在一些任务性量化指标是否客观，是否符合检察办案规律，是否对考核工作具有积极导向作用等问题，都需要我们作全检察系统的考量把握。三是过程与结果的关系。量化考核容易一味关注数据结果，忽略工作过程及主观状态。就评价工作绩效而言，数据的直观、明了和客观性毋庸置疑，但也存在过于抽象、机械、单一和简单化等弱点，因而如何扬长避短至为重要。考核工作中我们认识到，统筹过程与结果，进行全方位的考核管理是关键所在。要充分运用数据统计分析及评价的工具方法，更加注重全面统计评价全年度的有关岗位履职能力、工作态度、工作方法、团队协作等体现岗位个性和创新性差异等主观性指标要素及更加真实详细且丰富鲜活的客观性指标和印证事例，以更加全面科学的全年指标体系决定最终的考核结果。对此，还需要我们自己以及检察同人共同研究探索，进一步积累成熟经验。

2. 认真坚持四个原则。一是全面性原则。用全面性的指标得出全面性的评价结果，重点解决主观与客观、重点与一般两类指标全面性评价问题。比如既要把各项检察业务指标作为重点，也要兼顾各项综合性指标；既要重视各项客观性指标，也要兼顾各项主观性指标，如执法办案理念和形象、公众满意度、执法行为规范化、检察队伍建设等问题。解决的路径是把统计考评与不同层面的民主测评、结果考评与过程考评有机结合起来，解决的焦点是主观性指标的客观化问题，合理确定主观性指标的核实依据和认定标准。此问题我们在考核进程中发现，就立即着手相应的机制改造。目前机制已经制定，近期将要纳入实际操作程序，但仍需实践效果检验。二是重点性原则。即适当突出创新性、主观能动性和支配性指标的权重和评价导向。如我们对创新性、难点工作设加分或高分；在指标权重的分配上，着重关注反映检察工作规律、功能价值和效果的关键性指标，致力于考核的导向性。但我们也发现，在一些可以分为数量、质量、效率和效果等关联性指标中，如何抓住其中起支配作用的核心指标，如合理增加客观反映办案质量效果的比率指标，致力于考核的针对性和实效性还要作进一步探索，并尽快形成有效机制。三是协调性原则。鉴于检察工作程序性明显、彼此关联性高等特点，合理增加有关工作协作配合的任务指标，致力于整体工作的协调性导向，更好发挥整体检察工作的合力效应，杜绝主观上只为自己，客观上制约他人的不良心态和行为。目前我们已运用民主测评方法，通过全面考核团队协作意识、能力和绩效情况来有效提升整体的工作合力。下一步还要通过增设多角度、多维度，特别是反向制约性指标的方法，深化推进协调性机制不折不扣落实。四是区别性原则。客观承认不同检察工作的不同目标取向、属性、位置、作用及主客观制约因素，做到定位定性准确、目标任务制定合理，不搞"一刀切"、单一划线。围绕中心工作、核心职能划定高指标，针对创造性工作制定激励奖励考核分数。在客观划定一般性工作合格线的前提下，给予其创新亮点工作考核参与机遇和激励加分待遇，并有效运用部门人员数量质量系数和任务指标变量，均衡掌控整体考核结果的公正性和可信度。对此原则，我们经历了从不自觉到自觉、从粗浅到深化的认识过程，相应机制已建立并实行，一些还有待实行。

3. 有效解决两个问题。一是"人"的问题。人是生产力中最活跃的要素，机关工作也不例外。检察人员是开展检察工作的最基本的主体，是任务的承担主体、执行主体，也应当是被考核的责任主体。应该认识到，人是一切检察工作的起点，也是一切检察工作的归宿，考核工作必须全面扎实贯彻以人为本理念。首先，要科学安排好"人"。从考核起点开始，从人力资源合理配置角度，对全院各职能部门按照职能任务科学研究确定岗位职数，按照工作性质和难易程度合理安排不同年龄、学历和能力的检察人员，使"人"这一最大最不确定的变量用机制固定下来，作为考核指标设定、评定原则和方法运用的不变量，从考核伊始就提供公平竞争合理评价的基础和前提。其次，要把考核机制落实到"人"。从全国检察机关来看，一般都只考核到院或内设部门，缺陷显而易见，忽视了"人"这一主体的最终能动作用。由于考核结果没有最终与每一名检察人员直接挂钩，人员自身的责任意识、荣誉感都会大打折扣，不仅会制约检察工作数量、质量和效率，也会影响全体检察人员对考核工作的理念认同、制度认同和感情认同，制约其以更加活跃的主体身份自觉加入进来，积极推动检察工作和考核工作双向互动发展。最后，要把考核结果及时准确运用到"人"。按照检察人员成为被考核主体的定位，切实把考核结果作为对检察人员评优评先的重要依据。从人事管理科学化、规范化层面，我们理想的人事管理架构是：科学建立每一名检察人员选拔任用、职级晋升服务的名副其实的人事档案。包括每一年的考核奖励情况、重点业绩和事迹，还包括经过不同层面不同范围的组织考察，形成的主观上的思想动态、学习能力、团队协作精神和心理性格特点等评定材料，为岗位调配、职级晋升，真正实现人尽其才提供重要的决策信息。从而更好地完善考核回路机制，切实落实以人为本理念，实现精确化管理提出的效率与快乐的有机统一。我们清醒地认识到，全面实现以上想法还需假以时日。当下要很好地把握实然与应然的关系，不放过实然状态下的工作努力。我院已经把人作为中心要素，通过科学规范的岗位调配、评优评先、职级晋升等机制，极大地发挥了检察人员的主体地位和作用，也为今后检察人事改革奠定了坚实基础。

二是对直辖市分院的考核问题。如前所述，我国检察机关绩效考核机制存在的最大问题是体制内和体制外两个模型、绩效考核的内涵和外延功能都没有得到有效整合，造成整体不协调、相互矛盾，极大制约了考核机制作用的发挥。此外，经过几年的考核实践和调研考察发现，不同地区由于存在人口规模、经济发展状况、检察人员情况及履职素质和能力差异，还客观存在发案率、案件总数、检察经费保障等区别，对各院按照一个标准考核，其客观性一直受到质疑。直辖市分院有其自身特点。市院在人财物上的统一领导，没有对下级院的业务指导职责，实际上是承担执法办案任务的业务机关。其承担的检察业务工作与全市参与考核的各区县院并没有实际意义上的可比性，因而参与全市考核的前提及结果运用都存在质疑。我们认为，按体制内外两个模型和内涵外延有机整合的思路，建议把对分院考核从全市考核体系中剥离出来，自建适合自身特点的双级考核模式，并以此考核模式先行先试，为全国进一步完善绩效考核机制摸索经验。一方面从市院层面，每年仅就分院重点检察工作制定具体的任务指标，年终考核完成情况。另一方面分院自身进行绩效考核，二者的结果作为对分院的最终评价依据，实现由内外两个考核模型，从一般性和特殊性两个层面、针对性和实效性两个角度的全面科学考核。

立足检察职能　大力开展职务犯罪预防工作有力保障滨海新区经济又好又快发展[*]

天津市人民检察院第二分院课题组

2008 年元旦前夕，胡锦涛总书记在天津视察工作时，对天津的发展提出了"两个走在全国前列"和"一个排头兵"的重要要求，希望天津在落实科学发展观、实现经济又好又快发展方面走在全国前列，在保障和改善民生、促进社会和谐方面走在全国前列，希望滨海新区成为深入贯彻落实科学发展观的排头兵。

在欣喜有了前所未有的重大发展机遇的同时，我们必须清醒地认识到，经济发展的最前沿往往就是腐败容易滋生的地方和职务犯罪的易发、多发区。"预防职务犯罪是反腐败的理性选择"[①]，我们必须调动社会上的一切积极因素，运用各种手段及采取社会性和专门性的防治措施，限制、消除国家工作人员利用职务进行犯罪的原因与条件，以达到防止、遏止和减少职务犯罪发生的目的。以《建立健全惩治和预防腐败体系 2008—2012 年工作规划》（以下简称《工作规划》）为蓝本不断加强滨海新区惩治和预防腐败工作，保障滨海新区经济又好又快发展是今后一个时期检察机关的重大任务，滨海新区必须在反腐败的新阶段作出表率，不但要做经济的排头兵，更要做反腐败的先行军。

一、滨海新区开展职务犯罪预防工作的重要性和必要性

滨海新区已经成为我国经济开发开放的前沿阵地，能否保持经济健康快速可持续发展为国人瞩目。滨海新区在搞好经济发展的同时，必须同时搞好反腐

---

* 本文为天津市检察系统 2008 年重点调研课题，发表于《法学杂志》2009 年第 8 期。作者简介：史建国，天津市人民检察院副检察长；王琦，天津市人民检察院第二分院研究室干部；施长征，天津市人民检察院第二分院公诉处干部。

① 柳晞春：《预防职务犯罪——反腐败的理性选择》，法律出版社 2003 年版，第 1 页。

败工作，"两架马车"并驾齐驱才能使滨海新区的发展走向新的高度。开展滨海新区职务犯罪预防工作是落实中央《工作规划》的直接措施，更是为新区经济健康快速可持续发展提供坚实基础和政治保障，对新区的发展具有重要的现实意义和深远的历史意义。

（一）切实做好预防职务犯罪工作，是落实"两个走在全国前列"和"一个排头兵"的要求，是实现经济又好又快发展的理性选择

天津滨海新区是在改革开放 30 周年经验的基础上求发展，既要借鉴深圳、浦东等地发展的经验，又必须避免曾经走过的弯路。中央"实现经济又好又快"的政策要求中的"好"不仅指经济效益好，而且社会效益也要好，不仅要短期的效益好，更要有可持续发展的长远目标，所有这些都有赖于制度的完善和经济的廉洁运行。切实做好滨海新区的职务犯罪工作，有利于形成公平、竞争、有序的市场经济环境，有利于形成良好的社会风气，形成先进文化赖以存在、发展和传播的土壤和环境，为滨海新区经济健康发展提供正确的法治导向。

（二）切实做好预防职务犯罪工作是创造性地运用"先行先试"政策的重要保障

在"先行先试"的政策下，滨海新区拥有更大的自主决策权，确保正确地运用这种决策权是这一政策得以实现的必要前提。"先行先试"就是要创新，没有经验可以借鉴，没有标准可以遵循，但必须要把握最基本的尺度，那就是法律。开展预防职务犯罪，坚持标本兼治、综合治理，从体制、机制和制度入手，做到关口前移、提前防范，通过各种有效途径和方式最大限度地遏制和减少职务犯罪，可以从源头上遏制腐败现象的滋生蔓延及职务犯罪的发生，保证经济的健康运行。

（三）切实做好预防职务犯罪工作是检察机关深入开展学习实践科学发展观活动的重要方面，是为滨海新区经济快速健康发展创造良好法治环境的必由之路

建立良好的法治环境是检察机关贯彻落实科学发展观、实现"和谐滨海"的重要保证，是经济快速发展的迫切要求。科学发展是以经济高速发展为带动的社会的全面进步，职务犯罪作为一种极端不和谐的因素存在，严重破坏了经济发展的法治环境，会在很大程度上制约着经济的快速发展。检察机关作为打击、预防职务犯罪的专门职能机关以预防职务犯罪为突破口，为滨海新区乃至全市经济的发展保驾护航，正是学习、领会科学发展观的成果，是践行科学发展的重大举措。

二、近五年来滨海新区①职务犯罪情况分析

职务犯罪是指国家工作人员利用职务便利实施的贪污受贿、玩忽职守、徇私舞弊、侵犯国家公民权利、破坏国家对公务活动的管理职能，依照刑法规定应当受到刑罚处罚的行为。职务犯罪是最为严重的腐败形式。2003—2007 年，滨海新区检察机关共立案侦查贪污贿赂案件 286 件，占全市立案总件数的 13.76%，其中贪污案 149 件占 52.10%，贿赂案 67 件占 23.43%，挪用公款案 64 件占 22.34%，其中涉案金额达到千万元以上的 9 件，占全市千万元以上案件立案数的 50%。滨海新区检察机关渎职侵权案件立案侦查 35 件，占全市立案总件数的 11.82%，其中滥用职权案 12 件占 34.29%，玩忽职守案 11 件占 34.43%。通过数据分析，滨海新区职务犯罪发案情况有如下几个特征：

（一）实际发生职务犯罪数量逐年增加

从立案数据上看，职务犯罪每年都有所增加，但立案数不能表现职务犯罪发案的全貌，必须与举报的案件数及受理和初查的案件数结合起来，而举报的案件数以及受理和初查的案件数的上升幅度大大超过立案数的上升幅度，结合"犯罪黑数"理论，职务犯罪实际发案数会大大超过立案数。

（二）涉案金额居高不下

5 年内滨海新区所查办的个案涉案金额在百万元以上的计 24 件，占案件总数的 8.73%，有些个案的涉案金额高达千万元，有的挪用公款个案涉案金额竟然达到 9000 多万元。2005 年，二分院立案侦查的挪用公款案的总涉案金额总和甚至超过了 1 亿元！

（三）行业分布较为分散，涉及领域众多

从 5 年来的数据统计分析来看，没有发现较为集中的职务犯罪多发的行业和领域，可以说各个行业都有发案，原来的多发案行业如行政机关、金融、保险等仍时有发案，原来没有发生过职务犯罪的行业、领域和环节如国有企业改制改组过程中、会计师事务所等中介机构提供中介服务过程中，最近几年也相继发生了多起职务犯罪案件。

（四）传统型职务犯罪仍占较大比例

贪污罪、贿赂罪、挪用公款罪、玩忽职守罪、滥用职权罪等犯罪属于传统的、常见的职务犯罪类型。滨海新区贪污贿赂案件立案总计 286 件，其中贪污

---

① 由于滨海新区不是一个独立的行政区域，其所辖范围较为复杂，这里的统计数据一般以属于滨海新区范围内的四个完整的行政区（经济技术开发区、塘沽区、大港区、汉沽区）的统计数据加和计算，二分院立案侦查的发案单位属于滨海新区的也计算在内。

案占到一半以上，贪污案、贿赂案和挪用公款案占到总立案数的 90% 以上。滥用职权案和玩忽职守案的数量能占到渎职侵权立案数的 60% 以上。而有些的职务犯罪则发案相对较少，如滥用管理公司、证券职权罪、环境监管失职罪、放纵走私罪没有发案，而国家机关工作人员签订、履行合同失职被骗罪在 5 年中只有 1 件。

（五）"一把手"犯罪现象严重

滨海新区的经济发展是"政策先行"，企业"一把手"支配着巨额资金，但监督机制不健全，法律制约相对滞后，一些缺乏道德自觉和政治觉悟的"一把手"就想利用职务之便"捞一把"。例如，某国有企业的总经理在企业改制过程中，串通会计师事务所，将价值 3 亿多元的国有资产评估为 2.9 亿元，其余 1000 多万元由他个人侵吞或挪作他用。某区建委主任吴某负责拆迁工作，由于财务制度不健全，款项的审批全靠吴某"一支笔"，吴某利用职务之便，挪用大量拆迁资金，占用拆迁资金，对拆迁户补偿不合理，激起民愤，一些拆迁户还到中央上访，在群众中影响极为恶劣，检察机关以吴某涉嫌贪污罪和挪用公款罪立案侦查。

三、滨海新区职务犯罪发生的原因分析

发生职务犯罪的原因是多种多样的，往往是多种因素综合作用而导致职务犯罪的发生。我们只有找到职务犯罪发生的病因，才能对症下药。以下我们主要从观念、制度和监督上进行原因分析。

（一）发展观念上偏重于经济指标，反腐败意识没有跟上，职务犯罪预防思想淡薄

观念上有偏差，实践中就会出大错；思想上不重视什么，什么发生的概率就高。滨海新区的经济建设如火如荼，成绩斐然，但有部分人却在思想观念上放松了反腐败的"弦"，认为只要经济指标上去了就万事大吉，忽视了这种经济指标是如何取得的，能否持续发展下去。原政绩评价体系的"唯 GDP 论"倾向也强化了这种错误的观念，加之制约机制的缺失，干部的思想改革完全靠自觉，在巨大的经济利益诱惑面前，仅凭党性、原则性来约束自己的行为是需要很强的自制力的。大部分落马的官员在落马之后，都会反思自己犯罪的思想根源，几乎无一例外的都会提到"忽视人生观、价值观、世界观的改造"，这并非是冠冕堂皇的说辞，职务犯罪首先是犯罪分子"思想上犯了罪"，再加之适当的"犯罪情景"，最终导致行为上犯罪。

（二）行政管理制度有漏洞，权力监督和制约机制不健全

滨海新区作为我国综合配套改革试验区之一，可以在没有中央政策和法律

规定的情况下"先行先试",主要依靠区域政策推动经济、社会事业发展。很多改革措施的试点工作都是首先在天津进行的。改革就是"摸着石头过河",必然要有"局部犯规",才会有创新。没有大胆的改革创新就没有现今欣欣向荣的社会主义事业。我们以往的成功经验是"英明的决策者+优秀的领导者"。政策的弹性和灵活性更大,释放更大的空间让领导者行使权力,充分发挥他们的聪明才智,我国很多的改革模式都是在政策的推动下由某些人开创出来的。滨海新区也属于政策先行的区域,既定政策划定了滨海新区未来发展的美好蓝图,不可能把领导者的具体职责义务条款写进这种宏观的政策,政策执行的情况主要依靠握有职权的人较高的道德自律和政治觉悟。法律制度在一定程度上落后于社会生活是一种客观规律,某些行为在一定时期内处于法律和制度监管之外也是客观存在和无法避免的。有些人打着"先行先试"的幌子中饱私囊,大肆侵吞国有资产,挪用公款以谋私利,滥用职权、玩忽职守造成国有资产流失严重。没有监督的权力,必然导致腐败。滨海新区职务犯罪的原因之一就是因为法律法规、各项制度不够健全,很多规定,只规定职权,不规定职责,只规定权力,不规定责任,缺乏惩处条款,有的惩处条款过于原则、缺乏可操作性,出了问题没人管没人问。缺乏相应的权力制约和监督机制,"一把手"的权力过大又缺乏监督。任何掌握职权的人都是一个普普通通的个人,在一个缺乏监督的环境中,如果我们把一切希望都寄托在他的道德良心上,难以确保他们在公益和私利的博弈过程中始终站在"公"字一边。

(三)职务犯罪预防工作存在"死角",法律监督不到位

滨海新区的区域组成较为复杂。有些地域不属于任何行政区管辖,有些地方却存在着交叉管辖问题。由于行政管辖的缺位,有些国有公司、企业的反腐败、预防职务犯罪的问题全靠"自律"来解决。这几年,滨海新区的各区检察院都为职务犯罪预防工作做了大量的工作,比如开展了重大工程项目的预防,联合不同系统召开预防工作联席会议。但由于管辖上的问题,有些国有企业对检察机关的"送法上门"活动并不领情。有些大型项目是横跨两个行政区的,这就需要这两个区的检察院联手做好职务犯罪预防工作,但是"跨区预防"没有法律依据,也没有经验可以借鉴,往往是出现预防的空白区域,结果最需要进行预防的项目却缺少预防。有些项目直属于市里,区级的预防工作跟不上,市级的预防没有人具体负责,也就是没有一个合适的机构来对这些项目开展预防工作,而且滨海新区的很多大型国有企业、公司、大型的工程项目都处在这样的预防"飞地"之上。结果往往是"工程竣工,干部下马"。"法网恢恢,疏而不漏",在预防工作开展的较为充分的地方,职务犯罪发案率仍居高不下,而在管辖不到,监督缺位的地方,职务犯罪的发生是必然之事。

四、滨海新区职务犯罪预防的工作难点

滨海新区不是一个独立的行政区划，职务犯罪预防又是检察机关开展时间不长的业务。要在一个管辖不明确的地域开展一项没有成熟机制的工作，难度可想而知。工作难点较多，如工作主体不明确，管辖范围有交叉，工作方法不确定，人、财、物缺乏等。我们主要从以下3个方面分析工作难点。

（一）行政区划不统一，区域组成较为特殊，专项预防"地域管辖"难以实现

滨海新区由塘沽区、汉沽区、大港区3个行政区，天津港、天津市经济技术开发区、天津港保税区3个功能区以及东丽区的无暇街、津南区的葛沽镇（海河下游工业区）8个部分组成。塘沽区、汉沽区、大港区3个行政区都有自己独立的行政管理体制，包括区政府机构、区人民代表大会、区政治协商会议、区法院、检察院、公安机关等司法机构，它们都是隶属于天津市（省级）的县市级行政区划，有着自身独立的法律地位；东丽区的无暇街、津南区的葛沽镇又各归属于本区政府管辖；由北疆、南疆、海河三大港区组成的天津港仅归属于天津港集团公司，而不具有任何法律意义上的行政区划级别；天津经济技术开发区、天津港保税区作为功能区，则由作为天津市政府派出机构的开发区管委会、保税区管委会管辖，没有相应的行政管理体系。这样的区域划分给检察机关的预防职务犯罪工作带来了一定的难度，因为检察机关的管辖权一般按照属地原则进行划分。专项预防工作因为管辖权不明而无法开展。2007年年初，为了解决滨海新区的行政管理体制的难题，天津市规划局、市国土资源和房屋管理局和市环保局等部门将在新区设立分局，尝试滨海新区行政构架改革。检察机关面对滨海新区的特殊情况，应当如何作出抉择，这是我们必须解决的难题之一。张高丽书记在天津市委九届三次全会上强调："围绕建立充满活力、富有效率、更加开放、有利于科学发展的体制机制要求，深入调研，大胆探索，及早提出滨海新区体制机制改革方案，充分调动各方面的积极性"[1]，从长远规划而言，滨海新区应当像当年的浦东新区一样设立为独立的行政区域，在行政管理、司法管辖、犯罪预防和社会治安综合治理等方面更顺利地实现和现有政治体制、司法体系的对接。面对现在这种复杂的行政区划，检察机关只能勇于创新、迎难而上，整合现有的体制和制度资源，大力开展职务犯罪预防工作，避免出现"职

---

[1] 张高丽：《2007年12月25日在市委九届三次全会上的讲话》，载《天津工作》2008年第1期。

务犯罪难发现，发现犯罪无人管"的尴尬局面。

（二）职务犯罪预防部门承担的任务过于繁重

滨海新区已经成为全国配套改革综合试验区，成为全国投资热点，经济发展速度相当快。2007年滨海新区生产总值完成2364.08亿元，按可比价格计算，比2006年提高2.1个百分点。在汽车、冶金、机械、石化、医药和食品等支柱产业带动下，滨海新区生产保持较快增长，完成工业总产值6282.83亿元，增长20.8%，占到全市工业的62.4%，固定资产投资大幅增长，完成1152.64亿元，增长33.4%，快于全市4.3个百分点。直接利用外资合同金额76.68亿美元，实际到位39.24亿美元，分别增长24.1%和17.3%，占全市的比重分别为66.6%和74.4%。维斯塔斯风力发电、SEW精密机械、中集集装箱等60多个重点项目建成投产。① 滨海新区2007年安排重点基础设施项目62项，其中续建29项，新建33项，计划投资260亿元。其中大部分项目是专项预防的重点，上万人都是预防职务犯罪的对象。检察机关面对如此庞大的工作任务，想要保证"工程优质、干部优秀"，绝非易事。

（三）职务犯罪预防专门人员缺乏，职务犯罪预防工作在检察整体工作中处于边缘化

各检察机关反贪局下设预防处（科），但是预防部门的人员一般还继续承担反贪侦查工作，形成了"忙时搞反贪，闲时搞预防"的局面。这种局面形成的原因之一就是部分检察机关工作人员仍然存在"重打击、轻预防"的错误观念，而更重要的原因是反贪工作任务繁重而反贪工作人员配备严重不足，预防部门的工作人员不得不一身兼二任。预防部门的边缘化导致预防工作的弱化。

五、滨海新区职务犯罪预防的对策

滨海新区职务犯罪预防工作是一个庞大的系统工程，需要调动社会上的一切积极因素，运用各种手段，采取社会性和专门性的防治措施，限制、消除国家工作人员利用职务进行犯罪的原因与条件。检察机关应当立足检察职能，大力开展职务预防工作，有力保障滨海新区经济又好又快发展。

（一）在短期内签订跨区预防职务犯罪协议，突破专项预防"地域管辖"的瓶颈

检察机关开展职务犯罪预防工作基本都是以属地管理为原则（尤其是对专项预防而言），而滨海新区建设工程项目庞大，资金流量巨大，工作人员成

---

① 天津市统计局：《2007年我市国民经济实现又好又快发展》，载《天津工作》2008年2月。

分复杂，且区域构成较为特殊，属人管辖与属地管辖互相交织等问题逐渐显现。对此我们可以借鉴首钢京唐钢铁联合有限责任公司建设工程上的专项预防工作中，北京市石景山区、河北省唐山市和唐海县检察机关开创的"跨省职务犯罪预防"新模式，打破区域限制，以"制度漏洞及时补、法制教育时时新、咨询服务进工地"等手段，打造滨海新区属地内各区检察机关职务犯罪预防网络，不给预防职务犯罪工作留下死角。

（二）尝试性开展预防巡视工作

巡视制度是党内监督的一项重要制度。这项制度完全可以延伸到职务犯罪预防领域中来。预防巡视就是预防领导、监督机构①对预防对象（单位或个人）定期地进行深入实地的考察、监督和检查。在市院预防处的领导下，由二分院预防处直接负责，由滨海新区所辖的各区院相关负责人参加，成立预防巡视组。预防巡视组的主要职责就是认真了解和掌握预防对象开展预防工作的真实情况，接受预防对象的预防咨询，听取人民群众对于预防工作的各种意见和建议。预防巡视采用定期巡视和不定期巡视相结合的方式，每次巡视应确定不同的工作重点。预防巡视前，任何人员不得提前和巡视单位"通风报信"，预防巡视不是走过场、搞形式主义，而是希望通过巡视掌握预防对象预防工作的开展情况，发现职务犯罪迹象及时处理，利用所掌握的巡视成果进一步将职务犯罪预防工作推向新的高度。

（三）针对重点部门，选择重点企业做好重点预防

滨海新区国家巨额投资的大项目多，国有企业或国资控股企业较多，针对这一特点，我们可以选择重点预防，以点带面的工作方法，与承担这些大项目的企业协作，做好职务犯罪的预防工作。

1. 帮助企业建立和完善规章制度，使预防职务犯罪的一些措施融入企业的工作流程，成为刚性制度加以落实。预防工作之所以很难落到实处，就是因为它是一种软约束，没有相应的刚性制度予以保障。检察机关与重点预防的企业合作，把有利于开展职务犯罪预防的措施写入企业的规章制度，作为企业内部工作流程的一部分予以贯彻，是一种有效的办法。如把定期审计与按阶段审计结合起来，规定工程进展到哪个阶段，必须由相应的机构进行审计，一旦发现问题马上进行深入调查，并采取相应措施予以制止和弥补，把职务犯罪行为消灭在萌芽阶段，尽可能避免给国家和企业造成重大损失。

---

① 可以职务犯罪预防领导小组或职务犯罪预防督导办公室为基础组建巡视机构，也可以单独成立预防巡视组。

2. 发挥好检察建议在职务犯罪的作用,定期回访发案单位。检察机关将开展职务犯罪检察建议工作同办案结合起来,围绕检察职能和行使检察权的程序,把检察建议工作落实到检察工作的各个环节,贯穿于检察机关依法查办职务犯罪的整个诉讼过程。做到"一案一建议",结合个案的办理,选择有影响、有代表性的典型案件,举一反三,针对犯罪作案的目的、动机和实施犯罪的手段以及发案单位管理的漏洞,积极提出检察建议,帮助发案单位堵塞漏洞,建章立制,达到"办理一案,教育一片,治理一方"的目的。

3. 深入开展预防咨询工作。预防咨询是预防职务犯罪工作的重要手段之一,是以具体预防单位的邀请为前提条件所实施的一种非诉讼的参议性活动。它为职务犯罪预防机构以适当身份和方式广泛深入社会预防领域的管理活动,及时了解情况、发现问题,帮助预防单位强化管理,完善各种制度,实现制度与机制制约,促进有效监督提供了有效途径。鉴于检察资源现状与咨询工作的需求不成比例,可以在重点预防单位率先进行。预防咨询可以采取以下几种:(1)开展会议咨询,参加预防单位的管理决策活动,帮助预防单位实现预防职能的规范化和责任化。(2)开展随行咨询,参加预防单位各种形式的监督检查,深入了解、及时发现预防单位管理中存在的问题,督促预防单位及时采取补救措施,增强监督检查的效果。(3)开展临场咨询,参加预防单位组织的招投标活动,保证招投标行为的公开、公平、公正。(4)开通预防咨询热线,及时解答预防单位在预防工作中遇到的各种问题,最大限度地降低沟通成本。

(四)建立专门针对滨海新区的职务预防犯罪信息库,并做好对外查询工作

区院、分院和市院三级检察机关应当分别建立针对滨海新区的职务犯罪预防信息库。信息库内容包含:(1)与滨海新区有关的典型、重大职务犯罪个案或者类案资料;(2)与滨海新区经济发展相关的社会公共信息,对于在建的重大工程项目的进度实行信息追踪;(3)滨海新区主要区域、各大行业和部门职务犯罪状况及防控职务犯罪的规定和做法。信息库保证时时更新,检察机关可以针对动态信息采取有针对性的预防措施。

从2006年1月1日起,市院对社会提供行贿档案查询,收到了较好的社会效果。一可帮助有关部门、单位掌握情况,对行贿者给予必要的、公正的处置;二可令行贿者付出应有的代价;三可对拟行贿者起警示作用。使行贿档案构成社会诚信体系的一部分,使行贿者害怕进入"黑名单"而不敢行贿,这样从源头上预防贿赂类犯罪。

滨海新区职务犯罪预防工作任重而道远,要大胆突破现实的体制"瓶

颈"，敢于、勇于进行体制创新。深刻领会十七大报告中关于搞好反腐倡廉、职务犯罪预防工作的精神要旨，用科学发展观指导实践，进一步深化滨海新区的体制改革，实现滨海新区的更大发展，更好地发挥引擎作用、示范作用、服务作用、门户作用和带头作用。

涉众型经济犯罪的司法处理难题与对策研究[*]

天津市人民检察院第二分院课题组

涉众型经济犯罪，是指被害人人数众多，以给被害人造成经济损失为主要特征的犯罪，主要包括：非法集资类犯罪（非法吸收公众存款罪、集资诈骗罪），非法经营型犯罪（组织、领导传销活动罪、非法经营罪等），合同诈骗型犯罪（主要是以房屋中介形式进行合同诈骗等）。近年来，全国涉众型经济犯罪案件发案率大幅度上升，严重破坏了金融秩序，给人民群众带来了巨大的经济损失，造成了社会的不稳定。由于此类犯罪"涉众"与"涉钱"的固有特点，在司法机关办理案件的过程中呈现出许多独有的难点与困惑，给打击此类犯罪造成一定的障碍，影响了打击效果，本文旨在发现并分析这些难点，并提出一些可供借鉴的解决办法，希望能与大家共同探讨，以期达到指导实践的目的。

一、司法机关办理涉众型经济犯罪案件遇到的问题

近年来，随着国家对涉众型经济犯罪（以下简称涉众犯罪）打击力度的不断加大，犯罪分子的反侦查能力不断增强，犯罪手段和方式经常变换、翻新，加之法律、司法解释固有的滞后性，司法实践面临着许多新的亟待解决的难题。

（一）主观故意难以确定

大多数涉众犯罪，如集资诈骗罪、合同诈骗罪等，均为目的犯，即要求行为人在主观上具有"非法占有"的目的。主观故意的确定本身就是司法难题之一，特别是在程序正义日益受到重视的现代法治社会，犯罪嫌疑人、被告人

＊ 本文为天津市检察系统 2009 年重点调研课题，发表于《法学杂志》2010 年第 6 期。作者简介：吴玉光，天津市人民检察院第二分院党组成员、纪检组长；张秀山，天津市人民检察院第二分院法律政策研究室主任；边学文，天津市人民检察院第二分院公诉处处长；王琦，天津市人民检察院第二分院法律政策研究室干部。

供述的作用在弱化，如何用大量的客观证据证实行为人的主观故意成为司法实践面临的重大课题。这一难题在涉众犯罪中表现得尤为突出。绝大多数的涉众犯罪分子在开始实施犯罪的时候，为了使受骗群众相信其"高额回报"的谎言，都会在一定时间内、一定范围内履行其承诺，以达到吸引更多资金的目的。当他们所吸收的资金达到一定规模后，他们无力支付或故意拒不支付当初承诺的"高额回报"，但并不停止继续吸纳新的资金。而所有的嫌疑人在被传讯后，几乎无一例外地辩称，他们所经营的项目具有产生高额回报的可能甚至是必然，完全可以实现其承诺，后来只不过是由于经营不善或出现意外情况才无法实现。在这种情况下，确定其主观上有没有非法占有的故意，往往成为罪与非罪的关键。

（二）犯罪数额难以确定

在涉众型经济犯罪案件中，犯罪数额在定罪、量刑方面都具有重大意义，但是由于"涉众"，无论是涉案数额、实际损失数额还是犯罪嫌疑人非法所得，均难以做到十分精确。造成这种形势的主要原因有：

1. 被害人不能尽数参与到刑事诉讼中来。涉众案件的被害人不仅人数众多，而且地域分布也较广，因此有些被害人并不知道案件的侦办情况，其本人也没有发现被骗，没有报案，因此没有及时参加到刑事诉讼中来，他们投入的资金也就没有纳入涉案数额。另外，有些被害人在案发后仍存在侥幸心理，希望能让嫌疑人继续经营，以拿到预期收益，因此主动选择不参加到已经开始的刑事诉讼中来，给涉案数额的认定带来困难。

2. 被害人实际投资数额难以确定。许多涉众案件的被害人在刚开始投入资金时如期拿到了高额回报，于是相信自己找到了"发财渠道"，想投入更多资金。此时犯罪嫌疑人往往劝说被害人将"红利"作为新的"资本"重新投资，而他们给被害人开具的收款证明却不能反映出这一过程，即收款证明反映出来的犯罪数额有可能高于被害人实际投入的数额。在案发后被害人出于追求个人利益最大化的动机，大多都对此种情形予以否认，都说自己未获利，收款凭证中所载数额就是自己的实际损失数额；而嫌疑人却主张其中有先期返还的红利，或者本金已全部返还，收款凭证上的数额是其获得红利后继续投资额，自己的犯罪数额远没有那么高，甚至声称自己根本不欠某些被害人的钱，这种情况下难以取得其他证据，被害人实际受骗数额无法确定。

3. 有些涉众案件的犯罪嫌疑人有相对固定的组织机构和虽不十分规范却明晰清楚的"账目"，案发后，主要责任人对涉案数额的总数供述大体一致，并有相关的"账目"作书证予以佐证。但由于前述两个原因，被害人证言所能证实的涉案数与犯罪嫌疑人的供述有一定甚至是较大的差距。此时犯罪嫌疑人供述与被害人证言之间的矛盾能否看成是"主要证据之间存在矛盾无法排除",不同犯罪嫌疑人的供述与一定书证相结合能否达到"证据确实充分"的标准,都成为确定犯罪数额的关键。

（三）打击面的大小不好把握

许多涉众案件不仅被害人人数众多,涉案的嫌疑人同样人数众多,情节轻重相差很大,如何界定恰当的打击面,既不放纵有罪的人,又避免片面扩大打击面,造成新的不稳定因素,是处理此类案件的难点之一。

1. 共犯如何确定。在一些规模较大的传销、非法吸收公众存款等案件中,犯罪嫌疑人往往组成形式上合法的公司,存在不同分工。例如在有些案件中,有一种专门进行宣传的"宣传员",他们不直接接收被害人的钱款,而是以各种形式的"讲课"、"开会"宣扬传销能如何更快、更多、更省力地赚到钱,他们所谓的项目是如何如何的与众不同,高额回报确有保证等,许多被害人受骗上当就是听信了这些"宣传员"的谎言。案发后这些"宣传员"则辩称自己未从被害人处接收存款,且其直接参与的犯罪数额无法确定;有些公司中有一些低层工作人员,只负责接受存款,开具收据,而基本上不参与其他活动,案发后辩称自己不知情,认为自己从事的是正常的工作。这些人能否作为共犯追究刑事责任,不同地区、不同案件有不同的处理方法,亟待统一。

2. 追究"层级"如何确定。涉众案件庞大的犯罪组织是一个金字塔形的结构,其中下层的人员往往既是"害人者"又是"被害人",他们在非法吸收他人存款的同时,自己也有大量资金投入,案发时有些人的损失甚至不比其他被害人少。如所有吸收过别人存款的人都要追究刑事责任,则打击面有些过大,如不全部追究,追究层级则成为必须解决的问题,目前尚无可供参考的标准。

3. "公众"的人数与数额双重标准如何把握。按照最高人民检察院、公安部《关于经济犯罪案件追诉标准的规定》（以下简称《追诉标准》）,涉众案件之"众"有人数与钱数的双重标准。以非法吸收公众存款罪为例,个人非法吸收 30 万元或 30 户以上的,应予追诉。实际办案中反映出来 30 户很难达到,而 30 万元的标准却很容易突破。有些犯罪嫌疑人只非法吸收三四户的存款甚至有的只是一两户,数额就远远超过了 30 万元,这种情形以非法吸收公众存款罪定罪就显得不是很恰当,不予追究又违背法律规定,有放纵犯罪之嫌,处理起来缺乏依据。

（四）被害人方面工作繁重

涉众案件之所以受到社会的普遍关注,最重要的原因就是被害人人数众多,社会影响大。这些被害人在案发后反映出不同的心态与诉求,如果处理不当，就难以达到"案结事了"的效果。

1. 被害人态度分两种，对立严重，干扰司法。涉众案件侵害对象大多是中老年人、学生、城市低收入者及农户等，这些弱势群体的心理承受能力差，一旦发现被骗难以控制情绪，且易被不法分子利用。案发后被害人对案件的态度往往分为两派，一派完全不抱任何希望，对嫌疑人恨之入骨，坚决要求司法机关严惩；另一派则对嫌疑人仍存侥幸心理，认为再有一些时间，他们可能能实现所许诺的高额回报，因此要求司法机关撤销案件，释放嫌疑人，给他们机会和时间去实现他们的承诺。为了达到自己的目的，他们一方面多方上访，制造舆论给司法机关施压，另一方面彼此对立严重，有时也会发生冲突，形成新的不稳定因素。

2. "自愿被害人"的存在。由于涉众案件影响大，有些案件中政府为了平息群众情绪，维护社会稳定，拿出部分资金弥补被害人的损失。但是，近来办案人员发现，有些被害人就是以往类似案件的被害人，他们先前拿到了政府的补偿，认为反正最后有政府支撑，最起码不会赔，能赚到高额回报更好，因此，不再是简单的"被骗"，而是自愿地把钱投入到非法集资人手中，成为"自愿被害人"。

3. 取证工作量太大，以致证言取得不规范。由于涉及人员多、资金繁杂、无财务账目等因素，涉众案件取证难度很大。有些地方由于涉案人员太多了，工作人员一一录取证人证言需要的时间太长，他们就利用原有的传销层级，指定上线负责把下线的被害人姓名和涉案金额简单做一下登记，就作为证据使用。这种方式取得的证据不论是形式上还是实质上都难以达到据以定案的证据规格，案件质量受到影响。

4. 追加诉讼现象较多。个别涉众案件有很强的跨地域性，有些被害人不知道嫌疑人已被公安司法机关查处，由于不知情而没有报案，等到案件程序结束后，其他的被害人发现自己被骗又陆续报案，导致程序又重新启动，浪费司法资源。

（五）追赃困难

涉众型经济犯罪案件绝大多数涉案金额巨大，以非法吸收公众存款和集资诈骗犯罪为例，个案涉案金额少则几百万元，多则上千万元，超过亿元的案件也在不断增多。受害群众的集资款项或是被非法集资者用于投资转贷、风险经营，或是被其非法占有、挥霍，案发后大部分资金已无法追回，造成的经济损失非常严重。如方舟非法吸收公众存款案件损失高达1.8亿元，目前追缴、扣押及冻结款物仅为100余万元。追赃少、变现难的窘境往往又是引发被害人集体上访，造成社会不安定因素的直接诱因。

二、司法难题解决思路之我见

面对以上司法困境，结合实践部门所进行的众多有益探索，我们从刑法、刑事诉讼法理论及司法机关工作制度等方面提出以下解决方案：

（一）创新性地适用刑法基础理论，解决实体问题

灵活运用刑法基本原理、刑法总论来解决个案难点，是实践中对未明确规定的某些具体问题的有效解决途径，也是实践推动理论创新的主要体现。

1. 用间接故意理论创新解决主观方面的确定。按照我国传统刑法理论，"非法占有的目的"只能由直接故意构成，目的犯没有间接故意。但是我们认为，间接故意同样可以认定被告人有"非法占有的目的"。行为人以高额回报为诱饵吸揽他人存款的行为，使其产生了告知投资人所承担的风险和随时通报经营状况，特别是重大资金困难状况的义务。行为人明知自己无法支付高额回报，也明知自己将会因他人的错误而获得非法利益，却不明确告知投资人，任由他们继续注入大量资金，放任他人受损失而自己非法获利结果的发生。此时无论行为人先前支付了他人多少回报，主观方面都发生了转变，应认定其具有"非法占有的目的"。

2. 以共犯理论为基础确定追究层级及非典型共犯。（1）综合考察主、客观因素，合理确定追究层级。涉众案件的涉案人员构成非常复杂，对于庞大的金字塔结构所涉及的人员追究到哪一级，是一个非常敏感的问题。追究策划者、组织者、积极参与者的刑事责任一般没有争议，焦点在于中下层的大量人员。我们认为，应综合考虑各种因素逐个考量，而不应"一刀切"地决定追究到第几级。一方面要查清嫌疑人是否明知整个公司及其个人行为的性质，即是否明知自己或公司进行的是法律禁止的行为；另一方面要针对其个人实际参与的行为，参照个罪的定罪量刑标准决定是否追求其刑事责任。（2）综合考虑主观状态及后果，确定是否追究"宣传员"的刑事责任。对那些推波助澜的所谓"宣传员"，首先要确定其主观上是否明知整个集体行为的非法性和欺骗性，如果本人也是被蒙蔽，认为自己所从事的是合法的经营行为，只是在宣传时有些夸大，则不能认定为共同犯罪。而那些主观上明知自己在进行非法行为，客观上编造事实、虚假宣传、蛊惑他人，自己从中获得非法利益的，则应以共犯追究其刑事责任。

3. 坚持主、客观相一致原则，对"自愿被害人"不予保护。"自愿被害"实际是一种寻租行为，"自愿被害人"在主观上不再是"被骗"，而是利用政府的爱民宗旨主动寻求个人利益最大化。他们是利用他人的非法行为谋取形式合法却实质非法的个人利益。从一定意义上讲，"自愿被害人"的存在对涉众

型犯罪起了纵容甚至是推波助澜的作用，有些不明真相的人就是看到他们大量投资，或者听了他们"绝对亏不了"、"政府不可能不管"的宣传才上当受骗。对这类人不仅在发还赃款时应予以区别对待，而且应该没收其全部非法所得，必要时可以由金融机构给予行政手段的制裁。

4. 综合考量社会危害性，兼顾人数与数额双重标准定罪。按照我国刑法理论，被告人所承担的刑事责任应当与其所造成的社会危害相适应。前述"两高"《追诉标准》是 2001 年制定的，其关于数额的规定显然已经不能适应当今的形势。而且我们认为单纯地规定数额标准对于涉众案件并不完全恰当，应综合考虑其所涉及的被害人人数、主观故意状态、采取的手段及给被害人所造成的损失等，全面衡量其社会危害性，最终决定是否追究其刑事责任。

（二）综合运用诉讼法原理，正确处理程序性难题

在程序正义日益受到重视的法治社会中，程序性手段同样成为惩治犯罪、保护法益的武器，正确运用诉讼法原理解决实际操作问题，同样是司法实践的主题之一。

1. 准确把握证明标准，合理界定"证据确实充分"。我国刑事诉讼法规定的证明标准是"证据确实充分"，但这并不等于要求与案件事实有关的每一个细节面面俱全，只要相互印证的证据足以形成完整的证据链就可以认定。如书证与嫌疑人的供述相互印证，足以证实其犯罪事实，只是由于某些原因被害人无法找到，缺乏被害人陈述这一证据，仍然可以认定犯罪事实。无可否认，能够搜集到被害人证言，证据更加完整、扎实，但不是没有这一证据就绝对不能定案，否则就有可能放纵犯罪。

2. "优势证据原则"与"就低原则"相结合确定犯罪数额。犯罪数额是涉众犯罪定罪、量刑的重要标准，但由于其本身的特点，十分精确的数额往往无法确定。我们认为，仅就犯罪数额的确定这一环节来讲，可以借鉴民事诉讼法的一些做法。多个证据彼此矛盾，可以采取优势证据原则，即综合考量证据的证明力，采信证明力强的证据。如书证与证人证言、嫌疑人口供相矛盾，除非其能提出反证，否则以书证为准；多个证人的证言数额接近，而嫌疑人的供述却与之相去甚远，如不能给出合理解释，则采用证人证言。如各个证据的证明力大小相当，无法判定哪种证据占优，则采取就低原则。

3. 增加公告程序，避免追加诉讼。在查处涉众案件的过程中，可以借鉴民事诉讼中的公示催告程序，设立公告程序。立案后，在犯罪嫌疑人实施犯罪活动的全部区域内，采用公告的方式督促被害人，要求他们在一定期限内参与到讼诉中来，最大可能地一次性解决问题。

（三）追求多个效果相统一，合理确定打击面

1. 多方合作，加大追款力度。处理涉众案件的重点和难点之一就是追缴赃款，挽回损失，做好这项工作的社会影响有时远远超过了查办犯罪嫌疑人本身。但这不是仅靠司法机关的力量所能实现的，需要健全的社会信用与金融制度的保障。公安机关发现犯罪嫌疑人的同时需要马上冻结、扣押其全部资产，当前的做法是只有司法机关提供出相应的账号，金融机构才予以协助，对嫌疑人的隐匿资产无力查封。尽管我国已经实行了银行账户实名制，但是仍需要个人账户单一制配合建立起信用制度，即每个人只能选择一家银行开办一个账户对其全部资产进行管理。如果建立起这样的信用制度，嫌疑人转移、隐匿资产的可能性将大大减小，追款难度也会降低。

2. 重视被害人工作，坚持原则、说服教育和严格执法相结合。被害人工作实际上是一项普法工作。要把法律规定向被害人解释清楚，既为他们分析犯罪嫌疑人的行为为什么受到刑事追究并有可能得到什么样的制裁，又要帮助他们反思自己的行为，避免今后再次上当受骗。对那些心存侥幸的被害人，则要揭示犯罪嫌疑人的行为本质，打破幻想，说服他们依靠法律解决问题。

3. 对没有特殊情节的被害人可以设计格式笔录，由被害人自行填写。涉众案件被害人证言取证工作量大，重复性高是客观事实，可以针对没有特殊情节的被害人设计成格式笔录，把需要告知的事项和询问的问题事先印制好，由被害人亲笔填写并签字确认。之后由办案人当场审核，不清楚的地方及时补充，这样既能保证证据的真实性，又能节约办案资源。

涉众犯罪是一类复杂的犯罪形式，其表现方式、作案手段会不断翻新、变化，以公平正义为宗旨的司法活动必须适时研究，作出对策调整，为社会的稳定、和谐做出贡献。

检察维度的司法公信力问题研究[*]

天津市人民检察院第二分院课题组

一、司法公信力的概念之厘清

"公信力"源于英文单词 Accountability，意指为某一件事进行报告、解释和辩护的责任，为自己的行为负责任并接受质询。国内有学者认为，"公信力是以特定的物质生产条件和思想观念为基础反映社会群体对特定机构或个人的动机、行为所表现出的信心、信任或信赖"。[①] "司法"与"公信力"结合而形成"司法公信力"属于一个全新的概念，近年来，我国理论界和实务界掀起了一股司法公信力研究的热潮，但对于司法公信力的内涵并没有形成一致的通说。

现有的研究成果从不同角度、不同侧面对司法公信力展开了深入研究，有的人认为，司法公信力是社会公众对司法机关及其行为的信任和信心，以及司法机关对社会公众所保持的一种信用状态，这是一个双重主体、双重互动的衡量司法建设标准的概念：从公权力行使的角度观察，司法公信力是享有司法权的司法机关通过司法活动和行为在社会生活中建立起的一种公共信用，是司法机关据以赢得社会公众信任和信赖的资格和能力；从社会公众角度看，司法公信力是司法机关的司法活动、司法行为在社会公众观念中所形成的一种信服的状态，是社会公众对司法主体及其行为的一种主观评价和心理反映，它体现了人们对法律的信仰和遵从。

综观现有研究成果，我们认为，所谓司法公信力，是指社会公众普遍地对司法权运作具有的信服力和认同感，并遵从司法权运作的一种状态和秩序。它表明社会公众对司法的信任和尊重程度，也反映司法权在社会生活中的权威力

---

* 本文为天津市检察系统 2010 年重点调研课题，发表于《法学杂志》2011 年第 9 期。作者简介：张秀山，天津市人民检察院第二分院研究室主任；王琦，天津市人民检察院第二分院研究室干部；施长征，天津市人民检察院第二分院公诉处干部。

① 毕玉谦主编：《司法公信力研究》，中国法制出版社 2009 年版，第 1 页。

和影响力。有的学者认为，"司法公信力是指社会公众对司法制度以及在该司法制度下的法律履行其审判职责的信心与信任的程度"①，这种定义由于对"司法"的理解过于狭隘，尤其是将检察机关及检察官的行为排除在外，所以这个定义有失偏颇，由此定义出发的研究必定是不全面的。

二、司法公信力的特征

（一）主体的相互性

司法公信力一方面体现为民众对司法的充分信任与尊重，包括对司法主体的充分信任与尊敬，对司法过程的充分信赖与认同，对司法决定的自觉服从与执行；另一方面则体现司法机关、司法工作者对社会公众的司法信用，即社会公众的"信"与司法者的"被信"，这是一个双方互动、动态均衡的信任交往与评价过程。② 很多人误认为，检察机关只要做到尊崇法律、依法办案就可以了，而不存在对社会公众的信用问题。其实不然，由于大部分社会公众（包括当事人）并不是法律专业人士，他们对检察机关的行为之正当性及合理性的判断并不都是依据法律规定，而他们主要判断依据来自于检察机关的决定是否符合他们内心的"是非感"以及检察机关决定与执行是否保持高效和一致。司法权在运行过程中是否具有足够信用，决定了公众对司法的信任程度，司法机关的信用状况最终要通过公众的评价得以体现，而检察权作为法律监督权，让社会公众对权力行使产生最高程度的信任才能体现权力的本质属性，只有社会公众普遍地对检察机关具有信任和心理认同感，并因此自觉服从和尊重权力的行使，才能说检察权具备了应有的公信力。如果检察机关不能以自己的信用赢得公众的信任，则检察维度的司法公信力将无从谈起。

（二）内涵的多层次性

从构成要素上看，司法公信力包含内在要素和外在要素。司法公信力是司法主体依据法律规范、法律制度和法律程序在司法活动过程中建立起来的一种公共信用。首先，司法公信力不能脱离社会而单独存在，它是整个法治系统的重要组成部分。社会公众对司法的信任、信念，是存在于主体内心的一个观念体系。社会公众对司法主体的行为的信任即司法信任构成了司法公信力的内在要素。其次，司法主体依据正当程序，在司法行为过程中产生信用即司法信用，以及社会公众参与司法的过程即司法参与，是司法公信力的外在要素。

---

① 毕玉谦主编：《司法公信力研究》，中国法制出版社 2009 年版，第 3 页。
② 孙应征、刘国媛：《略论司法公信力之构建》，载《江汉大学学报》（社会科学版）2010 年第 1 期。

（三）内涵要素的关联性

司法公信力的建设与发展，关联着司法公正、司法权威、司法人员素质、法律信仰等多种要素。其中，司法权威与构建司法公信力既有联系又相互支撑，司法权威性的提高可以增进司法公信力，反之亦然；司法公正是司法公信力的最基本价值元素，只有公正的司法才会赢得公众的信任与信赖；法律制度是司法公信力的前提性要素，只有从制度上保障司法不受任何外来非法干扰，公众才能够相信其公正性；司法人员素质是司法公信力的主体元素，公众对司法机关的信任，不可避免地与司法人员的素质紧密相连；社会公众的法律信仰是司法公信力的心理元素，人们只有忠诚地信仰法律，才可能对适用法律活动的司法产生尊重和信任。这些元素相互整合，互相勾连，共同体现司法公信力的内在要求。

三、司法公信力建设的价值功能

（一）维护司法权威

司法权威是司法机关所享有的威信。威有尊严、使人敬畏之意，信是指民众的信赖、认同。司法机关是代表国家执行法律或者裁决纠纷的，司法机关享有的权威性实际上来源于法律的权威性。司法的权威性正是司法能够有效运作并能发挥其应有作用的基础和前提。[①] 一个司法公信力较高的社会，司法决定或裁判就容易被当事人和社会公众所接受，社会公众就会相信法律、相信司法、支持司法、尊重司法，司法权威就能得到真正维护。检察机关作出的不少法律决定，具有终结刑事诉讼程序的功能，司法公信力的建设有助于使社会公众尤其是当事人接受检察机关的法律决定。

（二）促进法律信仰的形成

"法律必须被信仰，否则它将形同虚设。它不仅包含有人的理性和意志，而且还包含了他的情感，他的直觉和献身，以及他的信仰。"[②] 社会公众对法律的信仰，是司法公信力的合法性来源，"法律既不是铭刻在大理石上，也不是铭刻在铜表上，而是铭刻在公民们的内心里。"从普通民众角度来说，对司法制度或者现代法治的影响主要体现在以下两个方面：一是民众的权利意识，二是民众对法律忠诚的信仰。前者是司法公信力实现的前提和基础，后者是司法公信力得以实现的关键。如果民众权利意识未觉醒，司法程序无法启动，司

---

① 关玫主编：《司法公信力研究》，人民法院出版社 2008 年版，第 124 页。

② ［美］伯尔曼：《法律与宗教》，梁治平译，生活·读书·新知三联书店 1991 年版，第 28 页。

法过程将沦为单方向的"行政管理"过程；而一个国家没有民众对法律的信仰，再完善的法律制度都会成为空文，司法公信力根本无法产生。司法公信力和法律信仰是互相缠绕、互相影响、互相促进的，民众具有法律信仰，司法公信力无疑容易形成并大大增强；而司法公信力的形成反过来会进一步促进民众对法律的信仰。

（三）促进生成良好的社会秩序

现代法治社会的标准之一是法律成为社会公众解决矛盾纠纷的主要且最后手段，司法是保护正义的最后一道防线。在一个法治社会中，解决纠纷手段的方式应当是多元化的，不能唯诉讼论，什么都打官司，我们可以利用自力救济、社会救济、公力救济等多种化解矛盾的方式，但这些解决矛盾的方式是存在位阶关系的，司法处于这个位阶的最末端。在一个司法公信力极强的社会，涉案当事人在耗尽所有的司法救济手段之后，基于对司法的信任、信赖，绝大多数情况下他们会接受司法的结果，即使这个结果对他是不利的，而不会在司法之外寻求非法律的解决方案。具有良好的司法公信力的社会，司法成为建构优良社会秩序的主要手段。

四、司法公信力建设所面临的困境——从检察实践出发

（一）"司法腐败"成为社会公众信赖司法的主要障碍

司法公信力与社会评价和社会公众心理紧密关联，要让社会公众对司法形成重要的信赖和信任可能需要几十年甚至上百年，但即使99%的司法者忠于职守、依法办案，只要有1%的司法者进行司法腐败，也将大大削减司法公信力的基础。检察机关作为法律监督机关，一旦发生司法腐败，对社会公众的负面影响将更大。所以，近几年来，社会上不断出现"谁来监督监督者"的质疑之声。多年来，检察机关的反腐倡廉建设取得了相当大的成绩，检察队伍整体上绝对称得上公正廉洁，但应当看到为数不多的司法腐败案，尤其是一些级别较高的检察官员腐败案，给检察机关司法公信力建设带来了相当大的阻碍。

（二）司法人员的专业素质仍是司法公信力建设的"瓶颈"

社会公众之所以信赖司法人员，是因为司法人员具有适用法律的专业知识并且具有丰富的司法经验，能够实现正义的最低标准，即"同样的情况同样处理，不同的情况不同处理"，这种信任和信赖，就仿佛病人对医生的"信"，不是医生拥有什么权力，而是医生掌握了治病救人的专业知识。司法人员的专业素质经过多年的提高、锤炼，已经有相当程度的提高，但对于建设司法公信力来说还有一定的距离。因为司法人员专业素质的缺陷而导致办错案，这种现象在实践中还时有发生，有的当事人因为诉讼已经成为半专业的人员，而有的

司法人员却在这场"知识竞赛"中处于下风，这样如何能让当事人对不如自己的司法官做出的裁决产生信任和信赖呢？

（三）制度创新的"试错"程序有侵蚀司法公信力基础的负功能

社会公众能够对司法产生信赖和信任，其原因就是司法机关是依照法律规范办案的，而这些法律规范是稳定的而不是朝令夕改的，所以使得当事人的行为具有可预测性，使其他社会公众可以依据法律规范对司法机关所做出的决定进行评价，每一次可预测性的实现以及公众期待与现实结果的吻合都将为司法公信力建设增加砝码。可以说，在一个经济、文化、社会、法律环境较为稳定的社会中，司法公信力的建设是可预测的，但对于处于转型期的中国（尤其是司法体制本身也在变革过程中）而言，司法公信力建设的道路必然会迂回曲折、难上加难。制度创新就是一个试错程序，只有经过不断的试错，"摸着石头过河"，才能找到适合国情的法律制度。近几年，检察机关在制度创新中表现出相当积极的态度，一系列试行的规范性文件相继发布，人民监督员制度、附条件逮捕、暂缓起诉等试行、试点制度，让社会公众眼前一亮。但这些制度创新的尝试对司法公信力的建设具有一定的负功能。创新的制度在一定程度上突破了既定法律框架，使可预测性无法实现，广大社会公众往往会质疑检察机关所作决定的正当性和合法性。在制度创新过程中，检察机关所"司"之"法"并不属于既定的法律"规范脉络"[1]，由于可预测性的落空，"信"更无从建立，反而会给社会公众一种印象——司法机关不是执掌正义之剑的女神，而变成了手执魔杖的魔术师。

五、司法公信力的建构途径——以公正廉洁司法为出发点

司法公信力是逐渐生成的，而非一日建成的，有些类似哈耶克所称的"自发社会秩序"，但司法机关应当有意识、积极地为司法公信力的提升寻求有效路径。建设司法公信力是一个长期的系统工程，笔者认为，检察机关应当以追求公正廉洁司法为出发点，以为司法公信力的建设提供前提和基础。

（一）公正廉洁司法是司法公信力的基础和保障

中国已经进入"后改革时代"，利益主体多元、利益诉求多样、利益纠纷多发成为鲜明的时代特征，社会发展出现了很多新的矛盾，如经济与社会发展

---

① 参见［德］卡尔·拉伦茨：《法学方法论》，陈爱娥译，商务印书馆 2003 年版，第 2 页。

不协调的矛盾以及弱势群体与强势群体利益冲突的矛盾等。① 民主法治建设取得了长足进步，但是司法机关的司法能力、司法水平还不能满足人民群众对公平正义的需求。"在开放、透明、信息化条件下，司法机关的活动越来越成为社会各界和新闻媒体关注的焦点，司法不公不廉很容易引起民怨甚至激起民愤，最终导致司法公信力受损"。②

培根曾经说过："一次不公的裁判比多次不平的举动为祸尤烈。因为这些不平的举动不过弄脏了水流，而不公的裁判则把水源败坏了。"③ 检察机关所作的很多决定也是类似的"裁判"，办案检察官必须做到公正廉洁司法，这是对检察官的最低要求，也是构建司法公信力的第一步。只有公正廉洁司法才具有让社会公众对裁决结果产生信任、信赖的基础条件。当前，不少当事人涉法上访案件都是以司法机关不公不廉为理由的，必须承认的是，有极少数的司法人员，还将权力作为寻租的工具，为自己谋取一己私利，这样的司法人员应该被剥夺担任司法职务的资格。上述培根的关于司法的论断是经常被引用的，有趣的是，培根本人因为受贿而被剥夺了法官职务。④ 不公的裁决是背离法律的，不廉的裁决是背离良心的，不公不廉的裁决只能降低司法公信力。

（二）检察机关公正廉洁司法的现况

1. 重政治宣教，轻制度建设。多年来，检察机关对反腐倡廉建设常抓不懈，公正廉洁司法一直是各级检察机关所执著追求的目标之一。但应当看到，公正廉洁司法建设的方式还相当传统，一般采用召开会议、集中学习等方式，有的难免落入了"会议落实会议、文件传达文件"的行政模式的窠臼当中。不能否认传统的政治宣教的功能，但这种方式的最大缺陷之一是对于建设的成果无法检验，通过一段时间的宣教活动，究竟达到了怎样的实际效果，公正廉洁程度是否有所改善呢？在公正廉洁司法建设过程中，还缺乏切实有效的制度设计和衡量标准，现有的所谓制度建设，只是把传统的政治宣传变成"白纸黑字"的文件而已，并没有从根本上形成体制和机制。

2. 重道德楷模的树立，轻工作方法的传播。多年来，廉洁公正司法建设采用的方式之一，就是树立检察系统的道德楷模，通过道德楷模的先进事迹感

---

① 参见任保平：《后改革时代的主要矛盾、改革趋向及其重点》，载《西北大学学报》2010 年第 2 期。

② 吕忠梅：《让公正廉洁司法成为司法公信力提升之源》，载《人民法院报》2010 年 4 月 12 日。

③ ［英］培根：《培根论说文集》，水天同译，商务印书馆 1983 年版，第 193 页。

④ ［英］丹宁勋爵：《法律的界碑》，刘庸安、张弘译，法律出版社 1999 年版，第 54—56 页。

化检察官群体的内心以期达到"见贤思齐"的效果。应当说,这样的方式是可行且有效的,但在宣传过程中,由于宣传重点的偏离可能达到不一样的效果。多年来,检察系统树立了不少先进人物,但在宣传过程中采用的方式与其他行业没有区别,大多从道德境界方面进行宣传,而检察官和其他行业有很大不同,这是一个专业性很强且很特殊的行业,在这个行业中需要中道的权衡,由于处理的是法律问题,有的时候还要抑制道德的热情,否则无法做到公正。其实,以往树立的先进典型都是极其合格的检察官,他们在处理情、理、法时都有自己一套独特的工作方法,但我们的宣教方式基本沿用了传统的宣教模式,本应该突出的公正廉洁的工作方法却无形中被忽略了。

3. 重传媒宣传,轻正当性反思。有效的传媒宣传能够让社会公众对检察机关的廉洁公正司法产生信心和信赖,这也是构建司法公信力的途径之一。各级检察机关一直善用传媒宣传,尤其是当公正廉洁司法建设与其时的政治主题相符合时,这种宣传力度会更大。但在这个宣传过程中,往往被优先考虑的是政治正确性,而不是合法性和正当性。正如前文所述,检察机关的有些制度创新在一定程度上是突破既定法律框架的,检察机关通过传媒宣传这种制度创新的实践,无非是促进公正廉洁司法的实现,抑或是为了实现"以人为本"或有利于构建和谐社会,但由于这种探索性的实践是在法律边缘的,在试行期间,其合法性和正当性是存在问题的,大肆宣传类似的制度创新实践,不一定能取得好的社会效果。

(三)公正廉洁司法获得实现的路径

1. 保证司法行为的专业性。检察机关作为司法机关,从事的主要工作是运用法律思维进行适用法律的专业作业,这就要求办案人员具有相当的法律专业水平,检察官要在这个过程中实现公正司法必须保证专业性,也就是说承办案件的检察官必须具有专业的知识背景和适用法律的专业能力,而且要保持办案的亲历性,如果让不了解案情的或不具有专业知识的人来做最终决定,而承办的检察官只是为这个最终决定做被动的法律注脚,这样的司法行为肯定会偏离公正的轨道。郑成良先生认为,"当下司法存在的最突出问题是法律思维能力不足和以政治思维、经济思维、道德思维代替法律思维的问题",其实何种思维斗争的背后不是不同权力的角力。公正廉洁司法问题,并不是单纯司法机关自身可以做到的问题,这个跟文化背景、政治传统、社会环境等因素都有极其密切的关系。

2. 科学完善的制度设计。公正廉洁司法的建设一直都是检察机关的工作重点之一,这并不是从"三项重点工作"开始的工作。但应当看到,司法机关的大力建设并没有取得十分明显的成果,涉案的当事人依然是依据自己的利害关系做出反应。公正廉洁司法是一个宏大的命题，必须有优良的制度做保障，但这种有效的制度仍然没有建构起来。要实现公正廉洁司法需要几种制度的有效支撑：（1）案件质量评价制度，这个是衡量司法人员专业水平的主要制度；（2）廉洁评估制度，这是检察机关已经在实行的一种制度，但很多方面仍然需要细化；（3）使社会公众确信的机制，司法机关不但要做到公正廉洁司法，而且还要让社会公众对此是确信的，只要做到让社会公众确信公正廉洁司法才有可能达到应有的社会效果，这种确信机制的建立，要依赖对外宣传的活动，但要把握宣传的时机、角度和力度。

检察机关案件质量监督机制论要[*]

——以公诉为视角的分析

天津市人民检察院第二分院课题组

案件质量是司法公正的生命线，是评价检察机关执法能力与办案水平的主要指标，探索和完善检察机关内部案件管理规范化操作体系，创新案件质量在办案活动中整体化、流程化的监管机制，实现多维度、全方位的规范办案程序和案件管理的制度架构，是检察机关切实履行法律监督职能与维护社会公信力的必然要求。而以处于刑事诉讼中心环节的公诉办案活动对案件质量的现实需要为研究基点，则更具典型性意义。

一、先决问题——案件质量监督的内涵厘定及其机制设计的应有原则

案件质量这一概念，在相关规范性文件中虽有多次使用但并未作统一的界定，因此在学界及司法实践中均存在不同认识。有人认为，案件质量是单纯的静态概念，是对办案结果的定性规定，不包括对办案工作过程的描述，应将案件质量与办案质量进行概念上的区分。[①] 也有人认为，案件质量是包含在办案质量概念范围内的一个重要方面。[②] 本文无意介入此种争论，也无力作出被广泛认可的准确概念，仅就本文所讨论的案件质量的内涵进行说明性描述，即将案件质量视为检察机关在诉讼过程中所有与案件相关的工作要素的质量，其内涵包括以下 3 个方面的内容：一是办案活动的质量，即检察人员的各项公务活

---

[*] 本文为天津市检察系统 2011 年重点调研课题，发表于《天津法学》2012 年第 4 期。作者简介：张谊山，天津市人民检察院第二分院副检察长；边学文，天津市人民检察院第二分院公诉处处长；盛国文，天津市人民检察院第二分院公诉处干部。

[①] 王疆立等：《检察机关案件质量监督评估机制初探》，载《四川文理学院学报》2010 年第 1 期。

[②] 谢鹏程：《论检察机关办案的质量管理》，载《人民检察》2004 年第 5 期。

动及其基本业务素质符合各方面要求的程度和特性。二是办案过程的质量，即检察人员运用法律赋予的条件和方法进行工作所能达到的专业化水平，它是办案中的所有手段和条件及其效能的总称。三是办案结果的质量。主要包括案件事实认定的客观准确性以及产出结果的公正性、合法性，并最终经得起历史和法律的检验，也就是案件在事实、证据、程序和适用法律等方面的实体性要求，是案件能够满足社会对公平正义需要所应具备的特性。案件质量监督即是在法律规范所赋予的权限内，以强化法律监督能力为核心，对案件办理过程、结果进行整体性监测、评估、考核、督察等活动所采取的一系列措施的总称。从性质上讲，质量监督机制的探索与建构，是检察机关通过重塑内部管理流程和标准，整合自身管理资源，建立配套制度，以保障案件质量，并最终服务于检察权有序、规范运行目标的内部制约方式，是对诉讼主体通过诉讼程序监督检察权的内部辅助性手段。

基于此种认识，本文认为，案件质量监督活动的进行及制度的设计应围绕公平、正义的司法价值标准，在借鉴先进管理理念、遵循检察权运行规律的基础上，注重对办案活动的过程管理，并应体现以下基本原则：一是实体性。案件质量监督机制是对检察机关整个办案流程的保障、制约和评价，这就决定了其本身必须具备诸多实体性、可操作性标准，以正确评价、引导办案工作。二是司法性。案件质量监督权来源于检察长的授权，履行监测、评估等职能的工作人员应当与办案部门及案件承办人保持相对独立，与监督对象无直接行政隶属关系，避免部门化监督而流于形式。三是过程性。单纯对办案结果的事后评查和监督对于已办结的案件本身往往没有直接意义。质量监督机制应注重对办案过程各环节的动态跟踪监督，通过突出案件过程节点控制，提高对结果质量的受控程度。

二、案件质量监督的制度现状及实现模式评析

（一）现状与不足

基于前述对案件质量及其机制设计原则的理解与界定，对现行制度的审视可以得出较为科学的结论。当前天津市检察机关与其他地区多数检察机关一样，案件质量监督尚未形成符合检察发展规律的质量监督理论及实践体系，大多主要沿用传统管理体制。从作为检察活动运行核心环节的公诉阶段来看，案件质量监管保障主要来自以下几个方面：一是检察长、检委会的宏观管理。即检察长负责制和检委会民主集中制双重机制并行的线型层级管理体制，工作方法是检察长通过主持召开检委会对重大疑难案件或上级督办、交办案件听取汇报并作出决定。二是业务部门负责人的直接管理。即业务部门负责人及其分管

检察长对所属部门案件的审批制管理，基本工作方法是通过听取承办人请示和汇报的形式对案件实行逐案审查和监督，这也是当前案件监督的主要方式。三是综合部门的多维监督。主要是政治部门、纪检监察部门对承办人在法律法规范围内履行办案职责、执行廉政规定等事项的监督及错案纠正和问责等。四是上级院业务部门的对口监督。如上级职能部门通过撤销或责令改正、部分事项的直接决定等方法，对下级职能部门的案件进行直接对口指导和审查。总体而言，现有的案件质量保障制度对办案质量的保障和提高起到了积极作用，但缺乏系统性、实体性及过程性，是一种外延式的管理，主要存在以下几个方面的弊端：

1. 行政管理模式对检察职能的浸没。检察机关科层制组织管理结构以及检察机关同其他国家机关的外部行政关系（人事行政任命和财权行政拨付制），决定了行政化的检察权运行模式，决定了案件质量监督的层级管理方式。从公诉案件办理过程来看，侦查机关将案件移送至公诉部门后，由内勤科室根据工作量、案件难易程度、检察官素质的不同指定分配到具体承办人审查经办。之后，承办人根据法律规定和事实证据情况草拟好法律文书，报处长或科长审核把关，最后报分管副检察长签发，对于疑难案件需提交检察委员会研究决定。最后，将签批的法律文书送达至法院或当事人。在这种模式下，检察职能混同于检察机关内部的司法行政管理职能，使行政职能浸没了检察职能，其直接结果是造成了承办人对行政首长的依赖，办案质量的高低取决于行政模式的层层把关，取决于部门负责人的业务素质和重视程度，具有明显的主观随意性和人治色彩。同时这种权责不明的办案模式不利于错案责任追究；办案环节的人为性增加，也与司法效率、诉讼经济原则相背离。

2. 过程管理方法在案件质量机制中的缺位。过程管理或称流程化管理是现代管理学的重要发展成果，其基本主张是没有受控的过程便没有可控的结果，强调各个环节的相对独立性和功能的可控制性。如前所述，由于行政管理模式的侵入，导致现行制度过于注重结果管理，未能体现动态化的办案过程控制，而较多地停留在错案发现和责任追究层面。因而案件质量的事前预警、事中矫正等控制功能发挥力度不足，对办案过程中出现的偏差和错误缺乏系统性监管手段，无法有效预防办案过程中不规范执法行为的发生，因而也无法保证案件结果产出的质量。

3. 案件质量考核评价标准体系的缺失。科学合理、可操作性强的案件质量标准体系的建立，是进行案件质量监督活动的依据，也是保障办案过程和案件质量的中心环节。当前检察机关尚未形成规范统一的质量标准体系，尽管近年来高检院相继出台了查办职务犯罪、起诉、不起诉等案件质量标准，但均属导向标性质的原则化规定，很难适应实际需要，需要细化为可量化的具体指标。总体来看，大部分检察机关对相关评价制度的探索，在内容、方法、目标等方面仍过于粗略，注重外延式的解释和说明，缺乏内涵式的探讨和研究而忽视考评指标的量化权数，尤其缺乏对个案的全方位监测，对承办人办案工作考评项目标准也大多唯办案数量指标论。因此，多数检察院公诉案件的评价标准往往侧重于案件数量和法院判决结果，不起诉、撤回起诉、无罪判决意味着对案件质量的彻底否定。不科学的评价标准和方法难以保证评价结果的公平性和可接受性。更为值得注意的是，即便现有的案件考评机制也均侧重于对部门办案情况的宏观评价，缺乏对个案质量的微观评估。针对承办人个人的执法业绩档案系统虽能够较好地体现出办案人员的个体性差异，然而其评价项目繁多，对办案情况的考察侧重于数据统计与定性分析，无法明确反映出个案处理过程及其质量，因而不利于调动案件承办人的积极性，敦促其努力提升执法办案能力，保证案件办理的质量和效果。

4. 部门化监督力度不足。实践中，由于我市绝大多数检察院并未设立专门的案件质量监督机构或部门，监督活动大多由业务部门自身进行，由于部门利益化倾向的存在，对案件的管理往往注重实体审查而忽略程序审查，呈现监督者与被监督者混同的局面，难免使得监督不深入、不彻底，甚至流于形式。这种流程控制权和实体审查权由同一业务部门行使的现象，必然会导致流程控制权因疏于管理而丧失程序价值，实体审查权因缺乏掣肘而被滥用。

（二）现有实现模式评析

现实需要和历史反思催生高检院制定《关于加强案件管理的规定》，涉及重大案件专报制度、办案流程管理制度等 10 项内容，并在 2006—2007 两年间相继下发了批捕、起诉、不起诉等一系列办案标准，质量评价项目和计分细则。随后包括我市在内的各地各级检察机关纷纷结合自身实际，从质量控制、机构重置等不同视角对案件质量管理机制进行了大量有益的探索。当前各地检察机关案件质量实现模式有两种值得注意：一种是设立专门机构模式，包括案件管理中心模式和检务督察室模式。如山西全省已有超过 90% 的检察院（包括省院和 12 个市分院、109 个区县院）专门设立案件管理中心，该中心性质定位为有独立编制的业务部门，但又超脱于一般办案部门，作为检察长的"指挥部"，通过对各个诉讼环节进行集中管理，统一受理、移送案件，对办案过程进行全程监测，这同时也是在全国各地检察机关大范围内进行探索的模式。四川成都市、河北石家庄市检察院设立检务督察室作为全院质量评估的专门机构，配备专职督导员承担质量监督评价工作。另一种是国际质量认证模式。自 2003 年起最高人民检察院即在四川什邡市检察院与河南郑州市二七区检察院进行首批 ISO 标准体系认证试点，在案件过程管理方面取得了较好的成绩。部分地区检察机关也于近年逐渐引入并试行了这种模式，即按照国际标准化组织 ISO9000 标准或 GB/T19001 - 2000 标准，借鉴企业标准化产品质量管理理念，定义"顾客需求—人民满意"的办案质量标准，强化领导重视和全员参与，严密实施案件过程控制。

上述案件质量监督管理实现模式，均是基于对当前制度的审视和反思进行的探索，是管理学、法学等学科贯通融会、互相影响的集中体现，是检察业务管理理念的更新和进步，在实践中也取得了良好的管理效果，在很大程度上提升了检察机关案件质量监督水平。[①] 但也应理性地认识到，专门案件管理中心作为独立的检察机关内设业务机构，虽然可以消减部门化监督不力及条块分割管理的行政化弊病，但其设置应严格按照《人民检察院组织法》进行设立，而目前并无法律上的设立依据，有片面追求管理效果而丧失合法性前提之嫌，也势必产生"监管中心由谁来监管"的法理质问。另外，统一进行所有案件受理、移送及文书管理等纯粹管理性事项，也使其背负了"机关综合内勤"的职能属性。国际质量认证体系注重目标导向、过程管理和全员参与的全面质量管理等先进理念，具有积极的现代管理价值理性依托。然而该体系认证主要是企业旨在提高效率和效益的质量管理方法，其"以顾客关注焦点为导向，以顾客需求和满意为质量标尺"的前提导向原则，并不关注公平正义等社会价值；不同诉讼地位的当事人及与案件无利害关系的普通社会公众由于各自身份、利益关系的不同，或者出于功利的考虑，其对案件质量的社会评价也带有明显的利己和主观随意性色彩，因此而衍生的"让人民满意"的质量评价目标则无从量化。检察活动是包含了政治活动性质的法律事务，强调对社会公平正义的司法追求，与纯粹的产品质量分属不同范畴，其在检察机关的适用是值得继续商榷的。

三、新型案件质量监督机制的制度之维

案件质量监督机制应是一种全视角、全方位的执法行为监督机制，现代管理学全程控制的原则也要求监督机制必须着眼于案件处理的全过程，对影响案件质量的各个纵向环节实施管理，强调案件质量的预先控制和过程监控。同时在横向层面，应当解决质量监督机制在何种操作平台上进行，即由何种主体以何种方法进行统筹管理的问题。因此，本文对案件质量监督机制的整体框架的建构，以该机制的操作平台（职能工具）、预先防范、过程管理、评估方法等

---

① 戴景田、张文娟：《检察机关案管中心论要》，载《人民检察》2009 年第 18 期。

四个方面的内容为研究维度。

（一）专门监督管理机构的创设——案件质量监督的工具理性

曹建明检察长在 2011 年检察工作安排中提出，推行案件集中管理，建立统一受案、全程管理、动态监督的执法办案管理监督机制。专门案件监督管理机构（或称案件监督管理中心）即是背负着消解案件管理行政化模式对检察权运行的浸没问题，实现案件质量动态集中管理之使命应运而生。而就山西省、广东省的良好实践效果来看，案件监督管理中心的设立有着十分明显的监督工具价值，亦即为质量监督的实行主体和操作平台。从应然层面来看，主要应厘清以下几个问题：

1. 设立地位以及与业务部门的关系。本文认为，监管中心可与法律政策研究室或检委会办公室合署办公，直接对检察长及检委会负责并受其领导和监督，与其他部门平行并行使专有监督权，这样不改变现有内设机构，不打乱现有行政管理秩序，可解决其机构设置的合法性问题；可从公诉、侦监、自侦、控申、纪检等业务部门抽调素质较高、办案经验丰富的检察官作为中心主要责任成员，并配备相应检察官助理或书记员，以避免编制部门不认可的问题。其与具体办案部门属于线型交叉管理的关系，具体办案部门以完成办案任务为工作核心，监督管理中心以监督管理案件质量为工作核心，两者相互配合、相互制约。

2. 主要工作职责范围。负责对办案活动的督查、协调、检查、评价等工作，具有监督管理的专有权，可分解为案件信息知情权、流程监控权、重点案件审查权以及依据检察长授权进行的个案实体复查权。具体可分为：通过计算机网络实时监控对案件诉讼流程、办案期限实施程序性控制与督导；组织对办案部门的案件质量考评；对存在争议或存在问题的个案、类案启动调查程序并提供处理建议；组织起草全院性质量管理规范，并审核各办案部门的管理制度；掌握分析各业务部门整体办案主体素质结构，优化配置办案资源；完成检察长或检察委员会交办、督办的其他案件监督工作。同时，为落实集中管理要求和办案督导制度，可在办案部门设立专门质量督导员，对监督管理中心负责。

3. 强化监管能力和实效的保障措施。如前所述，线型交叉管理难免出现监督管理中心与业务部门在具体案件处理上意见不统一的情况。为切实发挥监督实效，应采取以下必要的保障措施：一是对可能造成错案发生和决策性失误的重大紧迫问题，应当由检察长赋予监管中心必要的刚性权力。如规定属下述情形的监管部门与业务部门意见相悖的案件应当请示检察长决定，或提请检察委员会研究决定，包括无罪判决案件、不捕不诉案件、撤回起诉案件、二审改判案件及规模较大的涉检信访案件等，由检察长或检察委员会行使案件最终决定权。这样，监管中心被检察长或检察委员会采纳的意见因具备法定性、强制性属性而能够得以有效执行。二是实行备案制度。如监管中心审查监督意见与业务部门处理意见相悖案件均应当进行登记备查，以便划清责任界限，对错案进行问责与追究。三是对法律文书的集中重点管理。检察权是通过法律文书进行体现和执行的，对文书的审查管理同时也是对案件质量在实体与程序上的监督。主要是对立案撤案类、人身财产强制措施类和不起诉、改变定性类法律文书实行管理和监控，普通告知类、建议类文书仍可由本业务部门自行制作。最后是涉案款物的专项监管制度。把依法应予扣押、罚没的涉案款物及时经监管中心登记备案后送交专门机构保管，并进行定期检察，确保涉案款物各个环节都处于监管之中，并督促办案部门对扣押款物根据诉讼阶段和判决结果依法处理，以杜绝涉案款物的流失和不当使用。

（二）风险评估预警制度的推行——案件质量的预先控制

风险评估预警是指通过科学合理的预警指标的设计，甄别、评估办案风险要素和等级，对办案活动进行风险预警提示，其目的在于以质量监督触角的前伸，对案件质量实施预先控制，将影响案件质量的风险要素消解在其萌发阶段。当前，将新兴的风险管理理论与技术应用到检察案件质量管理中，建立长效办案风险评估预警机制，提升质量预先控制能力，已在检察实践中得到充分重视，多数地区的检察院也进行了风险预警体系的初步探索。本文认为，案件质量的预先控制功能的有效发挥，主要取决于以下两方面制度的完善：

1. 以部门为中心的上级机关预警指标监督制度。以部门为中心，是指围绕各办案业务部门的工作特点和职能要求，通过定性与定量相结合的方法，设置一定的风险预警指标，自上而下监督评价部门整体办案质量。以公诉环节为例，2005年最高人民检察院公诉厅制定下发了《检察机关公诉部门实行办案质量预警机制的规定（试行）》，该规定旨在对公诉部门年度整体办案工作进行预警，以考察整个部门的工作情况，督促部门实施自查活动，保障案件质量的推进。其中主要规定7项公诉部门预警指标，并以此为依据对各地公诉部门进行办案质量管理预警提示，编写预警分析报告，并纳入考评下级公诉部门工作范围内。尽管司法实务中对预警指标的设置以及伴生的考核体系的合理性、科学性一直存有争议，但其对各项指标进行了量化式的设置，并提出从预警分析、分析通报到研究整改等一整套具体措施，对于在部门范围内注重案件的质量和效率的优化具有积极的意义。在现行制度框架下，各级检察机关可结合自身实际，在高检院设置的指标体系的基础上，对本部门办理的无罪、不起诉、抗诉、撤回起诉等案件进行汇总分析，确定更为严格的预警指标，对接近或超过预警指标的，监督部门（如案管中心）及时进行风险提示，并启动内部调研程序，查找存在的问题，以有效执行上级机关预警机制的规定，保证各项指标都限定在合理范围内。需要指出的是，部门整体案件质量风险的防范依托于微观个案风险的控制。如各业务部门可针对实际工作中的常见多发案件进行类型化研究分析，归纳类案处理中应注意的难点、焦点，同时制定最低和最完善的证据证明标准，突出对个案的指导作用，使案件承办人有针对性地识别办案风险要素。

2. 以公众为中心的执法办案风险制度的创立。以公众为中心，是指对案件质量的监督与保障，立足于检察机关刑事控诉职能，更加关注案件办理程序与处理结果对诉讼当事人、普通社会公众的影响，通过对执法办案过程中可能激发社会矛盾的案件进行科学的风险评估与识别，进而形成明确的风险分析论证意见和化解方案，以预先防范缠诉、非正常涉检信访的发生，从而保障案件办理在符合法律规定的前提下，强化案件质量的社会监督，体现检察机关积极参与社会矛盾化解的功能。从天津市人民检察院第二分院设立的案件风险管理制度的实践效果来看，执法办案风险制度关键是要把握以下几个环节：

（1）对风险关键点进行类型化识别。我院规定在办理以下四类案件时，应当开展风险评估预警工作，即重大社会和政治影响案件，可能引发媒体炒作的敏感案件，可能引发群体性事件的涉众型案件，公检法机关意见严重分歧的案件。同时根据案件影响范围的大小和可能引发后果的严重程度，将风险评估预警的等级由高到低分为红色、橙色、黄色三级风险预警。

（2）完善风险处置操作程序。案件承办人对所办案件的社会稳定风险评估工作负直接责任，负责收集风险评估信息，对承办案件的社会稳定风险进行初步评估，在汇报案件时作为一项内容同时向部门负责人提出风险评估意见，填制《社会矛盾风险评估报告表》，说明风险存在的理由，注明风险程度，然后根据风险程度和等级确定不同的决定主体，制定相应的应急措施。

（3）严格责任追究制度。对于承办人审查不细、评估不实，或未能及时提出应急预案，处置措施实施不力而引发涉检信访、群体性事件等危害社会稳定的严重事件的，予以严肃追究，确保机制运行通畅有效。

（三）办案工作流程的重整——案件质量的过程管理

现代管理学认为，过程管理（过程控制）就是"由组织系统地识别并管理所采用的过程及过程的相互作用"，即每一项工作由许多过程组成，过程管理方法就是在识别这些过程（即检察办案之中的"程序"）的基础上，对其加以管理，实现过程相互作用的最优化。① 近年来，对赵作海、佘祥林等错案的披露及对相关人员程序违法的追究，使得程序价值得到社会公众更多认同，也使检察机关愈来愈认识到对案件程序性规范化管理的重要性。如同优质的产品源自规范的生产流程，而非作为补救措施的质检活动，规范办案流程，实现案件办理的过程控制，是案件质量得以保障的关键和必备环节，也是监督机制和评价机制的前提。

具体来说，实行办案管理的过程管理，就是要根据各个业务部门职能要求和内容的不同，将各类具体的检察业务办案程序进行细化、量化、识别，形成各部门案件办理流程图，对重要办案程序规定更为具体的岗位操作要求，并界定每一办案环节的相关责任人。通过管理、监测每一程序的有效运行，实现办案过程的程序化和模式化，减少管理弹性过大和执法行为随意性造成的工作失误，提高办案质量。天津市人民检察院第二分院以检察信息网络为平台，使用流程分析，再造检察业务工作流程，编制了各业务部门办案操作规程，变过去的模糊管理为精确管理，让每位检察官都清晰自己在每个办案程序节点的工作任务和操作步骤。如我院公诉处出台的《办案基本规则和操作要求》，对以往公诉环节的办案规范进行了全面梳理，内容涵盖了案件受理、审查起诉、庭前准备、出庭公诉、结案归档、执法纪律等公诉工作的各个方面，对刑事诉讼法和人民检察院刑事诉讼规则没有规定的环节做了补充和完善，进一步细化了执法办案的操作程序，实现了各个执法办案环节都有章可循、有条可依。这样在具体的办案工作中，始终都有一个可供遵循的囊括了该项工作各个环节和程序的规定，公诉人只要"按图索骥"，一般能达到严格办事的目的，办案质量通常符合要求。同时对于新任检察人员，在没有"师傅"的帮带下，也能够较快地熟悉岗位职责与角色内容，在实践中取得了良好的效果。

另外，在检察信息化建设不断推进的背景下，通过网络平台对办案流程进行全程监控与跟踪无疑是行之有效的做法，具体程序可包括：应用流程管理软件系统，实现网上办案、网络资源共享；案件质量监督管理部门对办理情况进行实时监控，发现违反办案期限、超期羁押等程序违规的，及时进行督促整改；协助检察长对案件进行协调、督促和指挥；对可能涉及的案件实体性事项，由案管中心或政策研究室审查；掌握案件办理的整体情况，为重点案件督查和案件质量评查奠定良好基础。

---

① 刘熙瑞：《现代管理学》，高等教育出版社 2007 年版，第 182 页。

（四）个案评估体系的探索——案件质量的评价基础

部门办案质量的整体提升，依托于对具体案件质量的监督保障，建立健全个案评估体系无疑是考察、评价业务部门及院机关总体办案情况的前提，也当然地成为案件质量监督机制的核心内容。

1. 个案评估体系的框架要素。个案评估体系应具备以下几个基本要素：一是评估主体的确定，即对具体案件质量的评估应由何种机构或部门进行。在现有制度框架内，可以由承办人所在的业务部门进行，并辅之政治部门、研究室的统筹；如设置专门的案件监督管理中心，则由其汇同业务部门共同进行。二是评估对象应涵盖检察机关各个业务部门及其承办检察官、书记员等检察工作人员所办理的全部案件。三是科学合理地设立评估程序，以公开、公正的程序保证公平评估结果的产出，保障其权威性和可接受性。四是确立符合检察工作特点与规律的评估指标与标准，对个案质量进行量化评价。

2. 个案评估体系的标准定位。没有科学的评估标准，案件质量评价就无从谈起。但标准绝不仅是作为评判标尺而加以使用，同时也是案件承办人办理案件所要达成的目标和方向，是办案工作的导向标，且一旦某项指标列入评估事项，将涉及办案部门及其人员的诸多利益，具有明显的激励与约束作用。因此，案件个案质量监督保障的有效性很大程度上取决于评估标准设立的合理性。本文认为，在确立案件质量评估指标与标准的过程中，应着重把握以下几个原则：

（1）坚持合乎法理的评价标准。检察实践中，长期存在偏重以法院判决结果作为检察案件（主要是公诉、自侦案件）质量评估标准的现象，无罪判决、改变定性判决、轻刑化判决的出现及其频率成为衡量案件质量的重要标准。然而，法院判决与检察认定的不一致是认识上的差异等多种因素共同作用的结果，事实上，正是这种不一致的存在，恰恰说明了法检两部门的监督制约关系。因此，对检察案件的评估，应以案件处理是否合乎法律规范、法理精神为原则，以是否遵守法律实体性与程序性规范为评判尺度。

（2）坚持案件办理多层次效果的统一。案件办理的质量高低，不仅要看是否坚持了以事实为根据、以法律为准绳等基本法治精神，还要看是否服务了大局，促进了社会稳定和政治安定；案件当事人、舆论媒体等社会各界对案件结果的接受程度和满意度；涉案款物是否得以追缴，最大限度地为国家和被害方挽回了经济损失等，全面体现办案法律效果、政治效果、社会效果和经济效果的统一。

（3）坚持定性与定量相结合的方法。公平正义无疑是检察业务工作的永恒价值追求，但公平正义本身是一个抽象的概念，以此为案件质量的评估标准，势必使评估陷于泛形式化之困。突出个案的质量监督，必须以量化为主，将这种抽象的价值目标分解为可以量化的具体指标，并对改变指标赋以适当的量化权数，才能确保可靠的评估结果。对于难以量化的评估要素，可以评估报告的方式进行定性分析。

以公诉环节的个案质量评估为例，可以将公平正义这种抽象价值目标分解为法律适用、事实证据、办案效果、办案程序、检察文书五项质量指标，并赋予一定分值，如下表所示：

公诉案件个案质量评估百分表

评估项目	分值	内容	得分
法律适用	15%	起诉书认定罪名是否准确	
	5%	法院是否改变起诉定性	
	5%	不起诉类型是否使用准确	
事实证据	10%	是否遗漏影响定罪量刑的犯罪事实	
	10%	是否遗漏法定量刑情节或认定错误	
	10%	判决减少认定起诉犯罪事实，导致降低量刑幅度	
办案效果	5%	政治效果：社会治安环境状况与党委政府的评议状况	
	5%	社会效果：涉案当事人的心理预期，社会各界的反映状况	
	5%	经济效果：涉案款物的追缴状况，潜在经济损失的避免	
办案程序	10%	案件当事人的权利有无被限制或剥夺	
	10%	办案期限是否超期	
检察文书	5%	法律文书制作是否符合规范要求	
	5%	建议型与纠正型文书是否得到适时回复与措施回应	

检察机关各业务部门同样可按照上述原则和规则，对职务侦查、批捕、二审监督等各诉讼环节评估标准进行细化，从实体结果、程序规范和实践效果等多个维度综合评估监督个案质量。同时应指出的是评估结果应定期通报，并纳入干警执法业绩档案系统，作为评优评先、职务晋升的依据；对于得分较低的案件，应及时启动自查、督查程序，采取切实可行的质量问题解决措施，达到提高和保障案件质量的目的。

综上，依托检察机关自身的一系列工作机制，整合检察机关内部资源，创新案件管理模式，在执法办案活动中坚持过程化、流程化管理的现代管理理念，以更加注重对办案过程的科学监管实现办案公正结果的产出，是新时期检察工作科学发展的迫切需要和必然选择。

乡村轻微刑事案件的特点及治理渠道[*]

——以宁河县轻微刑事案件的处理方式为视角

天津市人民检察院第二分院、宁河县人民检察院课题组

宁河县地处天津市的东北，津冀两省市的接合部，城镇化水平相对我市其他地区要落后，在全县38.7万人口中，农业人口约28.4万，流动人口约3.4万，两项合计占全部人口的82.2%。这就决定了在宁河县农村、农业、农民是法治社会建设的重点领域，其刑事案件发案特点和处理方式也体现着较浓厚的"三农"特点。研究农村各类案件的产生、发展、处理规律，对于促进社会主义新农村建设具有重要意义。为此，二分院与宁河县院共同组成调研组，对宁河县院近三年受理的轻微刑事案件进行统计梳理，重点就乡村生活背景下，如何更好更准确地落实宽严相济刑事政策的方式方法进行了一次实证调研。

一、辖区内轻微刑事案件的基本情况及主要类型

轻微刑事案件，是指案情简单、犯罪情节轻微、社会危害不大、可能判处3年以下有期徒刑、拘役、管制或单处罚金刑罚和免予刑事处罚的刑事案件，一般涉案折合人民币价值在1万元以下，以盗窃、轻伤害、毁坏财物、挪用资金等案件为主。自2009年至2011年，宁河县检察机关共受理轻微刑事案件99件，涉案人员149人，详见表一：

＊　本文为天津市政法系统2012年重点调研课题。作者简介：肖荣会，天津市宁河县人民检察院检察长；张秀山，天津市人民检察院第二分院研究室主任；孙宝成，天津市人民检察院第二分院研究室干部。

表一

年份	2009		2010		2011		羁押人数	所占比例
	件	人	件	人	件	人	人	%
盗窃	26	33	30	38	17	30	45	44.6
非法拘禁	4	10	—	—	3	13	8	34.8
故意毁坏财物	1	1	1	3	—	—	0	0
抢夺	1	2	—	—	1	1	2	66.7
诈骗	1	1	2	4	4	4	4	44.4
挪用资金	—	—	2	2	—	—	0	0
故意伤害	—	—	1	1	4	4	0	0
过失致人死亡	—	—	—	—	1	1	0	0

从上表中可以发现，在以乡村为主的宁河县内，盗窃案件是轻微刑事案件的主要类型，3 年共计 73 起，占全部轻微刑事案件的 73.7%；涉案人数 101人，占全部涉案人数的 67.8%。其次是非法拘禁案件，其他案件较少。

二、辖区内轻微刑事案件的特点

由于"三农"为主的特殊经济、文化环境，轻微刑事犯罪带有明显的传统农业文明特点。

（一）轻微刑事案件在全部刑事案件中占有一定比重

三年来，辖区内共发生刑事案件 710 起，涉案人数 1292 人，其中轻微刑事案件占案件总数的 13.9%，占涉案人数的 11.5%。

（二）轻微刑事案件的犯罪主体以农业人口为主

辖区内人口构成以农业人口为主，而轻微刑事案件的犯罪主体与之相契合，反映地域农业人口特点，无论是本地常住人口，还是流动人口，都以农业人口为主。详见表二：

表二

年份	2009—2011	
人口构成	农业户籍	城镇户籍
盗窃	80	21
非法拘禁	17	6

续表

年份	2009—2011	
故意毁坏财物	1	3
抢夺	3	0
诈骗	9	0
挪用资金	2	0
故意伤害	1	4
过失致人死亡	0	1

（三）传统型侵财犯罪所占比例较大

无论是中国古代的法律法规，还是基督教、佛教国家所遵循的传统教义教规，自古以来"盗窃"就成为中外各类文明所明令禁止的违法行为，因此"盗窃罪"可以说与人类文明历史一样久远，属于典型的传统型犯罪。如表一所示，在域内轻微刑事案件中，主要犯罪类型是盗窃罪，占全部犯罪类型的73.7%，同时，这些盗窃案件所侵犯的客体都与农业文明相关。据统计，三年来73起轻微盗窃案件，盗窃对象基本上是涉农财产，如农用三轮车、变压器、良种等，涉案物品价值都不大，都在万元以下，以二三千元为主。表明传统型犯罪方式依然是乡村社会中的主要犯罪形态。

（四）流动人口轻微刑事犯罪呈现"短频快"特点

在80名犯罪人员中，流动人口占36人，占犯罪人口比例的45%。流动人口涉嫌盗窃犯罪的共同特点是以盗窃现金、金银首饰、电动自行车等便于携带销赃的物品为主。在36起流动人口犯罪案件中，盗窃电动自行车的9起、盗窃金银首饰和现金的15起，这些物品便于携带，容易隐藏，容易变现，符合流窜作案特点。

三、辖区内轻微刑事案件的处理方式

本次调研，结合案件情况统计分析，重点对轻微刑事案件的处理方式和方法进行了深入了解，并进行了规律性认识和法律政策层面的分析。

（一）形成了一个执行法律与考虑乡规民约相结合的办案思路

在当代社会中，传统文化仍然是我国乡村文化的主要内容，社会关系大都以血缘关系为主要内容的"熟人"关系构成，其交往的基础和范围更多的囿于亲情、友情、人情等传统因素，法律意识虽已渐入人心，但乡民潜意识中的民俗文化并由此形成的乡规民约依然主导着人们的思想观念和生活习惯，这是法治建设尤其是执法办案工作在农村推进过程中必须重点考虑的因素。基于这一认识并经长期实践探索，宁河县院确立了一个执行法律与考虑乡规民约相结合的办案思路。把个案应该适用的法律与涉及的乡规民约、风土人情有机结合起来，做到"定性不离法，酌情不违法"，在严格执行法律的前提下，充分收集并考虑乡规民约，最大限度地合理合法运用法律的弹性和幅度，努力追求"既要打破传统，又要尊重习俗；既要惩治犯罪，又要维护乡情"的办案效果。统计表明，每一起轻微刑事案件都得到这一办案思路的具体指导，得到了被害人谅解，被告人真诚悔过，积极弥补损失，得到从宽处理。

（二）探索了一个适合本地实际的司法运行模式

在调研中发现，宁河县院不仅确定了清晰的办案思路，还逐步探索了一条适合本地实际和特点的工作运行模式。工作中他们认识到，乡村不同于城市，由于区域狭窄，每个人都会在亲情、乡情、友情的网络中成为"熟人"，构成复杂的人情关系。如果单纯解决了办案思路问题，相关办案程序机制跟不上，容易造成公、检、法三机关工作的不协调，职权行使的不统一，难免会出现当事人四处找关系、托人情，从而影响案件处理的公正性。检察院是法律监督机关，处于三机关的中间位置，办理刑事案件前对公安后对法院，以捕、诉为主要办案手段实施对个案的法律监督职责，协调并解决公、检、法对轻微刑事案件的办案流程和处置结果，作用不可替代，为此他们提出公、检、法办理轻微刑事案件司法运行新模式。首先，对轻微刑事案件依法坚持程序的完整性原则，在农业人口集中地区坚持程序的完整性，不仅具有弘扬和推进法治的意义，而且对于避免人情关系对执法办案的干扰，维护公正执法具有更加积极的意义。从公安机关的侦查，检察机关的捕、诉，到法院的审理，认真履行法律监督职能，确保法律程序完整运行。坚决避免出于各种考量，在程序上"网开一面"的情况。其次，经公、检、法三机关认真酝酿、反复磋商、积极实践，一个行之有效、群众满意、社会效果突出的办案机制确立并平稳运行。既坚持程序完整性，又依法充分适用简易程序和案件分流程序，力求司法公正和效率完好结合。公安机关侦查，报检察机关把关，对属于轻微刑事案件的，不采取逮捕措施，对其中情节较重的起诉至法院，建议处以3年以下徒刑或缓刑处理；对其中情节较轻的退回公安机关，建议由当事人刑事自诉。

（三）积累了一条维护乡情、和谐社会关系的有益经验

宁河县院在认真梳理此类案件时发现，犯罪的表象为轻缓，一般都没有给被害人和社会造成太大危害。但其深层特征表现在，嫌疑人与被害人之间都有乡村社会关系特点，"熟人"关系千丝万缕，有些案件就直接表现为家庭内部或街坊邻里之间，"情"是处理案件抹不去、绕不过的"坎儿"，发生的原因

有时就是"一口气"，"情面"在这些案件中体现的尤为充分。机械执法，很有可能激化矛盾不说，用老百姓话讲，还可能会让双方"里外不是人"，"一口气"通过做工作可能瞬间化解的事，到了把小矛盾转化成大冲突。应该结合民俗民风，充分考虑中国农村的熟人社会特点，多做有利于修复感情、和谐关系的工作，实现乡民之间化怨为德，修复伤痕，促进和谐的执法目的。

在宁河县院三年处理的65名本地犯罪嫌疑人中，双方为同村、同事、朋友关系的21人，比例为32.3%。共有46人处以3年以下缓刑和罚金，5人处以管制和罚金。其中21名与受害方为同村、同事、朋友关系的嫌疑人，100%都处以缓刑或管制，达到了既案结事了，又使双方当事人及亲朋好友之间关系和"面子"都得到良好维护的办案目的。

（四）尝试了一个保护人权、减少羁押的成功做法

当宽则宽是宽严相济刑事政策的重要组成部分，其精神在轻微刑事案件的处理中应当有更加充分的体现。宁河县院注重把贯彻当宽则宽政策的工作端口前移，把解决问题的关键放在侦查监督程序的羁押必要性审查上，对轻微犯罪嫌疑人尽可能采取不予羁押的候审措施，为在此后程序中双方和解提供至关重要的条件。如表一所示，在盗窃类案件中，3年中，只对45人采取了羁押措施，占全部盗窃案件犯罪嫌疑人的44.6%。检察机关通过对未羁押嫌疑人的训诫教育和对受害方的安慰劝导，73起轻微刑事案件有的作了不起诉处理，无论自诉还是公诉，被告人受到了免刑、缓刑或减刑处理，受害者也得到了相应的物质补偿，实现了双方和解、案结事了的良好效果。

（五）树立了一个对本地人口和流动人口平等司法的理念

在市场经济体制下，随着经济一体化和分工专业化的发展，劳动力资源流动已成为一种常态的社会现象，流动人口犯罪问题也就日益凸显。在域内3年的轻微犯罪案件中，流动人口犯罪占犯罪总数的29.5%。但由于行政管理体制改革的滞后性，与户籍管理相关联的流动人口管理制度还不尽完善。为了保障对嫌疑人传讯与惩罚的及时、方便，一些执法司法部门存在着执法司法内外有别、同罪不同罚的司法习惯，这显然不符合立法精神。为了实现对流动人口中轻微刑事犯罪嫌疑人惩罚与教育相统一目标，宁河县院严格按照法律规定，保障司法的统一性，坚持本地人口和流动人口平等司法的理念，应该贯彻当宽则宽刑事政策的，坚持同罪同罚、同等待遇。在36名流动人口犯罪嫌疑人中，14人采取了不羁押措施，并被法院判处缓刑，占38.9%，22人处以3年以下实刑，占61.1%。避免了内外有别的执法误区，确保了法律统一正确实施，收到了良好的社会效果。

四、轻微刑事案件处理方式的几点启示

(一) 不断探索刑事和解结案的方式方法

刑事和解是轻微刑事案件结案的良好方式,可谓大势所趋。随着法治进程的不断深入,农业人口法治意识、法律素质的提高,在乡村司法实践中,应不断开展刑事和解结案的工作探索,创新更多和解结案的有效方式方法。对于轻微刑事案件,尽量通过对当事人双方的调解工作实现双方的刑事和解,能在侦、捕、诉阶段和解结案的,就尽量不采用审判方式结案,用最简约的司法成本换得最佳的结案效果,由诉讼全程化审判结案逐步转变为阶段性和解结案,这是恢复性司法的最佳结案方式。正如陈兴良教授指出:"刑事和解是司法上的非犯罪化的一种有效措施,它所体现的是恢复性司法的理念……它不是对犯罪人简单的视为异类,而是在司法工作者的主持下,在犯罪人与被害人之间进行沟通和交流,求得被害人的谅解,从而确定犯罪发生后的解决方案。"[1]

(二) 强化民事纠纷案件的审判监督力度,减少由民事纠纷转变为刑事案件的发生概率

从辖区内轻微刑事案件 3 年的统计数字来看,有一点需要引起各级政府或司法机关的注意,这就是非法拘禁案件。随着经济社会的快速发展,个人与个人之间、个人与法人之间、法人与法人之间的经济往来日益增多,往来方式日趋复杂,彼此因借贷、欠款等形成一定的债权债务关系,难免出现部分债务人赖账不还,侵犯债权人利益的事件。这本来是责权利关系引发的简单民事案件,如果处理不好,就会导致由简单的民事案件转变成严重的刑事案件。这种现象在农村有发展的趋势,个别人由于法律意识淡薄,往往会以绑架方式催逼欠款而构成非法拘禁。如前所述,在 3 年发生的轻微刑事案件中,非法拘禁案共发生 7 起,排在第二位,而且涉案人数相对较多,达 23 人。这些案件都是债权债务纠纷,债权人为达到要账的目的组织实施的。虽然案件数量不多,但涉案人数众多的事实向我们昭示着一个不容回避的问题,这些案件都是团伙作案,如果处理不好,或者发现不及时,就会为黑恶势力的生存和发展提供温床。尤其是在乡村,由于社会管理的松散型特点,无固定职业、文化水平低、自我约束意识差、法律观念淡薄甚至具有轻视法律倾向的人员很容易纠合在一起,以为人索债为名从事非法活动。如果农村的法治建设跟不上社会现实的变化,这种势力就会由小变大,成为侵蚀社会肌体的毒瘤。因此,此类案件应该引起高度关注,应该未雨绸缪,强化对民事行政案件的审判监督力度,构建对

---

[1]　陈兴良:《刑法理念导读》,中国检察出版社 2008 年版。

公民合法财产的法律保护机制，疏通债权债务纠纷在法律范围内解决的渠道，杜绝类似清账公司、要账集团等势力生存的空间。

（三）发挥检察机关的法律监督职能，促进农村经济、文化健康发展

传统型盗窃是乡村社会的主要刑事案件，这类案件之所以成为主要类型，原因是多方面的，但经济文化相对落后和村民的防范意识、防范措施相对薄弱，是导致此类案件常发多发的根本原因。在建设社会主义新农村过程中，检察机关应更加主动地协助党委、政府积极开展农村治安防范、平安乡村建设，不断拓展和延伸监督触角，尤其在乡村法治和民主建设中积极建言献策。以法治保稳定，以稳定促发展，以发展促文明，以文明固稳定，全面推进域内经济文化建设又好又快发展，实现"衣食足而知礼节"的小康目标。

（四）认真推行羁押必要性审查，为新刑事诉讼法实施发挥引领示范作用

新修改的刑事诉讼法在保障人权方面又有重大发展，其中第93条将羁押必要性审查列为重要内容，对避免不必要羁押，避免侵犯人权案件的发生无疑具有重大法治和实践意义。与其羁押后审查，不如羁押前审查，从前后两个端口开展羁押必要性审查，对那些根本不需要羁押的嫌疑人从诉讼开始就拒其羁押之外，加之诉讼过程中的随时羁押必要性审查，从而构建了保护犯罪嫌疑人合法权益的双重闸门。宁河县院结合乡村司法实践特点，在司法实践中对轻微刑事案件当事人采取的不予羁押措施，对于实施新诉讼法无疑具有先导和示范作用。

名 刊 采 撷

在国家核心期刊发表，是对检察调研成果理论性和创新性双重认可的重要标志，也是提升成果影响力和辐射力，指导检察工作科学发展的重要途径。本单元收录了近年来二分院在高检院指定的综合类知名期刊发表的理论调研文章，凝结着二分院检察人法理思考和检察探索的智慧和汗水。

论检察权的配置[*]

张铁英

检察权的配置问题是检察基础理论研究的基本问题之一，从宏观角度看，涉及检察权、审判权、行政权等国家权力之间的配置，这种配置的状况将直接决定检察权的权力属性；从微观角度看，涉及检察权内部的权力划分和配置，这种配置状况将直接决定检察权运行的效率和效果。很多问题发轫于宏观，落脚在微观，比如诉讼监督问题，如果不从宏观配置搞清楚检察权的性质，就无从找到诉讼监督的根据和出发点，如果不落脚在微观问题，诉讼监督因缺乏载体、机制而无法运行。检察权的追诉职能体现公诉权等权力，检察权的法律监督职能是通过具体的职能并依照法定程序而实现的，检察权的追诉职能与法律监督职能的分野、相互关系等问题，实质上是附着于对检察权配置问题从宏观到微观研究的理论脉络之中，通过对理论脉络的梳理或许会澄清难解的枝节问题。

一、关于检察权的性质

关于检察权的性质，由来已久，既是争论的热点，众说纷纭，又莫衷一是，界定检察权的性质与检察权配置的先后问题也成为检察理论研究的"先有鸡还是先有蛋"的问题，其实这两个问题是"互相缠绕"的问题，生硬的分出先后不仅会出现认识错误也会导致实践的混乱，关于检察权的争议都可归类于这类错误。

（一）检察权性质的争议

我国学界对检察权性质的探讨归纳起来主要有以下几种观点：

观点一：检察权属于行政权。其理由为：一是检察权从本质意义上讲是一种公诉权，根据西方"三权分立"国家对国家权力的划分，公诉权正好属于

---

* 本文发表于《法学杂志》2012 年第 1 期。作者简介：张铁英，天津市人民检察院第二分院检察长。

行政权；二是检察机关体制的行政性，即检察机关是上下级领导关系，上下一体及上命下从的行权模式与行政权的属性正好一致；三是根据"三权分立"模式，西方国家的检察权大多定性为行政权。

观点二：检察权属于司法权。检察官与法官同质但不同职，具有等同性，检察官如同法官一样执行司法领域内的重要功能。理由为：一是我国实行人民代表大会制度，在"一府两院"的权力架构下，检察权已与行政权分离；二是宪法已明确规定，检察权不受行政机关的干涉，说明检察权与行政权之间没有隶属关系；三是检察官与法官在任职资格、身份保障等方面都是相同的；四是检察机关是唯一参与司法活动全过程的机关，其行为特征和活动具有司法的性质，尤其在其行使不起诉决定权之时，更体现了司法的性质。所以，检察权应定性为司法权。

观点三：检察权具有行政权和司法权的双重属性。检察权的司法属性主要体现在，一是检察官的活动具有一定的独立性，不是上级的附庸，检察官的起诉活动以适用法律为目的；二是检察官的身份保障和法官近似。另外检察权的行政属性体现在：检察权上下一体的领导体制与行政权是一致的；检察机关直接实施侦查行为，有严密的组织和监督指挥关系，具有明显的的行政性质。

观点四：检察权是法律监督。我国的宪法规定，检察机关是法律监督机关，因此，检察权是法律监督权有其宪法的渊源。法律监督才是检察权的本质特点，司法属性和行政属性都只是检察权的局部特征。我国检察权与行政权、司法权既有交叉又不完全相同，亦不可能为后两种权力完全包容，而是一种兼有司法和行政的色彩与手段，具有特定法治价值目标的独立的国家权力——法律监督权。

（二）对检察权性质的反思与定位

检察权不是纯粹的行政权。根据我国宪法的规定，行政机关和检察机关的职权都是由各级人民代表大会授予，检察权并不直接来源于行政权。而且，没有任何一部法律将检察权界定为行政机关。认为检察权属于行政权的观点，主要是从检察权的行权规则来判断的。笔者认为，一种行权规则并不具有说明其权力性质的功能，如劳动仲裁权几乎具有司法审判的一切特征，但它不是司法权。将检察权完全定性为行政，割裂了检察机关所担负的法定职能，抹杀了检察官在一定程度上的独立判断和处置权，为行政干预司法大开方便之门。

检察权不是纯粹的司法权。从现代国家权力分类来看，司法权一般是指审判权，专属于法院的权力。其特征主要有：终局性，即社会的最终救济的途径；中立性，在处理社会冲突中，充当裁判员的角色；消极性，坚持"不告不理"的原则；独立性，独立于立法权和行政权，以实现权力之间的制衡。

而检察权的表现为：非中立性，即具有国家代表性和公益代表性；非终局性，检察权只是一种单纯的程序性权，除不起诉决定外，大多的情况下都是程序性的手段。因此，司法权与检察权存在很大的差异，将检察权等同于司法权显然不够全面。

检察权不是真正意义上的法律监督权。其一，法律监督权在本质上是立法权的延伸，属于立法权的范畴。如果将检察权定位为法律监督权，必定与人大及其常委会的法律监督权相混淆。其二，检察权是权力分解分化过程中形成的多种权能的组合，法律监督只是其中的一项主要权能。其三，从权力的地位上来看，法律监督权是上位权，即通过"上对下"的方式来行使权力。检察权是与审判权、行政权平行的国家二级权力，检察机关监督的对象是与检察机关平行的，很难实现法律监督的任务。其四，不同的法律监督权常常被配置于不同的国家权力之中，以实现权力之间的制衡与和谐，故其自身难以成为独立的一权，只能依据其所配置的权力个性而运行。而检察权因其属于国家权力分立出来的独立的二级权力，在现代国家权力运行的理念下，检察权需要独立运行。因此，如果将检察权定位为法律监督权，将缺失现代国家权力横向制约配置的条件，难以实现检察权的独立运行价值定位，容易使国家权力走向专制和高度集中。另外，由于法律监督权的单向性，使得权利设计缺少权力程序正当化、必要的对立面以及公开等要素，使权力自身失去必要的监督制约，有悖权力制约制衡的基本法治原理。

综上所述，笔者认为检察权是独立的国家二级权力。现代意义的检察权从起源上说是一种公诉权，具有司法、行政、监督等多种属性的权力。我国检察权设置的重要特点是复合性、程序性与制衡性，它集中体现了中国特色的民主宪政思想。[①] 将检察权简单地等同于某种专属权，犯了以偏概全的错误。实际上，我们也没有必要把检察权归属于某种权力，在我国当前宪政语境下，检察权是一种与审判权和行政权平行独立存在的国家二级权力。

而为什么要把检察权单列为一种独立的国家权力呢？从权能属性上来看，我国政治体制不是以"三权分立"思想为基础的，因此，检察权是一种独立完整的权力并不违背我国国家权力设置的原则与价值追求；从检察权的内容看，公诉权、职务犯罪侦查权、侦查监督权、审判监督权、民事和行政诉讼监督权等，这些内容既具有法律监督性的部分，又具有行政性的部分，还具有司法性的部分。这种独特的法律属性，不能以除检察权以外的其他任何一种权能

[①] 冯仁强：《政治文明建设与检察制度改革》，载《国家检察官学院学报》2004 年第 4 期。

属性来进行完整的概括，因此，检察权应当成为现代国家权力理论中一种独立的权力形式；从检察权的运行来看，检察权的独立是检察权独立运行的基础，只有将检察权独立于行政权和司法权，才能确保国家权力之间的制衡，只有实现检察权的独立行使，才能使目前的检察改革走出误区，提升与维护检察机关的法律地位。

二、检察机关职能的定位

检察权科学配置的另一个基础性问题是检察机关职能的定位问题。从以上叙述可以看出，对检察权性质的认识存在不同的观点，产生这些不同分歧的原因在很大程度上是因为对检察机关的职能认识不一致所引起的。检察机关的职能到底如何定位呢？

世界各国的检察制度虽然不尽相同，其职权范围也存在很大差异，但是都存在一项共同的权力，那就是刑事公诉权。我国现行检察体制受到非议最多的便是检察机关在行使公诉权的同时又行使法律监督权。笔者认为应当从以下几个方面来理解我国检察机关的这一特定职能。

（一）从检察制度的发端来看

检察制度起初发源于法国。公元 12 世纪末法国首次出现国王代理人制度，即检察官以作为国王的代理人参与诉讼，"检察官"一词原意是共和国的代表官员，这是追寻检察制度起源的最古老依据。代理人最开始按照国王的授权主要从事代理国王参与民事诉讼，后来逐步发展为听取告密、进行侦查、提起刑事诉讼，抗议法庭判决，监督地方当局以及行使部分行政事务。但是，在 14 世纪法国国王的代理人并没有成文法加以规定，而只是作为惯例存在。到 16 世纪，法国以成文法的形式正式规定了检察官制度，在组织领导上实行上下级的隶属关系。17 世纪路易十四在位时，将代理官正式更名为检察官，增设总检察官一职，在各级审判机关设检察官，开始行使侦查权和起诉权，初步建立了检察制度。

从上述历史考证可知，检察官从"国王代理人"身份逐步发展到代表国家和社会利益行使侦查、刑事诉讼、监督法院和当局（行政机关）的角色。检察机关从诞生之日起便是作为国家追诉犯罪的专门机关，检察制度的历史进程表明，检察机关是应国家公诉的需要而产生发展起来的。作为国家公诉机关，检察机关代表国家和社会行使侦查权、诉讼权，与此同时又要行使监督法院和当局（行政机关）的权力。正如有学者所言，"公诉制度是为消除封建割据状态下法制不统一对追诉犯罪活动带来的影响和监督法院审判，维护国王制定法律的统一实施而问世的。"① 因此，从一开始检察机关就具备行使公诉权、监督权等各项职能。

（二）从现代各国检察制度的设计来看

在现代世界各国，检察机关都是作为国家公诉机关而存在的，但在行使公诉权的同时都不同程度的行使监督权。综观西方的检察权，除了英国多局限于公诉权外，无论是大陆法系的法德还是美国混合模式检察权体制，检察权的基本权能都包括了公诉权，指挥监督侦查权，监督判决执行权，参与民事行政诉讼权等几项权能。因此，可以说，公诉职能是现代世界各国检察机关的基本职能，但监督职能亦是其不可或缺的职能。

（三）从我国检察制度的自身特点来看

我国的人民检察制度是根据马克思主义关于无产阶级专政的理论，特别是列宁关于社会主义检察制度的理论，结合我国的实际情况，并吸收了苏联等社会主义国家的有益经验，而逐步建立起来的。我国坚持了列宁关于社会主义检察监督的原则，把人民检察院明确规定为国家法律监督机关。因此，在现代语境下，检察权能应当包括监督权、公诉权、侦查权等各种权力。

检察权应当是独立的、复合性的国家二级权力，它不应当依附于行政权、司法权，其科学表述方式应当为检察监督权。我国检察机关行使的职权是一种集公诉、监督双重职能的复合式权力组合，法律监督应当是从属于检察权的一项职能。一是检察机关的职权在起始意义就具有监督权的性质，公诉权的产生只是诉讼制度近现代化和政治制度民主化的产物，它是权力内在分立分解，以及诉权公权化的结果。由于公诉权的出现，权能配置中的监督与制约功能的侧重点发生了巨大的变化，出现弱监督制约的新型模式，但这并不表示对监督权的放弃。正如有学者所言，"检察机关承担公诉职能的初衷就是为了实现对警察侦查权和法院审判权的双向监督"，"检察机关的刑事公诉具有监督属性"。② "公诉权除了具有自诉权启动刑事审判程序的作用外，还具有自诉权所不具有的维护法律被切实遵守、保障法律实施的作用"。③ 二是从现代法治意义上讲，权力的制约和制衡，都蕴含着对监督权能的诉求，检察权也不能例外。三是从检察权的功能上讲，检察权的创设并不仅仅是为了司法分权，克服刑事纠问式诉讼，其作用在于一头监督控制警察，一头节制监督法院，起到了中介权力的作用。同时，检察权还具有护法功能和保护人权的功能，实现这些

---

① 王桂五主编：《中华人民共和国检察制度研究》，法律出版社1991年版，第4页。

② 朱孝清：《中国检察制度的几个问题》，载《中国法学》2007年第2期。

③ 孙谦：《检察：理念、制度与改革》，法律出版社2004年版，第433页。

功能的手段必然要拥有一定的监督手段和功能。四是从我国国家权力结构上来看，我国权力机关自身的双重人格使法律监督权完全由权力机关行使既不可能也违背权力的基本运行规律。同时，在我国检察职权中配置相应的法律监督权可以弥补我国政治体制中权力双向制约制衡的缺失。必须指出的是，我国检察机关拥有法律监督职能，只是一项专项的法律监督，并不包括法律监督权的全部，这主要体现在检察权对行政权的监督仅限于违法犯罪的监督，对司法权仅限于事后的程序性监督，并不包括像前苏联模式的对一般违法行为的广泛监督。

三、检察权配置的路径

（一）检察权配置的原则

任何一种国家权力都需要有相应的国家专门机构去行使和运用。一种类型的国家权力会包含次级权力类型或各种权能，次级权力或权能都是法定的且符合这一国家权力的本质和目的的。在我国，宪法规定了检察权是一种独立的国家权力类型，由检察机关来行使这一权力，但不能说检察机关行使的所有权力或权能都属于检察权，只有符合法律规定且符合国家权力配置目的的权力或权能才属于检察权，那么这些权力或权能由哪些部门来行使，这些部门又如何行使，如何行使才能最大限度实现检察权的目的，这都涉及合理配置检察权的问题，而要合理的配置检察权，必须遵循几个原则。

1. 权力制约原则。从国家层面而言，权力制约，就是权力所有者运用民主的手段，通过各种有效途径，对权力行使者所形成的特定的限制与约束关系。近年来，检察官颇受诟病的原因就是权力缺乏制约，比如自侦案件的批准逮捕"上提一级"的改革，虽然没有改变自侦案件仍然在检察机关内部的现状，但已经改变了一个检察机关独自擅断的局面，这是符合权力制约原则的，再比如人民监督员制度，积极寻求对检察权外部监督的途径。在检察权的次级权力分配当中，在尊重权力本质、特性的前提下，也要体现权力制约原则，不能为了制约而制约，体现权力制约的模式、方式有很多，不能简单地追求单一模式，不能将不可分割的权能分派给不同的机构或部门行使，比如在权力监督过程中，普遍存在的做法是另设一个机构来监督原来的机构，但避免不了谁来监督新的监督机构的追问。

2. 整体性原则。检察权的本质被界定为法律监督权（笔者称为检察监督权），基本上成为普遍被接受的观点，其实将检察权的部分本质界定为法律监督是没有问题的，要注意的是，法律监督权实际上是一个功能性概念，也是符合我国权力结构模式的概念，是国家权力在不同国家机关之间初次配置后的一种结果，它指的是检察机关通过法定职权的行使来发挥其对公安机关和人民法院的法律监督功能①。法律监督是对检察机关行使权力所要达到的功能和目的的一种整体性描述和定义，它解决的是检察权的功能问题，不解决检察权的构成和内容问题，因此，不能将检察机关的法定职权分解成一项一项的权力，然后去质问某一项权力究竟是不是法律监督权。尤其是在检察权的权力分配或权能设置时，必须要遵循整体性原则，不能生硬地将权力进行分类，并机械地设立专门的部门行使对应的权力。法律监督的实现，都是通过检察机关准确行使现有法定权力、依据法定程序来实现的，不宜单独设立一个机构来专门行使法律监督权。

3. 司法公正原则。司法公正是司法机关和诉讼参与人所追求的共同价值，审判机关和检察机关的权力配置的目的就是更有利于司法公正的实现，检察权的配置、检察机关内部机构的设置应当以司法公正为指引。一切制度的创新都不是为了扩张权力，只是为了在既定权力框架内更加有效的实现司法公正。为了达到司法公正，必须从更加宏观的角度考量检察权、审判权等国家权力的配置，不能以个别部门狭隘眼光去审视权力配置问题。

在现代法治国家，检察机关往往具有两重身份：一是国家的法律监督机关；二是国家的追诉机关。检察机关的这两重身份所产生的是两种完全不同的诉讼法律关系，前一身份产生于检察机关与公安机关、法院的关系互动之中，检察机关与公安机关、法院之间形成一种法律监督关系；而后一身份则产生于检察机关与犯罪嫌疑人、被告人之间的关系之中，检察机关与犯罪嫌疑人、被告人之间形成一种追诉关系。两种法律关系的法治意义完全不同、不容混淆。而检察机关无论作为法律监督者还是追诉犯罪者都应当奉行司法公正原则，遵循检察官客观公正义务。

（二）我国检察权的配置方式

世界上任何一个国家的检察制度都有其特定的历史传统和宪政特征，我国也不例外。我国检察权应当立足于我国的宪政体制和历史传统所规定的检察权的特征进行配置，不能仅仅为了追求形式上的完美或者整体逻辑上的需要，这是检察权配置的底线。

检察权权能属性重新定位。检察权性质的争议很大程度上来源于宪法对检察机关的抽象定位，为了克服检察权概念使用上的不统一，应在宪法上明确规定检察机关是行使检察监督权（简称为检察权）的机关，取消检察机关是行使法律监督权的机关的定位，将检察权确定为同属立法权下的国家权力二级分

---

① 万毅：《法律监督的内涵》，载《人民检察》2008 年第 11 期。

权，与行政权、司法权平行。同时明确规定检察权的内容为侦查权、公诉权、侦查监督权、诉讼监督权、通告权（督促当事人或组织纠正自身违法行为的权能）、建议权、公益保护权、违法违宪审查起诉权。

坚持强制约、弱监督的权力配置理念。在国家权力设计上，在实现最高权力与二级分权相对分离的情况下，弱化二级分权中三权彼此之间的监督强度，突出权力对权力的制约与制衡，特别是要避免过度配置检察权的监督职能。另外，按照现代法治原则，适当配置行政权和司法权，并配置行政权、司法权对检察权的制约因素，以使三种国家二级权力良性互动。

赋予检察机关公益诉讼权。公益诉讼权主要是指，检察机关依法对特定范围的某些涉及国家利益、社会公共利益，以及有关公民重要权利的案件，在无人起诉或当事人不敢诉、不能诉的情况下，检察机关依法向法院提出诉讼，主动追究违法者法律责任，以保护国家、社会和公民合法权益的权力。学界对公益诉讼一直存在不同的观点，争论焦点就是，公益诉讼权是否是对私权的干涉。有必要指出的是，检察机关的公益诉讼权并不是对私权领域的侵犯，相反，这一权力的行使是符合私权运行原则的。首先从诉讼主体上看，检察机关作为诉讼一方，只是作为"代理人"的身份参与诉讼，并没有打破民事主体平等之原则。其次，从检察院行使的权力来看，检察院是作为公共利益的"代言人"，这时检察权是以被代理人的"诉权"形式出现的，其实质只是一种程序保障权，并不是实质处分权。再次，从另外一个方面来说，民事主体对自己私权的自由处分并不完全是私人的事情，任何民事主体对个人私权的不当处分都可能损害国家利益或者社会公共利益，甚至损害他人的合法利益。所以私权救济的意思自治原则，必然要受到不得损害国家和社会公共利益，以及民事权利不得滥用原则的限制。基于上述原因，国家的适当干预成为国家责任义务的必然延伸，同时，检察机关的护法功能不仅要求其发挥刑事惩治功能，而且也应当在民事侵权行为、行政侵权行为发生后，无主体救济时发挥其对民事行政法律的救济功能，以保障法律得到统一贯彻实施。

完善各种既有的检察权能。在公诉权配置方面，确立主诉检察官制度，削减检察长或部门负责人对案件的指令权；立法明确撤回、变更和追加起诉的权力；完善不起诉制度；扩大审查起诉的自由裁量权。在侦查监督权配置方面，建立对侦查机关采取逮捕以外的强制措施的监督机制；完善对公安机关应当立案而不予立案的监督措施，授予检察机关在公安机关不接受应当立案而不予立案监督意见时有权采取相应措施。在民行检察权配置方面，扩大民行监督范围，改事后监督为诉讼全过程的"事中"监督，特别是要赋予民行执行监督权。在职务犯罪侦查权方面，建立自侦部门同监察、审计机关的法律关系；建立对自侦权的监督、约束机制，完善人民监督员制度，提高内部监督制约的公信力。

四、结语

关于如何合理配置检察权的问题，我国缺少的不是理论上的支持或者创新，而是实践的大胆探索和尝试。正如朱孝清副检察长所说的那样，"法律赋予检察机关的诸项职能是科学、合理的，应朝着强化的方向予以改革完善"。我们相信，检察权的配置将朝着更科学、合理的方向发展，中国检察制度的深化改革将成为推动法治中国进程的中坚力量。

"三大关系"中权力配置格局的调整及检察权的应对[*]

——以检察机关如何应对新刑事诉讼法修改为视角

张铁英

　　法律内容体现为权利（力）与义务的关系，而这种关系最终表现出不同利益分配、角力和博弈的结果。每一次法律的更替，都会表现为权利的重新分配、权力格局的某种变化。刑事诉讼是实现国家刑罚权的活动，刑事诉讼法就是典型的权力配置法，通过法律的修改，立法者一直在追求惩罚犯罪和保障人权的完美结合，一直寻找公权力配置的合理格局。检察权本身就是人类在追寻权力合理配置过程中的产物，检察机关有对"国家权力双重控制"的职能，"作为法律守护人，检察官既要保护被告人免于法官之擅断，亦要保护其免于警察之恣意"。[①] 这次我国刑事诉讼法的大修，虽然权力配置的原则一如既往，但权力配置的格局有了深刻变化，即使是看似一些微观制度调整，也体现着权力格局的变化。在这次修法中，几乎一半的法条都与检察权有关，而辩护权、侦查权、审判权范围、行使方式的变化，也使检察权的运行机制发生变化。我们只有从权力配置角度，对检察权在新刑事诉讼法中的新内容、新方式进行解读和把握，才能重新认识权力格局中检察权的定位和价值目标，找准检察权为统一正确实施新刑事诉讼法应当采取的思路和方法，更充分地履行好宪法赋予检察机关的法律监督职能。

---

　　[*] 本文为 2012 年 9 月重庆召开的直辖市分院检察长论坛上的主题发言，发表于《人民检察》2012 年第 20 期。作者简介：张铁英，天津市人民检察院第二分院检察长。

　　[①] 林钰雄：《刑事诉讼法（上）》，元照出版有限公司 2004 年版，第 117 页。

一、控辩关系：在博弈中更趋平衡，要以检察官客观义务作有效回应

（一）辩护权部分权能的复位

1996年刑事诉讼法修改时，在一定程度上引入了西方的当事人主义诉讼模式的一些因素，但这些因素主要集中在庭审程序本身，比如在移送案卷时采用与起诉状一本主义较为接近的复印件主义，而侦查、审查起诉阶段辩护权的缺位，实质上使局限于庭审的当事人主义成为无本之木、无源之水。这次刑事诉讼法的修改，辩护权在侦查阶段、审查起诉阶段都有所体现，有的学者称之为辩护权的扩张，其实与其称之为扩张，不如说是辩护权的部分权能的"复位"，辩护律师介入刑事诉讼程序的时间提前，辩护人能够在庭审前阅卷，辩护人的诉讼参与权利得以保障，辩护权才有条件和公诉权分庭抗礼。理想的控辩关系的基础条件之一是，控辩双方在交往过程中必须具备哈贝马斯所言的理想的商谈情境，即"只有交往活动既不受外界偶然因素的干扰，也不受来自交往结构自身之强迫的阻碍"[1]，让所有的参与者预先被规定有对称性的分配机会来选择和行使言语行为。当然，在我国职权主义模式的语境下，对于辩护权的进化过程似更应奉行"条件论的、渐进性的、改良的"[2]"相对合理主义"。紧密跟踪并结合司法实践，需要与侦查机关、检察机关乃至审判机关三权进行长期此消彼长式的互动演进，不断寻求适合中国国情和司法实际的权力平衡关系。

（二）被削减的控方优势

法律修改后，从应然层面上，控方的权力显然受到了更多的制约，案卷信息的提前共享加大了控辩双方的竞争、角力，证明标准的提高使控方承受了更大的证明负担，听取意见等程序性的工作使案多人少的现实性压力呈几何数增长。可以说，从规范层面到现实层面，控方传统的种种优势都得以削减。这种削减是符合刑事法治的进化发展规律的，是为尊重保障人权等宪法性规范添加的现实脚注，更有利于发现案件事实并实现刑罚权的目的。处于绝对优势的控方，可以提高发现、惩罚犯罪的效率，最大限度地节约司法成本，但是司法公正的更高目标在失衡的控辩关系中更不容易得以实现。控方权力被适当削减

---

[1]　参见［德］哈贝马斯：《真理理论》，载［德］H. 法伦巴赫编：《现实与反思：W. 舒尔茨祝寿文集》，普夫林根1973年版，第255页。

[2]　龙宗智：《"相对合理主义"视角下的司法改革》，载《中国社会科学》1999年第2期。

后，控辩双方关系的竞争因素增加，控方指控犯罪的负担增大、速度变慢、进程延长，但司法公正却更可能在较慢的步频中最终胜出。控方优势的削减，实质上是对程序正义的一种让步。理论通说认为，我国刑事诉讼的目标是追求客观真实，但法律真实标准更加符合司法认识规律，本次法律修改出现了向后一标准靠近的端倪。刑事诉讼的结果是否正确无法以某种外在的客观标准来衡量，而充实和重视程序正义本身，以保证结果能够得到接受则是共同的精神本质①。

（三）控辩结构的调整，对检察权提出挑战

辩护制度是刑事诉讼程序中保障犯罪嫌疑人、被告人依法行使辩护权的重要制度。控辩平衡是实现刑事诉讼司法公正的基础和前提。律师在诉讼中能否充分行使辩护权，是控辩双方能否真正实现平衡对抗的重要保障。控辩平衡是刑事诉讼程序正义的一项基本原则，是制约控方权力先天失衡的有效方式。控辩平衡意味着控辩双方诉讼地位平等、诉讼权利义务对等、防御能力相当，拥有"平等武装"，保证辩方有足够的防御能力来对抗控方的指控，从而保证法官在控辩双方充分履行控诉职能与辩护职能的情况下查明案件的事实真相，使其裁判具有公正性，从而维护犯罪嫌疑人、被告人的合法权益，实现程序正义与司法公正。在司法理论中，"正三角形结构具有保障司法公正的机能，依赖于诉讼本身的机能并充分发挥其制约作用，能够使司法获得公正并增进人们的信任"。② 但应当看到，控辩结构的调整，意味着固有控辩平衡的打破及新平衡的建立，检察官掌有的控方优势得到削弱，新法实施后面临的困难和挑战足以想见。

（四）面对诸多困难和挑战，要以检察官客观义务作有效回应

控辩关系趋于平衡，是我国刑事法治发展的重大进步之一。但对长期处于职权主义优势的检察人来说，几十年来形成了优势指控的思维模式和工作习惯，转变或消失的进程特点具有一定的滞后性，亟须外力的强行介入和触动，通过树立新的工作理念、实践方式，尽快实现与新法的对接，尽快塑成适应新法的"实践理性"和"创新方法"。

笔者认为，在控辩关系调整后，检察官应树立客观性义务理念，并将此义务理念渗透至检察官大脑和检察实践的全过程，会在相当程度上消解控方优势被削减的不便和不适，重新找回检察官的角色和职能定位。近几年，检察官的

---

① 参见［日］谷口安平：《程序的正义与诉讼》，王亚新、刘荣军译，中国政法大学出版社 2002 年版，第 5 页。

② 谭世贵：《刑事诉讼原理与改革》，法律出版社 2002 年版，第 150 页。

客观性义务成为理论界研讨的热点，而实务界不少人则认为有"崇洋媚外"的嫌疑。虽然客观性义务属于舶来品，但却与我国检察机关的法律监督职能有异曲同工之妙，但在用语上更少些威权的意味，法律监督更大程度上是从权力配置、权力主体关系出发的职权性界定，而客观性义务理念则将较为敏感的职权问题转化为检察官自身职业和操守的确定和张扬。

萨维尼曾言："检察官应担当法律守护人之光荣使命，追诉犯法者，保护压迫者，并援助一切受国家照料之人民。"① 一个多世纪以来，检察官客观性义务已经成为世界各国检察机关的共同规范，并为联合国《关于检察官作用的准则》及其他一些国际性法律文件所确认。根据我国法律规定，检察机关并非单纯承担公诉职责，还要履行法律监督职责，也就是负有客观公正义务，即在刑事诉讼中应当保持客观公正立场，既要注意不利于犯罪嫌疑人、被告人的证据、事实和法律，依法打击犯罪，又要注意有利于犯罪嫌疑人、被告人的证据、事实和法律，充分保障人权，保持不偏不倚，做到有罪追究、无罪保护、罚当其罪、罪责相当。

不可否认，检察机关中还有一些检察官，主观潜意识里仍有片面追诉犯罪的倾向，而这种倾向又会在办理案件中影响客观中立性，降低证明标准，较重视有罪证据的审查判断，而轻视无罪、罪轻证据的审查义务，将来自当事人的辩解视为狡辩，不愿意听取辩护律师的意见和建议。以上种种痼疾不清除，检察工作在新的控辩关系中就会很被动。只有将客观性义务落实到每一名办案检察官的岗位职守、检察办案的每一个具体环节，才能不折不扣地实现修改后刑事诉讼法赋予检察机关法律监督的新职能。为此，笔者建议应将客观性义务理念的价值内涵在检察办案程序中进行明确化和细化，并进行合理且有效分解，介入到办案检察官和检察办案的每个环节中去，也可以同时体现在绩效考核标准和指标等规范之中。通过规范化的机制建设这种强有力的外力介入，可以在较短时间内较快实现全体检察人员执法办案理念和方式方法顺利平稳转型的目标。

二、侦控关系：配合制约向监督制约的转化，要以常态化的动态监督模式实现侦控平衡

（一）侦控关系的形式分离，为检察监督提供更大空间

在司法体制改革中，有些人倡导仿照德国、日本进行侦控一体化或检警一体化改革，有些地方开展了类似的试点工作，但这种"一刀切"式的改革有

---

① 转引自林钰雄：《检察官论》，法律出版社 2008 年版，第 23 页。

悖于我国国情，且与检察机关的宪法定位相违背。这次修法，更加体现了侦控关系的形式分离，而且关闭了一些程序倒流的口子（建议侦查机关撤销案件），甚至在批准逮捕环节就引入了听取律师意见、讯问犯罪嫌疑人等更显客观中立的程序，实质上将检察机关推向了准裁判者的角色，而此角色的设定与德日式检察官"侦查程序的主人"模式大相径庭。

这种侦控关系的形式分离模式，是与我国检察机关的法律监督地位相匹配的。这种模式确立后，加之诉讼各阶段证据标准的统一，会最终使侦查机关的办案质量得到提升。对检察机关来说，既要保证新法适用的顺利衔接，又要确保新旧角色的成功转型，尽快进入准裁判者角色，难度和考验不容小觑。转型过程中检察官除了要历练内功，适应新角色要求之外，固有的一些工作机制和方法不能随意丢弃，特别是还要适当启动引导侦查机制，避免不起诉案件的激增，亦应通过绩效考核制度调整，对过渡期的侦查、起诉工作给予重新评价，尽量减少过渡期固有机制的羁绊并由此引发的"阵痛"。

（二）程序性制裁手段，可以大大提升检察监督效力

在原有侦控关系中，法律监督停留在原则层面，监督方式较为单一，侦控关系中配合占主要地位，检察机关没有明确的程序性制裁依据，很多时候是将证据的合法性问题带到审判阶段交由法官处理，侦查机关还可能认为检察机关对证据合法性审查有越俎代庖之嫌，检察机关为了配合办案的长远工作利益考量，也缺乏采用程序制裁性手段的原动力，工作中尽可能做好分内之事，侦查监督一般中规中矩。

根据修改后的法律，在侦控关系中，检察权的运行机制发生了重大变化，可以更大实现法律监督的功能和效果。检察机关对于侦查机关非法取证行为的结果，可以采用程序性制裁手段，直接予以排除，不作为起诉的依据。程序性制裁的不断适用，必然渐进地让非法取证行为退出历史舞台。陈瑞华认为，程序性制裁制度所要惩罚的并不是违反法律程序的警察，而是通过宣告其诉讼行为的违法性，使得那些受到程序性违法之直接影响的证据以及其他诉讼行为失去法律效果[①]。

纠正违法、发检察建议等事后监督往往只是针对已经发生的违法行为作出的权利救济建议，且对下一次类似行为无明显的影响力和制约性，往往是同一违法行为反复发生，使法律监督陷于被动。程序性制裁具有长久的制度性效应，因为程序性制裁可以通过对已发生的违法取证行为的处理，通过对将要发生的违法取证行为意向性地产生改变或影响，当侦查人员预测到自己的行为可

_____

① 　陈瑞华：《程序性制裁理论》，中国法制出版社2010年版，第406页。

能得到否定性评价的时候，侦查行为会向规范的、合法的、正确的方向发展①。

（三）以检察权常态化动态监督，实现侦控关系更趋平衡

此次刑事诉讼法修改，对于侦查权的限制较多，可谓是一大进步，但仍存在一些"重大"、"可能"、"必须"等弹性较大的立法用语，为侦查权的扩张留有空间。对于侦查活动来说，检察监督较之旧法从监督空间、监督途径、监督手段和监督效果都是一次重新设计和定位，不难看出其肩负的任务更加沉重。对此，检察机关唯有强化对侦查活动的法律监督，及时改变监督方式方法，才能实现对新职责的有效应对。应当看到，新法对侦查活动的法律监督规定与现行的事后监督有所不同，监督的对象大多处于动态变化过程中，这无疑增加了监督的难度。对于羁押必要性、刑事案件的类型（是否属于危害国家安全犯罪、恐怖活动犯罪、重大职务犯罪）、有碍侦查等情形的法律监督，必须探索新的监督模式，依托技术手段，实现信息共享，实时同步监督，避免监督的真空地带和法条的"空文"状态，使侦查监督工作切实发生质的改变。

三、控审关系：审判中心主义的彰显，诉讼监督进路面临抉择

（一）复印件主义到案卷移送主义的复归，控审关系再次调整

复印件主义从未真正实现过，这次法律规定的回归，再一次证明了某些学者所言中国司法改革要采用"相对合理主义"的正确性。不符合国情、超越历史发展阶段的法律规定，即使写入法律条文，也难以逃脱成为"空文"的命运。全卷移送后，法官很可能会先入为主，刑事审判又面临"先定后审"的境遇，审判权有失去客观中立地位之虞。法官单方面对案卷信息的了解，使他们具有了相当大的优势，但很可能在庭审前就对某些证据排除合理怀疑，而庭审过程中控辩双方的意见更难撼动法官内心的确信，这种优势可能成为恣意审判的滥觞。

案卷移送主义是对案卷中心主义现实的被迫回应，案卷笔录事实上是公检法三机关惩治犯罪的中介物和"接力棒"，刑事法官只是藉此来完成惩治犯罪的最后一道工序。②检察机关公诉部门对于侦查机关移送的案卷，必须仔细审查，该适用非法证据排除规则的要严格适用，不要让非法证据进入审判环节。

---

① 参见舒国滢：《法哲学沉思录》，北京大学出版社 2010 年版，第 80—87 页。

② 陈瑞华：《侦查案卷裁判主义——对中国刑事第二审程序的重新考察》，载《政法论坛》2007 年第 5 期。

（二）新证据标准的确立，法官确信、审判中心固化

传统证明理论认为，证明标准就是证明任务，也称证明要求，是指诉讼中对案件事实的证明所要达到的程度或标准。① 我国现行刑事诉讼法将定罪的证明标准表述为"案件事实清楚、证据确实充分"，这一规定既是对证据的质的规定，也是对证据的量的规定，但这一标准过于笼统，缺乏可操作性，审判机关的裁判会在罗列证据之后，得出达到证明标准的结论，但是这种论证缺乏逻辑的层次，使刑事诉讼参与的各方都难以信服。经过激烈的博弈，新刑事诉讼法在证明标准上引入了"排除合理怀疑"的元素。有些学者认为，排除合理怀疑的证明标准具有科学性，"如果对于一切案件的定罪标准，都要达到排除任何其他可能性，包括不合理的可能性，是不可能的，也是不必要的"。② 排除合理怀疑标准的引入是对我国原来所奉行的客观真实标准的一种修正，但这种证明标准需要在相对严谨的刑事法治系统中才能产生正面效用。

如在采用起诉状一本主义的国家，审判法官是否能够产生或不产生合理怀疑，是随着控辩双方的举证、辩论等诉讼过程展开的。而现在我们重新拾起了案卷移送主义，主审法官通过案卷已经对定罪量刑形成了先入为主的认识，而庭审很可能流于形式。排除合理怀疑的证明标准和案卷移送主义嫁接在一起略显畸形。排除合理怀疑标准在一定程度上给予法官更大的自由裁量权，审判权的优势无疑更加凸显，检察机关本来就多受质疑的公诉环节的法律监督更显力不从心。检察机关需要通过新法施行后一段时期的实践，以案例指导制度的形式，逐步摸索出类案排除合理怀疑的可参考标准，应用于不起诉、自侦案件的撤案等环节。

（三）诉的多元压力，诉讼监督进路面临抉择

我国检察机关的刑事公诉职能基于其法律监督的本质属性，履行指控犯罪和诉讼监督的双重职责。对于指控犯罪职责，传统的公诉之"诉"，主要指检察机关向人民法院提出对被告人的定罪诉求，同时围绕罪与非罪、此罪与彼罪、一罪与数罪、罪责轻重等参与法庭调查，进行举证、质证，展开法庭辩论。"新刑事诉讼法根据我国经济社会的快速发展、人民群众司法需求的日益增长和法治文明的不断进步，全面丰富了公诉之'诉'，公诉之'诉'呈现多元发展趋势，并已形成具有中国特色的公诉之'诉'的全新体系"③。

---

① 参见陈一云主编：《证据学》，中国人民大学出版社 2010 年版，第 115 页。

② 易延友：《刑事诉讼法》，法律出版社 2004 年版，第 284 页。

③ 参见卢乐云：《我国刑事公诉之"诉"的多元发展》，载《检察日报》2012 年 4月 9 日。

　　新刑事诉讼法所拓展的公诉之"诉"主要表现为定罪之诉、量刑之诉、证据合法性之诉的三诉合一，诉的多元化发展以后，检察机关的证明负担增大，工作压力骤然增加，检察机关控诉职能和法律监督职能更难协调，控审关系中的审判中心主义倾向明显。

　　在理论界有观点认为，应将诉讼职能和诉讼监督职能在检察机关内部予以分离。基于此观点，有的检察院将包括排除非法证据在内的诉讼调查活动与公诉办案活动相分离。笔者认为，这不利于在公诉环节全面贯彻落实新刑事诉讼法的新规定。比如，就其中的排除非法证据而言，要启动调查核实活动，或者是源于受理了控告申诉，或者是源于审查证据中自行发现，同时无论是在决定提起公诉时排除非法证据，还是在法庭庭审时围绕证据的合法性举证、质证，都是公诉活动不可或缺的重要组成部分。如果将两者分离，既有违我国公诉权的本质属性，又与公诉执法活动规律相悖。

　　但更加严峻的现实摆在公诉人面前，随着控审关系中审判中心主义倾向的强化，诉讼监督职权又一次遭遇弱化，其生存和发展进路愈加难以为继，何谈两职权统一还是分离带有自说自话嫌疑的命题？笔者认为，在修改后刑事诉讼法待施行语境下，我们全体检察人无论是学习还是适用新法，都不能局限于单一的法律规定和立法词语，而应当在司法改革和权力格局变革的大背景中去思考问题、适用法律，即使是一个微观的制度设计或者一项工作对策都要对宏观的权力配置予以体现和回应。特别是在创新检察工作的行动中，应秉持一种整体论和系统观，"人类必须意识到，当他们用某种预定的方法去改造世界时，他们和这些方法本身必定会被改变了的世界所改变，明智的实践活动应该去驾驭这种改变，而不是抗拒它"。① 一要坚守法律监督的宪法定位。对困难的过大估计乃至放弃权力，是对自身使命的不义丢弃，当检察机关成为单纯的公诉机关时，由国家宪法奠定的议行合一制下的"一府两院"国家架构就会被打破，保证国家法律统一正确实施的法律监督职能也会被懈怠。二要加强检察权的统一行使，充分有效整合检察资源。转变对法律监督的传统认识，把重心从点移到面上，从微观转到宏观上，不过多计较枝节和细节问题。要打整体战、系统战和立体战，在检察长和检察委员会的领导下，将案件实体、程序、承办人员的执法过程、效果、是否违法违纪等情形，分解到不同职能部门，采取既"盯人"又"盯事"的全程动态、跟进式监督模式，发挥相关检察部门和人员分工前提下的合力作用。公诉人适度退让庭审阶段的法律监督角色，转型为主要对判决提出抗诉监督，更多地作为实施监督的信息提供和意见参谋的"影

---

① 金观涛：《系统的哲学》，新星出版社 2005 年版，第 169 页。

子人员"，监督以院名义提出，相关检察部门分别联动式实施监督活动。三要适时转移公诉人的工作重心。在兼顾实体和程序双重监督的前提下，把注意力更多放到新法增加的诸如非法证据审查和举证、羁押必要性审查、庭审询问证人，以及如何出席审前会议、如何客观理解和把握"排除合理怀疑"等实体审查职责上来，一方面可以有效应对来自辩护人乃至法庭在事实证据和法律适用上的反诘或疑问，另一方面可以更加充分地收集并固定实施法律监督的第一手材料，为相关检察部门及时有效配合监督，提供更为充实的事实和法律依据。

改革刑事附带民事诉讼制度若干问题研究*

陶　明　　马建馨

一、刑事附带民事诉讼制度——理想与现实的冲突

刑事附带民事诉讼制度设立的理想目标：一是要使被告人应承担的刑事责任和民事责任一体化地予以解决，从而简化诉讼程序，提高办案效率，避免司法资源的浪费。二是要加强对刑事被害人合法民事权益的保护，使被害人受损的权利得到及时补救。但是在司法实践中，其运行的过程和结果存在着程序上的问题和执行中的差异，无论从宏观到微观、从理论到实践、从外部到内部都存在着不可调和的矛盾，其运行不仅没能实现追求的价值目标，而且适得其反，不仅降低了司法效率，增加了司法成本，在一定程度上还影响了公平公正，既侵害了被告人的人权，又未能给被害人以公正赔偿。检察机关提起刑事附带民事诉讼的实践难以开展，国家和集体利益不能得到有效保障，刑事附带民事诉讼的理想目标不能得以实现。

民事诉讼独立地位的缺失造成对被害人合法权益的保护不够及时、充分。刑事附带民事诉讼制度设计本身是基于两种价值取向：一是公权优于私权，刑事优于民事。立法者认为应先由国家对刑事责任予以追究，被害人应服从于国家追究犯罪的需要。二是在公平与效率的关系上，强调效率优先。立法者首先考虑的是国家资源的投入，一定范围内强调诉讼程序的简化。民事诉讼被置于附带提起的地位，要在刑事诉讼启动后才能进行，并由同一审判组织一并审理。这两种价值取向导致了实践中这一制度的严重缺陷：在刑事追究迟迟不能启动的情况下，私权也无法寻求有效的救济，被害人的刑事追究与民事赔偿的要求均无法实现。究其原因，就是所附带的民事诉讼缺乏应有的独立地位，不能给予被害人应有的程序和实体保障。可以说这是刑事附带民事诉讼制度天生的缺陷。

---

* 本文发表于《法学杂志》2009 年第 11 期。作者简介：陶明，天津市人民检察院第二分院副检察长；马建馨，天津市人民检察院第二分院民事行政检察处处长。

　　刑事责任与民事责任合并审理造成对"疑罪从无"司法理念的冲击和刑、民责任相互吸收。在刑事附带民事诉讼中，刑、民二种责任是合并在一个程序中进行审理的，法官在审理刑事部分证据欠缺、难以认定的疑难案件时，明知刑事定罪证据欠缺，但是，其往往根据被告人的赔偿能力，在刑事责任和民事赔偿之间搞"中和"，对于被告人赔偿能力不足的，法官若判无罪，就会导致被害方长期缠诉，出现"官了民不了"的情形，但如果直接定罪又担心因证据不足而导致错案发生，案件久拖不决，超期羁押、超期审判随之而来，只好又走上了"疑罪从轻"的老路，严重损害了被告人的利益，于是效率和公平难以两全。另外，最高人民法院《关于刑事附带民事诉讼范围问题的规定》（以下简称《规定》）第 4 条明确"被告人赔偿的金额可以作为刑事量刑的考虑情节"，这就直接造成了刑、民责任相互吸收，体现了不公平，违反了刑法确定的罪行法定的基本原则。一方面，赔偿本身确实可以作为悔罪的表现；另一方面，以刑事责任为后盾，便于赔偿的落实，法官乐于利用这一"奖惩机制"。这种机制客观上导致了有钱人就能"以钱赎罪"，这如同正义与金钱进行的赤裸裸的交易，司法公正受到挑战。事实上，只要存在刑事附带民事诉讼制度，这一问题就无法解决。

　　实体法法律适用的冲突造成执法的无所适从。程序是为案件的实体审理服务的，刑事附带民事诉讼案件审理的实体法适用，既适用刑法也适用民法，刑事附带民事诉讼刑事、民事法律适用存在重大冲突，表现在精神损害赔偿的案件受理和赔偿范围方面，《规定》第 1 条明确了刑事附带民事诉讼赔偿范围仅限于赔偿物质损失，请求赔偿精神损失的，人民法院不予受理。而依照 2001 年 2 月最高人民法院《关于确定民事侵权精神损害赔偿责任若干问题的解释》（以下简称《解释》）规定，自然人因生命权、健康权等人格权利遭受非法侵害，向人民法院请求精神损害赔偿的，人民法院应当受理。从法律上看，刑事法律与民事法律在精神损害赔偿问题上发生了严重冲突，从司法实践上看，未构成犯罪的人身侵权应承担精神赔偿民事责任，而给被害人造成的精神损害远远大于民事案件中人身伤害的构成犯罪的人身侵权，反倒不应承担精神赔偿民事责任，这造成了明显的不公正。实践中，我国刑事证据的严格标准及不断倾向于对被告人的保护，造成了不论从物质上还是从精神上得不到有效赔偿的部分被害人，在我国涉法上访形势日益严峻的今天不断走上申诉、上访之路，更从表面上显示了司法的不公正及司法信仰的缺失。

　　检察机关提起刑事附带民事诉讼的规定不明造成该领域司法实践几乎一片空白。《刑事诉讼法》第 77 条第 2 款及《解释》第 85 条原则规定了国家、集体财产遭受损失的，在受损单位未提起刑事附带民事诉讼时，检察机关在提起公诉的时候，可以提起附带民事诉讼。但是有关法规对检察机关在提起刑事附带民事诉讼中的诉讼主体地位，提起刑事附带民事诉讼范围以及具体程序与实体问题均没有明确规定，对检察机关在执行程序中的职能和作用也规定不明，司法实践中，检察机关提起附带民事诉讼的实践几乎是空白。

刑事附带民事诉讼制度规定过于原则造成该制度自身运行缺乏可操作性。（1）赔偿范围模糊。《规定》第 2 条明确被害人因犯罪行为遭受的物质损失，包括被害人因犯罪行为已经遭受的实际损失和必然遭受的损失。实际损失即直接损失，但对必然遭受的损失，在实践中往往难以理解和掌握。（2）当事人范围难以确定。民事诉讼中可列第三人，而附带民事诉讼中却不能。由于司法机关只注重追究被告人的刑事责任，而对其他应承担民事责任的单位和个人缺乏追究的积极性，因此，司法实践中，涉及被告人以外的应承担民事责任的单位与个人往往缺位。

二、有关刑事附带民事诉讼制度改革的主流观点

（一）完善说

主张该种观点的学者认为，刑事附带民事诉讼制度不但具有鲜明的诉讼特点和优越的诉讼价值，而且更符合我国的现实国情。虽然目前该制度存在一定的缺陷，但该缺陷是可以弥补的，通过弥补有关法律漏洞，现行刑事附带民事诉讼的模式还是可取的。

（二）选择说

该种观点认为，虽然刑事附带民事诉讼具有一定的诉讼经济优势，但对保护被害人的权利而言并不是最佳的方式，因此，在某些情况下，应当赋予被害人程序选择权，由被害人选择是提起附带民事诉讼还是单独提起民事诉讼；另一观点认为，由被害人行使选择权是不恰当的，而由法院行使选择权是实现程序简易的最佳方式。

（三）有限保留说

该种观点认为，全盘否定刑事附带民事诉讼是不公平的，在现行法律框架内也难以做到，而且我国在实行刑事附带民事诉讼过程中毕竟积累了一些成功经验，特别是在处理一些简单的由被害人提起的无争议的民事赔偿案件中，附带民事诉讼的确具有减轻讼累、提高司法效率的功效，因此，应在有限范围内保留刑事诉讼一并解决小额民事赔偿的诉讼机制。

（四）彻底分离说

持这种观点的学者认为，刑事诉讼和民事诉讼是两种截然不同的诉讼，体现在程序价值目标、诉讼原则、证据规则等方面有很多不一致的地方，强行将

两种诉讼结合在一起，不但不能提高诉讼效率，反而影响了司法公正，因此主张将刑事附带民事诉讼彻底取消。

（五）其他观点

对检察机关提起刑事附带民事诉讼制度的改革主张，一部分学者认为，检察机关作为我国宪法确定的法律监督机关，其权力所具有的干预性与制约性的双重属性为其以刑事附带民事诉讼方式保护国家和集体利益提供了充分的理论基础，检察机关是适格的刑事附带民事诉讼的主体，检察机关提起附带民事诉讼虽有诸多不协调之处，但可以通过立法予以完善；另一部分学者认为刑事附带民事诉讼的本质是民事诉讼，由检察机关提起附带民事诉讼，就意味着公权力侵入了私权的领域，此有悖私权自治理念，而且检察机关既非受损财产的所有人，也非受损财产的直接管理者或直接保护者，其不符合原告条件。因此，应取消检察机关提起刑事附带民事诉讼。

三、刑事附带民事诉讼制度改革之路

（一）域外相关制度的借鉴

与刑事诉讼相关的民事诉讼的诉讼模式主要有附带式和平行式（彻底分离式）两种，以法国为代表的大陆法系国家采用附带式的诉讼模式，但是其规定了受损害的当事人有选择权，即被害人可以选择刑事附带民事诉讼的方式进行，也可以将民事诉讼与公诉分开，单独向民事法院（庭）提起民事诉讼，并规定附带民事诉讼具有独立性，从趋势上看，法国在立法上也出现了限制和缩小附带民事诉讼适用范围的趋势。

德国早期的《刑事诉讼法》没有规定刑事附带民事诉讼程序，后来增加了这一程序，但同时又设置了许多限制，从而使这一程序形同虚设，司法实践中，绝大多数被害人选择在刑事诉讼结束之后提起独立的民事诉讼予以解决。

英国、美国和日本主要采用平行诉讼模式。英美法系国家特别强调民事诉讼的独立地位，将民事诉讼与刑事诉讼完全分离，民事诉讼与刑事诉讼不存在任何依附关系，而是一种纯粹的平行关系。不允许在刑事诉讼中附带民事诉讼，犯罪行为的损害赔偿主要由民事诉讼程序予以解决。

日本1890年的刑事诉讼法受法国法的影响，采用了"附带公诉之私诉"制度，"二战"后，由于受美国刑事诉讼法的影响，以及司法实践中附带公诉之私诉的弊病不断显现，日本于1948年公布刑事诉讼法，彻底抛弃了公诉附带私诉制度。刑事诉讼法不再规定刑事损害赔偿的诉讼，而是按民事诉讼程序解决。日本学者认为这样做的理由是，刑事诉讼与民事诉讼的程序有很大的不同，若与刑事案件一并审理会造成程序上的混乱。

可见，附带式和平行式的诉讼模式虽然在程序设计上完全相反，但有一点是共同的：都从不同角度以不同方式强调和突出了民事诉讼的独立性，只不过平行式的诉讼模式更为突出和绝对化。总之，刑、民分诉是制度的主流，是发展的趋势，而刑事附带民事诉讼则是一种没落的边缘化的制度，濒临被淘汰的境地。在德国，其成了不具实效的"书面规则"；在法国，"对附带民事诉讼的厌烦在日益增加"。在日本，则明确废除了该制度。世界上附带民事诉讼理论及实践的发展对我国该制度的改革具有很强的借鉴意义。

（二）我国刑事附带民事诉讼制度的改革

1. 取消刑事附带民事诉讼制度。所谓的刑、民分离，取消刑事附带民事诉讼制度是指对因犯罪行为产生的民事赔偿诉讼只能通过独立的民事诉讼模式处理，从而使其彻底与刑事诉讼相分离。也就是说，刑事诉讼与民事诉讼各自独立进行，通过刑事诉讼，只解决被告人的刑事责任问题，即运用公权力对实施了具有社会危害性、刑事违法性、应受刑罚处罚性的犯罪行为的被告人依法定罪量刑，追究刑事责任。而由被告人的犯罪行为造成的被害人损失的赔偿，由被害人另行提起民事诉讼，通过独立的民事诉讼程序，依法解决其赔偿问题，当然，这里就应当包括物质损失的赔偿及精神损失的赔偿。附带民事诉讼本质上就是民事诉讼，只是人为地将其置于依附的地位，被害人受损民事权益的救济被置于从属的地位，正是这种从属地位决定了实体上对被害人受损民事权益救济的有限性，以及程序上所附带的民事诉讼与刑事诉讼的不协调性等。取消刑事附带民事诉讼制度，将民事诉讼从刑事诉讼中剥离出来，还民事诉讼以独立地位，正是还原该民事诉讼的本来面目，通过民事诉讼解决民事权益的救济是符合民事权益实体保护和程序保护的客观规律的，能最大化地为被害人提供司法保护。

当今社会，随着经济、社会的发展，各种社会关系和法律关系日益复杂，调整各种社会关系的法律、法规也随之日益增多，且更加专业和精密，法官、检察官的执法水平虽在不断提高，但其分工也更加专业化。术业有专攻，在庞杂的法律法规面前，要求法官、检察官精通各项法规是不现实的，因此，对于由犯罪行为引发的复杂的民事法律关系，附带提起的民事诉讼是无能为力的，只能通过独立的民事诉讼程序，遵从民事诉讼的诉讼规则、诉讼原理及证据规则等来解决，以实现其最大化的诉讼目标。从实体法来说，刑、民分离后，因犯罪行为产生的民事赔偿诉讼应当完全遵从民法及各有关实体法的规定，将有关民事赔偿责任一追到底，例如，对于有的被告人恶意、无偿将财产赠与他人以逃避对被害人赔偿的，就可以依照有关规定认定该赠与无效，并进一步确认由被告人予以充分赔偿等；从程序法来说，刑、民诉讼互不干扰，因犯罪行为产生的民事赔偿诉讼应当完全遵从民事诉讼法及其有关规定，例如，可以将被告人以外的应承担民事责任的单位与个人列为第三人，追究他们的民事责任等。

2. 因犯罪行为引发的民事赔偿之诉的制度设计。通过独立的民事诉讼程序解决因犯罪行为引发的被害人的民事损害赔偿问题，统一适用民法、民事诉讼法及有关法律、法规，同时废止刑事附带民事诉讼的规定，是处理因犯罪行为引发的民事赔偿之诉的应有之义。但是，将附带民事诉讼从刑事诉讼中分离出去也不仅仅是一个"适用与删除"这么简单就能解决的。由于由刑事案件引发的民事诉讼同刑事案件具有一定的牵连性，因此无论在审理方式上还是在证据规则上都会与一般的民事侵权案件有些许区别。因此，笔者建议，对民事诉讼法进行修改，在民事诉讼法中增设专章，对于"因犯罪行为引起的侵权之债"加以特别规定，例如，可以规定在刑事审判中经过质证的证据和判决意见，在民事审判中可以直接适用等。很显然，在民事诉讼程序和证据规则中对于"因犯罪行为引起的侵权之债"加以特殊规定是非常必要的。随着民事诉讼制度的日益完善，被害人的任何合法民事权利，都可以通过健全的、独立的民事诉讼程序得到充分、有效的保护。

3. 检察机关提起刑事附带民事诉讼的改革。取消刑事附带民事诉讼制度，刑事诉讼与民事诉讼分别进行，检察机关自然也就不能再提起刑事附带民事诉讼，如果被告人的犯罪行为使国家、集体财产遭受损失，那么对国家、集体财产又如何保护呢？笔者建议建立民事公诉制度，将因犯罪行为造成国家、集体财产损失的被告人诉之法律，由检察机关提起民事公诉，令其予以赔偿，以弥补国家、集体的财产损失。

由于篇幅所限，笔者在此不再详述建立民事公诉制度的必要性、合理性、法理依据等，简言之，鉴于民事公诉本身就具有法律监督的属性，加之检察机关已经具备提起民事公诉的各种条件，而随着我国经济体制改革的深入，大量的损害公共利益的案件没有明确的受害人或适格的原告，导致无人起诉或不能形成集团诉讼，人单势孤，出于多种考虑不愿起诉，在这种情况下，考虑到大多数国家的通常做法，笔者认为赋予检察机关民事公诉权是切实可行的。而当国家、集体财产因犯罪行为侵害而遭受损失时，在有关国家、集体财产的经营者、管理者不能或不愿提起民事诉讼的情况下，由检察机关以法律监督者的身份提起诉讼，实现对国家、社会公共利益的救济，此应是检察机关民事公诉权的应有之义。

总之，刑、民分开审理可以使刑事诉讼与民事诉讼各自遵循自己的诉讼原理及证据规则，追求各自最大化的诉讼目标。其一既可以减轻案件的审理难度，又可以避免被害人因刑事公诉不能启动使得民事诉讼亦无法启动，而导致被害人刑事追究与民事赔偿的要求均无法实现的尴尬局面；其二刑、民分开审理，可以使有关刑事追究与民事赔偿分别适用各自的实体法，避免刑、民法律适用冲突，一方面理性地贯彻"疑罪从无"的现代司法理念，另一方面有效解决被害人精神损害赔偿问题，使被害人获得及时、充分的赔偿；其三刑事、民事诉讼分别进行，就能彻底地割断"钱"与"刑"之间的联系，真正以事实为根据，以法律为准绳，遵守刑法的罪刑法定原则和民法的实际赔偿原则，解决刑、民两种责任相互吸收的问题。可见，将民事诉讼从刑事诉讼中剥离出来，取消刑事附带民事诉讼制度，刑、民彻底分离审理具有深远的法律意义和实践意义。

宽严相济视野下未成年人犯罪
前科消灭制度研究[*]

张谊山　高亚男

一、典型案例

20 岁的小军，忧郁的眼睛充满无奈。自幼父母离异，他成了无人管教的孩子。16 岁那年，他误入歧途，在其他社会青年的蛊惑诱骗下，幼稚地为了寻求刺激而参与抢劫他人钱财 3 次，被判缓刑。虽已事隔多年，小军早已缓刑期满，懊悔不已的他多么希望回归社会、重新做人。但犯罪前科却成了紧随纠缠他的阴影，求学遭拒、就业无门、参军也无法通过政审关。小军无法想象如此漫长的人生在犯罪前科烙印下如何前行……[①]

二、未成年人犯罪前科消灭制度的提出与内涵

前科消灭制度，属刑罚执行体系，是对有前科的人，经过法定程序，宣告注销犯罪记录，恢复正常法律地位的一种制度。[②] 而未成年人犯罪前科消灭制度，主体即已满 14 周岁不满 16 周岁的未成年人。我国现行法律虽尚未对前科制度进行系统规定，但累犯制度、前科报告制度等实际上肯定了前科制度在我国法律中的地位。而实践中，犯罪前科对一个人尤其未成年人刑罚执行完毕后的工作、生活造成广泛而持久的影响，许多未成年人因为年少时被诱骗或缺乏管教、一时冲动实施了犯罪行为，有的即便情节轻微、罪过不重，而且经教育改造已痛改前非，但犯罪前科随其人事档案成为其终身负累，在求学、就业等

---

[*] 本文发表于《中国刑事法杂志》2011 年第 10 期。作者简介：张谊山，天津市人民检察院第二分院副检察长；高亚男，天津市人民检察院第二分院案件管理办公室干部。

[①] 引用自一真实案例。20 岁的小军（化名）因盗窃罪再次被判处刑罚，负责审查起诉的检察官发现小军再次犯罪的最大诱因是其犯罪前科导致的生活无着，以及屡遭社会排斥，产生了自暴自弃心理。

[②] 于志刚：《刑法消灭制度研究》，法律出版社 2002 年版，第 695 页。

方面处处受到歧视和排斥，难以寻求回归社会的落脚点，他们中许多人因为这些又被迫重新走上犯罪道路，有的憎恨社会，甚至犯下更为滔天的罪恶。

（一）未成年人犯罪前科消灭制度已为许多法制国家以法律形式确认

世界法制先进国家大都在法律中对未成年人犯罪前科消灭制度进行了明确规定。大体有两种形式：一种为对被判处刑罚或认定有罪的未成年人依法视为无刑事前科。如 1948 年《日本少年法》第 60 条规定："少年犯刑期执行完毕或免予执行，适用有关人格法律的规定，在将来得视为未受过刑罚处分。"另一种为法官依据一定的情况和程序宣布消除其刑事污点，视为未受过刑事处分。如 1974 年《联邦德国青少年刑法》第 97 条规定："如少年刑法官确信，被判处少年刑罚的少年犯用无可指责的行为证明自己是一个正直的人，他就以官方的名义，或者根据被判刑的犯罪分子的家长或法定代理人的申请，宣告取消刑事污点。根据检察官的申请，或者在提出申请时，被判刑的犯罪分子尚未成年的情况下根据少年刑事诉讼办理机构的代表的申请，也可以取消刑事污点。"《瑞士联邦刑法典》第 96 条第 4 款规定："被附条件执行刑罚的少年在考验期届满前经受住考验的，审判机关命令注销犯罪记录。"《法国刑事诉讼法典》、《英国前科消灭法》也规定了撤销犯罪记录的制度。① 这些国家都以法律的形式对未成年人前科消灭制度进行了确认，给犯罪后真心悔改的未成年人融入社会重新做人提供了有力保障，避免了其某些"资格"的丧失和人格遭受歧视。

（二）我国未成年人犯罪前科消灭制度构建的先行者

2003 年 12 月，河北省石家庄市长安区法院在全国首开先河地提出了建立未成年人犯罪前科消灭制度的方案，并提出了具体措施——《"未成年人前科消灭"实施办法》。《办法》针对已满 14 周岁不满 18 周岁实施了犯罪并被判处刑罚且刑罚已执行完毕的人，由原审人民法院对犯罪人在服刑期间、服刑期满后的悔过表现，是否达到了遵纪守法不致再犯新罪等项进行考核、调查，经法院审查通过后，对申请人作出决定撤销前科裁定，为申请人出具前科消灭证明书。此时，该未成年人的前科归于消灭，视为未曾犯罪，并依法恢复其先前的法律地位。但对构成"累犯"的，不能取消其前科，对虽然是偶犯、初犯，但性质较为严重，也不在"消灭"之列。② 该《办法》一经提出，引起了社

---

① 参见《日本少年法》、《联邦德国青少年刑法》、《瑞士联邦刑法典》、《法国刑事诉讼法典》、《英国前科消灭法》的相关法律条文。

② 转引自管晓静、张惠芳：《"未成年人前科消灭"的理论与实践探讨》，载《山西警官高等专科学校学报》2004 年第 4 期。

会各界特别是法律界的广泛探讨，有盛赞者亦有反对之音。

犯罪前科不仅仅限于被人民法院依法判处刑罚的人，被人民检察院依法作出相对不起诉决定的人同样属于具有犯罪前科的范畴。因为根据我国刑事诉讼法规定，因犯罪情节轻微被人民检察院依法作出相对不起诉决定的，应当公开宣布。可见，相对不起诉决定也是以构成犯罪为前提的，客观上同法院作出的有罪判决一样起到认定犯罪、终结诉讼程序的作用。上海市人民检察院 2006年 11 月 8 日宣布，从即日起，当地各级检察机关将全面推广试行未成年人刑事案件的"污点限制公开制度"。"刑事污点限制公开"是指检察机关在认定涉案未成年人犯罪情节轻微、作出相对不起诉处理后，"不起诉决定书"可以不进入人事档案，并有条件地封存于司法机关，非经批准不得对外披露。该规定从检察工作的角度为保护未成年人隐私，避免未成年人遭受"前科之累"作出了积极贡献。

（三）我国需建立的未成年人犯罪前科消灭制度的内涵

借鉴国外相关立法概念，结合我国具体国情和相关法律制度，笔者认为我国需建立起符合自身国情的未成年人犯罪前科消灭制度，其内涵为：因犯罪情节轻微或因初犯、偶犯等被人民法院判处 3 年以下有期徒刑或缓刑、被人民检察院作出相对不起诉决定的未成年人（犯罪时未满 18 周岁），在刑罚执行完毕或不起诉决定作出后，根据犯罪人或其法定代理人的申请，人民法院或检察院认为其确有悔改表现的，应当作出消灭其犯罪前科的决定，对其前科材料严格封存。其犯罪记录不被记入人事档案，相应民事、行政权利亦不被剥夺的制度。

三、我国建立未成年人犯罪前科消灭制度的形势背景

（一）建立未成年人犯罪前科消灭制度是我国法制进步、人权保障的必然趋势

1. 该制度的建立是实现宪法平等权的体现。我国宪法明确规定了公民在教育、就业等方面的平等权利。社会平等权是指公民平等地享受权利，不受任何差别对待，要求国家同等保护的权利。[①] 但是对犯罪后刑罚执行完毕的人保留前科，在未来求学、就业中受到不平等待遇，即剥夺了这部分人群的平等权，无法保障这些人基本的生存状态。

2. 该制度的建立是我国当前"宽严相济"刑事政策深入执行的必然。我国宽严相济刑事政策力求"该严则严，当宽则宽；严中有宽，宽中有严，宽

严有度，宽严审时。"试图在"宽"与"严"之间寻求一定的平衡和协调。①但是实践中这一标准似乎无法有效实现。应当说，在我国刑法中"严"始终处于不可撼动的主角地位，"宽"始终处于配角地位，二者在立法和实践上都明显失衡，无法实现平衡相济的状态。②前些年实践中的"严打"政策非但没有从根本上起到遏制犯罪的作用，反而一定程度上造成了整个社会再犯率累犯率提高的情况。实践证明，随着社会的文明、进步和进化，刑罚对人类行为的控制越来越被其他法律的和非法律的控制所取代，而成为最后的手段，刑罚作用出现了随着社会进步而递减的规律性现象。③因此，在掌握"宽严相济"刑事政策的过程中，我们必须将"宽"放在突出位置。而建立未成年人犯罪前科消灭制度正是顺应世界上法治社会进步潮流的，体现"宽"的一个重要亮点。

3. 该制度的建立是体现刑罚功能、实现刑罚目的的要求。教育改造功能是我国刑罚对犯罪人的一个基本功能，这一功能的充分发挥是实现刑罚特殊预防目的的根本保证。④刑罚的实施不是为了追求犯罪人引起罪责受处罚的目的，从根本上是为了通过对犯罪人实施刑罚起到特殊预防直至一般预防，降低整个社会犯罪率，维护社会稳定。未成年人犯罪前科消灭制度的构建，有利于引导有犯罪经历的未成年人走上正规，预防再犯。况且"任何人均不得因同一罪行而再次受到生命或身体上的危险"，前科制度显然为对刑罚已执行完毕的人再次苛刑的制度。

4. 该制度的建立是维护我国社会稳定、促进安定和谐的有利因素。目前我国正处于社会转型期，各种资源的不平衡和区域个体的两极分化致使各种社会矛盾尖锐。社会本身就存在竞争激烈、就业困难的状况。而受过刑罚处分，有犯罪前科的年轻人在社会竞争中更无法寻求立足之地，当社会中每扇大门都向他们紧闭的时候，往往他们迫于无奈还会走上旧路，有的甚至走得更远，远到无法回头。因此，对前科制度的改革有助于缓解这一社会中的巨大隐患，引导这部分特殊人群心态平和地参与平等竞争，激发他们悔过自强的斗志。

（二）目前建立我国未成年人犯罪前科消灭制度面临的困境

虽然在我国建立起系统而全面的未成年人犯罪前科消灭制度是法制进程的

①　赵秉志：《和谐社会的刑事法治》（上卷），中国人民公安大学出版社 2006 年版，第 257 页。

②　储槐植、赵合理：《国际视野下的宽严相济刑事政策》，载《法学论坛》2007 年第 3 期。

③　梁根林：《刑罚结构论》，北京大学出版社 1998 年版，第 268 页。

④　高铭暄、马克昌：《刑法学》，北京大学出版社 2003 年版，第 230 页。

必然，但结合目前阶段我国的具体国情，建立该制度仍存在诸多亟待解决的现实问题。

1. 该制度与我国现行法律存在诸多冲突之处。《中华人民共和国刑法》第100条规定"依法受过刑事处罚的人，在入伍、就业的时候，应当如实向有关单位报告自己曾受过刑事处罚，不得隐瞒"，这实际上以法律形式规定了"前科报告义务"；法官法、检察官法、人民警察法都规定曾因犯罪受过刑事处罚的人不得担任法官、检察官、人民警察；《教师法》第14条规定"被判处有期徒刑以上刑罚的，不得取得教师资格，已经取得的，丧失教师资格。"另有其他诸多领域中对受过刑事处罚者剥夺从业资格。以上相关法律规定，实际上确认了前科制度在我国的重要地位，与未成年人前科消灭制度背道而驰。要建立新的制度，必须要正视和合理解决法律之间的冲突问题，构建系统完善的法律体系。

2. 该制度一定程度上触及我国刑事诉讼法规定的公开审判原则，此情况也正是该制度一经提出便广遭法学界质疑的重要原因之一。公开审判是司法机关接受群众监督的重要途径，而该制度更侧重于保护未成年人隐私，因而引发了人们对司法公开、公正的质疑。

3. 缺乏相应保障机制和统一的评价标准。建立未成年人犯罪前科消灭制度，不仅仅是立法层面即可完成的工作。仅仅在立法中规定该制度如同空中楼阁，没有监狱、民政、社区等各个机构的协调互动，这一制度都无法运行。同时，该制度虽被多次提出，但目前尚未有对前科消灭的统一评价标准，这样草草实行，很有可能导致司法腐败和制度的虚设。

4. 社会公众对犯罪人的天然歧视和排斥是该制度面临的最大挑战。在转型期的中国，各种社会矛盾往往通过各种形式的犯罪予以释放。民众将"前科制度"视为国家和社会自我防卫需要，生活在社区中的大多数人都愿意与"犯罪人"隔离开来，用人单位在当前就业形式严峻的情况下更不会给"犯罪人"留下丝毫机会。"前科制度"正是实现这种区分的最简单的工具。因此未成年人犯罪前科消灭制度实施之初，除了会得到未成年"犯罪人"及其家人的热切欢迎外，面临更多的可能会是社会大众的质疑与不安。

任何一种制度建立之初都会随之而来引起广泛的争议，未成年人犯罪前科消灭制度的建立同样不会是例外。但在整个国际社会以及我国法治进程的不断加快、人权保障特别是对犯罪人人权关爱的日益深入的背景下，也为了更好地维护社会稳定和谐，建立起完善合理的未成年人犯罪前科消灭制度已成为我国法治历史进程的必然选择。

四、构置我国未成年人犯罪前科消灭制度的一些设想

（一）立法层面：在我国刑法当中对未成年人犯罪前科消灭制度予以明确确认

虽然我国 1999 年颁布的《预防未成年人犯罪法》中规定，"依法免予刑事处罚、判处非监禁刑罚、判处刑罚宣告缓刑、假释或刑罚执行完毕的未成年人，在复学、升学、就业等方面与其他未成年人享有同等权利，任何单位和个人不得歧视。"未成年人保护法中也有同样内容的规定。但是由于前文所述法律冲突和传统观念的制约，这些规定在实践中犹如一纸空文，无法得以有效实施。因此在我国最为重要的"治国大法"之一———刑法中设立未成年人专章，其中设置特殊规定，确认有上述条件的未成年人有申请前科消灭的权利，原审法院、相对不诉的检察院有相应的前科消灭决定权。另外在刑法关于"累犯"规定中，增加未成年人的特殊条款，规定未成年人犯罪，5 年内在其成年后再犯罪的，不能成立累犯，这样也可以将未成年人与成年人犯罪有效区分、区别对待。

（二）设立践行未成年人犯罪前科消灭制度的专门机构

主要有设置少年法庭和完善检察院"未检"部门。目前我国法院专门从事未成年人案件审理的富有经验的人员已初具规模，完全拥有建立以地区为单位的少年法庭的人力资源；同时全国许多地区基层检察院起诉部门都设立了"未检科"，专门审查起诉未成年犯罪案件。建立和完善这些专门机构有利于真正让案件处理的司法程序和成年人区别开来，有利于对未成年人犯罪档案的统一有序管理，更有利于刑罚执行完毕后对前科消灭的申请的审批得以有效进行。

（三）设立未成年人犯罪前科消灭制度的专门而统一的评价标准

结合我国目前国情和考虑到制度的渐进实施，笔者认为能够同时满足下列情形的未成年人（犯罪时未成年，申请时已成年仍可）及其代理人可以向原审法院及作出相对不起诉决定的检察院提起消灭前科的申请：（1）主体需犯罪时为未满 18 周岁的未成年人；（2）因犯罪被判处 3 年以下有期徒刑、缓刑且刑罚执行完毕或被检察院作出相对不起诉决定的；（3）主观恶性小，因被诱骗、胁持而犯罪或初犯偶犯，经监狱、社区等部门证明已有悔改表现的。

五、未成年人犯罪前科消灭制度对检察工作的实践价值

作为国家重要的司法部门，检察机关在贯彻"宽严相济"刑事政策，建立践行未成年人犯罪前科消灭制度，保护未成年人合法权益，维护社会和谐稳

定中应发挥重要作用。

（一）建立未成年人相对不诉前科消灭审查决定权

2006 年上海市检察系统提出的"污点限制公开制度"正是可以为全国检察院有选择引用学习的典范。我国每年因犯罪情节轻微被检察院作出相对不起诉决定的未成年人有相当数量，这些未成年人较被判处缓刑、有期徒刑的未成年人一般情节都较轻微，但是相对不起诉决定书仍将前科烙印深深烙在他们身上。基层检察院可以结合本地区情况，逐步运用未成年人相对不诉前科消灭审查决定权，对作出相对不诉的未成年人经考察确认有悔改表现的，经未成年人及其法定代理人申请或自行决定，相对不起诉决定书可以不进入人事档案，并有条件地封存于司法机关，非经批准不得对外披露。这样有利于对未成年人隐私的保护，是检察机关践行"宽严相济"政策的重要创举。

（二）检察机关对经审判的未成年人犯罪前科的消灭向法院的申请权

检察机关作为国家司法机关当中的公诉部门，在整个刑事诉讼过程中起着重要作用。在未成年人犯罪案件中，由于案件当事人的特殊性，在该犯经审判程序被判处刑罚后，检察机关仍可根据该未成年犯的表现，有向法院申请消灭前科的权利。1974 年《联邦德国青少年刑法》第 97 条规定了检察官对未成年人前科消灭的申请权。但我国关于此情形无论从立法到实践都仍为空白，有待日后随着未成年人犯罪前科消灭制度的不断完善而逐步构建发展。

（三）检察机关对法院未成年人前科消灭决定的监督权

监督职能是检察机关的重要职能之一，而检察机关的监督应贯穿刑事诉讼过程的始终。未成年人犯罪前科消灭制度一旦建立和实施，法院对此的决定权势必应当有相应的监督机制制约，否则极易滋生新的腐败。因此在法院作出前科消灭决定前，应当征求原检察院起诉部门意见，检察院起诉部门对已作出的决定持异议的，有提出异议复核申请的权利。

论自首制度在司法适用中的若干疑难问题[*]

边学文

自首是我国刑法规定的一项重要的量刑制度，它是惩办与宽大相结合的刑事政策在刑事立法中的具体体现。实践证明，自首制度对于鼓励犯罪分子改过自新，降低司法成本，提高诉讼效率发挥了重要作用。但是，司法实践中少数办案人员对自动投案的本质理解不透彻，导致对自首情节的认定不甚统一，影响了执法的严肃性。在此，笔者立足我国确立自首制度的立法精神，结合司法实践中的具体案例，就自首制度在司法适用中的疑难问题作一深入探讨。

一、自动投案的本质辨析

根据《刑法》第 67 条的规定，构成自首须同时具备自动投案和如实供述罪行两个条件。对于"自动投案"，《最高人民法院关于处理自首和立功具体应用法律若干问题的解释》（以下简称《高法解释》）及《最高人民法院、最高人民检察院关于办理职务犯罪案件认定自首、立功等量刑情节若干问题的意见》（以下简称《两高意见》）先后予以明确。《高法解释》规定，自动投案是指犯罪事实或者犯罪嫌疑人未被司法机关发觉，或者虽被发觉，但犯罪嫌疑人尚未受到讯问、未被采取强制措施时，主动、直接向公安机关、人民检察院或者人民法院投案。《两高意见》则在前述规定的基础上，对自动投案的含义作了进一步阐述：犯罪事实或者犯罪分子未被办案机关掌握，或者虽被掌握，但犯罪分子尚未受到调查谈话、讯问，或者未被宣布采取调查措施或者强制措施时，向办案机关投案的，是自动投案。《两高意见》的这一规定可以说是迄今为止关于自动投案的标准含义。

对比《高法解释》和《两高意见》的上述规定，不难发现两者之间的区别：前者强调投案的主动性和亲自性，后者仅强调投案的主动性；前者投案的

---

　　* 本文发表于《法学杂志》2010 年第 11 期。作者简介：边学文，天津市人民检察院第二分院公诉处处长。

对象仅限于公、检、法机关，后者则既包括公、检、法机关，也包括纪检、监察等办案机关①。笔者认为，认定是否属于自动投案，既不能机械看待投案的方式，也不能拘泥于投案的对象，关键是要准确把握投案的"主动性和自动性"这一核心要素。"两高"有关"视为自动投案"的规定，也可以帮助我们深入理解这一问题。

《高法解释》和《两高意见》先后列举了非典型的自动投案的 8 种情况，笔者一并概括如下：（1）犯罪嫌疑人向其所在单位、城乡基层组织或者其他有关负责人员投案的；（2）犯罪嫌疑人因病、伤或者为了减轻犯罪后果，委托他人先代为投案，或者先以信电投案的；（3）罪行尚未被司法机关发觉，仅因形迹可疑，被有关组织或者司法机关盘问、教育后，主动交代自己的罪行的；（4）犯罪后逃跑，在被通缉、追捕过程中，主动投案的；（5）经查实确已准备去投案，或者正在投案途中，被公安机关捕获的；（6）并非出于犯罪嫌疑人主动，而是经亲友规劝、陪同投案的；（7）公安机关通知犯罪嫌疑人的亲友，或者亲友主动报案后，将犯罪嫌疑人送去投案的；（8）犯罪分子向所在单位等办案机关以外的单位、组织或者有关负责人员投案的。由此可见，《高法解释》和《两高意见》在一定意义上放宽了自动投案的要求，在一定程度上降低了自首的认定标准，有利于敦促犯罪嫌疑人作案后做出积极的选择，及时到案并主动交代罪行，也表明其愿意接受惩罚，体现悔改的态度；也有利于分化瓦解共同犯罪人，及时破案，减少司法机关的资源投入，提高司法效率，符合刑法设立自首制度的意旨。

按照"两高"的以上规定，不论是典型的"自动投案"，还是非典型的"视为自动投案"的情形，均强调除了要出于本人的意志外，还必须有投案的主动行为。笔者认为，刑法意义上的自动投案应是指犯罪嫌疑人在犯罪以后尚未到案前，基于本人的意志而向司法机关或者有关负责人承认自己实施了某种犯罪，并自愿置于司法机关或者有关负责人控制之下的行为。

二、对司法实践中几种特殊情况是否构成自首的评析

上述 8 种情况在司法适用中少有争议，对于以下几种情况则颇多分歧，笔者结合实际案例，逐一进行分析。

（一）犯罪后知道他人报警而在现场等候抓捕的行为是否成立自首

案例 1：犯罪嫌疑人李某与女友赵某在外出途中因琐事发生争执，李某情

---

① 参见最高人民法院刑事审判庭：《刑事审判参考》（总第 68 集），法律出版社 2009 年版，第 123 页。

急之下掏出随身携带的水果刀朝赵某胸腹部猛捅数刀，致其当场倒地而亡。此时，出租车司机何某途经此处，看见满身是血的李某和躺在地上的赵某，问李某："人是你杀的吗？"李某未予回答。何某冲李说："你别走啊。"说着，何某便拨打"110"报警。何某报警时，李某在场，且闻听何报警后未离开现场。随后，警察到来，李某主动承认赵某是其所杀。

本案在审理过程中，围绕李某是否具备自首情节产生了截然相反的意见。肯定论者认为，李某明知何某报警而未离开现场，警察到来后即主动承认杀人犯罪，可以视为自动投案，应认定为自首。否定论者认为，李某既没有主动、直接向公安机关投案，也没有委托出租车司机代为投案，不构成自首。

本案中，李某归案后如实供述了故意杀人的犯罪事实，因此，认定李某是否具有自首情节的关键在于李某是否具有自动投案的意思表示和行为。笔者认为，李某犯罪后知道何某报警而在现场等候抓捕的行为成立自首。理由有三：其一，何某只是口头对李某说不能动，并未对其采取任何带有强制性的措施，李某在当时可以逃跑的情况下，选择了停留原地、等待警方处理，说明其主观上是愿意投案的。其二，李某明知何某报警后警察很快就会到来，其并没有逃跑，而是坐等抓捕，此举充分表明李某愿意将自己交由警方处理。其三，警察到来后，李某不但没有抗拒抓捕，而且未等警察询问即交代了杀人事实。可见，李某明知在现场必定被抓获，仍然等候警方到来，其到案具有自动性，在警察到来后即如实供述了犯罪事实，符合自首的构成条件。

笔者认为，判断行为人是否构成自首，既不能机械地看其是否直接、亲自到公安、司法机关投案，也不能生搬硬套司法解释，关键是在深刻理解刑法设立自首制度立法精神的同时，看行为人有无主动将自己置于司法机关控制下的意愿和行为。此处要指出的是，司法人员应避免对司法解释的依赖性，将司法解释没有规定的情况一概排除在外是不可取的；须知司法解释的性质决定了它只是解决了法律适用中的部分问题，而不是全部。

（二）被采取强制措施期间逃跑后又投案的行为是否成立自首

案例2：犯罪嫌疑人孟某因涉嫌交通肇事罪被公安机关取保候审。其间，孟某未经批准擅自离开居住地，多次传讯均未到案。后查实孟某因惧怕判刑而远跑外地躲藏。1个月后，孟某因生活无着，又回到原籍投案，对自己所犯罪行供认不讳。

本案在审理过程中，对于犯罪嫌疑人孟某在取保候审期间逃跑后又投案的行为是否构成自首也有不同的认识。第一种观点认为，孟某虽然在取保候审期间逃跑，但最终归案不是公安机关抓获，而是主动到案的结果，应视为自动投案，可以成立自首。第二种观点认为，取保候审属于刑事诉讼法规定的强制措施之一，根据《高法解释》的规定，犯罪嫌疑人孟某已被采取强制措施，其不具备自动投案的前提条件，不能构成自首。

笔者认为，依据《高法解释》的相关规定，已被采取拘传、取保候审、监视居住、拘留和逮捕措施的犯罪嫌疑人不具备成立一般自首的前提条件。本案中，孟某在公安机关取保候审期间为逃避惩罚而逃匿，违反了刑事诉讼法关于取保候审的禁止性规定；其以后的所谓"主动投案"，也只是履行了取保候审期间的法律义务。并且，刑法规定的自首有严格的时间限制——犯罪后、归案前。因此，在孟某已经归案的情况下，对于其所犯交通肇事罪而言，自首无从谈起。正是由于此，《高法解释》才将自动投案的时间限定为"未受到讯问、未被采取强制措施之时"。对此，《天津市高级人民法院处理自首和立功应用法律若干问题研讨会会议纪要》也明确指出：如果犯罪嫌疑人已经受到讯问或已被采取强制措施，则丧失了自动投案的条件。

换个角度看，如果认定孟某有自首情节，特别是从量刑上再予从轻或者减轻处罚，那么既对那些遵守取保候审规定、没有实施脱管行为的犯罪人有失公平，也可能导致被采取强制措施的犯罪嫌疑人故意逃匿而后投案以制造"自首"的现象发生，其结果势必导致执法的混乱。

笔者认为，对犯罪嫌疑人不论采取拘传、取保候审、监视居住，还是拘留、逮捕措施，只要在被采取强制措施期间逃跑、躲避刑事追究的，即使又主动归案，其先前实施的犯罪行为也不能构成自首。对于批准或者决定逮捕后始终未归案的在逃犯罪嫌疑人主动投案、如实供述犯罪事实的，可以成立自首。因为这种逮捕只具有程序上的意义，逮捕措施尚未对犯罪嫌疑人实际执行，还不能说已经对其采取了强制措施。

（三）在有关部门调查或者询问期间主动交代犯罪事实的是否成立自首

案例3：某海关缉私局获得情报线索，反映华昌贸易公司在进口家具过程中有走私嫌疑。经初步调查，该公司确有采取低报价格偷逃国家税款的事实。某日，办案人员到该公司讲明政策，要求公司总经理华某配合调查。华某在接受询问时，慑于法律威严，向调查人员交代了该公司在进口家具贸易中采取低报价格的手段、偷逃国家税款的事实。本案遂告破。

本案在审理过程中，对于华某在海关缉私部门调查期间主动交代走私犯罪事实的行为是否构成自首也产生了争议。一种意见认为，华某在海关缉私部门对其所在公司涉嫌犯罪尚未立案的情况下，在调查期间即主动交代犯罪事实，可以视为自动投案，应以自首论。另一种意见认为，虽然缉私部门对华昌贸易公司涉嫌犯罪问题尚未立案，但是已经掌握了其走私犯罪的线索，华某的交代具有被动性，不能成立自首。

笔者认为，认定华某是否属于自动投案，是否具有自首情节，关键在于对《高法解释》和《两高意见》中相关规定的正确理解。按照《高法解释》中关于"自动投案"的界定，华某的行为似乎可以视作自首；但是《两高意见》对此则有明确规定：没有自动投案，在办案机关调查谈话、讯问、采取调查措施或者强制措施期间，犯罪分子如实交代办案机关掌握的线索所针对的事实的，不能认定为自首。笔者理解，《两高意见》之所以作出前述规定，还是重在考察行为人是主动归案，还是被动归案。如果办案机关掌握犯罪线索在先，并且有针对性地找行为人调查情况，不管行为人交代的动机如何，其归案的被动性都毋庸置疑。如果将这种"等找上门来才交代"的情形视为自首，则明显与刑法设立自首制度的初衷相悖。

本案中，海关缉私部门事先已经掌握华昌贸易公司涉嫌走私犯罪的线索，且华某是在办案机关调查询问时才交代的犯罪事实。因此，对华某不能认定为自首。但是其主动坦白犯罪事实可作为量刑的酌定情节。申言之，如果海关缉私部门之前未掌握华昌贸易公司涉嫌走私犯罪的线索，那么华某在海关调查人员向其了解情况时主动交代了走私犯罪的事实，则完全可以成立自首。

（四）经电话通知或者他人捎带口信而到案并如实供述罪行的是否成立自首

案例4：犯罪嫌疑人迟某因琐事与邻居王某发生冲突，在相互撕扯过程中将王推倒在地，在场群众将王某送往附近医院救治（后经法医鉴定，王某右手食指骨折构成轻伤、脸部擦伤构成轻微伤）。群众报警后，警察到达现场后迟某趁乱逃离。后警察电话通知迟某到派出所接受调查。迟某到派出所后，即如实交代了其与王某产生争执并将王推倒在地的事实。

本案在审理过程中，围绕迟某是否构成自首也产生了认识分歧。持肯定观点的人认为，迟某在未受到讯问、未被采取强制措施之前，出于主动、直接投案，根据《高法解释》规定，是自动投案，而且迟某如实供述自己的犯罪事实，应认定为自首。持相反观点的人认为，迟某故意伤害他人的事实已为公安机关掌握，且系公安机关通知后到案，属被动归案，不能认定为自首。司法实践中，对于邻里纠纷等原因引发的故意伤害等轻微刑事案件，不少办案人员常常电话通知犯罪嫌疑人本人到公安机关接受调查，或者通知其亲属、居住地有关负责人代为转达，要求犯罪嫌疑人到公安机关接受处理，这些情况在实践中屡见不鲜。笔者认为，犯罪嫌疑人在公安机关电话通知或者由他人捎带口信的情况下，径直到公安机关接受调查，并能够主动如实供述犯罪事实的，依法成立自首①。这是因为：

1. 不论是电话通知，还是由他人捎带口信，均与传唤、拘传等措施有本质的不同。犯罪嫌疑人在没有受到公安机关强制或者约束的情况下，其本人可以自主决定"去"还是"不去"。因此，这种情况的归案具有明显的主动性，属于典型的自动投案。

2. 按照《高法解释》的规定，公安机关通知犯罪嫌疑人的亲友，将犯罪嫌疑人送去投案的，也视为自动投案。参照这一规定，本案所述情形如果不认为是自首，于法于理不通，也不符合该解释的内在精神。

3. 司法实践中，特别是在严打整治斗争中，为了敦促犯罪嫌疑人投案，司法机关曾多次发布通告，限令犯罪嫌疑人在一定时间内投案，可以从轻或减轻处罚。电话通知或捎带口信与司法机关发出的这种通告相比，具有相同的性质，认定此类情形属于自首符合实际。

需要论及的是，司法实践中有的犯罪嫌疑人接到司法机关的通知以后，并没有意识到自己是因为涉嫌犯罪而将受到司法机关处理，比如有的犯罪嫌疑人误认为自己是到司法机关作证，有的犯罪嫌疑人心存侥幸认为司法机关没有发现自己的犯罪行为。这样的犯罪嫌疑人一般是经过办案人员教育之后才交代犯罪事实，既没有投案的动机，也没有主动将自己置于司法机关控制之下的意愿，均不能认定为自动投案。

笔者认为，尽管实践中的案件纷繁复杂，但只要基于本人意志而主动归案，并自愿接受司法机关控制的，均可认为是自动投案，若能如实供述所犯罪行，理应认定为自首。这样既符合刑法设立自首制度的价值取向，也有利于发挥这一制度在司法实践中的积极功效。

---

① 参见熊选国：《刑法刑事诉讼法实施中的疑难问题》，中国人民公安大学出版社2005年版，第61页。

对如何发掘和捕捉检察机关
渎职侵权案件线索的思考[*]

宋吉祥　　孟东庆

查处国家机关工作人员渎职侵权等职务犯罪案件是人民检察院反渎职侵权部门的重要职责，是检察机关履行法律监督职能的重要手段，旨在促进依法行政，保障司法公正，全面推进依法治国进程中发挥着重要作用。近年来，全国各地检察机关加大了对渎职侵权犯罪案件的查处力度，集中查办了一批渎职侵权类案件，取得了良好的社会效果。但伴随着行政体制的不断变革、新型领域犯罪的不断涌现等，渎职侵权犯罪案件的查处工作也不可避免的面临一些困难，笔者认为，当前案件线索的短缺已经成为影响渎职侵权犯罪案件成功办理的主要因素之一，如何拓宽思路、突破常规，研究解决案件来源问题，已成为当前反渎职侵权检察工作的当务之急。

一、当前反渎职侵权案件线索匮乏的主要原因

（一）思想认识不到位

一方面，从事反渎职侵权检察工作的人员对办案工作热情高涨，但由于对渎职侵权犯罪的复杂性和隐蔽性认识不足，以致很难发现渎职侵权犯罪线索。具体而言，由于渎职侵权犯罪主体是国家机关工作人员，其大多具有较高的文化水平和应变能力，有的甚至本身就是从事司法工作的，具有较高的反侦查能力，其犯罪手段呈现出多样化、隐蔽性等特点，不易为外界发现。另一方面，也存在一部分反渎职侵权部门的干警对查办渎职侵权犯罪案件存在畏难情绪，认为涉嫌渎职侵权犯罪的主体都是国家机关工作人员，相当一部分还是有一定职位的领导干部，他们手握重权，关系网密，保护层厚，对他们进行调查，可能导致"引火烧身"，因此，在处理此类渎职侵权犯罪案件时，对有可能立案

＊　本文发表于《人民检察》2011 年第 24 期。作者简介：宋吉祥，天津市人民检察院第二分院反渎职侵权局副局长；孟东庆，天津市人民检察院第二分院反渎职侵权局干部。

侦查的案件线索则可能采取放任的态度或者草率结案。

（二）宣传力度不够大

近年来，由于贪污腐败案件频发，在各类宣传报道中，往往注重对惩治贪污、贿赂犯罪案件的宣传，相对忽视了对渎职侵权犯罪案件的报道，以致造成反渎职侵权检察工作在社会上知名度偏低的现状，不要说一般群众知之甚少，连不少国家机关、企事业单位的工作人员也不一定了解哪些案件是渎职侵权类犯罪案件，更有甚者也许根本不知道检察机关有反渎职侵权部门的存在，而且渎职侵权类犯罪案件往往与贪污贿赂案件、违纪行为存在交叉，导致罪与非罪、此罪与彼罪的界限模糊不清、难以准确界定，因此，即使在他们身边发生了渎职侵权行为，多数人也只能选择视而不见，见怪不怪了，能够主动举报渎职侵权犯罪线索的更是少之又少。

（三）单位保护很严重

根据我国刑法规定，渎职侵权犯罪的主体是国家机关工作人员，且渎职侵权犯罪都是国家机关工作人员在自身业务范围内的犯罪，由于其表面上具有"为公、利人"性质而与"工作失误"、"处理不当"混淆在一起，易为发案单位领导同情，且有的发案单位领导与渎职侵权犯罪嫌疑人关系密切，担心问题暴露后被追究领导责任；还有些单位害怕"家丑"外扬后给自己带来不良影响，往往大事化小、小事化了，甚至寻找各种理由为其开脱，更有甚者给受害人施压，阻止受害人举报，从而包庇此类犯罪，致使渎职侵权犯罪案件线索极难获取。

（四）新领域案件难查办

伴随着经济社会的全面发展，相关法律法规也在不断地健全，近年来，我国刑法也相应地增加了不少的罪名，以适应新时期社会发展和人民群众对司法工作的新要求和新期待，其中渎职侵权犯罪中新增罪名占较大比例，如环境监管失职罪、商检徇私舞弊罪等，由于这类案件领域新，技术性强，以前渎职侵权检察部门接触较少，对相关行政执法部门的法律法规、职权范围、工作程序不熟悉，对这类犯罪案件的查办也缺乏相关侦查经验，有时案件线索就在眼前却因为不了解相关规定而将机会白白错过。因此，渎职侵权罪名新、涉足领域广的问题是当前困扰检察机关反渎职侵权部门的一个重要难题。

二、解决反渎职侵权案件线索匮乏的针对性措施

诚然，上述种种原因造成了当前反渎职侵权案件线索匮乏的困境，且这种困境在短时间内不会发生很大改变，如何提高反渎职侵权部门的能力建设，尤其是如何拓宽案源渠道，广泛收集案件线索成为当前反渎职侵权工作必须要解

决的核心内容。笔者认为，要想打破当前反渎职侵权案件线索匮乏的这一"瓶颈"，实现反渎职侵权检察工作的良性有序发展，须从以下几个方面下功夫：

（一）端正思想认识，认清办理渎职侵权案件工作的复杂形势

诚如前文所言，思想认识不到位是造成渎职侵权案件线索难以发现的重要因素之一，因此，要想改变渎职侵权案件线索匮乏的现状，须首先端正思想认识，将其提升到从国家、民族、人民利益的高度来认识和看待反渎职侵权犯罪问题。具体来说，首先要提高广大人民群众对渎职侵权犯罪社会危害性的认识，把近年来检察机关查办的典型渎职侵权犯罪案例公布于众，让广大人民群众知晓并有深入的了解，使人民群众对渎职侵权犯罪深恶痛绝，从而激发和调动人民群众参与举报渎职侵权犯罪线索的自觉性和积极性。其次，也是最为重要的，要使从事反渎职侵权检察工作的办案人员从根本上认识到查处渎职侵权犯罪工作的复杂性和艰巨性。诚然，渎职侵权案件由于涉及的领域广，新增罪名多，有些渎职侵权犯罪案件又与各种行政执法行为、司法行为交织在一起，罪与非罪、此罪与彼罪的界限往往模糊不清，其案件本身非常复杂，再加上有的党政领导出于保护地方经济发展的考虑也出面周旋，使得查办渎职侵权案件的办案环境十分恶劣，但不论是案件本身的复杂性还是办案环境的恶劣性，作为一名检察机关反渎职侵权部门的办案人员都要消除畏难情绪，努力排除干扰和阻力，冲破关系网的束缚，根据渎职侵权犯罪线索的特点和以往的工作实践与经验，以扎实的工作作风、高效的工作节奏认真做好渎职侵权案件工作的查办工作，赢得广大群众的信任与支持，以期获得更多更有价值的渎职侵权犯罪线索。

（二）加大宣传力度，营造举报渎职侵权犯罪线索的良好环境

依靠社会各界和广大人民群众的支持和举报是获取案件线索的重要渠道。要不断加大宣传力度，把当前渎职侵权犯罪较为严重的客观事实告诉群众，把侵权渎职犯罪的社会危害性向群众讲清楚，并通过各种宣传途径广泛进行渎职侵权检察业务方面的法律宣传，重点介绍反渎职侵权检察职能、案件管辖和相关案例，尤其要宣传在全国、全省有影响力的典型案例，造大宣传声势，提高人民群众对反渎职侵权工作的认知度、信任度和支持度；同时，要大力宣传查处渎职侵权犯罪案件的战果，让群众知晓检察机关查处渎职侵权犯罪的信心和决心，为人民群众举报渎职侵权犯罪案件线索创造一个良好的舆论环境。2011年由最高人民检察院主办的"法治与责任——全国检察机关惩治和预防渎职侵权犯罪展览"便是一次成功的宣传活动。该展览活动彰显了党中央反腐倡廉的决心，宣传了党和国家关于惩治和预防渎职侵权犯罪的方针政策和法律法

规，集中展示了检察机关反渎职侵权工作的重要举措和成效，深刻揭示了渎职侵权犯罪的严重危害性，有效增强了国家机关工作人员的法治意识、责任意识，引起全社会各方面的高度关注和强烈反响。

此外，在加大宣传力度的同时，要积极改进举报宣传的方式、方法，更加注重宣传实效。除了在检察机关每年举办的"举报宣传周"活动期间，组织反渎职侵权部门干警走上街头、深入乡镇和企事业单位开展专题宣讲和法律咨询活动的"集中宣传"活动外，更要侧重平时的"分散式"宣传活动。作为反渎职侵权部门干警，要时刻紧绷宣传工作这根弦，要定期、不定期地深入基层，与群众面对面、心交心，解民疑、释民惑，让群众了解反渎职侵权工作，消除群众不敢举报、害怕报复的心理包袱；特别是在发生涉及面广、影响力大的社会事件时，更要安排政治素质高、办案经验丰富的工作人员深入一线接待群众反映，以获取有价值的渎职侵权举报线索。

（三）健全内外机制，建立查处渎职侵权犯罪工作的联动机制

对于反渎职侵权部门来说，做好在检察机关内部深挖线索工作与外部机关单位等部门的沟通工作也是扩大案源收集的主要途径，具体而言：一是要加强与检察机关内部的反贪污贿赂、公诉、侦查监督、民事行政检察、控告申诉、监所检察等部门的联系与配合，建立信息沟通与反馈机制，对这些兄弟部门办理的案件逐件逐案进行筛选发现渎职侵权案件线索，逐步构建起"大渎检"格局。尤其要注重从侦查监督、公诉、审判、羁押等诉讼环节以及重复访、集体访、久诉不息等案件中发掘执法不严、司法不公等渎职侵权案件线索，进一步拓展渎职侵权案源渠道。从哲学的角度看，任何违法犯罪行为都不可能是孤立存在的，必然与其他人或事发生千丝万缕的联系，因此，要用联系和发展的视角看待渎职侵权犯罪案件，在办案过程中做到细侦查、巧预审，注意挖窝案、抓串案。另外，在配合其他检察机关开展协查工作时，要留心并深挖"协查"过程中发现的"破绽"，从中发掘新的渎职侵权犯罪线索。二是要加强与纪检、监察、信访、审计等党政部门和法院的联系，通过向他们询问情况以及在翻阅相关资料的过程中发现有价值的渎职侵权犯罪线索。同时，要与这些部门建立案件线索移送制度，做到如果在日常工作中发现属于检察机关管辖的渎职侵权行为时要及时进行移送。三是重点关注公安、工商、税务、国土、卫生防疫、安全监管等从事社会管理职能的政府部门，这些部门由于从事行政执法工作，涉及社会事务较多，易引发渎职侵权案件，且一旦出现渎职侵权案件就会引起社会的广泛关注，因此，作为反渎职侵权部门要及时总结、分析案发部门行业的规律和特点，在今后的工作中，可以做到有的放矢，使反渎职侵权工作的开展既全面又有侧重点。

（四）加强自身素质，强化捕捉渎职侵权案件线索的能力建设

无疑，反渎职侵权工作是一项专业性很强的工作，既要求干警精通刑事法律，又要求熟悉行政法规，了解相关执法程序；既要有较强的专业技能，擅用侦查谋略，又要精通相关的财务、科技等知识。而当前多数检察机关的反渎职侵权部门普通存在人员配备少，年龄结构偏大以及业务素质不高的问题，严重影响反渎职侵权工作的深入开展。因此，反渎职侵权部门应加大干警的学习力度，进一步拓宽知识面，一方面要紧跟时代步伐，通过读书、看报等途径认真学习党的最新政治理论知识，把握正确的政治方向，不断提高自身的政治素养，才能在面对纷繁复杂的渎职侵权案件时保持坚定的政治立场和清醒的政治头脑；另一方面在勤于检察业务知识学习的基础上，要放宽视野、扩大知识面，随时随地学习与渎职侵权检察工作相关的知识，尤其是要注重多学习和了解一些经济领域、政治管理等方面的知识，这样才能为更好地办理渎职侵权案件打下坚实基础，也才能实现案件政治效果、法律效果和社会效果的统一。同时，对于在反渎职侵权部门办案的工作人员而言，练就高度的职业敏感性和政治嗅觉性尤为重要，要做一名有心人，养成时时留心、处处留意的好习惯，多注意从日常生活、新闻媒体、网络曝光中发掘渎职侵权犯罪线索，唯有如此，我们在发现渎职侵权犯罪线索和查办渎职侵权犯罪案件时才会感到游刃有余，而不会在此过程中步履维艰、无所适从。

三、结语

在当前社会背景下，随着社会主义法制建设的不断发展和完善，以及检察机关查办与预防渎职侵权犯罪工作的深入开展，不可否认，渎职侵权检察工作在反腐败斗争中的地位越来越重要，全国各地检察机关在查处渎职侵权犯罪案件上取得可喜的成果，大大提升了反渎职侵权检察工作在全社会的知名度，也赢得了广大人民群众的赞誉。但综观当前反渎职侵权检察工作的发展现状，其职能的发挥程度并没有达到社会主义法治建设所要求的公平正义的高度，依法独立查处渎职侵权犯罪、维护法律的统一正确实施任重而道远。

我们都知道，获取案件线索是查处渎职侵权犯罪案件的前提和基础，而当前案件线索匮乏已成为制约渎职侵权检察工作顺利开展的"瓶颈"，如何成功打破这种制约性"瓶颈"，促使反渎职侵权工作走上良性运转和健康发展的轨道，成为司法实践工作者们必须面对和认真思考的一个问题。笔者认为，检察机关反渎职侵权部门在查办案件的同时一定要根据本地区渎职侵权犯罪的特征，拓宽办案思路，广辟案源，从思想认识、宣传角度、机制健全以及队伍建设等方面着手，多渠道、多方法、多角度收集渎职侵权等犯罪情报，唯有如

此，才能从根本上解决渎职侵权案件线索发现难的被动局面，进而实现反渎职侵权工作在新时期、新形势下的突破性发展，最终达到推动整个检察机关业务工作的均衡发展的终极目标。

刑事证人义务与例外的价值权衡[*]

蔚 竞

一、证人证言证明力的相对弱化，为现代容隐权制度在我国的确立提供了一种可能

证据的证明力，亦称证据价值，它是指证据对于案件事实的证明意义和作用。证据价值是证据的生命，证据有无作用及其作用的大小决定该证据在诉讼中的地位。在刑事证据中，言词证据，是指以人的语言陈述形式表现证据事实的各种证据。证人证言，被害人陈述，犯罪嫌疑人、被告人供述和辩解都属于言词证据。言词证据作为实物证据的对称，其证明力有无强弱最根本的是在与实物证据的比较判断中相互印证的。因此，人们对其证明力的逻辑判断，也与一定的历史阶段人们的认识能力、科技水平有着密切的关联。在西方国家证据制度的发展中曾出现过的神示制度以及中国古代出现的神示证据现象，都是将言词证据作为判案的充分必要条件，即真实言词证据是正确判案的唯一保证。言词证据真实，当然就有证明力；言词证据虚假，就没有证明力。人们在无法判明言词证据的真伪时就只能借助于神示。因此就出现了神誓、水审、火审、卜卦、抽签等。当然也会有言词证据真实而出现错判的情况，那就是当事人受认识能力的限制而误以为是真实的陈述。另外，言词证据本身就虚假，予以采信同样会出现错判。经过审判实践人们发现，单靠神判不能保证言词证据的真实，于是刑讯渐渐成为一种获取言词证据的主要合法手段。它主要施用于被告人，但也适用于控告人和证人。^① 刑讯的施行不仅没有完全解决言词证据的真伪问题，而且还造成很多弊端，酷刑之下难免屈打成招造成冤假错案。随着社会生产力的发展和人们认识能力、科学技术水平的提高，在审判实践中司法官吏越来越重视对现场勘验和实物证据的收集，并辅以察言观色等多种方法佐

* 本文发表于《法学杂志》2009 年第 12 期。作者简介：蔚竞，天津市人民检察院第二分院监所检察处处长。

① 江伟：《证据法学》，法律出版社 1999 年版，第 383 页。

证。宋代宋慈撰写的《洗冤集录》是我国历史上第一部，也是世界历史上现存的第一部法医学专著。它从一个侧面反映了现场勘验和实物证据在刑事判案中的决定作用。因此，这时的言词证据对于判案来说，已从充分必要条件逐渐转变为一个必要条件，即虚假的言词证据肯定没有证明力；而真实的言词证据，也已不是判案的唯一依据，它可能具有证明力，也可能不具有证明力，关键要看实物证据的佐证。当然采信虚假的言词证据，还是会造成错判。

我们不难看出，言词证据对于感知、记忆、判断和表述能力都很强而又能如实陈述的人来说，常常具有很强的证明力。但是言词证据的真实性不仅会受到陈述者主观和客观条件的影响，而且更重要的是，陈述者在陈述过程中也会有一个利害得失的价值权衡，从而影响言词证据的客观性、真实性。特别是随着科学技术的飞速发展，各种高新技术在对实物证据的采集、勘验、固定、甄别和鉴定方面不断得到广泛应用，根据最佳证据规则，这种具有高科技含量的实物证据相对言词证据更具有优先性，也使得言词证据的证明力相对于实物证据在逐渐弱化。

我国《刑事诉讼法》第46条规定："对一切案件的判处都要重证据，重调查研究、不轻信口供。只有被告人供述，没有其他证据，不能认定被告人有罪和处以刑罚；没有被告人供述，证据充分确实的，可以认定被告人有罪和处以刑罚。"在司法实践中，对"零口供"认定被告人有罪和处以刑罚的已不乏案例。证人证言作为言词证据是刑事诉讼当事人以外的第三人对案件事实所作的陈述，其证明力也有一个相对弱化的问题，在德国，询问证人已被认为是一种辅助性的证据方法，只有在采取其他方法不起作用时才予以使用。① 虽然证人是特定的，具有不可选择和替代性，当证人与案件当事人是近亲属或有某种利害关系时，这种证人证言的价值和可采性就大打折扣。正是由于证人证言证明力的相对弱化才使我国设立现代容隐权制度成为一种可能。

二、信任的功利性对建立容隐权的影响

我国《刑事诉讼法》第28条明确规定了审判人员、检察人员、侦查人员在办案中应当回避的几种情形，这种回避制度的设立，实际上是缘于一种不信任。当办案人员是本案的当事人或者是当事人的近亲属，以及办案人员或者他的近亲属和本案有利害关系时，人们大都不相信他会秉公办案。正如彼得·什托姆普卡在《信任》一书中所论述的："一定的不信任对一个有生命力的民主秩序是重要的，大多数民主秩序的基本原则是假定制度化的不信任……制度化

---

① 江伟：《证据法学》，法律出版社1999年版，第383页。

的不信任越多, 自发的信任就会越多。"① 我国刑事诉讼中实行回避制度不但可以减少当事人和公民的疑虑, 增强对办案人员的信任, 更主要的是有利于维护司法公正和保护当事人的合法权益。这也正是我国诉讼民主化的一种重要体现。现代容隐权的提出, 实际上是在证人出现前述类似情况 (如证人是犯罪嫌疑人、被告人的近亲属, 或有着某种特殊的利害关系) 的一种回避, 而这种回避, 与其说是受传统的、人伦的、情理的影响, 倒不如说与信任的功利性更密切相关。信任可信任的对象是有用的, 而不信任不可信任的对象同样是有用的。信任不值得信任的人和不信任值得信任的人同样是功能失调。如果被信任者不是值得信任的, 信任者比信任没有被给予时情况更糟。② 在刑事诉讼中, 证据证明力的判断、证据的取舍和运用, 是决定如何认定案件事实及怎样适用法律的核心问题。根据司法实践经验, 对证人证言的审查判断, 需要综合考虑各方面因素, 而首先应当考虑的常常是证人与本案当事人有无利害关系, 特别是证人与本案当事人为近亲属关系时, 司法人员判断其证言的证明力和可采性往往很难在内心形成确信。即使证言真实 (真实的概率一般是极低的), 让被告人近亲属亲自出庭作证, 检举揭发证明被告人的犯罪事实, 也是一件很残酷的事情。这既浪费司法资源, 不利于提高办案效率, 同时对当事人及其近亲属心理上会造成难以弥合的伤害。其实, 它所破坏的, 正是血缘关系以及婚姻关系所维系的亲情间的信任。我们把信任的主要客体比作一个 "圆", 这种亲情间的信任一般都处于人际信任乃至社会信任最核心, 也即最狭小的半径之间, 这种亲情间的信任一旦崩溃, 必然要产生一种辐射效应, 不但会给罪犯的家庭稳定和谐造成严重影响, 罪犯也会因此丧失对人际和社会的信任, 进而产生仇视社会的心理。这无疑会加大对罪犯的改造成本。弥散的不信任还很容易扩散到群体内和社会上的人际行为, "由于不断警戒的需要所花费的交易成本显著提高了, 而合作的机会受到了阻碍。"③ 可见一个社会亲情间的信任受到伤害, 其危害性在某种程度上远远大于刑事犯罪。它对构建和谐社会起到的是釜底抽薪的作用。实际上, 在我国的司法实践中, 早在 20 世纪 80 年代就已经注意到维护人伦亲情对社会安定的积极作用, 在 "两高" 的历次有关司法解释中, 都明确规定 "偷拿自己家的财物或者近亲属的财物, 一般可不按犯罪处理; 对确有追究刑事责任必要的, 处罚时也应当与社会上作案的有所区

---

① 参见 [波兰] 彼得·什托姆普卡:《信任》, 程胜利译, 中华书局 2005 年版。

② 参见 [波兰] 彼得·什托姆普卡:《信任》, 程胜利译, 中华书局 2005 年版。

③ 参见 [波兰] 彼得·什托姆普卡:《信任》, 程胜利译, 中华书局 2005 年版, 第 142 页。

别。"这在一定程度上体现了我国司法的人文精神和对亲情伦理的尊重。

在刑事诉讼中，我国刑事讼诉法虽然没有明确规定证人义务的例外，但由于受传统亲情人伦观念的影响，办案人员常常自觉或不自觉地对待犯罪嫌疑人、被告人近亲属拒绝作证行为，采取一种容忍和默认的态度。当然，这与法律对证人拒绝作证缺乏明确的制裁措施也不无关系。因此，我国有必要从证人义务的强制与例外两个方面完善立法，从证人义务的"两极"限制司法人员的"自由裁量"。这不仅有利于回避制度与证人义务例外制度在法律上的对称平衡，而且有利于实现维护司法公正与保障人权的有机结合。

三、现代容隐权制度在我国的架构原则

作为证人义务的例外，现代容隐权制度在我国历史上源远流长。它首先是作为一种思想或主义登上历史舞台的。早在两千多年前，孔子为维护礼治，首先提出亲属相隐的主张，即"父为子隐，子为父隐，直在其中矣。"① 但也有例外，根据《左传·昭公十四年》记载，孔子针对"叔向断狱"不隐于亲的做法大加赞赏："叔向，古之遗直也，治国制刑，不隐于亲，三数叔鱼（是叔向的弟弟）之恶，不为末减。曰义也夫，可谓直矣。"在这里孔子提出了一个重要原则，即小罪当隐，隐小罪以重亲亲；大罪不可隐，刑大罪以行国法。② 这样，亲亲相隐的基本内容便被固定下来，后世代代相因，并基于此加以增益发展。至唐代，在《唐律疏议》中，亲亲相隐已上升为一项重要的刑法原则，而且在范围上超过了前代"亲亲相匿"③ 的限定。将其扩张至同财而居者之间。④ 在相为容隐的内容上，不仅在互相之间隐瞒其犯罪，而不予追究，就是为犯罪者通风报信，令其隐蔽逃亡时，亦不负刑事责任。⑤ 相反，依法该相隐而控告不隐的，则处罚非常苛重。唐律禁止应隐者相互控告和对簿公堂。有此行为者，以亲等关系论罪。

值得注意的是，中国传统法律制度中"亲亲相隐"原则，在我国现代立法中，还没有来得及扬弃吸收、消化借鉴的情况下，与此形成鲜明对照的是，

---

① 《论语·子路》

② 江元：《亲亲相隐及其现代化》，载《法学评论》2002 年第 5 期。

③ 汉律允许在一定亲属范围内，可以首谋藏匿犯罪的亲属而不受惩罚或减轻刑罚。

④ 《唐律疏议·名例律》所谓"同居"，据疏文："谓同财居，不限籍（户籍）之同异，虽无服（指"五服"以外）者，并是。"

⑤ 《唐律疏议·名例律》规定："诸同居，若大功以上亲及外祖父母、外孙，若孙之妇、夫之兄弟及兄弟妻，有罪相为隐；部曲、奴婢为主隐，皆勿论，即漏露其事及擿语消息亦不坐。其小功以下相隐，减凡人三等。若犯谋叛以上者，不用此律。"

西方国家却普遍规定了与其相同旨趣的亲属容隐权。如美国已将亲属容隐权①推及到律师对委托人的容隐，医生（含心理治疗医师）对病人的容隐，神职人员对忏悔者的容隐，新闻工作者对信息提供人的容隐等。甚至将"不得强迫自证其罪"规定在联邦宪法中。② 当然，现代西方对容隐权也有一些限制，如亲属间的伤害不得容隐，非是出于亲情目的不得容隐。相反，对国事犯罪的容隐权却不加限制。在前资本主义时代，西方国家也有"国事重罪不得隐匿"的规定，但自近代以来，西方法律几乎完全取消此种限制。现代西方刑法甚至公然规定包庇藏匿犯间谍、叛逆、侵略战争等重罪之亲属者不罚。③ 由此可见，中国古代"亲亲相隐"至"同居有罪相为隐"以及现代西方容隐权在法律制度上的确立与实行的例外，都是基于一种价值的权衡。由于社会伦理、道德、价值观念以及公共政策、国家利益的诸多影响，刑事诉讼中存在着比追究个案犯罪者刑事责任更为重要的价值。那就是维护国家利益或避免某些人因为不为容隐而违背自己的"情感"、"良心"和"职业利益"。出于"两利相权取其重，两害相权取其轻"的价值权衡，立法者企望通过一定范围的容隐来维护和促进法律与伦理道德关系的协调，而不惜放弃与案件结局关系重大的某种价值。这无疑有利于避免国家刑罚权与人类亲情、人性的直接正面冲突。在国家利益和亲情面前，使人们不致陷入两难境地。这反映了立法所追求的诉讼价值的多元化与整体性，即不仅仅追求法律上的公正和"期待可能性"，同时，更是期待维护社会的平衡和稳定。显而易见，容隐权制度有利于协调普通利益与特殊利益的冲突，也符合现代社会的法律效益原则。

我们学习借鉴中国历史的和各国的立法经验，绝不能脱离中国现实的国情、文化传统乃至民众亲情观念。特别是西方国家的对国事犯罪的容隐权不加限制，笔者颇不以为然。笔者认为那是由西方国家"社会优位"理念所决定的，中国现实的生活经济条件以及由这些条件决定的社会关系和政治关系，还不足以成为"社会优位"理念的经济基础，即使世界公认的、具有高度"社会优位"理念、最民主的国家，也无不是内唱民主平等，外施霸道强权。而他们真正实行的还是"国家优位"，即国家利益至上，民族利益至上。尤其是在当前，我国时刻面临西方敌对势力颠覆和破坏的严峻形势下，国事重罪可以容隐，不仅无益反而危害极大。另外，我国目前腐败分子犯罪呈现家庭化趋

①　在美国法中容隐权被称为特免权。

②　参见刘晓丹：《美国证据规则（第六章特免权规定）》，中国检察出版社 2003 年版，第 61 页。

③　江元：《亲亲相隐及其现代化》，载《法学评论》2002 年第 5 期。

势，夫妻父子同堂受审屡见不鲜。据媒体报道，赤峰市原市长徐国元，6 年间狂敛钱财约 3200 万元，有关部门对其调查期间反而是徐国元受贿敛财的"高峰"。仅 2007 年，他就"进账"1000 多万元。被抓的前一天，徐国元夫妻俩还在商量如何收取他人要送的 1 幅名画，其胆大妄为和贪得无厌达到极致。针对这种腐败日益蔓延趋势，全国人大常委会通过了第七次刑法修正案，在《刑法》第 388 条后专门增加条款，明确规定国家工作人员（包括离职的国家工作人员）的近亲属或者特定关系人可以单独作为受贿罪主体进行定罪处罚。这无疑不在容隐之列。此外，近亲属共同犯罪与近亲属知情关系，是性质不同的两种情况，前者不涉及容隐问题，关键是对两者怎样的正确判别与区分。与容隐权密切相关的倒是犯罪嫌疑人的自首问题。1998 年最高人民法院《关于处理自首和立功具体应用法律若干问题的解释》明确规定："并非出于犯罪嫌疑人主动，而是经亲友规劝、陪同投案的；公安机关通知犯罪嫌疑人的亲友，或者亲友主动报案后，将犯罪嫌疑人送去投案的，也应视为自动投案。"容隐权的确立与之似乎是一个悖论。其实不然，经亲友规劝、陪同投案，或亲友主动报案后将犯罪嫌疑人送去投案，也可能是强制送去投案，都视为犯罪嫌疑人自动投案。这本身就考虑了亲情理念，不管亲友是出于怎样的动机，客观上可以使犯罪嫌疑人获得从轻或减轻的处罚。犯罪较轻还可以免除处罚。从而在根本上维护了犯罪嫌疑人的切身利益。正如黑格尔所说，处罚是对犯罪人的尊重。如果犯罪嫌疑人侥幸逃过处罚，有可能会继续危害社会，其亲属内心也很难会得到安宁。因此，笔者认为自首制度和容隐制度在价值取向上还是一致的。这不仅有利于节省司法资源，也有利于维护社会稳定，同时也体现刑法的谦抑性。二者具有异曲同工之妙。另外，容隐权也并不能排斥办案人员用直接的或间接的方法，向犯罪嫌疑人、被告人近亲属了解有关案件的情况。这一点应是毋庸置疑的。笔者认为建立我国现代容隐权制度，应当循序渐进、逐渐展开，要综合考虑各方面因素，要注意我国法律体系的均衡性、完整性、协调性。在近亲属容隐的范围上，既可以是划定一定范围的罪名，也可以划定在一定幅度的刑期，或者两者兼而有之。除此之外，对犯有包庇罪、伪证罪，主体为近亲属的，也应相应地减轻或免除处罚。在目前容隐权的设置上，主要应是对证人中一定义务的免除和消极的不告发行为为主，对"国事重罪"恐怕在相当长的一个时期内都应作为我国容隐的例外。也正如孔子所主张的，小罪当隐，隐小罪以重亲亲；大罪不可隐，刑大罪以行国法。不如此，就不能解释为什么广大民众崇尚公正执法、刚正不阿的历史人物，像包公大义灭亲等类似的戏剧何以经久不衰。这就是中国的国情，这就是中国广大民众的情感。实际上也正是广大人民群众对反腐败、反特权，对民主法治的一种热切期待。

司法规律层面检察权运行表现*

张秀山

一、司法规律的客观存在决定着司法性原则内涵

司法性原则是国家司法机关依法履行职能时的行为准则，要求包括公检法在内的国家机关在履行司法职能时必须按照司法规律和特点依法施权。作为主观反映客观世界的司法性原则是由客观存在的司法规律决定的，因此可以说，检察机关科学认识把握并准确梳理总结司法性原则，就是尊重和顺应客观存在的司法规律，就是按司法规律坚持检察权，运行检察权，发展检察权。

由于司法性原则只是作为一种法律意识和行为惯例具体渗透在各项法律制度和法律条文中，还没有作为一种至上的法律精神成为法律原则，因此在立法、执法、守法和司法等各环节中，违反司法规律、破坏司法原则的情况还时有发生。要在全社会大力弘扬按司法规律办事的法律精神，特别要在公检法等司法机关中着力提倡并推行严格遵循司法性原则，逐步形成一切司法活动都能严格按照司法性原则依法进行的良好氛围，更好地监督和约束司法者和司法行为，减少或杜绝司法腐败现象。应当看到，这一原则精神、相配套法律制度和规定的确立和施行，必将对司法改革、提升司法活动质量和效率起到前所未有的积极作用。

准确认识并归结司法性原则内涵应从以下渊源中去探究：（1）我国和外国在宪法及法律中对法律制度和司法制度的规定；（2）我国和外国学者对法律制度和司法制度理论研究成果的通说；（3）我国公、检、法三机关的司法实践。需要强调的是，以下表述是笔者经过多年学习研究、法理概括、理性升华的成果，基本囊括了司法权运行的主要规律和特点。由于一些内容目前尚缺乏立法层面的直接表达，只是在法理和司法实践层面的间接体现，但我们有理

* 本文发表于《法学杂志》2009 年第 11 期。获 2009 年全国检察机关检察基础理论优秀成果三等奖。作者简介：张秀山，天津市人民检察院第二分院研究室主任。

由断言，它已经作为一种共识性的法律精神得到有效遵从和施行。笔者认为司法性原则内涵的应有之义必须具备以下条件：一是在行使司法权时形成的；二是司法规律和特点的集中反映；三是司法权运作的最高规则。概括起来应包括以下几层含义：（1）公平正义是司法权运作的最高价值追求。价值追求是权力设置的必要条件，司法权的设置和行使是国家各项权力正常运作的保障，它把社会纠纷的强力解决改变为说理解决，是权利保障和社会公正的最后防线。由于价值追求天然具有层次性，因此公平正义这一最高价值追求是对公正、效率、效益、自由、秩序等价值进行整合的必然选择，它对司法具有更为根本的意义。以追求公平正义为根本并力求达到诸种价值追求的平衡是司法价值追求的最高理想境界，而最现实的优位价值选择还应是对公平正义的追求。（2）司法独立是司法权运作的体制保障。司法权是解决诉讼主体之间纠纷的裁判权，裁判的依据只能是法律，裁判追求的目标必须是公平正义，因此它要求裁判主体必须能够排除来自各方阻力而固守法律，保持司法活动独立。要求建立并完善司法权与其他国家权力界限分明清晰、从整体权力到个体权力运作独立于其他国家权力的体制和机制。中立性是司法权的本质属性。司法权对公平正义的价值追求，解决诉讼主体之间纠纷的裁判权性质，决定了中立性的本质属性。要求第三者的司法主体超然于诉讼主体的二者之上，与二者保持相等距离即中立性，不偏不倚地做出公平的司法判断。要求司法程序和办案规则严格遵循中立性的本质属性，任何违反或破坏中立性的司法行为都是对公平正义的亵渎和对司法权的损害。被动性、事后性、亲历性是司法规律和特点的必然反映。对司法主体而言，出于对当事人诉权的尊重，给予其纠纷解决方式充分的选择权，既可选择司法解决，亦可选择其他途径解决，一般不主动启动司法程序。司法权的介入是在纠纷产生以后，而不能"提前介入"，恣意或盲目介入将影响公正性。司法活动要事必躬亲，必须在司法者的亲自主持和审理下展开，审查权和决定权同一，坚决克服"审而不决或决而不审"现象。（3）公开性是司法程序运行的显著特点。除极少数特殊情况外，司法活动的全过程应当向全社会公众公开，包括审查、决定、论证等过程，它有利于保障当事人的知情权、参与权和监督权，增强社会公众对司法公正的舆论支持、心理依赖和情感认同。（4）社会参与性是司法权公正运行的重要条件。作为国家权力中重要组成部分的司法权具有明显的社会属性，它以解决社会矛盾纠纷、维护社会稳定为己任，以全体社会关系和社会成员、单位为调整对象，以社会公民凭借如陪审员等法定身份亲身参与司法权行使的方式，彰显社会对司法权运行的助推和监督作用。

二、中国特色检察理论和实践决定必须着力坚持司法性原则

检察机关依据宪法和法律行使检察权，无论对检察权性质怎样争论，检察权内在包含司法权某些特性的客观现实不容否认，检察权应按照司法规律和特点运行的客观需要不容否认，检察机关确属司法机关性质的定位不容否认。检察机关坚持司法性原则就是要求深刻认识和认真把握检察权特点和规律，紧紧抓住检察权内在的司法特点和规律，严格按照司法规律依法行使检察权。在当代中国，认识和把握检察权特点和规律就是要立足中国特色检察理论和实践，着力坚持司法性原则，确保检察权依法有序干净运行，这是中国特色检察理论和实践的客观反映和必然要求。

中国特色检察理论决定着检察机关司法特质，决定着力坚持司法性原则的必然性。中国特色检察理论是中国特色检察制度的法理概括，具有充分的法律依据和坚实的法理基础。我国根本政治制度是人民代表大会制度，在这种国家权力结构中，检察机关作为与行政机关和审判机关平行的国家机关，在宪政制度中具有独立的法律地位。它通过履行公诉、职务犯罪侦查和诉讼监督等职能，维护国家法律的统一正确实施，监督和制约行政机关和审判机关的执法和司法活动。从权力渊源上看，实质上检察机关的法律监督职能是人民代表大会监督职能的派生物或延伸；从国家职能配置上看，实质上检察机关的法律监督职能是人民代表大会监督职能的必要补充，而非单纯的公诉职能，对此我国宪法和法律有非常明确的规定，由此以法律形式鲜明地确立起独具司法机关性质的中国特色检察制度。同时法律还对法律监督权行使架构、方式和结果等作出规定，即对检察机关在诉讼程序中的职能和地位做出了明确规定，检察机关的一切活动均以法律监督为共同点和基本要求，而活动均放置于具体而明确的诉讼结构和程序之中，是在司法程序中以各项司法活动为监督对象的法律监督行为，从职能、任务、权力行使方式、结果，到运行规则程序，都鲜明地反映出司法特性。当然，检察机关法律监督权带有明显的程序性，它是公检法机关在履行司法职能而构建的诉讼结构中的一项程序性司法监督权。实际上，中国特色检察制度和理论赋予了我国检察机关司法机关性质，这一性质又决定了我国检察机关必须着力坚持司法性原则的客观必然性。

中国特色检察实践反映出检察机关的司法特性，决定着力坚持司法性原则的现实可能性。我国检察实践经历了 50 余年的风雨历程，虽然其中有"文化大革命"期间的被迫中断，但实践的步伐始终没有停止。我们建立了中国特色检察制度和组织体系，按照法律监督职能定位，不断创立并大力开展各项检察业务，目前已经形成包括批准和决定逮捕犯罪嫌疑人，对刑事犯罪案件提起公诉，

对直接受理的国家工作人员职务犯罪案件进行侦查，对刑事诉讼、民事审判和行政诉讼活动进行监督等检察实践内容。虽然不同时期的实践内容稍有不同，但法律监督的性质从未改变，检察职能放置于诉讼结构和诉讼程序之中，并以此为载体开展检察工作的基本实践模式从未改变。这种实践模式经历了由小到大、由弱变强，不断发展壮大的实践过程，法律监督本质和司法特性日益显现，作用日益突出。一方面检察实践实现了法律监督与司法性原则的紧密结合，法律监督统领一切检察工作，体现司法性原则的实践模式承载一切检察工作；一方面以诉讼为载体和手段的法律监督模式对司法性原则、制度和程序提出了更高更规范的要求，富有生机与活力的检察实践活动必将更加活跃和精彩，为司法性原则在检察制度中更充分的诠释和彰显提供理论条件及现实可能性。

应当看到，在检察工作中着力坚持司法性原则并不是检察工作的全部，为严格履行法律监督职责而应坚持的工作原则还有其他诸项，如在检察权中不可割裂的行政性内涵决定其也要兼顾遵从行政规律。同时由于检察机关特有的法律监督职能，其坚持的司法性原则与公安机关、审判机关坚持的原则内涵都有具体的区别，并不具有普适性，这正是本文进一步探究之核心所在。

三、司法规律和特点在检察权运行中的表现

司法规律和特点在检察工作中的体现是多层次、多方面的，既有宏观体现，也有微观体现，需要我们用哲学方法通过多角度研究，才能实现宏观上全景式观照，微观上多层面透视。一是通过对检察机关整体性工作的宏观考量，发现并研究客观存在的司法性规律和特点。二是通过对检察权具体内容及实际运行表现的考量，发现客观存在的司法性规律和特点，对照式研究坚持司法性原则的实然性和应然性，并提出应然性完善构想。对此我们必须明确以下认识：（1）宏观上的整体性考察与微观上的具体考察是对事物不同的认识方法，表现为普遍与特殊、一般与个别唯物辩证关系。因此必然表现出司法规律和特点可能在检察工作的整体或某些具体检察职权等方面表现得很充分具体，而在其他某些具体检察职权却表现得不很充分，甚至会没有表现。这完全符合辩证唯物主义认识论规律，普遍性、一般性特性并不代表每一个具体事物都同样具备等量特性，或代表事物的全部特性，这为事物特殊性和个性的存在提供了必要空间，并决定了事物的多样性。同时还存在以下两种情形，一是由于人们认识能力的局限性而没有认识发现，二是由于人们外力影响改变了事物本应表现的特性，而这正是需要我们通过深入认识或改造、改革予以解决的问题。（2）司法规律和特点在检察工作中的体现与在公安、法院工作中的体现必然存在明显差异，这是不同司法机关遵循有自身特色司法性原则履行职权的根源所

在。考量目的就是在更深层次发现检察工作中的司法规律和特点并科学把握其独有特性，为在检察工作中更好遵循司法性原则提供理性支持。

（一）公平正义是检察权运作的最高价值追求

它充分体现在检察机关的性质、任务和工作原则等诸方面，统领着一切检察工作。它是对司法公正的进一步诠释，以实体公正和程序公正为实现途径，以法律监督为实现手段，是对司法公正目标与结果的积极追求。必须把它作为检察权运作所应遵循的司法规律中的根本规律，实际上近年来全国检察机关确定的检察工作主题，持续开展的公平正义理念教育，就是科学把握这一根本规律，统领全面检察工作的实践例证。与此同时，还要准确把握它在检察工作中所表现的特性，从事物普遍性所反映的特殊性入手，更好地指导检察工作。

（二）独立行使检察权是检察权运行的基本原则

这具体体现在宪法、检察院组织法和检察官法有关规定当中，充分反映了现代司法的一般原则，符合司法规律，有利于保证司法公正。其内容包括检察一体和检察官个体两种情形下的独立行使检察权，在整体上确立了独立行使检察权的基本架构，在个体上确立了检察官不仅是一种职务或官名，而是代表检察机关，是由依法独立履行职权的检察官个体组成的基本定位。检察体制的应然模式是怎样更好地遵循独立行使职权的司法规律，适度安排和协调整体与个体的职权配置。当下在坚持遵从行政规律而上命下从式的检察一体化的基础上，应强化遵从司法规律的检察官个体独立行使职权的适格模式和程序，否则它会导致检察机关整体司法特性渐失，这一点充分反映独立行使检察权司法特性对彰显整体司法特性的决定性意义。

（三）恪守中立性是履行各项检察职权的重要表现

中立性体现在诉讼结构、诉讼程序和诉讼规则之中，相对于权力来说，还体现在检察权的行使方式、过程和结果当中。沿着各项检察权能的行使轨迹，我们不经意间会发现中立性这一司法规律特点已散见于检察权运行的大多过程和环节，凸显了检察机关的司法属性。（1）审查批捕权明显带有司法审查制度特性。司法国家或裁判国家的典型特征和核心要素是司法审查原则的确立。对国家强制权的合法性进行审查，以保障个人的权益，防止国家强制权的违法侵害。刑事诉讼领域集中体现了个人权利与国家权力的紧张冲突与平衡，为保障个人权利免受国家权力的侵害，必须坚持这一司法审查制度。基于我国公检法三机关的设置架构，这一职能赋予了检察机关，本身就彰显了检察机关定位于司法机关性质的初衷。在检察权运行中，检察机关或检察官处于中立地位，客观、均衡相对侦查机关和犯罪嫌疑人并作出公正决定。当然，目前检察机关批准逮捕的司法审查职权还需进行司法化改造，还大有遵从司法规律而不断拓展的空间，如听证程序、申诉及申请取保程序及律师介入辩护程序等。当前对刑事羁押予以司法控制已成必然，检察机关固守批捕权并不只是机构名称或司法名号之争，而着眼点和着力点应是该控制刑事羁押的人和机构在审查刑事羁押合法性的时候，是否适用了司法程序，是否因此可以向被刑事羁押人提供与剥夺自由问题相适应的司法程序保障。而当前检察机关的批捕工作只限于对侦查机关所报书面材料的行政式审查，尚缺乏司法性质的程序和手段支撑，长此以往定会影响或削弱批捕权。（2）公诉权是审判权的前提和制约，以其特有的检察官客观义务与审判权共同构成完整司法权。检察官历来被喻为"站着的法官"，权源上来自纠问式审判权，其分立就是要以公诉制约审判，即以起诉对审判程序的发动进行制约，通过起诉确定审判的范围与内容，通过对审判的异议制约法院的自由裁量权，在制度上实现由两个相互独立的司法机构实行司法分权制衡，防止封建纠问式诉讼模式下控审职能合一的司法集权现象的重演，保证司法的客观中立。因而检察官的客观义务便是公诉权运行的职业准则和良知，其真谛即是不偏不倚尊重客观的中立性司法原则。审查案件时它要求检察官既收集有罪或罪重证据，也收集无罪或罪轻证据；既听取侦查机关和受害人意见，也听取犯罪嫌疑人和辩护律师意见。审结案件时它要求检察官既可以认定构成犯罪提起公诉，也可以不认定犯罪不起诉。支持公诉时既可以发表有罪或罪重意见，也可以发表罪轻意见，还可以撤回起诉作不起诉处理。同样，公诉权的司法性改造将是伴随检察改革的永恒主题。如审前程序、证据开示制度以及主诉检察官是否坚持和完善等都是不容回避的问题。（3）直接侦查权是公诉权的应有之义，依然带有中立性司法特点。公诉权从本质上来说是一种诉讼请求权，是一种作为公权力和诉权相结合的权力形态，具有专属性、法定性、制约性和不可放弃性。借鉴民事诉权原理，现行刑事诉讼法已将其适合部分合理纳入其中，如以公诉为主自诉为辅的起诉方式，起诉法定兼起诉便宜主义精神等。引入民事诉权理论使我们更加认清，民事诉权的启动标志就是原告提起诉讼，具有准备意义的收集并举出证据是提起并参加诉讼的应有内容。相对民事诉权，刑事诉权具有明显的阶段性，作为检察机关直接侦查只是一个相对独立的阶段，本身并不具有诉讼性，它只是公诉权的一部分，由公诉权派生。其相对独立的价值是由公诉权行使的法定性、程序性和艰巨性决定和制约的，是其目的直指刑罚权即人的自由和生命的重要性使然，而公诉权的中立性司法属性诸已然阐释。

（四）被动性、事后性、亲历性、公开性和社会参与性等司法特性均不同程度表现在各项检察权的运行过程中

检察权明显带有程序性特点，本质上属于以检察监督为目标的程序性司法

权力，它以程序的启动、转换、终结为手段，与具有实体司法权力的法院审判权共同构成完全的司法权，因而其司法特性客观存在且显而易见。包括批捕权、公诉权、民行监督权等检察权，在运行中都不同程度地显现出司法特性。它们的启动都需要借助其他公权或私权，并无可争议地发生在诉争事实出现之后，工作程序及手段都由主办或主诉检察官亲历承办，严格经过与案件相关当事人的面对面接触，收集固定并鉴别相关证据，对案件独立做出司法判断。检务公开、听证会制度及人民监督员制度的创立并进一步创新发展，充分证明了检察权运行中的公开性和社会参与性，为检察机关彰显司法特性，从而更好地坚守并履行法律监督职能提供了广阔的发展路径。

刑事二审举证制度的完善[*]

闫旭彤

一、刑事二审制度在当今的司法实践中的实际意义和作用

首先，刑事二审制度有利于防错、纠错，实现司法救济[①]。刑事案件进入二审程序后，二审的检察机关和法院通过对上诉、抗诉案件的审理，发现并纠正一审判决、裁定在认定事实、适用法律或量刑上的错误。其次，二审制度能衡平辖区内的定罪和量刑的不均衡。二审检察机关和审判机关针对其下辖的基层院来讲，有着更广阔的视野，通过对上诉、抗诉案件的审理，可以纵观基层院在认定事实、适用法律及量刑方面的综合情况，进行综合处理，达到一定范围内的衡平。最后，解决争端有利于做好服判息诉工作。二审程序是由于被告人、自诉人和他们的法定代理人不服人民法院的判决和裁定以及人民检察院不服一审法院的判决和裁定而引起的，"不服"就意味着"争端"，意味着不安定、不和谐。二审程序是尽可能的在判决、裁定发生法律效力之前将争端平息，做到案结事了。

二、刑事二审程序中的举证主体

（一）二审程序中的检察员

不论是被告人一方不服一审法院判决、裁定的上诉，还是检察机关不服一审判决、裁定的抗诉，均要求检察员（包括代行检察员职务的助理检察员）对一审的判决、裁定做出评判。不管检察员是肯定一审判决、驳回上诉，还是否定或部分否定一审判决、裁定，支持抗诉，检察员都要举出证据加以证明，因此在二审程序中检察员是承担举证责任当仁不让的主体。

---

　　[*]　本文发表于《法学杂志》2009 年第 12 期。作者简介：闫旭彤，天津市人民检察院第二分院公诉处副处长。

　　[①]　吴汝信：《出席二审法庭检察员的职能定位与相关问题探析》，载《人民检察》2007 年第 10 期。

（二）辩护人

在二审程序中，辩护人履行着与一审同样的辩护职责，即"根据事实和法律，提出证明犯罪嫌疑人、被告人无罪、罪轻或者减轻、免除其刑事责任的材料和意见"。在质证阶段，辩护人既可以对检察员出示的证据发表质证意见也可以举证证明自己的辩护意见。

（三）上诉人及原审被告人

上诉人及原审被告人如果有新的证据证明其无罪、罪轻、减轻或者免除其刑事责任的证据材料，在二审阶段都可以向法庭举证。

（四）审判人员不必成为举证的主体

1. 《中华人民共和国刑事诉讼法》第158条、《人民检察院刑事诉讼规则》第346条似乎是为法院行使调查核实证据的权力提供了依据。但是笔者认为上述依据并不必然意味着庭审过程中合议庭就当然的具有举证的权利，应当说这是老的审判模式的余迹。从现行的刑事诉讼法的整体架构来看，法院是审判机关，有着与侦查机关和检察机关不同的分工，在庭审过程中法官的职责是居中主持，由其来完成举证的职责显然有超越职能之嫌。在笔者所及的司法实践中，即便合议庭认为证据有疑问需要调查核实的，也往往与检察官共同完成调查核实工作，所取得的证据由检察官在庭审中出示。可见上述规定在部分司法实践中已经被更改，有必要在新的刑事诉讼法修订中予以修正，以便法院的居中裁判地位更加纯粹和凸显。

2. 根据《人民检察院刑事诉讼规则》第366条的规定，在二审中，法庭出示、宣读、播放此证据的根据是检察人员的申请，也就是说真正举证的主体仍然是检察员，法庭仅仅是对相关证据的展示，并不能因此成为该证据的举证主体。笔者揣测，之所以规定将此证据交由法庭出示、宣读、播放，可能是考虑到，已经移交人民法院的证据由法庭操作更方便，但在笔者所及的司法实践中，该部分的证据仍然与一审一样由检察员出示、宣读、播放也没有感觉到什么不方便。

三、二审阶段需要举证证明的内容

根据《中华人民共和国刑事诉讼法》第186条规定，无论是上诉案件还是抗诉案件引起的二审程序均应当对全案进行审查，该审查既包括对程序上的审查也包括对实体上的审查，审查的结果即是对一审判决的评判，对评判的表述过程就是一个以证据支撑结论的过程，就是一个举证证明的过程。

（一）程序方面

程序上的审查包括文书送达、强制措施、审理期限、回避制度、辩护制度、开庭审理等发生在二审之前的各个诉讼程序中是否存在违法、剥夺或限制当事人诉讼权利的情况。经过审查认为一审诉讼程序合法，二审阶段辩护方对此又没有提出异议，二审开庭时对此无须再出示证据证明，只需提出"一审阶段诉讼程序合法"的结论即可。这种情况下的"无须举证"是建立在有证据证明而没有必要重复举证的基础上的。如果经审查后发现一审在诉讼程序中存在违法的情况，二审阶段就应当举证予以证明。

（二）实体方面

1. 对于原判决认定事实和适用法律正确、量刑适当的案件和原判决认定事实没有错误，但适用法律有错误或者量刑不当的案件，需要用一审判决采用的证据证明一审判决认定事实的正确。此部分虽然举证的内容与一审是一样的，但是举证的标准应当是与一审不同的。

2. 原判决认定事实不清楚或者证据不足的案件，需要对"事实不清、证据不足"部分举证证明。

3. 对于一审判决存在漏判犯罪事实、漏判被告人的情况，二审阶段应当举证证明。

4. 上诉人或原审被告人存在自首、立功、未遂、中止等影响量刑的重要情节，一审判决没有认定，或一审阶段没有取证，二审阶段应当运用一审原有的证据或调取新的证据予以举证证明。

5. 民事赔偿情况作为影响量刑的情节，如果一审判决在量刑时已经予以考虑，二审阶段辩护方也没有对此提出异议，二审阶段无须特别举证证明。如果一审阶段没有考虑或者二审阶段原审被告人又提出新的积极赔偿请求，足以影响量刑，二审阶段应当举证证明。

6. 一个人的平时表现可以帮助分析其犯罪时的主观恶性程度，对其犯罪以后的改造效果做出前瞻性的估计，对确定刑罚的适用有一定的意义。因此在二审阶段，当有些上诉人或原审被告人的一贯表现成为改变一审量刑的部分理由时，对此内容是需要举证证明的。

四、二审程序中的举证标准

案件经过一审的开庭质证活动，控辩双方的充分论辩，案件的事实、证据已经全面展开，争议的焦点凸显，因此无论是上诉还是抗诉理由，无不围绕着焦点问题进行。可见在二审程序中，对于双方已经没有争议的事实、证据，再复制一审的证据出示情况已经没有实际的意义，而如果对此部分的证据一概不提，又会破坏庭审的完整性，使没有阅卷的合议庭其他成员无法了解案件的全部情况，因此对此部分证据应当限定举证标准，以提高诉讼效率。同时案件进入二审程序后，随着案件的全面展开，焦点的显现，也为许多在侦查阶段没有得到及时固定的证据增加了变数，对二审阶段新出现的证据就存在着需要去伪存真、需要客观明辨的过程，因此对该部分证据就应当附加明辨、说明的过程，严防伪证、串证。具体如下：

1. 对于没有争议的事实进行概括举证，即举证时仅说明证据的种类、来源、证实的问题即可，对此辩护人如果没有异议，检察员就不再详细宣读。

2. 对于二审阶段提取的新的证据，检察员在出示该证据时应当详细宣读，并应当说明该证据的来源，提取的程序和取证的理由，及一审阶段为什么没有提取。该证据如果与原审卷中的证据发生矛盾，应当运用证据规则加以分析说明。

3. 对于一审阶段已经提取而一审判决没有采信的证据，在二审阶段作为新的证据出示时也应当详细宣读，并应当对证据的来源、取得过程及为什么二审阶段将其作为证据使用，法院应当采信的理由等进行说明。

五、完善二审举证制度

（一）二审举证情况的现状

1. 绝大部分刑事二审案件不能进入举证程序。我国现行的《刑事诉讼法》第187条规定："第二审人民法院对上诉案件，应当组成合议庭，开庭审理。合议庭经过阅卷，讯问被告人、听取其他当事人、辩护人、诉讼代理人的意见，对事实清楚的，可以不开庭审理。对人民检察院抗诉的案件，第二审人民法院应当开庭审理。"基于上述规定，开庭审理应当是原则，不开庭审理是例外，但在司法实践中，除了人民检察院支持抗诉的二审案件必须开庭的以外，由于上诉引起的二审案件的开庭率是参差不齐的，笔者所在的辖区，二审案件的开庭率不足30%。由于不需要开庭审理，现行的刑事诉讼法又没有规定必须经二审检察机关审查，绝大多数的二审案件，是否移送检察院审查，就完全取决于二审法院办案人的好恶。因此绝大多数的二审案件涉及不到进入二审的举证程序。

2. 对于开庭审理的刑事案件，检察员、律师如何举证，现行的刑事诉讼法没有规定，各个办案人根据自己的习惯，有的完全是一审证据的重复，重点、焦点不突出，甚至有的办案人干脆就不进行举证，一句"和一审阶段的证据一样"就完成了二审的质证，正是由于二审举证制度的不健全造成二审举证无法可依、无章可循。

（二）建立二审举证制度

效率和公正是建立二审举证制度的原则。笔者总结实践中的做法结合自己的思考特提出如下的建议：

1. 建立二审检察机关对二审不开庭刑事案件的监督机制。二审案件百分之百的开庭审理是没有必要的，也是与节约诉讼成本的理念相悖的，但是大量的二审案件不开庭审理，客观上会造成依据现有的法律规定，检察机关对此部分案件无法行使监督职能，应当说多一分程序就多一分掣肘，多一分公正的可能，书面审理的案件缺乏必要的监督，其公正的可能性就不得不令人怀疑。要做到二者兼顾，笔者认为庭前的意见交换无疑是问题解决的新途径。庭前的意见交换是指，检、法两家对于二审案件是否开庭审理的意见的交流，也就是说对于二审案件是否开庭审理，法院除了听取其他当事人、辩护人、诉讼代理人的意见，讯问被告人以外，还应当听取检察院的意见。其成立的前提是刑事二审案件必须经过检察院的审查，必须是检察院同样认为案件事实清楚，可以不开庭审理的，法院才可以不开庭审理。

2. 建立庭前证据交换制度包括对已有证据的审查意见，新的证据的提取意见。对于决定开庭审理的案件，案件所涉及的证据特别是二审阶段取得的新证据，应当在开庭前进行证据和证据意见的交换，有利于节约诉讼成本，提高诉讼效率。案件进入二审阶段，许多焦点问题已经过一审开庭时的充分质证，检察员和辩护方如果没有新的意见，仅仅是对一审意见的复制，就没有必要非得在法庭上进行一审的重复，完全可以由双方提供书面的意见，由法院裁量。如果双方或一方提出了新的证据或新的辩护意见，通过庭前的证据交换、意见交换，双方都可以有必要的准备时间，庭上交锋时更加重点突出，针锋相对、各奔对方的软肋。避免延期审理和诉讼拖延，在保证公正的前提下，使司法资源的投入降到最低。

3. 设立二审庭审举证的标准。二审阶段检察员既要完成对一审判决的全面审查，发表对一审判决认定事实、适用法律、量刑等方面的评判意见，又要对二审以前的各个诉讼程序是否合法进行审查，还要完成对二审诉讼活动的法律监督，因此建立一个符合二审特点的、不同于一审的、具有很强的可操作性的、详略得当的二审举证标准，以引导法庭围绕着案件的争议焦点展开庭审活动，使二审的法庭进行的精准、简练而又不失重点和全面。

4. 强化证人出庭制度。二审阶段经常会遇到，同一证人的证言前后矛盾，往往是侦查机关获取的证言内容与律师提供的证言内容截然相反，几经反复无法确定，此时证人的出庭无疑是固定证人证言的途径之一。或者是二审阶段出现的新证据，该证据与一审的相关证据又有重大矛盾，需要证人出庭，当面对质，排除矛盾。遗憾的是实践中很少有证人出庭的情况，一方面我国没有相关的保障证人出庭的措施，另一方面应当出庭作证的证人如果不出庭作证也没有规定要承担的法律后果。可见建立二审证人出庭制度，无法脱离国家的整体司法环境的制约，只有国家建全相应的制度，二审的证人出庭才成为可能。

5. 明确举证责任。（1）检察员和辩护人各自承担证明自己观点的举证责任。不管是一审判决认定的证据还是二审阶段的新证据，本着"谁主张、谁举证"的基本原则，按着举证标准，进行详略得当的举证。（2）不存在逼供、诱供的情况要由检察员负责举证。实践中二审阶段的上诉人或原审被告人推翻其原审供述的理由大多是"侦查阶段的口供是逼供、诱供的结果"，而此时的检察人员或法庭往往要求上诉人或原审被告人提供证据，对于不能提供证据的就认定其翻供理由不成立。对此笔者认为，侦查阶段的犯罪嫌疑人在各种条件的限制下，即便真的存在逼供、诱供的情况，让其自己保存相关证据也是有难度的，因此证明其没有受到逼供、诱供的举证责任不应当由上诉人或原审被告人承担，而应当由检察机关承担，必要的时候应当由侦查人员出庭作证，对取证的正当性、合法性进行陈述。

6. 建立检、法之间规范的沟通制度。无论是上诉还是抗诉引起的二审程序，均是因为对一审的判决和裁定的不认可而引起的，也就是说二审法院不管是要做出维持一审判决的裁定，还是要做出更改一审判决的判决，都要对一审的判决、裁定做出正确与否的评定，此时如果不赋予一审法院一定的话语权，让其说明做出一审判决的根据和理由，难免有失全面和公平。对于上诉案件，上诉人表面上不服的是一审判决，而一审判决的根据是一审检察机关的指控，因此二审法院对一审判决做出评断的同时，也就等同于对一审检察机关的指控做出了评断，可见此时的一审检察机关也应当与一审法院具有同等的话语权。事实上在当前的司法实践中这种一、二审检察机关之间，一、二审法院之间，甚至于一、二审检察院与一、二审法院之间的沟通一刻也没有停止过，这种沟通与其这样无章、无序地进行，不如将其制度化、规范化。对沟通的时间、内容、范围严格加以限制，既要防止对二审机关造成先入为主的导向又要充分发挥二审机关的纠错、衡平的功能。

关于赋予检察机关特别侦查权的思考*

张　翔

一、我国职务犯罪侦查的立法及司法现状

在我国，公安机关和检察机关对职务犯罪都享有侦查权。根据我国《刑事诉讼法》第 18 条的规定，对于职务犯罪，除我国刑法分则第八章、第九章规定的国家工作人员（含国家机关工作人员）职务犯罪外，其他职务犯罪均由公安机关管辖。公安机关和检察机关对职务犯罪都享有侦查权。但是，我国刑事诉讼法规定的侦查手段比较单一。常规的侦查手段包括拘传、取保候审、监视居住、拘留、逮捕 5 种强制措施和讯问犯罪嫌疑人、询问证人、现场勘验、搜查、检查、扣押物证书证、鉴定、通缉 8 种取证措施。对职务犯罪案件，法律并没有规定特殊的侦查手段。虽然人民警察法和国家安全法规定了公安机关、国家安全机关因侦查犯罪的需要，根据国家有关规定，经过严格的批准程序，可以采取技术侦查措施，但这只是授权性规定。上述法律并没有规定具体的技术侦查手段和实施程序，对技术侦查所取得的材料的证据效力也没有相关的法律加以明确。司法实践中，尽管公安机关、国家安全机关根据法律授权在内部制定了实施某些特殊侦查手段的批准程序，但很不规范，不符合侦查法制化建设的要求。

目前，我国职务犯罪的侦查具有如下特点：侦查主体不统一，侦查途径大多"从人到事"。犯罪手段多样，犯罪嫌疑人有一定的反侦查能力，取证难度大。证据的类型多为嫌疑人的供述、证人证言和书证，言词证据居多。职务犯罪一般有赃款、赃物可查，但没有犯罪现场可供勘验，且与其他犯罪数罪交织，多有牵连。

---

* 本文发表于《法学杂志》2009 年第 11 期。作者简介：张翔，天津市人民检察院第二分院反贪局侦查二处副处长。

二、我国现行法律对职务犯罪侦查的规定存在缺憾

（一）缺乏统一的侦查职务犯罪案件的主体机关，严重影响了侦查效率

如前所述，我国的公安机关和检察机关对职务犯罪都享有侦查权。司法实践中，常常出现这样的情况：一是公安机关或检察机关在侦办某一职务犯罪案件时，发现该案不属于自己管辖；二是公安机关或检察机关对同一案件都有管辖权，且都在实施侦查。对于第一种情形，依据我国刑事诉讼法的规定，需要移送到有管辖权的侦查机关管辖。此时，该侦查机关又应重新立案侦查，采取强制措施的期限又重新计算。对原侦查机关依法获取的证据的法律效力，法律并没有明确的规定，导致实践中做法不一。为了保证获取的证据能够得到审判机关的认可，大多数侦查机关都将原侦查机关依法获取的证据转化为自己获取的证据或重新取证，造成了人力、物力的巨大浪费。而对于第二种情况，因两机关对职务犯罪的侦查权限交叉，同样会浪费司法资源，影响侦查效率。

（二）缺乏发现职务犯罪线索的有效途径

在当前的司法实践中，职务犯罪案件的侦查线索来源主要是群众的举报、当事人的自首、有关部门的移送和侦查机关侦办其他案件时"深挖"出来的。其中，群众举报是最主要的线索来源。而在我国现阶段，举报材料质量不高是十分突出的问题。绝大多数线索都是匿名举报，有些线索本身就是举报人道听途说的，侦查机关接到这些线索后常常无法深入调查下去。因此，侦查机关根据举报线索破案的成功率较低，既浪费了侦查资源，也影响了打击职务犯罪的效果。尽管这几年侦查机关采取了一些措施（例如鼓励举报人署名举报，或采用悬赏举报、密码举报的方法），取得了一点成效，但还不能从根本上改变线索来源途径少、线索质量差的局面。从有关部门移送的职务犯罪线索来看，也存在有些行政机关出于部门利益或个人私利，在发现所受理的案件已构成犯罪情况下，仍不移送刑事案件的现象。根据我国现行法律规定，有关行政机关或党的纪检监察机关在查办职务犯罪行为的案件中，若发现其性质已构成犯罪的，应移送司法机关处理。然而，职务犯罪本身隐蔽性强，证据难以获取，加之上述部门没有侦查权，缺乏专门的调查方法，有时难以查明案件的性质，实践中常常出现本已构成职务犯罪的案件却被党政机关仅作违纪、违法案件处理。这不仅仅是影响了职务犯罪案件线索的获取，更是放纵了职务犯罪。

（三）缺乏收集、固定、辨别职务犯罪证据的有效手段

我国刑事诉讼法规定的侦查取证措施，适用于所有刑事案件的侦查，并没有因为某些案件（如职务犯罪）侦查的特殊性，而赋予其特殊的侦查取证手段，因而不能满足侦查职务犯罪的需要。司法实践中，职务犯罪案件一般因没

有犯罪现场可供勘验而缺乏物证,其证据种类通常是犯罪嫌疑人的口供和相关证人的证言,"一对一"的证据形式比较突出。从言词证据的获取方式来看,侦查机关主要是通过讯问犯罪嫌疑人和调查询问证人获取。一方面,由于犯罪嫌疑人及证人容易受到干扰,言词证据极不稳定,虚假的可能性较大,在证据的收集及固定方面,显得比侦查其他刑事案件更为困难。另一方面,虽然法律把作证作为证人的义务,但没有规定证人违反此义务应承担的责任,因而这种义务不是强制性的。同时,我国并没有建立证人保护制度,因此证人不出庭作证成为司法实践中的普遍现象。这种状况在客观上又限制了职务犯罪证据的认定。在证据的审查方面,司法机关对言词证据没有有效的甄别手段,在言词证据之间不一致时,检察机关公诉部门和法院的审判人员也常常以"有利于被告人的原则",做出有利于被告人的认定。虽然有关部门已着手培训测谎专业人员,有些司法机关也已经运用测谎手段来收集或审查证据,但学术界和实务部门对测谎的科学性、测谎结论的证据效力一直存在争议,在司法实践中还没有被广泛使用和采信。

三、特别侦查权和赋予检察机关特别侦查权的法律依据

特别侦查权,是指根据法律的特别规定,侦查机关不受一般法律规定的约束和限制,对某些案件进行特别侦查的权力。广义的特别侦查权其中还包括机动侦查权以及特殊侦查手段的使用。有些国家(如新加坡、马来西亚、文莱等)的法律赋予对贪污贿赂案件的特别侦查权,即依照宪法和特别法的规定,侦查贪污贿赂案件时不受其他法律的约束和限制,如果其他法律有相反的规定时,有特别侦查权的人员仍有权决定对有关场所或事项进行特别侦查。有特别侦查权的人员只要有充分的理由怀疑或确信贪污贿赂犯罪已发生,他们就可以授权或指定有关人员侦查。享有特别侦查权的人员在侦查中可以对任何地方、任何场所进行检查和搜查,所涉及的单位和个人都必须予以协助,任何单位和个人不得妨碍特别侦查权的依法行使,包括使用特殊侦查手段以证实犯罪。

在我国,特别侦查权是有法律依据的,但我国学术界所称的特别侦查权,是狭义的特别侦查权,是针对检察机关机动侦查权而言。检察机关拥有机动立案侦查权由来已久,1979 年的《刑事诉讼法》第 13 条第 2 款规定:"贪污罪、侵犯公民民主权利罪、渎职罪以及人民检察院认为需要自己直接受理的其他案件,由人民检察院立案侦查和决定是否提起公诉。"该条款赋予了检察院相当大的机动侦查权。而修改后的现行刑事诉讼法在对公安机关和检察机关的侦查范围重新划分的基础上,缩小了检察机关直接立案侦查案件的范围,同时保留检察机关的机动侦查权,现行《刑事诉讼法》第 18 条第 2 款规定:"对于国

家机关工作人员利用职权实施的其他重大的犯罪案件，需要由人民检察院直接受理的时候，经省级以上人民检察院决定，可以由人民检察院立案侦查。"只是现行法律规定的检察机关行使机动侦查权的范围较窄（仅限于国家机关工作人员利用职权实施的其他重大犯罪案件），程序较严格（须经省级以上人民检察院决定），可见，机动侦查权的价值一直得到了法律的肯定。

笔者认为，由于职务犯罪案件具有多牵连、数罪交织的特点，法律应赋予检察机关特别侦查权，这种特别侦查权应该是广义的特别侦查权，即应包括广泛的机动侦查权和特殊侦查手段的使用。只有赋予检察机关职务犯罪侦查部门对职务犯罪的特别侦查权（含广泛的机动侦查权和特殊侦查手段），才能有效地发现职务犯罪线索和打击职务犯罪。

我国《宪法》第 129 条规定："中华人民共和国人民检察院是国家的法律监督机关。"《宪法》第 131 条和《人民检察院组织法》第 9 条规定："人民检察院依照法律规定独立行使检察权，不受行政机关、团体和个人的干涉。"因此我国宪法、人民检察院组织法是赋予检察机关特别侦查权的法律依据。

四、特别侦查权的特殊侦查手段使用

（一）诱惑侦查手段的使用

诱惑侦查是指侦查机关有意设计便利情景或提供便利条件，以诱使特定对象实施犯罪活动并从中获取犯罪证据的侦控手段。许多国家在侦查毒品犯罪、走私犯罪、贿赂犯罪等案件中，都允许使用诱惑侦查手段。根据实施诱惑侦查的方法不同，理论界一般将其分为两类：一类是犯意诱发型诱惑侦查，即侦查对象本无犯罪意图和倾向，由于侦查人员实施积极的诱惑，因而产生犯意进而实施犯罪；另一类是机会提供型诱惑侦查，即侦查对象本已存在犯罪意图和倾向，侦查人员的诱惑行为仅是提供了有利于其实施的条件或机会。大多数国家认为"犯意诱发型诱惑侦查突破了法律底线，被诱惑者不能因为受诱惑犯罪而受到刑事处罚，这种手段获取的证据也不具有可采性，诱惑者本人应受到纪律处分甚至应承担教唆犯罪的刑事责任。"对"机会提供型诱惑侦查方法，一般认为是合法的。"在侦查实践中常常采用。

如前所述，职务犯罪比较隐蔽，侦查机关通常是在犯罪完成后才被动启动侦查程序，获取证据难度很大，且因证据形式多为言词证据而极不稳定，如果在职务犯罪侦查中使用诱惑侦查手段，则能够改变侦查人员"被动"局面，有效获取证据，查获犯罪。一般案件的侦查，是在犯罪后由侦查机关通过专门的调查活动和科学的逻辑方法"再现"犯罪过程，具有侦查取证的"被动性"和侦查思维的"逆向性"的特点；而诱惑侦查手段一般是在犯罪前实施，具有侦查手段的"主动性"和认识方法的"直接性"特点。使用诱惑侦查手段的目的,是促使侦查对象实施犯罪并暴露,从而使侦查人员获取证据,并当场缉获嫌疑人。在诱惑侦查中,侦查人员参与或控制了整个过程,直接掌握案件的事实。针对职务犯罪的特点,采用诱惑侦查手段更有利于获取证据和揭露犯罪。但对于诱惑侦查手段的使用,法律应当规定严格的条件和程序,使其发挥作用而不致被滥用。首先,我国刑事诉讼法应把诱惑侦查手段作为侦查贿赂犯罪、毒品犯罪等的合法手段,赋予其作为获取合法证据的法律效力。其次,对诱惑侦查手段的适用规定严格的条件。只有侦查机关在采取其他侦查手段无法有效取证的情况下,才允许使用该手段。

(二)技术侦查手段的使用

技术侦查,是指一种特殊的技术侦查手段,包括电子侦听、电话监听、电子监控、秘密拍照或录像、秘密取证、邮件检查等专门技术手段。这一范围的界定与我国已加入的《联合国反腐败公约》的规定相一致。《联合国反腐败公约》第50条第1款规定:"为有效打击腐败,各缔约国均应当在其本国法律制度基本原则许可的范围内,并根据本国法律规定的条件,在其力所能及的情况下采取必要措施,允许其主管机关在其领域内酌情使用控制下交付和在其认为适当时使用诸如电子或者其他监视形式和特工行动等其他特殊侦查手段,并允许法庭采信由这些手段产生的证据。"通过立法赋予我国职务犯罪主管机关技术侦查的权力,既是《联合国反腐败公约》的要求,也是我国反腐败工作的切实需要。

目前,我国职务犯罪侦查手段单一,办案方式基本上是"由供到证"的方式,通常是侦查机关在掌握了一定线索之后,先传讯犯罪嫌疑人,然后再以犯罪嫌疑人的供述为线索收集其他证据。如果收集的其他证据与犯罪嫌疑人的供述有出入,就回过头来再讯问犯罪嫌疑人,整个侦查活动基本上是围绕犯罪嫌疑人的口供来进行的。这种办案方式的弊端是显而易见的。它的形成有诸多原因,如受传统的重口供、轻证据思想影响,侦查人员素质不高等,但更主要的还是侦查技术手段落后。在没有有效的侦查手段的情况下,侦查人员要想求得案件的侦破,由供到证的办案方式实在也是无奈的选择。如果侦查机关具备技术侦查手段,能够收集到确实充分的证据,再正面接触犯罪嫌疑人,则既可改变由供到证式的侦查方式,实现向由证到供式的转变,也可以避免犯罪嫌疑人毁证、订立攻守同盟,甚至逃跑、自杀等妨害侦查情况的发生。技术侦查手段的使用,可以极大地提高职务犯罪的追诉率,有效打击职务犯罪。

(三)测谎手段的使用

"测谎是指专门技术人员按照一定的规则,运用测谎设备记录被测谎对象在回答其所设置的问题的过程中某些生理参量的变化，并通过分析测谎设备所记录的图谱，对被测谎对象在回答有关问题时是否说谎作出判断后获得的能证明案件真实情况的一系列材料。"测谎技术已经在世界范围内得到广泛应用。在职务犯罪的侦查过程中，运用测谎技术对案件的侦破能够发挥积极的作用。因为，在职务犯罪侦查中，犯罪嫌疑人的口供和知情人的证人证言，是非常重要的证据形式，也是侦查人员查明案件事实的主要依据。司法实践中，犯罪嫌疑人出于保护自身的本能，常会编造谎言甚至订立攻守同盟，这就需要侦查人员识别并揭穿谎言，以发现案件事实。正如现代犯罪侦查学的创始人奥地利学者汉斯·格罗斯所言："从某种意义上讲，侦查员的绝大部分工作只不过是和撒谎作斗争。"我国刑事诉讼法规定，证据必须经过查证属实，才能作为定案的依据。当侦查人员发觉嫌疑人对于同一事实的供述前后不一或主观"确信"犯罪嫌疑人在"撒谎"时，如何确定嫌疑人哪次口供是属实的？侦查人员通常是结合案件中已掌握的其他证据来判断，甚至完全凭办案人员的"内心确信"，这极易导致刑讯逼供现象的发生，造成冤假错案。如果在职务犯罪案件侦查中，法律允许使用测谎手段并认定其法律效力，不仅将对嫌疑人的心理产生震慑作用，促使其如实供述，另一方面能帮助办案人员审查口供的真实性，减少刑讯逼供现象的发生，提高办案质量，推进司法文明。

从国外的实践来看，测谎结论早就被广泛使用在各国的司法实践中，许多国家都承认测谎结论的证据效力。世界上已有 50 多个国家在不同程度上使用测谎技术，其中有些国家的司法机关也肯定了测谎结论的可采性。实际上，20世纪 80 年代初期，我国公安科技人员就开始学习和研究测谎技术。目前许多省市的公安机关和检察机关已经开始在侦查和审讯的过程中使用测谎技术。司法实践中也不乏侦查人员运用测谎技术成功办案的实例。由于职务犯罪的言词证据地位突出，为了鉴别其真伪，我国应承认测谎结论的证据效力。

涉法群体性事件处置中检察机关不可缺位*

——从服务大局建设和谐社会角度看检察机关法律监督能力的建设

殷凤斌

一、勇于面对社会公众，展现检察机关公信力和法律权威

通过分析近期涉法群体性事件，可以看出，公众在集体意识的惯性下，越来越多地倾向于怀疑单纯法律事件处理的公正性，法律的公信力正在下滑。如具有标志性的"贵州瓮安事件"、"云南孟连事件"、"湖北石首事件"。在上述事件中，除去直接参与事件的当事者群体，传媒覆盖下的公众通过网络等多种方式，极其广泛地对事件进行了关注，民间舆论亦相当明显地体现出了对法律公平正义的质疑。在此情况下，如果法律监督及法律监督机关失去公信力，公众依靠法律权威实现社会公平正义的期待再次落空的话，那么整个国家机关甚至整个社会就难有公信力可言，公众对法制建设的信心，以及社会的和谐稳定都会不可避免的遭受到冲击。某些情况下，检察机关公信力不高反映了检察机关与社会公众之间的脱节。这既有社会公众方面的原因，比如公众对检察机关及其工作缺少了解，法律意识不强，根据新闻甚至传闻主观臆断法律案件；但更有检察机关自身的原因，比如不及时了解社情民意，滞后回应或不回应公众疑问，工作缺乏对公众需求的针对性和实效性等。

在这样的事件处理方式下，检察机关面对汹涌的民意处处被动，被认为"官官相护"、"放纵罪犯"，降低了公信力，给自身形象带来很大负面影响。《人民日报》针对"湖北石首事件"就评论说：如果在突发事件和敏感问题上缺席、失语、妄语，甚至想要遏制网上的"众声喧哗"，则既不能缓和事态、化解矛盾，也不符合十七大提出的保障人民知情权、参与权、表达权、监督权

---

* 本文发表于《法学杂志》2009 年第 12 期。作者简介：殷凤斌，天津市人民检察院第二分院二审监督处干部。

的精神。①

　　有鉴于此，笔者认为，在服务大局和实现和谐社会的视角下，检察机关不仅仅是宪法所定位的法律监督机关，同时也应当是公众和国家之间沟通和互动的纽带，提高检察机关应对涉法群体性事件的能力和水平成为当务之急。在服务大局、维护和谐的视角下，仅仅做到依法办案是不够的，更重要的是增强做好涉法公众事件处理的自觉性和主动性，避免造成负面的公众评价，影响检察机关的公信力，甚至引起或激化社会矛盾。各级检察机关应当重视建立新闻发言制度，由有法律素养、有公共关系经验、有应变能力的发言人，准确、明晰、及时、有针对性地回应公众疑问，做到遵循法律、听取民意、正确引导、有效化解。具体来说，面对现今多元化的信息传播渠道，检察机关应当做到四点：一是掌握舆论主动权，对事件有目的的选择信息源和信息传播渠道，争取以最快的速度发布最新信息，有效控制新闻传播的导向性，以此来控制事态、稳定社会秩序，防止某些媒体发表和传播激化事态、误导公众的新闻消息，影响事件的顺利处置。二是确立信息沟通的可信度和权威性，必须严格执行有关新闻报道的法律规定，把握好新闻发布的方式、时机和内容，特别是要把握民意，及时并有针对性地回应公众质疑，使公众能够对检察机关产生信任感。三是规范信息发布渠道并明确事件的新闻发言人，做到渠道一致，口径统一，避免言辞不一、前后矛盾造成的混乱和误导。四是善于运用媒体引导公众情绪，通过正确的引导使事件向着有利的方向发展。

二、强化反贪污贿赂、反渎职侵权职能，从源头上消灭群体性事件诱因

　　深入探究群体性事件背后的原因，我们可以发现几个突出问题：一些地方权力与资本结合已经严重侵害了人民群众的切身利益；一部分干部对群众的呼声麻木不仁，对群众的疾苦不闻不问，积累、激化了社会矛盾；重大事件后的干部问责需要走向制度化和规范化，问责制应对干部的日常行为形成硬性约束；重大事件善后措施中的"民主协商"程序应该前置，在事前充分消解矛盾爆发的可能性等。

　　如在"瓮安事件"的背后，是当地干部经商办企业现象的普遍化，是矿产资源开发、移民安置、建筑拆迁、国企改制中侵犯群众利益等诸多问题的长期积累沉淀，是社会治安恶化、社会管理失控、公共服务缺失，更是党群、干群、警民关系的紧张。透过"孟连事件"，我们也看到了官员和橡胶企业之间

① 陆侠：《由石首事件看政府如何应对群体事件》，载《人民日报》2009 年 6 年 24 日。

存在一个伤害胶农利益的利益共同体，以及当地干部对群众要求的漠视和粗暴的工作态度。国家行政学院教授竹立家表示："群体性事件破坏性升级，不是因为老百姓的诉求多了，而是由于一些干部的责任心少了。为什么干部的责任心少了？因为他们的利益不是与群众，而是与投资者和官场联系在一起的。看到了这一点，也就看到了矛盾的症结。"①

如在湖南"嘉禾事件"② 中，当地政府没有遵守程序正义的要求，介入商业拆迁，强行对在政府和事业单位任职的动迁户家属实施处罚。当地法院也丧失其独立性，不顾程序，出动 200 多名法警参与政府的非法拆迁活动，还拘留自发维权的动迁户。

又如 2009 年 3 月发生的"河南灵宝事件"这一网络群体性事件。此类基层地方政府滥用警力、侵犯公民表达权的个案时有发生，这些动辄以国家暴力机器侵犯公民民主权利的"执法错误"，绝非某个公安民警甚至公安部门某个副职领导能够决定，问责能否深挖成为关键。再如"贵州嫖宿幼女案"，遵义市政法委书记杨舟就曾表示，发生这个案件的教训是非常深刻的，像这类问题长达一年没有被发现，一定有社会管理的原因，公安机关肯定有责任。③

对这些涉法群体性事件进行分析，要从源头上消灭其诱因，检察机关应当做好两个方面的工作：

1. 要切实加强检察机关自身建设，抵制官僚主义和自身贪污腐败，锻造一支优秀的检察队伍。必须着力造就一支能够严格、公正、文明和廉洁执法的检察队伍，使之坚定理想信念，坚持党的事业至上、人民利益至上、宪法法律至上；恪守职业道德，主持正义，维护公平，真正做到一身正气、清正廉洁；要强化权力监督，完善执法行为规范，自觉接受人民群众和新闻舆论监督，防止和减少腐败；一定要清除害群之马，抓住人民群众反映强烈的司法腐败问题，纯洁检察队伍。

2. 强化反贪污贿赂、反渎职侵权职能，从源头上消灭涉法群体性事件诱

---

① 《群体性事件推动反思》，载《瞭望》2008 年第 51 期。

② 2003 年 7 月到 2004 年 5 月间，为推动占地超过 12 万平方米、涉及拆迁居民 1100 户、动迁人员 7000 余人、拆迁机关企事业单位及团体 20 余家的嘉禾珠泉商贸城这一纯商业性建设项目，湖南嘉禾县政府不仅打出了"谁影响嘉禾发展一阵子，我影响他一辈子"的口号，还"创造性"地推出了"四包两停"的株连政策，约有 160 人作为被拆迁户的亲属受到牵连，先后有 11 名公职人员受到了降职、调离原工作岗位到边远乡镇工作等错误处理，李会明等 3 人被错误拘捕。

③ 《贵州嫖宿幼女案续：政法委书记坦承公安机关有责》，中央电视台《法治在线》，2009 年 4 月 22 日。

因。检察机关更应当充分发挥自己的职能作用，深入挖掘事件背后的渎职行为或贪污腐败行为，特别是加强对公安机关、法院等执法、司法部门渎职、贪腐行为的查处，既要使涉法群体性事件中的法律案件得到正确解决，也要使该事件背后的不法行为得以曝光并受到惩处，这比单纯平息涉法群体性事件更为重要。

三、加强法律监督能力建设，提高化解群体性事件的能力

司法公正的最大受益者是人民群众，司法不公的最大受害者也是人民群众。为实现社会和谐，依靠检察权有效化解群体性事件，检察机关就必须积极探索检察环节平衡利益、化解矛盾、解决冲突、保障民生、维护稳定的新途径、新方式、新机制，就必须最大限度地满足人民群众的诉求，理顺人民群众的情绪，保障人民群众的利益。周永康同志在 2008 年全面加强和改进检察工作座谈会上就曾强调指出"要突出检察工作重点，着力增强法律监督能力"。

（一）要敢于依法监督，主动参与事件处理

湖北巴东邓玉娇案、石首事件使普通刑事案件演变成了"一呼数百万应"的涉法网络群体性事件，公众对公安司法机关的公信力表示了极为猛烈的质疑。有评论认为，在此案中，广大民众已经将邓玉娇作为了自己所在平民阶层的代表，对其受到的司法不公感同身受，对以公安司法机关为代表的社会管理者产生了强烈的不满甚至是对立情绪。在这样一个社会和谐受到严重影响的关键时刻，确定什么样的侦查方向、如何取证便成为侦查工作的关键。但此时，当地检察机关却再次缺位、失语，公众对检察机关提前介入引导侦查的呼声此起彼伏，以至于 5 月 21 日，最高人民检察院主管、检察日报社主办的网络媒体"正义网"都要公开发表评论文章指出，"女服务员刺死官员"案亟待检察院介入防止侦查偏差。可见，面对涉法群体性事件，检察机关不能总是害怕介入、被动处理，必须要敢于行使自己的法律监督权力，要敢于站到台前，及早、主动地参与化解社会矛盾，把群体性事件最大限度地消除在基层、消除在萌芽状态。

（二）要探索创新监督方式，满足人民群众对公正司法的要求

从服务大局、建设和谐社会的角度分析，检察机关特别要使监督工作前置，应当尽可能地使法律监督与公安、法院或其他行政执法机关的执法行为同步，并深入到诉讼过程的每一环节中去。此外，检察机关应当全面推行轻微刑事案件和解制度、法律文书说理制度、引导侦查取证、被告人认罪普通程序简化审等制度，探索建立对渎职司法人员进行调查和建议更换办案人员制度，完善派员列席法院审判委员会会议制度，健全检察院派驻机构与看守所、监狱的

监督联系制度，强化检察建议的效力，继续推进检察工作进社区，建立完善公民依法维权和司法救助制度，深化检务公开，加强民事行政监督权等。例如对于重大危害国家、公共利益或不特定多数人的利益，当事人无法或不便提起诉讼时，检察机关可以代表国家或公众提起民事、行政诉讼，追究当事人的民事、行政责任，亦即公益诉讼制度。仅这一项制度，如经确立，就可以解决很多群体性事件，因为公共利益受损时，侵害的是不特定多数人的利益，受害人往往众多，极易引发群体性事件。可见，检察机关探索和创新法律监督方式，是社会形势与公众利益所要求的，对预防和处置群体性事件有着重要而紧迫的意义。

四、做好案件当事人接待和涉法涉诉信访工作，积极防控涉法群体性事件

（一）提高预防和处置群体性事件的意识和能力

当前，我国正处于人民内部矛盾凸显、刑事犯罪高发、对敌斗争复杂的时期，① 大量社会矛盾纠纷以案件形式汇聚到政法机关。检察机关的业务部门在日常工作中要办理大量的刑事、民事、行政案件，需要接待众多的当事人，其间不可避免的存在涉法群体性事件的隐患，这就对检察办案人员的接待工作提出了更高要求。

1. 依法办事、按政策办事。要维护法律法规的权威性和政策的严肃性，严格按照国家法律法规和政策办理案件，严防冤假错案，不偏袒、不徇私，保障案件当事人的合法权益；对于当事人反映的问题，要求合理能够解决的，要及时予以解决；一时不能解决的，要明确时间限期解决；对于按照政策法律确实不能解决的，要做好说服解释工作。

2. 教育疏导、防止激化。要注意工作方法和策略，综合运用政策、法律手段和教育、疏导、沟通、协商、调解等方法接待当事人，加强说服教育、情绪疏导，引导他们以理性合法的方式表达利益要求，解决利益矛盾，防止矛盾激化和事态扩大。

3. 预防为主、防患未然。着力解决检察工作中的机制问题和工作作风问题，注重从源头上减少矛盾的发生，坚决防止侵害当事人利益的事情发生，防止因工作失误、作风生硬、执法不当引发群体性事件。

4. 明确责任、落实到位。责任落实到人，谁主管、谁负责，不能把本级

---

① 周永康在 2005 年至 2008 年度全国社会治安综合治理表彰大会上的讲话。

应该解决的问题推给上级，不能把本单位本部门应该解决的问题推向社会。

5. 案件追踪，综合治理。对疑难复杂、当事人有不满情绪的案件，在结案后仍要继续追踪，依法依理继续做好解释说服工作；对当事人的困难要尽力帮助或联系相关部门解决；对涉案单位要协助完善规章制度，加强配合，共同预防类似案件再次发生。

6. 及时发现、果断处置。对可能发生的群体性事件要警觉，对已经开始发生的群体性事件要迅速、果断地予以处置，尽快平息事态。

（二）建立涉法涉诉信访处理机制的建议

检察信访工作以其涉法涉诉性质构成了国家信访体系中非常重要的一环，是妥善处理纠纷、化解矛盾、避免涉法群体性事件发生的排头兵。为此，检察机关应以控告申诉检察部门为中心，建立一整套完整的涉法涉诉信访处理机制，以应对涉法群体性事件。

1. 建立涉法上访信息收集机制。控告申诉检察部门通过定期或不定期的排查矛盾、接待来信来访、其他机关和部门分流转交、上级交办信件等多种渠道，对倾向性、苗头性、预警性信息和已经发生的涉法上访信息进行广泛的收集整理，使有关部门能够提前开展工作，做到关口前移，防患于未然。

2. 建立内部信息互通交流机制。在内部推行"首办责任制"的基础上，切实建立起控申、侦查、刑检、监所、预防、法律政策研究等部门相互配合、协调运转、综合施治的大信访格局，把影响社会和谐的行为控制在萌芽状态，并尽快加以控制、处理。

3. 建立信访工作外部联动机制。树立信访工作"一盘棋"的思想，将检察机关的信访工作纳入党委、人大和政府信访工作的大局，及时掌握广泛性、社会性、敏感性、苗头性的信访情况，建立联动机制，共同做好复杂矛盾的化解工作。

4. 积极开展涉法涉诉信访政策和法律知识的宣传。检察机关通过法制宣传普及工作增强人民群众的法律意识和信访意识，既可以减少无理上访、缠诉缠访、避免激化矛盾，又可以使群众掌握依法申诉、举报的方式方法，通过合法途径参与司法程序、解决矛盾，自觉维护社会的稳定和谐。

论民事检察和解性质及其救济[*]

郭　锐

一、"民事检察"与"和解"

"和解"具体含义在我国内地法律并无规定，对此可以借鉴"台湾民法债编"，该法第 736 条规定："称和解者，谓当事人约定，互相让步，以终止争执或防止争执发生之契约。"由之可见和解即为当事人对自己的权利和义务作了重新分配的契约①。根据和解发生在诉讼中还是诉讼外，分为诉讼和解和诉讼外和解。所谓诉讼和解指由双方当事人在法院民事诉讼过程中自主协商后达成和解协议，通过"合意判决"或记入法庭笔录的形式使协议具有执行力，争议得以消灭。虽然我国对此有规定②，但是此规定较笼统并不具体，所以实践中在诉讼过程中双方当事人达成和解协议法院往往动员当事人撤诉或者转化为法院调解的形式。而诉讼外和解是指即人民调解组织、仲裁机构、行政机关及其他单位和个人协调下当事人在诉讼程序外达成的和解。但是在我国法律的相关规定中，有法院调解、人民调解、执行和解的相关规定，却没有出现检察机关和解的概念，而司法实践却又把民事检察与和解联系了起来。

检察机关通过对民事申诉案件审查后认为原判决程序违法或确有错误而提出抗诉的毕竟为少数，在经济发达地区抗诉比例更低。在司法实践中，有相当数量的民事申诉案件法院判决存在瑕疵但是却不符合抗诉条件不能抗诉，或者虽符合抗诉但是标的小、影响不大无抗诉必要，或者抗诉后社会效果不好会引起新的矛盾纠纷而不宜抗诉，因此如何采取合法有效的方式或者途径既达到了抗诉的效果又解决了当事人之间的纷争、化解了社会矛盾，成为我们必须思考

---

　　* 本文发表于《人民检察》2012 年第 20 期。作者简介：郭锐，天津市人民检察院第二分院民事行政检察处干部。

　　① 沈恒斌主编：《多元化纠纷解决机制原理与实务》，厦门大学出版社 2005 年版，第 280 页。

　　② 《民事诉讼法》第 51 条规定：双方当事人可以自行和解。

的课题。在司法实践中，民事检察工作引入和解制度来化解矛盾不失为一种有效的方法和途径。民事检察申诉是一个申诉程序，因此民事检察和解应属诉讼外的和解①。

在检察机关申诉过程中双方当事人在检察机关的主持和见证下自愿达成和解协议，在目前司法实践中并没有一个统一的界定。有的学者指出民事检察和解的含义，是指对于人民法院生效的裁判等法律文书，当事人一方不满向人民检察院提出抗诉申请，人民检察院在依法向人民法院提出抗诉前，主持双方当事人达成和解协议，从而暂时中止抗诉审查程序或暂缓提出抗诉的一种程序和过程②。

在司法实践中，这种定义虽然基本包括了民事检察和解的主要含义，但是不够周延。因为不一定必须是符合抗诉条件的案件检察机关才能主持和解。在法院判决存在瑕疵，未能解决纠纷但是不符合抗诉条件或者无抗诉必要情形下，检察机关也可以主持和解工作。因此，民事检察和解的含义是人民检察院在办理民事申诉案件的过程中，对人民法院已经生效的民事判决、裁定认为确有瑕疵，但不符合抗诉条件的或者判决符合抗诉条件但是无抗诉必要或者不宜抗诉，及符合抗诉条件但不存在原则性或重大错误的情况下当事人主动要求和解的，检察机关促使双方自愿协商，在公正、公平、合法的前提下，达成和解协议而结束申诉程序的一种办案形式。

二、民事检察和解的性质及其受案范围

检察机关是国家的法律监督机关，这是宪法的定位，其职责是保障法律在全国统一、有效、正确地施行。其对民事审判活动的监督主要体现在对确有错误的民事裁判提出抗诉，促使法院再审纠正其错误。也就是说检察机关本质工作是法律监督，监督的对象是法院对公权力的行使，有人提出如果有瑕疵或者错误的判决没有抗诉，而是通过民事检察和解解决了，是否与法律监督的职能相违背呢。笔者认为，检察机关的本质工作是法律监督，因此我们所做的民事检察和解工作必须具有法律监督的属性。这也是民事检察和解与其他和解的根本区别点之一。民事检察和解只针对有瑕疵、有错误的判决，在此基础上又符合和解的条件申诉案件才进行和解。民事检察和解实际上改变了法院对当事人之间的民事关系的调整，使当事人之间的权利义务关系有了新的内容，并且在

---

①　赵芳芳：《化解社会矛盾的新路径——民事检察和解》，载《民行检察监督难点与对策研究》，法律出版社 2009 年版，第 227 页。

②　汤维建：《司法性质的特殊救济手段》，载《检察日报》2007 年 8 月 23 日。

达成和解协议后，将和解协议和对相关判决的检察建议送交原审法院，这无疑起到法律监督的作用，只不过是一种自治的、间接的、有弹性的法律监督形式。

检察机关受理的民事申诉案件，从裁判结果来看，大致可以分为以下几种：一是符合我国《民事诉讼法》第 179 条规定的情形之一，生效裁判确有错误的；二是生效裁判认定事实清楚，适用法律正确，程序合法的；三是生效裁判存在一定瑕疵，双方当事人的利益纷争未能圆满解决，但又不符合抗诉的条件。

对于第三类法院判决有瑕疵，但是不符合抗诉条件的案件可以适用和解，争议不大。但是对于前两类确有争议。先说第一类，有一种观点认为凡是符合抗诉的案件，检察机关必须抗诉，这是正确的履行法律监督职能要求，否则就是背离法律监督的含义，弱化了监督。笔者不同意上述观点，虽然抗诉是法律赋予检察机关一种直接的、有力的监督方式，但是并不是能达到监督效果唯一的方式，在某些情况下从各方面效果来看也未必是最好的方式。符合抗诉条件的案件也有很多种类，笔者认为也不是所有能抗诉的案件都可以采取和解的方式，对于那些存在严重错误，如重大事实认定错误、法律关系定性错误、法律适用错误影响当事人重大权益、遗漏应当承担责任的当事人、判决严重损害国家或他人利益的，在这种情况下就不能适用和解来解决问题，必须采取强有力的监督方式维护法律统一正确实施。因为抗诉具有"刚性监督"的性质，它更能伸张正义，维护司法公正，增强法律监督效果。对于虽然原审裁判存在瑕疵，但标的较小、影响不大，无抗诉之必要的案件，原审裁判确有错误，但抗诉社会效果不好，或易引发新的社会矛盾和冲突，不宜抗诉的案件及非上述原则性错误下双方当事人主动要求和解的案件。对于这几类抗诉案件笔者认为完全可以采用和解的监督方式，好处有两方面，一方面回应了当事人的诉求，解决了他们之间的矛盾纠纷，符合化解社会矛盾、社会管理创新的要求。另一方面我们对法院存在错误的判决发出相应检察建议，并附上当事人之间的和解协议，又达到了法律监督的目的。

对于第二类法院判决正确的案件，能否适用检察和解，有不同的意见，一种观点认为可以和解，促成和解并不一定意味着生效裁判有错，而是案件双方当事人意思自治且达成一致，使原本的纷争得以平息，即达到了我们工作所追求的应有息诉效果。所以，这是一种息诉方法，在检察实践中可以适用。

另一种观点认为只要双方主动提出和解即可，因为生效的判决并不存在错误，所以检察机关不主动提出，如果当事人提出和解，检察机关没有必要约束当事人。

　　笔者认为对于法院正确的判决，检察机关不能做和解工作，即使当事人主动申请和解，检察机关也不应参与。因为对于正确的判决当事人可以自行和解、可以去法院作执行和解，唯独不能在检察机关作和解，这也是检察和解区别于其他和解的地方。因为检察机关的职能是法律监督、维护司法权威和法律统一，所以检察机关相关活动及社会管理创新也一定要有法律监督的性质，因此在检察机关的和解一定要体现法律监督的性质。对于正确的判决，我们职责就是旗帜鲜明地维护，否则有悖法律监督的宗旨。如果检察机关参与并宣传了这种和解，想必会给人造成检察机关也是矛盾纠纷解决机关的误解，将来即使有了生效正确的判决，当事人也可能否定判决的效力纷纷而来检察机关要求检察机关做和解促和工作。所以遇到这种法院判决正确当事人要求和解的案件，检察机关可以让双方私下和解而不参与其中，或者引导当事人双方去法院执行部门和解。

三、民事检察和解的启动和救济程序

（一）启动程序

　　民事检察和解自受理案件开始，至案件审结过程中的任何阶段均可进行。但是民事检察和解的程序如何启动，对于不符合抗诉条件的案件，笔者认为检察机关可以主动启动，因为检察机关没有别的方式能够更好地履行监督职责了，只能主动启动和解，积极引导双方当事人达成和解，从而履行检察职能。对于符合抗诉条件且属于和解受案范围的几类案件，对于其中标的小、影响不大无抗诉必要的案件（如双方当事人具有亲属关系、相邻关系等特殊关系的）或者抗诉后会造成新的矛盾、社会效果不理想的情况下（如涉及群体利益的，或者人数众多的共同诉讼、集团诉讼案件；涉及当地党委、政府工作大局，当地党委、政府等部门密切关注的案件）可以由检察机关主动启动民事检察和解这种方式来达到法律监督的目的。当然检察机关可以主动启动但是最终能否达成和解仍需以当事人自愿为前提。

　　而对于其他一般符合抗诉条件且又属于和解范围的案件，是否启动和解，由检察机关告知当事人其有选择申请抗诉和申请和解的权利，由申诉人自己选择。因为和解是当事人的一种权利，申诉也是当事人的一种权利，把这种选择权赋予当事人，体现对当事人意思自治的尊重，同时避免过度主张和解，造成民事检察抗诉职能的弱化。

（二）民事检察和解的救济

　　检察机关终结案件后，如果当事人一方不执行和解协议，申诉人又要求对原申诉案件重新审查的，检察机关应根据案件的不同情况来处理。一是对法院生效判决有误但不符合抗诉条件的申诉案件，对方当事人不执行和解协议且案件终结的，检察机关不再恢复对申诉案件的审查，可以告知当事人提起新的诉讼①。二是对法院生效裁判错误的、符合抗诉条件的申诉案件，对方当事人不执行和解协议的，检察机关根据申诉人的书面申请可恢复对申诉案件的审查，并按原终结阶段进行。如果是申诉人反悔再度申诉，要求检察机关重新受理，或要求检察机关重新回到原审理程序，除非有证据证实该和解协议是被欺骗或强迫而为，否则，检察机关不再予以受理。

综上所述，民事检察和解是通过检察实践探索出的一种行之有效的民事检察监督方法。它既有助于化解社会矛盾、维护社会和谐稳定，也有助于检察机关更好地履行法律监督职责维护司法公正，但是检察机关民事检察和解是一种法律监督性质的和解、有限度的和解，它有其单独的受案范围和条件，与息诉、抗诉共同发挥着各自不同作用，而不能相互混淆或者取代。

---

① 有人认为就法院判决确定的法律关系达成和解后，不能就和解协议再起诉，违反一事不再理原则。笔者认为就原实体权利义务达成的和解协议已经不再是原来的法律关系，所以当事人就在申诉阶段达成的和解协议起诉不属于一案再审的情况。

租赁汽车质押借款行为的法律分析[*]

乔大元

在实践中，行为人通过与租赁公司签订租赁汽车合同，而后质押借款不还放弃汽车的案件逐渐增多，但是由于对这类案件缺乏深入的研究，导致此类案件的定性和犯罪数额认定都产生了诸多争议。本文就此类案件的相关问题进行探讨。

一、关于租赁汽车质押借款案件的司法现状

对租赁汽车后质押借款不还案件的定性，在司法实践中是比较混乱的，有的案件被定为合同诈骗罪，有的案件被定为诈骗罪（犯罪数额又分为汽车和借款），有的案件被定为诈骗罪和合同诈骗罪数罪并罚。之所以造成这种混乱情况，笔者认为一方面是合同诈骗罪和诈骗罪的界限模糊的原因，另一方面是对租赁汽车质押借款行为不同理解的原因，即租赁汽车与质押借款是一个行为还是两个行为，如果是两个行为，那么这两个行为之间是一种什么关系？对这几个问题的不同认识，导致了司法实践中不同的定性和量刑。

"一行为"说认为，租赁汽车质押借款不还就是一个完整的行为，没有质押借款不还行为，合法租赁汽车的行为也不会构成犯罪；没有租赁汽车行为，也不会有质押借款的行为，二者是密不可分的，只有综合评价才有意义，只有将其看做一个完整行为才会构成犯罪。但是，这样理解同时又带来了新的问题，即谁是受害人的问题。是租赁公司是受害人，汽车是被骗财物；还是质权人是受害人，借款是被骗财物呢？有人认为谁实际受到损失谁就是受害人，但是这样就会造成相同的犯罪情节，由于某些案外原因造成受害人不同，从而造成定性不同或者犯罪数额的不同。例如，甲为了偿还赌债，向乙租赁公司租赁小汽车一辆（估价20万元）质押给了丙，向丙借款5万元，后甲逃匿。乙公

---

* 本文发表于《法学杂志》2009年第10期。作者简介：乔大元，天津市人民检察院第二分院公诉处干部。

司报警案发。依据上述观点，如果乙公司自行将汽车追回，质权人为受害人，本案有的就定为诈骗罪，数额为 5 万元，应判处甲 3 年以上 10 年以下有期徒刑，有的就定为合同诈骗罪，数额为 5 万元，应判处甲 3 年以下有期徒刑；如果乙公司没能将汽车追回，租赁公司为受害人，本案就定合同诈骗罪，数额为 20 万元，应判处甲 3 年以下有期徒刑。在本案中，甲的行为实施完毕以后，犯罪本已经构成既遂，却又因为事后租赁公司是否追讨回汽车，形成 3 种不同的结论。可见"一行为"说不能解决实践中的问题。

"两行为"说认为，租赁汽车质押借款不还是两个行为，前行为为租赁汽车的行为，后行为为质押借款不还的行为。但是对这两个行为之间的关系，又有不同的观点，一种认为这两个行为之间具有牵连关系，应从一重处罚；另一种认为租赁汽车用了一段时间后，又由于某种原因质押借款不还的，两行为之间不具有牵连关系，应数罪并罚。认为有牵连关系的观点中，由于对质押借款不还行为性质理解的不同，有的认为是合同诈骗罪和诈骗罪的牵连，有的认为是合同诈骗罪（骗汽车）和合同诈骗罪（骗借款）的牵连。[①] 认为没有牵连关系的观点，则认为行为人实施两个行为是基于不同的犯罪故意，在前一个行为中是基于非法占有租赁公司汽车的犯罪故意，在后一行为中是基于非法占有质权人的借款，并且行为人一开始并没有骗取借款的故意，而是在使用了一段时间后，因为缺钱等原因才产生犯意的，因此其主观上不具有牵连意图，不构成牵连犯，应实行数罪并罚，定合同诈骗罪和诈骗罪。

综上，笔者认为这种"一行为"和"两行为"论，以及"两行为"论中两行为是否具有牵连关系的不同理解，合同诈骗罪和诈骗罪的界限模糊，是导致实践中定性和量刑混乱的重要原因。只有解决了这两个问题，才能解决目前司法实践中混乱的局面，正确的对本类案件定罪量刑。

二、租赁汽车质押借款不还行为的司法认定

（一）租赁汽车质押借款是两个"行为"并且两行为之间存在牵连关系

依据法律行为说，行为的单复，应依该行为所符合犯罪构成要件的次数来决定，一次符合为一行为，数次符合为数行为。[②] 租赁汽车质押借款的行为两次符合犯罪构成要件，应认定为两行为。前行为是从租赁公司租赁汽车不返还的行为，后行为是用租赁来的汽车质押借款的行为。

---

① 张生裕、徐春红：《用租赁汽车质押骗款行为的法律分析》，载《检察日报》2008 年 5 月 30 日。

② 陈兴良：《刑法适用总论（上卷）》，法律出版社 1999 年版，第 638 页。

笔者认为，行为人从租赁公司租赁汽车不返还的行为是手段行为，而从出借人那骗取借款的行为是目的行为。行为人为了实现占有借款这一犯罪目的，而实施了两个犯罪行为，两行为之间存在牵连关系。即使行为人租赁汽车，用了一段时间后，又由于某些原因而质押借款拒不归还的情形。笔者认为两行为之间也具有牵连关系，并不能因为两行为之间的时间间隔而否定之间的牵连关系。（1）行为人主观上有牵连意图。某种情况下其合法租赁汽车的行为并不构成犯罪，只有当其拒不返还汽车时才构成犯罪，其拒不返还是为了质押借款并进一步占有借款，主观上具有牵连意图。（2）客观上前行为和后行为之间具有因果关系。没有租赁汽车的行为就不会有用租赁来的汽车质押借款的行为，二者之间具有因果关系。因此，无论何种情况，二者之间都具有牵连关系。

（二）租赁汽车质押借款行为的主观分析

合同诈骗罪和诈骗罪的认定都要求行为人必须具有"非法占有的目的"。在租赁汽车质押骗款的案件中，有些行为人被抓获后辩解，其没有"非法占有目的"，只是由于资金周转不开，导致不能按时归还借款，并表示具有归还能力，愿意偿还借款赎回汽车归还租赁公司。如果这种案件不能认定"非法占有目的"，则不能认定行为人构成犯罪，只是属于普通的民事欺诈。所以，无论是构成合同诈骗罪还是诈骗罪，非法占有目的的认定至关重要。但是由于非法占有目的属于主观上的心理活动，在此类犯罪中如何证明非法占有目的，在司法实践中并不好把握。

对此，陈兴良教授认为，非法占有目的虽然是一种主观上的心理活动，但它并非是脱离客观外在活动而存在的。因此，应结合行为人的客观行为加以认定。在此，存在一个通过客观行为推定其主观上的非法占有目的的问题。① 在我国的刑事法律中并没有推定的相应规定，但是有司法解释对如何认定非法占有目的有类似推定的规定，2001 年 1 月 21 日最高人民法院《全国法院审理金融诈骗犯罪案件工作座谈会议纪要》，在司法实践中，认定是否具有非法占有为目的，应当坚持主客观相一致的原则，既要避免单纯根据损失结果客观归罪，也不能仅凭被告人自己的供述，应当根据案件具体情况具体分析。对于行为人通过诈骗方法非法获取资金，造成数额较大不能归还，并具有下列情形之一的，可以认定为具有非法占有目的：（1）明知没有归还能力而大量骗取资金的；（2）非法获取资金后逃跑的；（3）肆意挥霍骗取的资金的；（4）使用

---

① 陈兴良：《当代中国刑法新境域》，中国政法大学出版社 2002 年版，第 618—619页。

骗取的资金进行违法犯罪活动的；（5）抽逃、转移资金、隐匿财产，以逃避返还资金的；（6）隐匿、销毁账目，或者假破产、假倒闭，以逃避返还资金的；（7）其他非法转移资金、拒不返还的行为。分析以上规定，实际上是一种推定，只要具备了规定的7种情形之一，就可以推定行为人有非法占有目的。

具体到租赁汽车质押借款不还的案件，以上司法解释对如何认定非法占有目的，具有非常大的借鉴意义。我们要坚持主客观相一致的原则，对本类案件中的非法占有目的从以下几个方面予以综合认定：（1）行为人租赁汽车时是否使用合法的身份证明，有无假冒他人名义行为；（2）行为人在租赁汽车质押借款的过程中是否实施了虚构事实、隐瞒真相的行为；（3）行为人获取借款后有无逃匿行为；（4）借款到期后，行为人有无积极偿还资金赎回汽车的行为；（5）行为人质押借款的去向，是否有挥霍浪费、用于违法犯罪等情况；（6）造成行为人不能归还借款赎回汽车的真正原因。根据以上几点，综合认定行为人是否具有非法占有目的，本质上仍是推定，有一定的风险性，应该允许行为人提出反证。正如有学者所言，从行为到主观的推定是有风险的，是可以反驳的，如果有证据能够证明行为人主观上不具有非法占有目的，就可以推翻这种推定。①

（三）租赁汽车质押借款的行为分析

1. 从租赁公司租赁汽车行为的定性。根据行为人租赁汽车是否使用真实身份，可以分为两种情况：

（1）行为人使用真实身份租赁汽车后，质押借款拒不返还的。根据非法占有目的产生时间不同，又分为两种情况：

一种是行为人在租赁汽车之前就具有非法占有目的，其租赁汽车就是为了质押借款，应定性为合同诈骗罪。这种情况下，行为人以非法占有为目的，与汽车租赁公司签订租赁合同后，不履行合同，将汽车占为己有，在事后又非法处理了汽车，严重侵犯了汽车租赁公司的财产所有权，扰乱了租赁市场秩序，应认定为合同诈骗罪。有观点认为这种行为构成诈骗罪②，因为租赁协议并非基于生产经营目的，而是基于驾驶使用，所以行为人的犯罪行为侵犯的是被害人的财产所有权，而非汽车租赁这一市场秩序。笔者不同意这种观点，认为出租方系从事市场经营活动的市场主体，合同的内容也是通过市场行为获得利

---

① 雷秀华：《非法占有目的之刑法适用导论》，载《刑事司法指南》2007年第2期。

② 何承斌、李韵梅：《余志华诈骗案》，载《刑事审判参考》，法律出版社2008年版，第57页。

润，不仅侵犯了被害人的财产所有权，而且破坏了市场秩序，应构成合同诈骗罪。① 有观点认为这种情况应定性为侵占罪。笔者认为虽然这种行为从形式上来看，似乎符合侵占罪的特征，即将代为保管的他人之物占为己有，拒不返还。但是我们不能忽视的是行为人一开始就有非法占有汽车的故意，合法租赁只是为了掩盖非法占有的目的，况且，其在租赁汽车时虽然用了合法真实的身份证明，却隐瞒了租赁汽车的真实用途——用于质押借款，客观上虚构事实、隐瞒真相，主观上具有非法占有的目的，因此应认定为合同诈骗，不构成侵占罪。

另一种是行为人在租赁汽车时并没有非法占有目的，在正常使用了一段时间后，由于某种原因，产生非法占有目的，用于质押借款不还的行为，应定性为侵占罪。行为人以真实的身份租赁汽车，在租赁期间内其就有合理、安全使用汽车、保管汽车的义务，在租赁期满之时则具有返还汽车的义务。由于行为人在租赁期内改变主意，将租赁来的汽车用于质押借款并且根本就没有打算还钱，事实上导致了汽车无法赎回，在租赁合同到期后，其面对租赁公司的催要"拒不返还"或者逃避，导致租赁公司失去对汽车的控制，这种行为应定性为侵占罪。

（2）行为人伪造身份证明，租赁汽车后拒不返还汽车的，构成合同诈骗罪。这种情况下，行为人以非法占有为目的，虚构事实、隐瞒真相，冒用他人名义签订合同，骗取对方当事人租赁公司的汽车，其行为触犯了《刑法》第224条的规定，即冒用他人名义签订合同，构成了合同诈骗罪。

2. 以租赁来的汽车质押借款不还行为的定性。根据行为人是否对质权人虚构事实、隐瞒真相，分为两种情况：

（1）行为人以非法占有该借款为目的，伪造行车证等证明，隐瞒汽车系租赁公司租来的真相，质押借款不还的，应定合同诈骗罪或者诈骗罪。

笔者认为合同诈骗罪和诈骗罪的主要区别之一是有无合同，但是我们并不能简单的以有无合同来区分合同诈骗罪和诈骗罪。张明楷教授认为，合同诈骗中的合同在形式上不限于书面合同，也包括口头合同，但就合同内容而言，宜限于经济合同，即合同的文字内容是通过市场行为获得利润，这是由本罪的性质决定的。基于同样的理由，至少对方当事人应是从事经营活动的市场主体，否则也难以认定合同诈骗罪。② 具体到本文中的质押汽车骗款合同，诈骗对象不同，则定性也不同。如果质权人是典当行，典当行是从事经营活动的市场主

---

① 合同诈骗罪和诈骗罪的区别在下文中具体分析。

② 张明楷：《刑法学》，法律出版社2003年版，第665页。

体，那么租赁汽车质押借款不还的行为，扰乱了市场秩序，应定性为合同诈骗罪。如果质权人是自然人，其实质上是民间借贷行为，对方当事人不是从事经营活动的市场主体，这种诈骗行为并没有扰乱市场秩序，因此，此行为宜认定为普通的诈骗罪。

（2）行为人没有对质权人虚构事实、隐瞒真相的，该质押借款行为不构成犯罪。行为人直接告知了质权人该车的实际情况，即从租赁公司租赁而来，自己没有处分权利，出借人出于贪占便宜仍然接受质押借款的，由于出借人了解该车的实际情况，行为人质押借款的行为其实是一种变相的处理赃物的行为，没有侵犯新的法益，属于"事后不可罚"行为，因而不构成犯罪。

综上，依据牵连犯的处罚原则，可以得出以下结论：行为人租赁汽车后直接诈骗质权人的，不论是合法租赁还是冒用他人名义租赁，构成合同诈骗罪（骗汽车）和诈骗罪（骗借款）的牵连犯，或者构成合同诈骗罪（骗汽车）和合同诈骗罪（骗借款）的牵连，应从一重处罚；如果行为人诈骗汽车后没有诈骗质权人的，单独构成合同诈骗罪（骗汽车）。行为人租赁汽车，正常使用了一段时间后，由于某种原因产生质押借款故意的，如果虚构事实、隐瞒真相诈骗质权人的，构成侵占罪和诈骗罪（骗借款）的牵连犯，或者构成侵占罪和合同诈骗罪（骗借款）的牵连犯，从一重处罚；如果行为人没有诈骗质权人的，单独构成侵占罪。

三、行为人犯罪数额的司法认定

在本类案件中，对犯罪数额认定的争议，主要是因定性的争议而引起的，尤其是将租赁汽车质押借款行为认定构成一罪时，对受害人是谁的争议，引起对数额的争议。本文笔者将租赁汽车质押借款的行为界定为两个行为，同时认为两个行为之间具有牵连关系，因此对于犯罪数额到底是汽车款还是借款的争议，给予了很好的解决。根据前面第二部分的分析，可以得出这样的结论：单独构成合同诈骗罪或者侵占罪的，犯罪数额均为汽车款；构成牵连犯的，前一罪犯罪数额为汽车款，后一罪犯罪数额为借款，最终犯罪数额依据定性决定。

下面笔者就针对两种特殊情况进行具体分析：

（一）租赁汽车的保证金和租金如何计算

行为人在租赁汽车时，往往先交纳保证金和租金，那么这些保证金和租金能否从犯罪数额中减除呢？例如，甲为了偿还借款，向乙租赁公司租赁小汽车一辆（估价8万元），租金一天200元，租期30天，甲缴纳了定金2000元，预付了租金6000元。后质押给了丙，向丙借款5万，后甲逃匿。该案中甲预付的租金能从8万中减除吗？一种观点认为租金应该从犯罪数额中减除，因为行为人实施的是犯罪行为，其一开始就有犯罪的故意，其支付保证金和租金只是为了取得租赁公司的信任，是一种诈骗手段。另一种观点认为租金不能够从犯罪数额中减除，因为甲预付的租金是支付其使用汽车的对价，事实上其在租赁期内占用了汽车，就应该支付相应的对价。同时由于其违反了约定，就应该没收其保证金。

笔者同意第二种观点。因为租赁汽车质押骗款的行为和买卖合同的诈骗不一样，在买卖合同中，如果行为人以部分履行合同来诱骗当事人继续履行合同，从而骗取对方货物的，其先前部分履行支付的货款应该予以扣除，因为其部分履行合同支付的货款是货物的部分对价，不属于诈骗的实际所得。但是本案中，由于是租赁合同，而不是买卖合同，租金和保证金不能看成是购买汽车的对价，而是使用汽车的对价和不按时归还汽车的惩罚，甲既使用了汽车又没有按时归还汽车，其租金和保证金都已经归租赁公司所有，并且其还负有归还汽车的义务。如果把租金和保证金从犯罪数额中予以减除，也不符合罪行相适应的原则。

（二）连环诈骗数额如何计算

在租赁汽车质押借款的案件中，有行为人租赁汽车质押借款，在租赁期满后，又重新租赁一辆汽车质押借款，将前一汽车赎回交还租赁公司，即拆东墙补西墙。例如，甲欠下大量赌债，于是在租赁公司租了一辆夏利汽车，租期10 天，日租金 200 元，质押给明知该车为租赁而来的乙借款 2 万元用于还债。在随后的一段时间内，甲以相同的手段，先后租赁汽车 8 辆，共质押借款 19 万元，至案发时，已经赎回归还租赁公司 4 辆汽车，仍有 4 辆汽车（价值 21 万余元）未能赎回，质押借款 20 万已经还债或用于赌博挥霍。由于本案中质权人明知甲对车没有处分权，仍接受质押借款给甲，甲质押借款的行为不构成犯罪。犯罪数额不应认定为借款数额，即 19 万元。

有观点认为，甲诈骗的数额应为全部 8 辆汽车的价值。理由是：甲以非法占有为目的，隐瞒了租车的真实用途，用租来的汽车质押借款，因而本案中甲诈骗的数额应为全部 8 辆汽车的价值，因为，既然甲诈骗的是汽车，那么这 8 辆汽车都是甲在相同的故意下，采取同样的手段骗得的，这 8 辆汽车均为犯罪所得的赃物，其已归还的 4 辆汽车属主动退赃，可酌情从宽处理，但应纳入犯罪总额。

笔者认为，本案中甲诈骗的是部分汽车，诈骗的数额应为未能归还的余下的 4 辆汽车，价值人民币 21 万余元。理由是：甲尽管骗取了 8 辆汽车，但毕竟已归还了 4 辆，主观上甲只是想占有其中一部分财物，客观上其实际占有了4 辆汽车，依据主客观相一致的原则，应以其实际骗取的财物，即 4 辆汽车的价值 21 万元定罪。并且依据 1996 年 12 月 24 日最高人民法院《关于审理诈骗案件具体应用法律的若干问题的解释》第 9 条规定："对于多次进行诈骗，并以后次诈骗财物归还前次诈骗财物，在计算诈骗数额时，应当将案发前已经归还的数额扣除，按实际未归还的数额认定，量刑时可将多次行骗的数额作为从重情节予以考虑。"本案中甲连续质押租来的汽车，并以后面质押借款赎取前车归还租赁行，应该以其最终取得的汽车的价值计算其犯罪数额，前 4 辆汽车的价值可以作为从重金额予以考虑。

在我国建立消费者公益诉讼制度的构想*

——从治理虚假电视购物谈起

赵　侠

电视购物，又称电视直销，是指企业通过电视媒体以广告的形式向消费者进行产品或服务零售的商业模式，是一种新兴的商品销售方式。在现代市场经济中，由于电视直销这种特殊的购物方式和交易行为使得消费者在商品交易关系中明显处于弱势地位，一些侵害消费者群体权益的公益违法行为时有发生，当产品质量出现问题时，受害面相当大，一些案件涉及的范围可能高达几万人。这种情况下纠纷的解决不仅关系到受害的消费者个人，甚至会关系到重大的社会公共利益。现阶段，通过民事诉讼、行政诉讼、刑事诉讼三大诉讼法提供的权利救济途径在诉讼效率、诉讼参与方式、诉讼费用的负担等方面都存在难以为消费者运用的问题，导致许多涉及侵害消费者公众利益的案件在现实生活中不可诉。极小一部分依靠个案的审判来阻止和惩戒不法商业行为的案例，也无法从整体上实现对侵害消费者权利、潜在危害面较大的不当经营行为进行有效遏制，难以给广大消费者带来更多的好处。随着公民民主法治意识的提高和维权意识的增强，建立消费者公益诉讼制度，对于维护消费者合法权益和正常的社会交易秩序，增强人们对政府施政能力的信心，推动整个社会诚信道德风气的建设将起到良好的作用。

一、消费者公益诉讼的概念及特征

消费者公益诉讼是指由于商品、服务经营者的不法经营行为，正常商业秩序和绝大部分消费者公众利益遭受侵害或有侵害之虞时，法律允许特定的社会组织或者个人根据法律授权为维护消费者公众利益而向法院提起诉讼的制度。其主要特征有：

---

* 本文发表在《法学杂志》2011年第1期。作者简介：赵侠，天津市人民检察院第二分院政治部干部。

（一）消费者公益诉讼的目的强调的是对公共利益的维护，并以追求公共利益最大化作为诉讼的终极目标

它不同于普遍的民事诉讼和行政诉讼，在消费者公益诉讼制度中，被诉的行为不单纯损害了某个单个个体的利益，而是该行为侵害或危及社会正常商业秩序和消费者公众利益。

（二）消费者公益诉讼具有显著的预防性

与私益诉讼相比，公益诉讼的提起及最终裁决并不要求一定有损害事实的发生，只要能根据有关情况合理判断有社会公益侵害的潜在可能，即可提起诉讼，由违法行为人承担相应的法律责任。这样可以有效地保护国家利益和社会秩序不受违法行为的侵害，把违法行为消灭在萌芽状态。

（三）权利主体的分散性和不确定性

在传统诉讼中，原告必须符合两个条件：一是法定的主体，包括公民、法人、其他组织；二是与案件有直接利害关系。这两个条件缺一不可。而公益诉讼权利主体是不特定的，大多数是因被告的不法行为而受到加害或有加害危险的消费者，具有广泛性、分散性和不确定性。

二、我国现有法律制度解决虚假电视购物的缺陷

（一）原告的主体资格限制过大

按照现行《民事诉讼法》第 108 条的规定，原告必须是与本案有直接利害关系的公民、法人和其他组织。法院对此要主动予以实质审查，如无直接利害关系人起诉，法院的司法职能就不能启动，这就形成了经济司法审判的盲区，也限制了有正义感人士的义举，其实质是一种私益诉讼。而仅允许直接利害关系人提起诉讼，可能出现两种情况：

1. 直接利害关系人因种种原因不参加或难以参与诉讼活动，违法者的法律责任就无法追究。因为法院审理案件实行"不告不理"的原则，没有起诉，法院的审判职能就无法启动，其结果是违法行为不能得到追究。如吉林辽源市东丰县那丹伯镇建国村农民宋玉有在遭遇虚假电视购物后，面对销售方在收到其交纳的相关费用后未邮寄手机的违约行为，选择了默默承受，而非提起诉讼。像宋玉有这种情况，依照民事审判不告不理的原则，该电视购物的违法行为就无法得到追究。

2. 即使有直接利害关系人起诉，也只能解决个别民事主体权益的保护，而不能一并解决社会公共利益的保护问题。如北京市民喻山澜诉中国工商银行北京分行和宣武支行案，喻山澜认为工行规定遗失牡丹交通卡要交 100 元补卡费不合法，因此将工行北京分行和宣武支行告上法庭，2005 年 2 月，法院作出

终审判决，被告返还喻山澜补卡费 69.20 元及利息。尽管这一判决是公正的，但 300 万同样持有牡丹交通卡的北京市民却不可能从喻山澜的胜诉中得到实惠，甚至连喻山澜自己下次丢了牡丹交通卡，他仍然有可能不得不交纳 100 元补卡费，然后再打一次官司。这样的公益诉讼虽然还不能说是无效的，但至少效率低的可怜。①

虽然消费者权益保护法赋予了消费者协会支持起诉的职能，但这仅仅是道义上的，它本身并无原告资格，不能直接起诉。实践中，绝大多数案件因为诉讼标的小、诉讼成本大、找不到产品的销售者及制造者等原因，致使大量的虚假电视购物得以不断蔓延。据中国消费者协会调查，"在消费者权益受到损害后采取的行为，向法院起诉的只有 2.96%"②，电视购物这一特殊的购物方式使得这一比例远远低于一般的消费侵权，经笔者查找，目前成形的诉讼只有一个，即沈阳市民任庆生等 4 名消费者集体起诉奥丁臻金手机的销售公司上海邦可国际贸易有限公司这一个案例，可见此类案件提起诉讼的比例相当低。在这种情形下，对于像王海这样的个体，只有先自己"买假"，成为现实的受害者，然后才能"告假"，其行为与其说是王海的睿智，不如说是王海的尴尬，同时也是我们整个诉讼制度的尴尬。长此以往，一方面会进一步助长虚假广告的制作者及发布者的嚣张气焰，唯利是图者会越来越多。另一方面，对违法行为的惩治不力又会大大挫伤那些诚实经营者的积极性，不利于经济的有序发展。

（二）个案判例不具有普适性

我国宪法、法律均不承认法院先前的判例具有法源地位，其判决仅对本案中的当事人有效。这种情况导致现实中大量具有公益诉讼性质的案件，难以形成一种良性的导向作用，造成诉讼效率低下，同时也浪费了大量的诉讼资源。如同前面举的喻山澜诉工行北京分行及宣武支行一案一样，单纯依靠个案的审判来阻止和惩戒不法商业行为的传统诉讼形式，无法从整体上实现对侵害消费者权利、潜在危害面较大的不当经营行为的有效遏制，难以给广大消费者带来更多的好处。

（三）消费者处于弱势且诉讼成本大

由于消费者与生产经营者信息极不对称，且多以个体身份进入消费领域，故很难与实力强大的生产经营者相抗衡，从而造成两者之间实质上是一种主宰

---

① 来恩浩：《论我国消费者公益诉讼的若干问题》，载《宁波广播电视大学学报》2006 年第 4 期。

② 尹世杰：《关于当前保护消费者权益的几个问题》，载《求索》2001 年第 4 期。

与被主宰的关系。在消费者公益诉讼案件中，由于其涉及面大，需要众多复杂的专业知识和技能，原告需要花费昂贵的诉讼成本，同时由于虚假电视购物的覆盖面广，跨度多达国内各省市、地区，使得受害者人数众多，这时往往会产生"搭便车"① 现象，每个受害人都希望别人提起诉讼，自己则坐享其成，这就使得很多人望而却步，放弃诉讼。正如有的学者所说"当消费者诉诸法律的预期收益小于诉讼成本时，消费者就不会去利用法律武器。同时，如果法律制度不能对经营者构成有效惩罚，使其侵权成本大于收益，那么经营者就不会主动放弃违法和侵权。"② 事实上商家对虚假产品的赔偿费用远远低于所售商品的利润，在这种情况下，侵权者会认为侵犯公共利益的行为实际上是划算的，从某种意义上讲，现行的法律制度给虚假电视购物的制作者及发布者的行为提供了某种程度的激励。

（四）适用行政诉讼法的缺陷

我国现行行政诉讼法，只设立了保护公民、法人和其他组织合法权益的诉讼种类，即保护当事人权利的诉讼，而没有专门设立保护国家和社会公共利益的诉讼制度。另外根据我国行政诉讼法的规定，能够提起诉讼的原告必须是认为自己的权益受到行政行为侵犯的公民、法人或者其他组织，立法上不承认行政公益诉讼类型。公共利益受损的案件受侵犯的对象主要是抽象的国家和社会全体消费者的公共利益，难以确定一个直接、具体的受害人来担当原告。同时，依据我国现行制度，任何人、任何单位对涉及国家和社会公共利益的案件只能向有关行政执法机关检举和控告，不能直接向法院起诉，除非构成刑事犯罪由检察机关代表国家提起公诉。因此，公民维护国家利益和公共利益就不能通过司法途径取得保障，而只能向有关行政主体反映，如果行政主体置之不理，司法机关无权介入，违法行为就会大肆横行，无人阻挡。

《消费者权益保护法》第 28 条规定："各级人民政府工商行政管理部门和其他有关行政部门应当依照法律、法规的规定，在各自的职责范围内，采取措施，保护消费者合法权益。有关行政部门应当听取消费者及其社会团体对经营者交易行为、商品和服务质量问题的意见，及时调查处理。"《中华人民共和国广告法》第 6 条规定："县级以上人民政府工商行政管理部门是广告监督管理机关。"第 37 条规定："违反本法规定，利用广告对商品或者服务作虚假宣

---

① "搭便车"是经济学中用于描述公共商品遇到一种困境的专业术语。如果一个人不愿主动为公共商品付费，总想让别人生产出来以后自己免费享用，这就叫"搭便车"。

② 来恩浩：《论我国消费者公益诉讼的若干问题》，载《宁波广播电视大学学报》2006 年第 4 期。

传的，由广告监督管理机关责令广告主停止发布并以等额广告费用在相应范围内公开更正消除影响，并处广告费用一倍以上五倍以下的罚款；对负有责任的广告经营者、广告发布者没收广告费用，并处广告费用一倍以上五倍以下的罚款；情节严重的，依法停止其广告业务。构成犯罪的，依法追究刑事责任。"而实践中，部分监管机关仍存在不作为的现象，在没有特定消费者受到损害时，则任何人无权起诉，如果行政机关不依法履行其执法职责，对违法行为不予处理，损害了社会公共利益，则任何人都没有资格提起行政诉讼，显然缺少了对社会公共利益的保护。当然行政诉讼法允许公民、法人或其他组织对行政机关的不作为行为提起诉讼，如最高人民法院《关于执行〈中华人民共和国行政诉讼法〉若干问题的解释》第 39 条就规定："公民、法人或者其他组织申请行政机关履行法定职责的，行政机关在接到申请之日起 60 日内不履行的，公民、法人或者其他组织向人民法院提起诉讼的，人民法院应当受理。"对于行政主体不履行或拖延履行法定职责的，法院可以判决其在一定期限内履行。由于此类判决不具有强制执行的内容，如果行政主体不履行人民法院判决，限于现行法律的规定，人民法院苦无良策强制行政机关履行生效判决。虽然法律也规定了对不履行义务的行政机关进行罚款甚至追究主要责任人刑事责任的规定，但实践中这样的规定并不具有多大的实际意义。同时由于经济关系日益复杂化，同一经济纠纷往往同时兼有经济、民事、行政及刑事诸方面的诉讼内容，如果依照现行法律规定将案件分别依不同程序逐一予以解决，不仅容易导致各个机关之间在处理案件的结论上发生冲突，而且诉讼程序之间的转换势必会延缓案件的及时解决，加重民众的诉讼负担，耗费司法成本。

三、建立消费者公益诉讼制度的现实可行性

（一）设立消费者公益诉讼制度具有宪法依据

我国《宪法》第 2 条明确规定："中华人民共和国的一切权力属于人民。人民依照法律规定，通过各种途径和形式管理国家事务，管理经济和文化事务，管理社会事务。"权力属于人民，保障公民民主权利，这些都是我国宪法的基本原则。承认公民对社会公共事务的诉讼权利，是宪法原则在诉讼领域的体现。当国家和社会公共利益受损时，公民有权力依法提起诉讼，保护公共利益免受侵害。即当某一受托者如果不按照人民的意志行使权力时，人民有权依法通过公益诉讼来行使管理国家事务的权力。公民行使公益诉讼的权力，是人民民主权利的具体体现。

（二）公众的维权热情高涨是推行消费者公益诉讼制度的强大动力

从 1996 年，福建龙岩消费者丘建东因打电话被多收 6 毛钱将电信局告上

法庭；1998 年郑州市民葛锐在火车站被收取 3 毛钱的如厕费与郑州铁路局对簿公堂；2002 年胡安潮因机票退票不合理将中国国际航空公司推上被告席；2003 年宋德新以乱贴罚单为由将郑州市城市管理行政执法局告上法庭；2005 年李刚以天津市市政工程局收取"进津费"违法侵害自己合法利益为由向天津市第一中级人民法院提起诉讼等一系列案例，我们可以看到公众权利意识的觉醒和维权热情的高涨。一场又一场的公益诉讼官司在被全社会广泛关注的同时，其深远的社会影响也耐人寻味，他们的行为早已超出了私利的范畴，得到了民众的广泛支持，从这些小人物的大行动中，我们看到了"战斗着的消费者"的影子，这毫无疑问将是推行消费公益诉讼的强大力量。

（三）日益增多的消费者团体奠定了消费者公益诉讼的群众基础

据中国消费者协会统计，截至 2009 年全国共有县以上消费者协会组织 3254 个；其中省、自治区、直辖市 31 个，计划单列市 15 个，地（市）385 个，县（市）2823 个。在农村乡镇、城市街道建立消协分会 26169 个；在村委会、居委会行业管理部门、高等院校、厂矿企业中设立投诉站、监督站、联络站、指导站 89425 个，其中，在工商企业设立联络站 39171 个。全国各级消费者协会有专职工作人员近 3 万名，理事超过 10 万名，发展义务监督员、维权志愿者 9.3 万余名。除西藏外，全国绝大部分省份已基本形成从城市到农村、纵横交错的消费者协会社会监督服务网络。① 经过上面的分析，由于消费者与生产经营者信息极不对称，且多以个体身份进入消费领域，很难与实力强大的生产经营者相抗衡，从而造成两者之间实质上是一种主宰与被主宰的关系。与个人相比，消费者协会对消费者权益保护更为熟悉，人力、物力、财力往往也更为宽裕，同时消费者协会的介入比个人更具社会影响力，成功的诉讼无疑会起到很好的导向作用。

四、构建我国消费者公益诉讼制度的设想

（一）扩大原告主体资格的范围

为了维护社会公共利益，应允许与自己权利无直接法律利害关系的公民，就公益违法行为提起诉讼。② 笔者建议应逐步扩大原告主体资格的范围，将原告的主体资格赋予以下主体：

1. 法律授权的行政机关。虚假电视购物，各地执法机构似乎都可以进行

---

① 常志鹏：《我国消费者维权组织已基本健全》，载 http：//news. qq. com/a/20091226/000997. htm，2010 年 9 月 25 日访问。

② 颜运秋：《经济法与公益诉讼的契合性分析》，载《北方法学》2007 年第 3 期。

查处，这样显然会造成执法资源的浪费，若由法律授权的行政机关出面作为原告，则判例将具有示范意义，会比个别消费者为私益进行的诉讼更有效益，也更具有导向作用。在节省众多受害人的人力、物力和财力的同时也大大降低了法院的诉讼成本，有利于法院集中精力解决其他问题。《消费者权益保护法》第 28 条规定："各级人民政府工商行政管理局，应当依照法律、法规的规定，在自己的职责范围内，采取措施，保护消费者的合法权益。"可见，保护消费者合法权益属于各级工商行政管理局的职责之一。因此，工商行政管理机关可以视为法律授权的行政机关，代表消费者提起公益诉讼。

2. 富有正义感的人士。作为公益诉讼的基石，允许富有正义感的人士提起诉讼，无疑能形成对侵害社会公益行为的有效威慑和监督制约，促使形成良好的社会道德风尚。刘吉涛在其《法学者的示范效应》的评论文章写道："读罢法学博士宋德新将郑州市城市管理行政执法局告上法庭并获胜诉的消息，如沐春雨，深觉振奋。这倒不是因为'告倒城管局'令我兴奋，真正原由在于法学者一改纸上谈兵之习气，敢较真，动真格，主动运用专业知识同违法行为进行针锋相对的斗争，维护法律尊严，弘扬法治精神，真正体现出了一个法学者应有的尚法理念和社会正义感。更重要的是，法学者的行为将会产生一种巨大的示范效用，对当下国家的法治建设具有非常积极的意义。"其认为法学者的这种示范行为具有以下三个方面的好处：一是让公权力的运行有所忌惮；二是引导公众树立尚法理念；三是强化法学者成为社会维权领军人物的角色意识。他还认为，法学者的这种示范越多、效应越大，就意味着我们离法治社会越近。①

3. 消费者协会。我国台湾地区"消费者保护法"第 53 条规定："消费者保护官或消费者保护团体，就企业经营者重大违反本法有关消费者规定之行为，得向法院诉请停止或禁止之。"第 50 条还规定："消费者团体对于同一之原因事件，致使众多消费者受害时，得受让二十人以上消费者损害赔偿请求权后，以自己名义，提起诉讼。"对此我们可以学习和借鉴。因为如果允许消费者协会根据法律提起公益诉讼，一方面足可弥补个人起诉的不足，团体的筹划诉讼不仅可以对诉讼的合理性进行比较周全的衡量，而且对于节约诉讼成本、缩短诉讼周期方面都有很大的好处，在诉讼过程的宣传价值也可以得到极大地体现，一般不会存在绝对意义上的失败；另一方面与当代权利多元化和社会化趋势正相契合，有助于将一定范围内个人的力量聚合起来，使公众可以更全面、有效地参与到消费者权益保护运动中来，并与之一起奠定消

---

① 刘吉涛：《法学者的示范效应》，载《法制日报》2003 年 5 月 13 日。

费者公益诉讼的群众基础。①

（二）逐步确立判例制度

笔者建议应当逐步确立判例制度，以弥补制定法的不足，维护司法统一，提高司法效益。我国现有法律制度解决虚假电视购物的缺陷中一个突出问题就是个案的判例不具有普适性（虚假电视购物覆盖的范围极广，它有可能是跨地、跨省的。同一虚假电视购物涉及的被害人可能分布在不同的区域），而同类案件的单个诉讼也只能解决个别民事主体权益的保护，不能一并解决社会公共利益的保护问题，所以建议确立判例制度，既提高诉讼效率又节约诉讼成本。其实对于是否应当建立判例制度，学界一直存在争议。20 世纪 80 年代后最高人民法院开始以内部文件下发典型案例，供各级人民法院审理案件时的内部参考，司法实践中，地方各级人民法院在裁判时对最高人民法院就具体案件审理中的法律问题的批示、批复等的绝对遵循实际上已使得中国司法解释文件中的相当部分起到了判例的作用，被学界称作"批示性判例"。自 1985 年起，最高人民法院又开始以内部文件的形式发布案例，并在 1999 年公布的《人民法院五年改革纲要》中提出，2001 年起经最高人民法院审判委员会讨论决定的适用法律问题的典型案件予以公布，供下级法院审判类似案件时参考。2005年 10 月 26 日，最高人民法院发布的《人民法院第二个五年改革纲要（2004—2008）》第 13 项明确提出要"建立和完善案例指导制度"，在一定意义上肯定了判例在我国司法实践中的地位和作用。虽然这些案例还不具有法源的效力，但是在客观上来说对各级人民法院在审理同类案件时还是具有重要参考价值的，其发展已初具判例法的雏形，近年来，某些地方人民法院也开始采取了一些类似"判例机制"的做法，受到了社会各界的广泛关注。

（三）减免诉讼费用

在消费者公益诉讼中，人们不仅是为了自己的利益，也源于自己的法感情、护法意识、正义理念，胜诉后往往无多大私利，而无论胜诉或是败诉都将承担较大的诉讼费用，背上沉重的包袱。建议吸收国外先进立法例，进行如下改革：一是暂缓缴纳诉讼费，即预先不缴纳诉讼费用，待公益诉讼案件审结后，再由败诉方来承担案件诉讼费用，如果原告败诉时，在排除其故意或过失地实施消费者公益诉讼的行为时，则收费标准应非常低廉；二是免缴诉讼费，即为激励人们维护社会公共利益，可规定符合法定条件的免收案件受理费；三是建立诉讼费用补偿制度，对胜诉原告遭受的损害给予加倍惩罚性赔偿，并由

---

① 来恩浩：《论我国消费者公益诉讼的若干问题》，载《宁波广播电视大学学报》2006 年第 4 期。

被告补偿胜诉原告的诉讼费及律师费、取证费等合理费用，构成侵权的还应承担侵权责任；四是成立消费者公益诉讼基金，即通过从案件惩罚性赔偿金中提留、社会捐赠接纳、政府财政拨款等途径建立消费者公益诉讼基金，为原告分担诉讼费用，降低诉讼成本。①

（四）避免滥诉情况的发生

由于消费者公益诉讼的原告不要求与本案有直接利害关系，加上消费者公益诉讼的各种优惠措施，这就为滥诉的发生开启了方便之门。再加上提起消费者公益诉讼的个人动机的复杂性，我们并不能完全排除追求功利及新闻炒作的动机，这也增大了滥诉的可能性。滥诉提起将给本来就有限的司法资源造成极大的浪费，同时也会给合法经营者带来极大的负面影响，不利于经济社会的发展。滥诉实际上是有违消费者公益诉讼的精神的，正如有的学者所说的："如果不控制滥诉，实际上是在维护以原告为代表的一种公共利益的同时，有意无意牺牲了另一种公共利益，因为从整个社会来看，这些作为被告的大公司、大企业，其存在本身就是促进经济发展这种社会公共利益的体现。"② 为避免产生滥诉情况的发生，我们可采取以下措施：

1. 可参照美国的公益代位诉讼制度中对原告的限制性规定。在美国，为防止公益诉讼适用过多过滥，国会在立法中规定了限制措施：一是起诉人必须在起诉前将书面的"起诉意愿通知"送交违法者及行政机关。在该起诉通知送交之日起满 60 日，起诉人方可向法院提起诉讼。国会规定提前通知制度是为了给政府部门和违法者一个纠正其违法行为的机会，从而排除公益诉讼，减少法院讼累。二是对告发人的诉讼适格做了严格的司法管辖限制。如美国《防制不实请求法》（或称《反欺骗政府法》）就规定"法院对于任何根据已经公开揭露的信息提起的诉讼，无权审判。若提起诉讼的告发人是该信息的原始来源者，则不在此限。"③ 如果法院认定告发人明显故意地制造困扰或主要是为了达到侵扰目的而提起的，则法院可以判决给予被告合理的律师费与诉讼费用，该费用全部由告发人负担。

2. 建议建立行政前置程序，坚持权利用尽原则。消费者在提起公益诉讼

① 来恩浩：《论我国消费者公益诉讼的若干问题》，载《宁波广播电视大学学报》2006 年第 4 期。

② 叶明：《公益诉讼的局限及其发展的困难——对建立新型经济诉讼的几点思考》，载《现代法学》2003 年第 10 期。

③ 何红锋、焦洪宝：《美国政府采购中公益代位诉讼制度及其启示》，载《中国政府采购》2003 年第 4 期。

时，应当坚持权利用尽原则，公权力介入公共利益应当尽可能以穷尽其他公益救济手段为前提，其权益在公力救济失败后，方可提起诉讼。各级行政机关应当履行其规定职责，以保障消费者权益得以实现，如果越过行政程序直接提起公益诉讼一方面容易造成滥诉的发展，另一方面也容易造成各级行政机关对其职责的懈怠，不利于发挥行政管理及时有效的优势。建议让原告在提起诉讼前的合理期限内通知行政机关，如果行政机关不采取相应的措施，原告方可选择以直接侵权人为被告提起消费者公益诉讼，当然原告也可对行政机关的行政不作为提起诉讼。

3. 实行诉讼侵权责任制。民法通则确立了民事权益受法律保护原则和禁止权利滥用原则，以维护正常的社会秩序。《民法通则》第 106 条第 2 款规定："公民、法人由于过错侵害国家的、集体的财产，侵害他人财产、人身的，应当承担民事责任。"民法上对侵权责任的构成要件分为 4 个方面，即行为的不法性、有损害事实、行为人有过错及行为与损害事实之间存在因果关系。而滥诉违背了公序良俗、诚实信用和权利不得滥用原则，给他人造成了损害，符合侵权责任的基本构成要件，因此是一种违法行为。对原告没有合理理由故意或过失地实施消费者公益诉讼的行为，导致了被告遭受损失的后果，原告应当对此后果承担相应的侵权责任，除恢复名誉、消除影响、赔礼道歉外，还应当赔偿受害人合理预见范围内的全部损失，包括为应诉、提起上诉、申请再审而支出的交通费、住宿费、误工费、聘请律师的费用、取证费用等，即受害人参加诉讼全过程直到生效判决对行为人恶意诉讼予以确认并判决驳回其诉讼请求时止所蒙受的直接经济损失。

奖杯熠熠

　　组织干警参加各类论坛、学术活动，在开阔视野的同时，形成了大量高质量的调研成果，是二分院推动整体调研工作稳步提升的重要举措。本单元展示的是近年来二分院在各类评奖中获得重要奖项的研究成果，熠熠奖杯折射着二分院检察人孜孜以求的风采。

刑事二审抗诉工作质量的
实证分析及治理对策[*]

施长征

　　刑事二审抗诉[①]是人民检察院依法对人民法院未生效的判决、裁定是否正确实行法律监督的程序。抗诉是人民检察院履行诉讼监督职能的主要方式和途径，对于促进司法公正，保障国家法律统一正确实施，具有十分重要的意义。抗诉案件的质量高低直接体现检察机关的法律监督能力。在实践中，刑事二审抗诉是检察工作的相对薄弱环节，抗诉工作已经成为拖累整体检察事业的"木桶短板"。本文以天津市人民检察院第二分院 2003—2007 年[②] 5 年的抗诉案件为分析样本，试图通过调研探究抗诉工作规律，探寻查找影响抗诉工作质量的原因，并提出有针对性的改良革新之策。

一、近五年抗诉案件的主要特点

表一　某院 2003—2007 年二审抗诉案件统计表　　　　　（单位：件/人）

	起诉	提抗	撤抗	支抗	维持	改判
2003	153/323	7/8	3/4	4/4	2/2	2/2
2004	121/226	4/12	2/9	2/3	1/1	1/2

---

　　[*] 本文获第三届天津检察论坛一等奖。作者简介：施长征，天津市人民检察院第二分院公诉处干部。

　　[①] 为了以下行文方便，如无特别说明，"抗诉"都是指刑事二审抗诉，不包括审判监督程序的抗诉。

　　[②] 之所以选择 2003—2007 年数据进行统计，而没有选择更近的 2004—2008 年数据作为统计对象，是因为考虑到 2003—2007 年刚好是一个完整检察的工作周期，在这一周期内检察队伍比较稳定，检察政策没有大的变更，数据基本在稳定的环境中生成的，更能反映出规律性的内容。

（续表）

	起诉	提抗	撤抗	支抗	维持	改判
2005	154/321	9/11	5/6	4/5	2/3	2/2
2006	182/403	9/12	5/7	4/5	3/3	1/2
2007	188/399	10/18	5/10	5/8	1/1	4/9

（一）抗诉率低

2003—2007 年，某院起诉案件共 798 件 1672 人，其中本院决定提起抗诉案件 39 件 61 人，占全部起诉案件数量的 3.65%[①]，其中向法院提起抗诉 19 件 35 人，占全部起诉案件数量的 2.09%。

（二）上级院支抗率低

2003—2007 年，某院提起抗诉案件，39 件 61 人，其中上级院支抗 19 件 25 人，占全部提出抗诉案件 40.98%。

（三）法院改判率低

2003—2007 年，二审法院改判 7 件 9 人，维持的 12 件 18 人，改判案件数占提起抗诉数量的 14.75%。

如何评价抗诉工作质量是一个有争议的问题，评价标准也是见仁见智。实践中一般以法院改判率作为衡量抗诉工作质量的标准，如果以这个标准来衡量，我院抗诉工作令人担忧。当然，以法院判决作为衡量案件质量的标准是不正确的[②]，但上级院支抗少、撤抗多的现象也暴露了抗诉工作的低效。综合上级院撤抗率和法院改判率来看，本院决定提起抗诉的案件大部分都没有得到积极的效果，而每一个决定提起抗诉的案件又都花费了一定的司法成本，那么，依据经济学投入产出原理来计算效益，可以说抗诉工作质量的效益不高，从整体工作情况来看，抗诉案件质量整体水平欠佳，法律监督职责没有得到很好的体现。

二、影响抗诉工作质量的原因分析

抗诉工作现状和工作成果都不能令人满意，这种局面的形成不能归为某一个原因，笔者以不同主体为分类标准对原因进行梳理，但每个原因不是独立的，原因力的大小也不一样，有些原因甚至彼此缠绕在一起，这些原因组成了

---

① 多数抗诉案件只针对一审判决中的部分被告人提出，故所有百分比均按照人数计算。
② 参见李瑞明：《刑事抗诉工作存在的问题及完善》，载伦朝平主编：《检察理论与实务研究新进展》，法律出版社 2008 年版，第 449 页。

一个强大的推动系统，促使整个抗诉工作陷入"低谷"之中。

（一）检察机关自身工作存在不足

1. 提起抗诉的工作流程过简。《最高人民检察院关于刑事抗诉工作的若干意见》（以下简称《若干意见》）要求抗诉案件要经过检委会讨论决定，但在执行过程中，大部分检察院都把经检委会讨论当作是基于审判监督程序而提起的抗诉的必经程序，而二审抗诉的提起很少经过检委会讨论决定。检委会的缺位，反映了二审抗诉在整个检察工作中处于相对次要位置，也使提起抗诉的工作流程变得过于简单。虽然办案流程上，仍然要经过办案人—处长—主管副检察长等经办、审批程序，看似烦琐、严谨的过程，实质上只凸显了提起抗诉工作的"行政性"特征，而本应更受重视的抗诉工作的"法律内核"却被看轻。

整个提起抗诉工作体现在一"表"一"书"上，一表是刑事判决裁定审批表①，一书即抗诉书，最主要的对抗诉理由的分析论证只是办案人的抗诉书和审批表上简单的几句，这种工作流程显然过于粗疏。在法律工作中，每一个程序和环节都应当比前一个程序和环节增加更大的工作量。在一审案件中，承办人都要撰写审查报告，而抗诉的案件本来说经过审判程序，经过的程序更多，又因为与一审法院观点存在分歧，本应该有更详细、更具针对的分析和论述，这才是符合司法运作规律的做法，但实践中却出现了"最难办的事情用最简单的方式处理"的现象，这种本末倒置的做法直接影响抗诉案件的质量。

2. 抗诉书缺乏针对性和说理性。提起抗诉是因为检察机关认为一审判决、裁定有错误，本应当针对一审判决做有针对性的论述，并详细论述抗诉理由，但实践中制作的抗诉书没有体现抗诉程序的特点。实践中绝大部分的抗诉书都是"事实＋理由＋法条"的模式，事实部分基本照搬起诉书，理由只简单写"定性不准"、"量刑畸轻"等，法条就是简单援引刑事诉讼法的抗诉依据，由于事实是照搬起诉书的事实，和抗诉理由之间缺乏论证关联，通篇对检法两家的事实认定分歧、定性为何不准或量刑为何畸轻没有实质性的分析。抗诉书是检察机关进行刑事二审程序的起点，一份针对性强、说理充分的抗诉书是成功抗诉的基础，但实践中的抗诉书就像临时拼凑的战斗檄文，不能鼓舞士气，反而一开始就是一副底气不足的样子。

---

① 该表内容包括被告人姓名、起诉时间、起诉案由、判决（裁定）时间、收到判决（裁定）书时间、对判决（裁定）的意见、承办人意见、集体讨论意见、刑检部门负责人意见、检察长批示、检委会决定。提起抗诉的工作流程在"刑事判决裁定审批表"上来完成着实令人匪夷所思，是刑事判决裁定审批程序（刑事判决裁定要经过检察机关审批?）还是决定提起抗诉程序?

（二）被害人及其亲属带来的"案外压力"

有明确被害人的刑事案件，被害人的人身、财产或其他权利受到严重侵犯，给被害人及其亲属带来一定的物质和精神损失，"如果国家不给犯罪分子应有的惩罚……就难以树立起国家法律的公平正义和惩恶扬善的形象，这会使被害人及其家属感到失望、沮丧、缺乏安全感，甚至激化矛盾而产生私自法外复仇心理。"① 被害人及其亲属对犯罪分子受到刑罚惩罚有急迫的期待，一旦一审法院对被告判处的刑罚（被害人更关心量刑）没有达到他们的心理预期，他们必然希望二审程序达致他们心目中的正义。"刑事抗诉制度既是法律监督的重要形式，也是被害人权利救济的重要途径。"② 被害人只有请求检察机关起动抗诉的权利，这种请求权不具有法律上的强制力，而检察机关是否决定抗诉还要看是否有符合法律的抗诉理由。由于被害人及其家属有迫切的、强烈的惩罚被告人的心态，只要一审法院的量刑没有达到他们心理预期，他们就会请求检察院提出抗诉，如果检察院不提出抗诉，被害人及其亲属很有可能因为对司法权威的怀疑而寻求其他"案外"救济途径，比如信访、媒体介入等，所以高检院一直在强调抗诉坚持"法律效果与社会效果的统一"，但实践中往往偏重于追求社会效果。2003—2007 年，50％ 以上抗诉案件检察院对法院的判决并无异议，最终提起抗诉的唯一实质原因就是"被害人家属强烈要求检察机关提出抗诉"，有的被害人家属甚至直接表明：检察院如果不抗诉，他们就到中央上访。面对来自被害人家属的"案外压力"，也为了在检察环节不出问题，检察机关无一例外地提出了抗诉，在这种"无法选择"的抗诉中抗诉书的"法定理由"只是提供了一个虚假的外衣③。在一审法院判决没有错误，检察机关只是单纯基于被害人及其亲属的请求而提出抗诉的，刑事二审抗诉承载的是法律程序外的功能：一是通过二审抗诉程序穷尽被害人正式的法律救济途径，释放了被害人及其家属可能施加于检察环节的"案外压力"；二是通过二审抗诉程序的过程逐渐平复被害人及其亲属内心的痛苦，使他们心中的"复仇"之火回归理性轨道。

---

① 高铭暄、马克昌主编：《刑法学》，北京大学出版社、高等教育出版社 2007 年版，第 242 页。

② 谢鹏程：《重新认识刑事抗诉制度的结构和功能》，载《人大研究》2004 年第 5 期。

③ 抗诉书制作过于简单并不能把责任归结于检察机关，也有很多因素限制了抗诉书的论证逻辑，有的时候，办案人员只是单纯因为被害人的强烈请求而提出抗诉，在这种背离程序设置目的的抗诉中办案人员不得不"故意"简化抗诉书。

（三）审判机关的"制度性抵御"

现在，较为普遍的衡量抗诉成功与否的标志就是二审法院是否改变一审判决以及这种改判与检察机关抗诉的关联程度，所以作为二审裁判者的审判机关，无疑扮演着举足轻重的角色。审判机关对抗诉的影响主要来自于既有制度体系，这些制度体系由合法制度体系、习惯性制度体系与潜规则制度体系构成，这些制度构成了抗诉成功的"天然屏障"，笔者将之称为"制度性抵御"，也就是说对于抗诉的影响并非来自于某个人或某条规则，而是整个制度体系对抗诉形成系统性的影响。

1. 法院在量刑上自由裁量权过大。2003—2007 年，我院提起抗诉 39 件 61 人，其中以"量刑畸轻"为由提起抗诉的为 36 件 55 人，占全部抗诉案件的 90.16%，法院在量刑上自由裁量权过大是学术界和实务界[1]的共识，检察机关正是通过抗诉对法院量刑进行法律监督。一审法院在判决书中很少对量刑做出解释，随意性很大，这样就给检察机关提起抗诉带来相当大的难度，因为一个没有解释和说明的量刑使检察机关提出有针对性的抗诉的做法完全落空，结果导致抗诉被驳回。由于法院在量刑上自由裁量权过大，其实形成了下列"怪圈"：一审法院"无理由"量刑——检察机关"无理由"抗诉——法院认为检察机关抗诉缺乏"针对性"——二审法院做出"无理由"维持原量刑。法院在量刑上享有自由裁量权，加之我国刑法本身的法定刑幅度较大，"量刑畸轻"又是一个缺乏操作性的原则性规定，所以法院的判决有着天然"不可抗"的制度优势，调研数据充分证明了这一优势的存在，2003—2007 年，在所有抗诉案件中，法院只有一个案件改判是因为量刑原因。

2. 法院"汇报"、"请示"等习惯性做法实际上消解了抗诉的作用。检察机关将未生效的判决、裁定提交二审法院，是希望二审法院纠正一审法院错误的判决或裁定。但如果一审、二审法院实际上在一审判决已经有过实质沟通，实际将两审终审制变成了一审终审制[2]，面对此制度性的"屏蔽"抗诉必然不能发生应有之功能，更不能得到二审法院改判的结果。在调研中发现，一审法院为了阻止检察机关抗诉，还会将其向上级法院的请示报告等内部材料出示给检察机关，试图使检察机关放弃抗诉。这种所谓的汇报和请示的潜规则做法极

---

① 法院因为量刑裁量问题久遭诟病，法院自身也意识到了这个问题，从 2010 年 6 月 1 日起，最高人民法院颁发《人民法院量刑指导意见（试行）》和《人民法院量刑程序指导意见（试行）》两个文件将在全国法院进行试点。

② 参见李瑞明：《刑事抗诉工作存在的问题及完善》，载伦朝平主编：《检察理论与实务研究新进展》，法律出版社 2008 年版，第 449 页。

大侵蚀程序正义的基础，实际上架空了检察机关的法律监督权。如果法院类似的习惯性或潜规则类做法不改变，抗诉改判似成天方夜谭。

三、在刑事二审抗诉环节提升法律监督能力的对策

刑事二审抗诉工作已经成为整体检察事业的"软肋"，必将影响检察机关的整体法律监督能力。最高人民检察院在《若干意见》中强调，各级人民检察院要切实提高对刑事抗诉工作重要性的认识，树立正确的刑事抗诉观念，按照"公正执法、加强监督、依法办案、从严治检、服务大局"的检察工作方针，切实承担起法律监督职责，进一步加大刑事抗诉工作力度，逐步完善刑事抗诉工作制度，不断提高刑事抗诉工作水平。笔者针对如何在抗诉环节提升法律监督能力提出一些探索性的方案，希望通过一些措施逐渐增强检察机关"敢抗"、"抗准"的能力，逐渐打破抗诉工作的制度"瓶颈"，并最终使抗诉和起诉并驾齐驱成为检察机关进行诉讼监督的两驾马车。

（一）重视刑事抗诉工作的队伍建设和业务建设，设立抗诉专门机构

《若干意见》中规定：分、州、市级以上人民检察院公诉部门应当设立专门机构或者专门办案小组负责办理刑事抗诉案件。现实中通行的做法是一审办案人继续承担抗诉工作，之后由处领导及主管副检察长审批，工作流程过于简单化、行政化。建议抽调公诉骨干力量组成抗诉案件专门机构，该机构定人不定岗，灵活管理。办案人在建议提起抗诉后，案件先进入该专门机构，由该机构迅速、及时对抗诉案件进行集中研讨，采用民主集中制的办法对案件是否提出抗诉拿出倾向性意见并附研讨报告，对于决定抗诉的案件，进入正常审批手续。因为我院每年的抗诉案件基本在 10 件左右，不会给正常工作带来太大影响。

（二）完善抗诉工作机制，加强抗诉文书的说理性

检察机关承办人员在接到判决书限定期限内，必须撰写详细的对判决的意见及其说明，尤其是不同意法院判决拟提出抗诉的，必须撰写条理明晰、分析透彻、论证清楚的抗诉分析报告，该报告不能以抗诉书代替。针对抗诉案件，重新制作抗诉案件流程工作表，取代一表两用的刑事判决裁定审批表。

抗诉书的撰写要具有针对性，不能简单复制起诉书内容，对于法检认定一致的地方无须赘述，主要围绕抗诉理由进行阐述，"能否写好这一部分，直接关系到抗诉书的质量高低"[①]，着重分析法检分歧意见，对于抗诉理由的论述要做到合法、全面、到位。通过抗诉书，使二审法院能够一目了然地知道抗诉

---

① 陈卫东：《刑事二审程序论》，中国方正出版社 1997 年版，第 154 页。

理由和依据。对于法院已经受理准备开庭的抗诉案件，办案人员必须撰写抗诉词，尤其要注重针对性和说理性。

（三）做好被害人及其亲属的沟通和说服工作

对于被害人请求提抗的案件，严格做好案件审查工作，尽量做好被害人的说服和沟通工作。不能把被害人的请求当成是必须提起抗诉的信号，要处理好正当的法律程序和"案外压力"的关系。向被害人及其亲属详细释明检察机关的起诉书和法院的判决书，从事实到法理，"动之以情，晓之以理"，说服被害人及其亲属接受一份公正的一审裁判，当然在做好沟通和说服工作的同时，不能压制其正当的程序诉求，尽量减少单纯因被害人原因而无法律依据的抗诉。

（四）细化办案业绩考评体系

"由于目标管理和绩效考核制度的存在，公安人员、检察人员和审判人员有时会因为严格遵守法律程序而遭受利益损失，而要避免这种损失，办案人员往往不得不追求那种'正确'的处理结论，并为此不惜牺牲法定的诉讼程序。"[1] 对于承办抗诉案件的办案人的抗诉业绩考评，不能单纯依据上级检察院是否支抗、法院是否改判、是否产生涉检信访等为评价标准，一定要细化评价体系，不能仅因为没有支抗、没有改判或出现涉检信访而做出不利于办案人员的评价，不能不分青红皂白地把上述标准等同于办案人员能力素质不好并和精神或物质奖惩挂钩。"考核必以科学为前提"[2]，只有确定科学、细致的业绩考评标准，抗诉案件的承办人才能切实贯彻"慎重、准确、及时"的抗诉方针，使办案人员做到"敢抗"、"抗准"，充分履行好法律监督职责。

（五）完善量刑建议制度

量刑建议是检察机关行使公诉权的延伸和拓展，是在法律规定范围内建立法检新型关系的有益尝试[3]。所谓量刑建议，是指"在刑事诉讼中，检察机关根据罪行相适应的原则，在综合考虑被告人的犯罪事实、性质、情节及参照刑事政策精神的基础上，依法就适用刑罚包括刑种、刑期、罚金数额及执行方法等向人民法院提出具体建议，为人民法院正确量刑提供参考"[4]。量刑建议制度可以在一定程度上形成对法院自由裁量权的合理制约，检察院应该建立并完

---

① 陈瑞华：《刑事诉讼的中国模式》，法律出版社 2008 年版，第 311 页。

② 朱孝清：《检察官客观公正义务及其在中国的发展完善（下）》，载《人民检察》2009 年第 10 期。

③ 甄贞等：《21 世纪的中国检察制度研究》，法律出版社 2008 年版，第 312—322 页。

④ 慕平主编：《检察工作机制与实务问题研究》，法律出版社 2008 年版，第 76 页。

善量刑建议制度。量刑建议的工作最好由法检两家在友好协商的基础上循序渐进地展开。检察机关在提出量刑建议时，应当给予充分的说明和论证，量刑建议不宜采用绝对确定的量刑建议，最好采用相对确定的量刑建议，避免干扰法院独立审判，保证法院正当行使应有的自由裁量权，法院在判决书中应对量刑建议的采纳与否给出较为详尽的理由，检察机关再以"量刑畸轻"为由提起抗诉时会做到有的放矢。

（六）落实检察长列席审判委员会制度

《人民法院组织法》规定，检察长可以列席同级法院的审判委员会。《若干意见》也规定，人民法院审判委员会讨论刑事抗诉案件，同级人民检察院检察长依法应当列席。二审法院对于检察机关支持抗诉的案件，如果认为原判事实清楚、证据充分、定性准确、量刑适当，拟驳回抗诉的，要经过审委会讨论，检察机关应当及时做好和二审法院的提前沟通工作，以适当的方式启动列席程序，实行法律监督。列席审委会一方面可以防止法院案件承办人汇报案件时出现错漏或偏向；另一方面可以充分表达观点，阐述理由，交换意见，如果法院不接受检察机关的意见，做出的决定确有错误的，再进行其他诉讼程序①。

---

① 史卫东：《论刑事抗诉权与检察权、审判权的关系》，载《中国刑事法杂志》1999年第 5 期。

民事抗诉"新的证据"的认定*

郭　锐

再审事由的宽窄决定了允许申请再审情形的多寡，同时也决定了既判力在多大范围内会被冲破，所以人们形象地把再审事由称作开启再审之门的钥匙、维护既判力的防火墙。① 新修订的民事诉讼法对民事再审制度进行了改革，将原先排除在检察机关民事抗诉情形之外的"新的证据"纳入法定条件之一，不仅扩充了检察机关民事抗诉情形，而且实现了与法院再审事由的一致化，对进一步加强民事审判监督，努力促进司法公正具有重要的现实意义。

一、"新的证据"作为民事抗诉再审情形的法律背景

在启动再审程序上，旧民事诉讼法规定了人民法院民事再审的 5 种情形和人民检察院提出抗诉的 4 种情形，唯独将"有新的证据，足以推翻原判决、裁定的"排除在检察机关抗诉条件之外。其未将"新的证据"一节作为抗点，主要是从民事检察监督是民事审判活动的纠错程序的性质出发考虑的，以"新的证据"为事由推翻原审判决和裁定并不是因为法院的民事审判活动本身存在错误，而是由证据本身的客观性决定的。但对于"新的证据"的出现，当事人可以申请再审，人民法院可以依职权再审，但检察机关却不可以提起抗诉，这在一定程度上限制了检察机关民事审判监督权的有效行使，相对弱化了民事检察监督职能。2007 年 10 月新修订的民事诉讼法颁布，将修订前第 179 条规定的当事人申请再审的事由改为 14 项，原来规定的再审事由新法保留了 3 项，"有新的证据，足以推翻原判决、裁定的"就是其中的一项。新民事诉讼法将检察机关的民事再审抗诉情形与法院再审事由进行了统一，而且细化了检察机关再审抗诉的条件。特别是将"新的证据"作为检察机关启动民事再

---

　*　本文获第三届天津检察论坛三等奖。作者简介：郭锐，天津市人民检察院第二分院民事行政检察处干部。

　①　李浩：《关注民事再审事由中的新证据》，载《人民法院报》2009 年 1 月 1 日。

审抗诉程序的情形之一,摒弃了旧有理念,在检察机关的审判监督上更侧重了对案件事实和实质正义的追求。最高人民检察院《关于执行〈中华人民共和国民事诉讼法〉若干问题的意见》(以下简称《意见》)第6条规定:"人民检察院要加强对新证据的理解、审查与使用,依法调查收集证据,注意适用《民事诉讼法》第179条第1款第(1)项的规定提起抗诉。"该司法解释虽然强调了人民检察院拥有民事申诉案件的调查取证权及运用"新证据"提起民事抗诉的重要性,但对民事诉讼法规定的"新的证据"含义没有作出明确解释。由于立法上的欠缺与认识上的分歧,实践中对"新的证据"问题尚存在许多争议,因此如何从抗诉条件出发准确认定和把握"新的证据",成为检察机关民事检察监督面临的新的重要课题。

二、我国法律与司法解释有关再审"新的证据"的规定

民事再审程序中"新证据"问题,一直是法学理论界和司法实务界面对的热点和难点。1991年颁布的《中华人民共和国民事诉讼法》第179条将"有新的证据证明,足以推翻原判决、裁定的"作为5种应予再审的情形之一,但对何为"新证据"民事诉讼法没有详细规定。1992年颁布的《最高人民法院关于适用〈中华人民共和国民事诉讼法〉若干问题的意见》中,对此也未做进一步的解释。2001年制定的《最高人民法院关于民事诉讼证据的若干规定》(以下简称《证据规定》)第44条第1款规定:"《中华人民共和国民事诉讼法》第一百七十九条第一款第(一)项规定的'新的证据',是指原审庭审结束后新发现的证据";第2款规定:"当事人在再审程序中提供新的证据的,应当在申请再审时提出。"但是该规定仍然较原则,没有明确界定。2008年4月1日施行的经修订后的民事诉讼法在规定民事再审事由时仍然沿袭修改前《民事诉讼法》第179条第1款第1项"有新的证据,足以推翻原判决、裁定的"的规定,未作出任何改变。2008年12月1日最高人民法院颁布施行的《最高人民法院关于适用〈中华人民共和国民事诉讼法〉审判监督程序若干问题的解释》分别在第10条和第39条对民事再审程序中新证据进行了比较具体的规定。《解释》第10条第1款对新证据列举了3种情形:(1)原审庭审结束前已客观存在的,庭审结束后新发现的证据;(2)原审庭审结束前已经发现,但因客观原因无法取得或在规定的期限内不能提供的证据;(3)原审庭审结束后原作出鉴定结论、勘验笔录者重新鉴定、勘验,推翻原结论的证据。第10条第2款则是视为新证据的规定:"当事人在原审中提供的新证据,原审未予质证、认证,但是足以推翻原判决、裁定的应视为新的证据。"《解释》第39条的两款分别规定了"新的证据证明原判决、裁定确有错误的,人民法院应予

改判。"最高人民法院在 2008 年 12 月 11 日又发布了《关于适用〈关于民事诉讼证据的若干规定〉中有关举证时限规定的通知》（以下简称《关于举证时限规定的通知》），该《通知》第 10 条专门对如何认定新证据做出了补充规定，即认定新证据需要考虑两个方面的因素：一是证据是否在举证期限或《证据规定》第 41 条、第 44 条规定的其他期限内已客观存在；二是当事人未在期限内提供证据是否存在故意或者重大过失的情形。关于再审"新的证据"的规定，经过一系列司法解释的出台不断丰富和完善，为理论研究和司法实践提供了有利的法律支持。

三、检察机关启动民事抗诉再审程序对"新的证据"的界定

最高人民法院在《证据规定》中将再审中的新证据界定为"原审庭审结束后新发现的证据"，但对何为"新发现"却未予明确，《最高人民法院关于适用〈中华人民共和国民事诉讼法〉审判监督程序若干问题的解释》对"新的证据"作出了较明确的规定，结合两部司法解释，笔者认为检察机关抗诉再审"新的证据"包括以下几种情形。

（一）新发现的"新证据"

新发现的"新证据"指原审程序中客观上没有出现的、客观上不存在的证据，庭审结束后新发现的新形成的证据。新形成证据是否可以纳入再审新证据范围存有争议。有的观点主张，根据民事诉讼法的一般原则，当事人有责任对自己诉讼主张提供确实、充分的证据证明，法院有权根据现有的证据，根据举证责任的承担和证据证明力的大小作出判决，不可能要求法院依据当时尚未形成的证据作为判决的依据，更不能以将来形成的证据衡量先前法院作出判决的对错，因此，为维护司法判决的稳定性，将新形成证据完全排除于再审新证据之外。① 笔者认为这种后来发现的新形成的证据就目前我国诉讼机制来看，应该作为"再审的新证据"。因为诉讼法的灵魂毕竟是实体公正，如果将其排除在新证据之外，当事人又不可能另案起诉，因为法院很可能以同一事实和理由不能重复起诉为理由不予受理，又不可能通过法院对生效判决的补正来改变原有判决的错误，当事人的合法权益将处于真空地带，而得不到法律的保障和救济。维护存在严重实体错误的司法判决，不仅不符合公众正义观，也不符合诉讼制度根本目的——保护当事人合法权益，实现社会公正。因此，应将这种新发现新形成的证据作为抗诉再审新证据的一种，从而更好地保护当事人的合法权益，维护司法的权威和公信。《最高人民法院关于适用〈中华人民共和国

---

① 董映霞：《试论新的证据》，载《山西政法管理干部学院学报》2002 年第 4 期。

民事诉讼法〉审判监督程序若干问题的解释》肯定了这种情形，第 10 条第 1 款第 3 种情形规定，原审庭审结束后原作出鉴定结论、勘验笔录者重新鉴定、勘验，推翻原结论的证据。

（二）新发现的"旧证据"

新发现的"旧证据"指原审庭审结束前虽然已经出现，但在通常情况下，当事人无法知道其已经出现的证据，庭审结束后才发现的证据，即新发现的原先就存在的证据。这种证据应该是最严格意义上的再审新证据，因为法院作出判决时，该证据就已经客观存在，只是由于当事人没有过失的不知道该证据客观存在，后来才发现，以至于法院作出了错误的生效判决。对于这种"新的证据"，我们应该明确以下几点：（1）事实上证据是不断被发现的，而不是在起诉或应诉时当事人能将所有的证据材料都收集到的；对于当事人在当时无法知道证据存在，后来才发现的证据，在程序设置上予以必要的事后救济是应该的。目的在于诉讼程序正义下兼顾实体公正，实现价值平衡。（2）此情形认定为"新的证据"与最高人民法院的《证据规定》规定的举证时限制度并不矛盾，举证时限制度的目的是为了杜绝当事人滥用诉权、故意拖延诉讼、搞证据突袭，严重浪费司法资源的情况发生。而当事人由于客观原因不知道证据的客观存在不属于上述情形，没必要以证据失权来惩罚当事人，并且当事人在主观上也没有最高人民法院《关于举证时限规定的通知》规定的当事人不能在规定时间提供证据具有故意或重大过失情况存在。（3）如果单纯为了维护司法效率、程序正义而认定证据失权，当事人的合法权益将得不到法律上的保护、错误的判决得不到纠正，基于当前司法制度国情和公民的法律观念很容易引起当事人不停的申诉，甚至缠诉、上访，《最高人民法院关于适用〈中华人民共和国民事诉讼法〉审判监督程序若干问题的解释》第 10 条第 1 款规定的"原审庭审结束前已客观存在的庭审结束后新发现的证据"即是对此种新发现的"旧证据"的确认。

（三）原审庭审结束前已经发现，但因客观原因无法取得或在规定的期限内不能提供的证据

证据未能在举证期限内提出，可能是当事人的主观原因造成的，也可能是客观原因造成的。客观原因是指客观上外在的不能克服的因素导致当事人未能在原审规定的时间提交证据。这种客观原因造成当事人庭审结束后提供的新证据视为在审"新的证据"。主观原因主要是指当事人故意或过失不提交证据，如当事人故意不提交的证据，或者原审中已经知道存在的证据，但未能充分认识到该证据的重要性和关联性而没有提交。依据最高人民法院《关于举证时限规定的通知》的规定，即认定新证据需要考虑当事人未在期限内提供证据

是否存在故意或者重大过失的情形。对于这种情形，从贯彻举证时限制度的要求看，当事人逾期提交这样的证据，显然不能作为新发现的证据，应当受到证据失权的制裁，否则规定证据失权就毫无意义。只有这样，才能防止有些当事人恶意利用新证据制度，拖延诉讼，这也充分体现了"新的证据"规定在保障司法公正和维护裁判的稳定性之间的一种平衡作用。①

（四）可以视为新的证据情况

《最高人民法院关于适用〈中华人民共和国民事诉讼法〉审判监督程序若干问题的解释》（以下简称《解释》）第 10 条第 2 款规定："当事人在原审中提供的主要证据，原审未予质证、认证，但足以推翻原判决、裁定的，应当视为新的证据。"适用最高人民法院《解释》必须具备 3 个条件：（1）当事人在原审中提供了此主要证据；（2）当事人提供的证据在原审中未予以质证、认证；（3）当事人提供的证据足以推翻原判决、裁定。"视为新的证据"的规定实际上是对前面《解释》规定 3 种具体"新的证据"的补充。意思是指庭审结束前已经发现的证据，只要是当事人对该证据进行了提交，且该证据是主要证据，具有足以推翻原判决的证明力，而法院没有对该证据予以质证、认证。法院再审程序中也应该把他们看作是新的证据。具体情形包括：（1）一些当事人在超出举证时限后提供了重要的证据材料，而另一方当事人则以超出举证时限为由不予质证以致法院未在判决、裁定中加以认证。（2）法官个人的原因，如非法剥夺了当事人举证的权利、主观上认为该证据不重要，从而对该类证据未予质证、认证。对于第一种情形，如果是由于当事人一般过失或轻微过失或者其他客观原因而逾期举证，法院未予组织质证、认证，应当视为再审的新的证据。如果是因为当事人由于主观故意或重大过失而逾期举证，法院未组织质证、认证。即使该证据具有推翻原判决的证明力，根据最高院《关于举证时限规定的通知》第 10 条规定，也不能视为再审"新的证据"。

四、"足以推翻原审判决"的认定

上面对于何为抗诉再审的"新的证据"进行了界定和分析，但是有了上面的"新的证据"并不一定能够启动抗诉再审程序。当事人提出新的证据，要能够证明原审裁判认定事实或适用法律存在错误，应作重大调整时，才能够启动再审程序，所以法律规定了"有新的证据，足以推翻原判决、裁定的"才是提起抗诉的法定条件，新的民事诉讼法规定只有足以推翻原判决、裁定的

---

① 姜龙、马忠瑜：《民事再审程序中"新证据"规定的不足与完善》，载《山东审判》2006 年第 3 期。

新证据才能作为抗点，① 笔者认为，立法目的应该是为了说明作为抗点"新的证据"应该具有极强的证明力，其证明力应该强于法院作出判决所依据的证据的证明力。检察机关面对的是原审裁判依据证据与新证据之间的矛盾，同样需要依据双方当事人证据证明力的大小进行裁量，就新证据与原审证据对争议事实有无证明作用及证明作用大小作出判断。只有在新证据的证明力大于原判决、裁定所依据的证据证明力的情况下，才可以认定新的证据"足以推翻原有判决、裁定"。

　　综上，笔者认为作为检察机关提起再审抗诉事由之一"新证据"具有如下属性和特征，第一，从再审新证据提交和发现的时间上看：首先，再审新证据一般是申请再审时新提交的证据，视为新的证据的情形除外。其次，再审新的证据一般是指新发现的证据，这种新发现的证据可以是原来就客观存在的证据，也可以是原审结束后新形成的证据。第二，从再审新证据作为证据的本质属性上看：首先，再审新的证据应当客观真实并且是关键的、重要的证据，应当具有极强的证明力，即能够达到"足以"推翻原判决、裁定的证明标准。其次，民事再审程序是在原审诉讼基础上的延续和补充，是相对于一审、二审常规程序的特别救济程序，再审新证据与原审诉讼应当具有不可分性。第三，从再审新证据提交者主观因素上看，提交新的证据的当事人在原审不能在规定期限提交证据主观上必须没有故意或重大过失。

---

① 付婷婷：《民事再审启动事由中新证据的界定》，载《山西政法管理干部学院学报》2008 年第 2 期。

试论当前形势下渎职侵权案件
侦查与预防的制度完善*

陆　萱

当前，在国家权力配置和运行的许多领域，国家机关工作人员渎职侵权犯罪呈现出逐年上升的趋势。这种严重的腐败行为，既影响着国家的政治稳定，也对国家应对金融危机和社会经济发展产生极大危害。因此，能否在查处渎职侵权犯罪案件上取得突破，不仅是反渎职侵权部门面临的一项重要任务，而且是检察机关适应当前形势、维护大局稳定、促进经济发展、保障司法公正的迫切需要，如何从检察工作实际出发，进一步完善渎职侵权案件的侦查和预防对策，是检察机关急需解决的一项重大问题。

一、当前渎职侵权犯罪案件的特点及趋势

（一）权钱交易越发明显，与贪污贿赂犯罪交织越发突出

国家机关工作人员利用手中职权为他人谋取私利，从而获得金钱或其他物质利益。这种通过权力和金钱的交换，以牺牲国家或集体的利益为代价，来满足个人或小团体的贪欲的拙劣行为，既是渎职侵权犯罪本身的特殊性决定的，也是这个时代经济、道德和个人心理的集中反映。① 特别是当前金融危机带来的经济颓势，导致诸多企业面临的生存困难不断加大，当政府为抵御冲击和拉动内需进一步扩大投资规模后，一些力求生存的企业会通过加大与政府部门的疏通和联系力度来获得相应的财政支持以缓解自身的生存压力。因而政府公职人员在行使权力的过程中极易滋生腐败，出现权钱交易，进而导致公权力的过度使用和职权的滥用，致使该领域贪污贿赂及渎职侵权犯罪案件频发。

---

* 本文获 2009 年全市反渎部门征文二等奖。作者简介：陆萱，天津市人民检察院第二分院反渎职侵权局干部。

① 曹元义：《渎职侵权案件侦查对策研究》，黑龙江大学 2006 年硕士学位论文。

（二）司法不公渎职侵权案件成为社会关注焦点

在政府大规模动用公共财政以拉动内需的政策带动下，社会经济活动会再度活跃起来。这种客观经济状况，会使司法不公渎职侵权犯罪的诱发性加大，更多地出现司法机关滥用司法权、越权插手经济纠纷、非法干预正常经营活动等扰乱正常经济秩序的渎职侵权犯罪。有些司法人员会利用职务之便在各个诉讼环节弄虚作假，包庇犯罪。还有些司法人员甚至与非司法人员乃至黑恶势力相勾结，沆瀣一气，严重败坏司法队伍的声誉和形象。司法人员渎职侵权犯罪案件的不断增加和造成的严重后果不可忽视并已经成为社会关注的焦点。

（三）渎职侵权犯罪已渗透到社会各领域，犯罪手段更加隐蔽

当前，检察机关查办的渎职侵权犯罪案件几乎涉及所有的党政领导机关、司法机关、行政执法机关、经济管理部门等各个领域，而且犯罪主体都是国家机关工作人员，他们的文化素质、社会地位较高，社会接触较多，其作案手段都十分狡猾，具有极大的隐蔽性。此外，其中有相当一部分是领导干部，他们位高权重，社会影响大，活动能力强，有些司法人员还精通法律和侦查谋略，具有很强的反侦查能力。

二、当前制约渎职侵权案件侦查的主要因素

检察机关内部的侦查部门与公诉部门之间缺乏一致性的证据标准和案件质量标准，是导致犯罪案件撤案、不起诉及产生无罪判决结果的重要原因。在案件的侦查阶段，反渎职侵权部门往往使用其侦查策略及侦查技巧突破案件，其注重的是"破案"，强调的是侦结率和立案率。相对于此，侦查部门的证据意识和程序意识则较为薄弱，案卷材料中物证、书证等相关证据及其他辅助性证据与言词证据相比较，也显得苍白无力。而公诉部门对提起公诉案件在证据标准的把握及审查运用证据等方面的要求相对严格，其把握的案件质量标准是法院对其提起公诉的案件是否作了有罪判决。由于"侦诉"双方对证据及案件质量的把握重点不同，而且双方缺少及时有效的沟通协调，极易造成案件在审查起诉阶段就由公诉部门做出不起诉决定，即使公诉部门要求侦查部门进行补充侦查，但由于已经丧失了最佳取证时机难以获取有力证据，经常出现补侦质量不高的情况，提起公诉后产生无罪判决结果也就成为必然。

由于"侦诉"两个环节没有共同的证据标准机制，造成侦查部门在查办职务犯罪案件过程中"口供"本位思想严重，言词证据被严重扩大化，导致犯罪嫌疑人翻供和证人翻证的情况时有出现，造成渎侵犯罪案件的成案率偏低。渎侵案件的性质决定了侦查人员获取案件直接证据具有相当大的难度，因此办案人员往往把主要精力放在提取犯罪嫌疑人及证人的口供上，造成言词证

据在证据环节中占有相当大的比例，而正是这种具有极强易变性的言词证据，容易导致犯罪嫌疑人在畏罪惧罚的心态干扰下，表现出"拒供"、"翻供"，证人也会在"趋利避害"的本能驱使下，出现"拒证"、"翻证"。整个案件的突破对"口供"的依赖严重。侦查部门在突破案件过程中对"口供"的过份依赖，不易形成"牢不可破"的证据链条，自然就不能把案件办铁办实，进而影响案件质量，影响渎职侵权犯罪案件侦查工作的整体推进。

渎职侵权犯罪案件的技术侦查由政策向法律的转化滞后，造成技术侦查缺乏必要的法律依据，影响技侦手段在查办案件中的有效实施及其特殊优势作用的发挥，不利于侦查工作长期深入地开展下去。技术侦查是指采用秘密手段或其他高科技手段获取与犯罪有关的言词及其他信息的一种侦查手段，包括秘密监听、电子跟踪等。随着法治化进程的加快，技术侦查工作依靠的传统政策优势已逐步丧失，亟须法律的支持和保障。而我国现行的刑事诉讼法对于技术侦查均没有明确规定，国家安全法和人民警察法只赋予国家安全机关和公安机关可以行使技术侦查权。检察机关在侦查活动中有必要采取技侦措施时，需经严格手续审批，由公安机关协助进行。而检察机关查办的渎职侵权犯罪的犯罪主体和案件性质都极其特殊，对技术侦查的要求也要高于普通刑事案件，且时效性明显。这种配合使用技侦措施的方法极易贻误战机，而且明显不适于当前渎职侵权犯罪侦查工作的规范化要求和规范化程度。此外，通过技侦手段获得的材料尚不能堂而皇之地走进审判程序，也在很大程度上影响了技侦功效的发挥。上述问题如果不能够尽快通过立法加以规范和改进，势必会使极具特殊性的渎职侵权犯罪的查办和惩治受到一定的影响。

当前侦查的人才资源配置和人员结构设置尚不科学，不能够充分适应检察机关所面临的高智商型、多领域型和跨行业型的渎职侵权犯罪呈高发态势的严峻形势。目前渎职侵权犯罪侦查人员的知识结构多为单一的法律法学专业知识，严重缺乏拥有其他领域的相关知识和特殊技能的侦查人才。而新形势下的渎职侵权犯罪所涉及的行业已经包括了公安、法院、工商、税务、海关、交通、土地、环保、林业、金融、财务、证券、外汇、商检及其他数十个系统领域，而且多为高智商型犯罪，作案手段极其隐蔽，并具有极强的反侦查能力。而其中诸多行业系统的专业知识并不是经过短期培训就可以掌握的，很多技能的培养需要经过长期的系统学习和专业培训才能完成。在检察机关的反渎职侵权部门，由于这种掌握专业技能的专家型人才和多面手型的复合型人才的严重匮乏，从人员机制上大大抑制了侦查工作进一步向技术高端化和人才精英化发展的进程。

三、对当前职务犯罪侦查及预防机制的完善对策

（一）积极探索"侦、捕、诉"三部门协调配合的新举措，统一渎职侵权犯罪案件证据的参考标准，为侦监环节强制措施的正确使用和公诉环节有效证据的审查和合理使用打下坚实基础

1. 在侦查活动中，要努力转变思想观念，不断适应新形势的发展需要。要牢固树立协同作战的一体化侦查理念，强调"内部整合"，提升整体作战能力。而侦查监督及公诉部门适时介入渎职侵权犯罪案件侦查、适时引导取证方向是当前刑事诉讼的大势所趋，同时也是适应当前庭审模式改革的需要，因此，强化与侦监、公诉部门的配合与监督是提高查办案件质量的必要手段。在协同作战的大格局中，侦查监督部门及公诉部门的视野要向前延伸，从立案、逮捕时就要派员提前介入，反渎部门的视野要向后延伸，案件侦查终结后，侦查人员在开庭之前要参与提讯犯罪嫌疑人，配合公诉人完成公诉任务。

2. 要与侦监、公诉部门共同协商，就侦查环节证据的采集情况制定统一的证据参考标准，形成统一的证据标准制度。该制度不仅要对侦查部门相对重视的"口供"，即言词证据进行规范，也要对书证、物证等关键性证据和辅助性证据提出明确要求。要从证据的客观性、关联性、合法性和有效性等诸多方面进行合理规范，与适用强制措施和公诉部门审查证据的具体要求互相衔接，达成统一。证据的高质量，从客观上提高了职务犯罪案件的质量，降低了公诉部门的退补侦查次数，进而提高了办案效率和庭审后的有罪判决率。对于查办的重特大疑难案件，还可形成由侦查部门和侦监、公诉部门互相听取意见的案件讨论会制度，确保案件质量，把案件办铁办实，经得起历史的考验。

3. 建立侦查人员旁听庭审制度，要求侦查人员对自己办理的案件，在法院开庭审理的时候必须到庭旁听审理过程。在旁听过程中，侦查人员可以直观地感受控辩双方对案件事实和证据的辩论，有效增强庭审意识和证据意识。在收到判决后，通过认真分析判决书认定的事实、采信的证据、适用的法律与移送起诉、提起公诉阶段的相同和不同之处，更好地把握公诉标准和判决标准，促进侦查水平和侦查质量的提高。

（二）努力适应新律师法给反渎职侵权工作带来的新挑战，牢固树立证据观念，强化证据意识，确立供、证并重的侦查思维模式，保障和促进渎职侵权犯罪侦查工作的深入健康发展

1. 新修订的律师法实施以后，律师享有了更加广泛的取证权，有些证据会涉及案件的定罪和定性，而且律师介入侦查的时间也将提前到嫌疑人第一次接受讯问之日。侦查人员传统的过度依赖口供的办案形式，将不再适应新律师

法实施后所面临的新挑战。进一步强化证据意识，全面收集证据，用"由证到供"、"供证并重"的侦查思维模式来指导办案就显得尤为重要。要做到这一点，首先就要将侦查工作的重心前移，更加注重案件的初查工作，有效防止律师介入后对案件造成的不利局面。侦查人员在初查期间，要以证据参考标准为依据，注重对物证书证的采集，以此来确认犯罪事实和证实言词证据的真实性。要力争在初查期间查清犯罪事实，力争主要证据达到起诉标准。立案后，要理顺供、证思维，重视首次取证、首次讯问，重视关键证据的固定。通过对证据的采集、固定、审查、甄别形成具有整体性、客观性、关联性、有效性的证据锁链，以此来验证犯罪嫌疑人口供的真实性，切实做到"供证并重"，使侦查人员对案件的定性和定罪占于主导地位。

2. 要充分重视首次讯问。它是侦查工作中由初查到立案，由秘密到公开的转折点，是与犯罪嫌疑人进行的一场面对面的斗争，是推动侦查工作全面展开的重要开端。渎职侵权案件的犯罪嫌疑人绝大多数是国家机关工作人员，这些人一旦被拘捕，会形成强大的心理落差，其心理活动会十分激烈，思想状况也处于惊慌混乱之中，还不可能设计出一套成熟的办案方法，因此审讯人员较易突破。另外，这些犯罪嫌疑人的社会能量大，一旦首次讯问失败，他们在羁押过程中会利用各种关系与外界取得联系，毁灭罪证，甚至互相串供，导致审讯难度加大，甚至使案件流产。同时，在审讯中要适时地使用证据，做到适时抛证，以突破受审人的侥幸心理防线。渎职侵权案件证据获取十分困难，在使用证据时应选择最佳时机，尽可能让其发挥最佳效能。例如在受审人供述犹豫不决、极力掩盖事实真相时，在受审人心存侥幸避重就轻时，或者受审人气焰嚣张、死顶硬抗时，如果此时抛出强有力的事实证据，就可能在心理上造成受审人防御体系的混乱和动摇，改变其抗拒的心理倾向，被迫交代全部罪行。因此，充分利用并认真做好将犯罪嫌疑人拘留、逮捕后的第一次审讯，是迅速查明案情，促使犯罪嫌疑人交代罪行的有利时机。

3. 在律师提前介入犯罪案件侦查的不利因素影响下，渎职侵权犯罪案件侦查的组织指挥所面临的风险型决策将会增加。因为在多数情况下，侦查人员不会再有充足的时间来收集到足够的证据。这就要求决策人员依据职业判断做出风险型决策，即放弃侦查或者继续查办。因此，决策人员要做出正确决策，就要在侦查取证中注意风险的防范。侦查人员要仔细审查证据，特别是辅助性证据是否充分发挥了它对主要证据的证明力。另外，公诉部门对案件证据的审查，要针对现有证据链条中衔接不够紧密的证据缝隙提出弥补意见，例如对嫌疑人和证人翻供翻证出现的证据裂缝，要与侦查部门互相协调，提出具体的弥补意见，需要退补侦查的，要制作详细的退查提纲，提出具体明确的补充侦查要求，促使侦查部门有的放矢，准确弥合证据裂缝，保证证据质量和案件质量。通过证据上的风险防范，便于组织指挥者做出正确决策，降低风险决策。

（三）通过立法规范技术侦查在渎职侵权犯罪侦查实践中的使用权限，明确其使用范围、使用条件、使用程序及使用效力，充分发挥技术侦查在职务犯罪侦查中的独特功效

当前的职务犯罪日趋智能化、技术化和网络化，嫌疑人作案手段隐蔽、串供、毁灭证据、伪造假证、转移赃物等反侦查活动极为普遍，新律师法的实施又为侦查工作带来了更大的难度和更多的挑战。而科技手段在职务犯罪侦查工作中的运用与现实工作需要还存在着很大的差距。因此，通过法律手段规范检察机关对科技手段的合理使用，进一步提高侦查能力和侦查水平，是适应新形势下反腐败斗争的迫切需要。（1）要依据惩治犯罪和保障人权相结合的办案方针以及宽严相济的刑事司法政策，确定技术侦查手段的使用范围，即针对社会影响极其恶劣的要案和重特大案件可适度使用技侦措施，达到快侦快结和及时消除影响的目的。（2）要明确技侦手段的使用条件，即针对难以突破的重大疑难案件，如果通过公开方式采集关键性证据的难度和风险较大，容易惊动犯罪嫌疑人的，可以利用技侦手段获取相关证据。（3）要确定严格的技侦措施使用程序和审批手续，严格约束因盲目追求成案率而随意使用技侦手段的急功近利的行为，避免因技侦手段使用不当造成的不良影响。（4）要特别明确技术侦查措施的使用效力，确定侦查活动期间通过技侦手段获取的相关证据方具有法律效力，既防止技侦手段在查办案件过程中的滥用，也有利于侦查人员在侦查活动期间收集证据和完善证据的能力提高。（5）技术侦查措施的合理使用，要达到其特有的使用功效。如进一步发现和扩大案件线索，获取最重要的关键性证据，打击犯罪嫌疑人的侥幸心理，这些都对案件的突破极为有利。

（四）完善渎职侵权犯罪防控体系和预防机制，形成规模化的社会性防控网络

1. 要强化检察机关对职务犯罪预防监督的手段，赋予检察机关对行业部门职务犯罪预防的检察权。[①] 目前，检察机关对预防职务犯罪的司法监督手段为纠正违法通知书和检察建议等，并不具有法律的强制效力，许多行政执法部门会因为一味追求效益和业绩而变相规避监督。因此，赋予检察机关对职务犯罪预防工作的检察权，对不合格的单位责令限期整改，使检察机关出具的评估意见与单位的政绩考核相结合，以确保职务犯罪预防的有效开展。

2. 检察机关内部要形成有机的预防整体和一盘棋的预防工作格局。检察

---

① 张武军：《预防职务犯罪工作机制的整体建构》，苏州大学 2003 年硕士学位论文。

机关的其他业务部门要努力提升预防意识和水平，不能把职务犯罪预防工作简单地排斥到预防工作部门，要把"预防"渗透到刑检和民事检察的办案过程中。例如在同涉案人员的谈话或发表公诉意见时或者民行检察在办理民事行政案件时，都可针对行政执法部门或司法部门的渎职侵权犯罪苗头提出预防意见。这些相对独立的预防意见可通过职务犯罪预防部门和反渎职侵权部门的整合分析，提出完整的预防方案，形成检察机关内部全面协作、及时到位的一盘棋预防格局。

3. 在渎职侵权犯罪高发和易发的行业领域形成规模化系统预防网络。在当前形势下，工程建设、土地管理、司法机关、行政执法部门等已成为渎职侵权犯罪的"重灾区"。检察机关要进一步明确预防工作的前瞻性，督促这些行业领域在其系统内建立和完善预防职务犯罪的组织机构，并根据其自身行业特点，从限制职能权限、规范审批程序等方面制定出制约渎职侵权犯罪的相关制度，把重点行业职务犯罪的事前预防放在重要位置，形成各行业系统内较为完善的职务犯罪预防网络。

4. 建立最基层的社区型宣传网络，形成社会化的教育和预防体系。职务犯罪的预防是一项复杂的社会系统工程，它需要整个社会各阶层、各领域、各部门的共同参与，并通过法律、机制和教育等多种手段和多种途径来进行综合治理。而渎职侵权犯罪相对于贪污贿赂犯罪来说，其社会认知度和关注度较低，因此，广泛开展社会化的预防宣传，让渎职侵权犯罪的成因和危害性的宣传内容走进社区，建立起最基层的社区型宣传和防控网络，既有利于扩大职务犯罪的预防面，又有利于发动群众积极发现和举报犯罪线索。这种做法不仅在一定程度上提升了全社会对渎职侵权犯罪的认知程度，而且促进了信息资源的有效整合，形成了整个社会对渎职侵权犯罪的打击合力。

渎职侵权犯罪的侦查和预防是一项系统工程，特别是当前金融危机形势下的渎职侵权犯罪又呈现出新的特点和新的趋势。检察机关如何以实现经济平稳快速发展的大局意识为基本出发点，从执法理念、领导水平、队伍素质、体制创新等方面严格履行法律监督职能，进一步完善和改进侦查和预防的整体机制，卓有成效地惩治和预防渎职侵权犯罪，是当前金融危机形势下检察工作的重中之重，并且仍需要我们付出更多的探索和努力。

法律论证理论在不起诉决定中的运用*

施长征

一、问题的提出

不起诉，是指人民检察院对公安机关侦查终结移送起诉的案件和自行侦查终结的案件进行审查后，认为犯罪嫌疑人的行为不符合起诉条件，而依法做出的不将犯罪嫌疑人提交人民法院进行审判、追究刑事责任的一种处理决定。[①]不起诉的法律效力在于不将案件交付法院审判，从而在审查起诉阶段直接终止刑事诉讼。

不起诉分为三类：法定不起诉、相对不起诉和证据不足不起诉。法定不起诉的适用情形之一为"情节显著轻微、危害不大，不认为是犯罪的"，检察机关如何适用这一法律规定？适用不当是否有放纵罪犯、任意出罪的嫌疑？相对不起诉的适用情形"犯罪行为情节轻微"的法条表述又当如何理解？检察机关绝对不起诉要有一种合法的理性的判断，对于相对不起诉的有一定的自由裁量权。检察机关做出的不起诉决定相当于一种准司法行为，直接使犯罪嫌疑人摆脱了被追究刑事责任的可能性，并且让相关被害人的利益诉求几乎被阻断。"法律的决定大多是在时间压力下做出的，但这种决定又不能是决定者无理性判断的体现"[②]，检察机关做出的不起诉结论应当是能够为犯罪嫌疑人、被害人、侦查机关（部门）接受并信服的，更重要的是，这种结论能经得起法律职业共同体的考问。"由于社会的价值趋向多元，价值判断的唯一正确性不复存在，因而推论能推出结论，但不一定能得出合理性，说服的压力胜于压服的

---

* 本文获中国法学会第四届中国法学青年论坛二等奖，第四届天津检察论坛二等奖。作者简介：施长征，天津市人民检察院第二分院公诉处干部。

① 陈光中主编：《刑事诉讼法》，北京大学出版社、高等教育出版社 2002 年版，第289 页。

② ［德］罗伯特·阿列克西：《法律论证理论——作为法律证立理论的理性论辩理论》，舒国滢译，中国法制出版社 2002 年版，第 3 页。

权力。"① 只有让案件当事人、利害关系人知道检察机关所做的决定是真正的"中道的权衡",而不是恣意而为的非理性决断,检察机关的决断才能具有权威性和公信力。方法论可以将国家权力的分立精确化,有利于平等对待和法的安定性,可以为裁决提供依据、为展开批判性论辩提供可能,有利于法律工作者自我认知、自我监督,确保法的内在道德②,通过程序和技巧昭示一种道德理念正是检察机关公正廉洁执法的最直接、最有效的步骤。

二、不起诉的"明希豪森困境"

德国当代批判主义法哲学家汉斯·阿尔伯特认为,任何科学的命题都可能遇到"为什么"之无穷追问的挑战,这个追问过程一直进行下去可能会出现三种结果:无限倒退、循环论证、武断终止,这三种结果被阿尔伯特称为"明希豪森——三重困境"③。不起诉作为一种法律决定(命题)同样难以逃脱同样的困境。请看下面案例④:

2005 年 3 月 7 日,犯罪嫌疑人李某与前妻孙某在中国工商银行金山石化经一路支行办理了 1 万元三年整存整取定期储蓄。当月 9 日,其擅自拿了该存单及孙某的身份证将 1 万元提取,后委托作假证的人制作了一张与该存单凭证号相同的假储蓄存单放于原处。2006 年 6 月 30 日,孙某委托现任丈夫吴某凭储蓄存单到原存入银行提取现金时,被银行工作人员发现该存单系伪造。7 月 2 日,李某到公安机关自首。

某市公安分局经侦查终结后,以犯罪嫌疑人李某涉嫌伪造金融票证罪,移送某市某区人民检查院审查起诉。在此案件处理上出现三种不同意见:第一种意见认为,犯罪嫌疑人李某的行为构成伪造金融票证罪,且应受刑罚处罚;第二种意见认为,犯罪嫌疑人李某的行为构成伪造金融票证罪,但犯罪行为情节轻微,且有自首情节,应当作相对不起诉;第三种意见认为,犯罪嫌疑人李某的行为属于情节显著轻微、危害不大,可不认为是犯罪,应作绝对不起诉。某市某区检察院按照第三种意见决定对李某做出绝对不起诉。

在上述案件中,任何一种决定都可能遭遇正当性追问。如对做出绝对不起

---

① 郑永流:《法律方法阶梯》,北京大学出版社 2008 年版,第 76 页。

② [德] 魏德士:《法理学》,丁晓春、吴越译,法律出版社 2005 年版,第 294、346、409 页。

③ 参见 [德] 罗伯特·阿列克西:《法律论证理论——作为法律证立理论的理性论辩理论》,舒国滢译,中国法制出版社 2002 年版,第 1—2 页。

④ 李培龙主编:《不起诉实务》,中国检察出版社 2008 年版,第 103 页。

诉的决定进行追问，可能出现以下结果：

1. 追问模式一

——为什么认定犯罪情节显著轻微？

——因为伪造金融票证的面额只有 1 万元，数额较小。

——为什么 1 万元就属于数额较小？

——因为法律规定 1 万元仅为起刑点。

——已经达到起刑点难道不应受到刑罚处罚吗？

……

结果：无穷倒退

2. 追问模式二

——为什么不构成犯罪？

——因为李某的犯罪情节显著轻微。

——为什么认为李某的行为属于犯罪情节显著轻微呢？

——因为李某的行为的社会危害性很小。

——为什么认为李某的社会危害性很小？

——因为李某的犯罪情节显著轻微。

结果：循环论证

3. 追问模式

——为什么认定不构成犯罪？

——因为犯罪行为显著轻微，且有自首情节，所以不构成犯罪。（书面形式已做出决定，追问无法继续）

结果：武断终止

不起诉作为一个法律决定，同样会遭遇"明希豪森困境"，如果检察机关走不出这个困境，各种解决不了的追问会以多种形式被表达出来，被害人可能会以非常规的方式对检察机关的公信力提出质疑，社会公众的舆论会形成对检察机关的巨大压力，社会矛盾没有得到化解而以另外的形式扩散。若想让检察机关所作的不起诉决定摆脱恣意、擅断的诟病，若想让不起诉的决定回归理性和确定性的轨道，在作不起诉决定时引入法律论证理论不失为一种有益的尝试。

三、不起诉的方法论转向：由司法三段论到法律论证

在 19 世纪欧洲法律与政治体系中，孟德斯鸠的分权学说占有支配地位，他的"完美法官就是自动售货机"的理论更为政治统治者所青睐，概念法学

的"体系雄心"① 就是为了实践上述的政治理想。概念法学的主要任务旨在形成一种抽象的概念体系,"它不仅能指示概念在整个体系中应有的位置,也能将具体的案件事实涵摄于法律规范的构成要件之下"②,立法者的任务是制定明确的法律规范,司法机关（包括审判机关和检察机关）是法律适用机关,司法机关没有"造法"的权力,司法者必须把他们面前的案件事实置于一般的法律规则之下,司法者唯有履行上述职责才能保证不同法的安定性,更重要的是保障国家权力配置的实现。三段论的推理是做出司法决定的最基本方式,几乎是唯一方式,三段论以其无可辩驳的"必然性"③ 使司法决断的确定性、正义性得以保障。

欧陆早已经历了法学思想的蜕变,法律公理体系之梦早已土崩瓦解,在对司法者的作用认识出现转变后而形成的法律论证理论和法学方法论已相当成熟。而在中国司法实务界,一种"法条主义"的思维模式仍很有市场,一个检察官或法官在做出某种法律决定时,必须寻找到一个法律条文或司法解释,这种思维大体上是没有错误的,但在面对疑难案件和临界案件时,这些遵奉法条主义的司法者顿时显得手足无措。处理疑难案件的能力才是真正体现司法职业水平的能力之一,而疑难案件往往涉及错综复杂的关系,存在多方的利益博弈,处理不好这些案件,各方当事人的诉求如果在"最后一道正义的防线"无法得到满足,一种矛盾隐患必然形成,社会矛盾会向无序化、散乱化的方向发展。

"没人能够在郑重其事地宣称:法律规则的应用只不过是在概念上形成的大前提之下的逻辑涵摄。"④ 法律事实不等于自然事实,法律事实毋宁一个基于法律实施而"建构"出来的事实,法律规范也不是直接适用,在适用前往往经过了司法者的解释过程,还要受到司法者"前理解"的影响,法律判断

---

① 参见徐国栋:《民法基本原则解释——成文法局限性之克服》,中国政法大学出版社 1992 年版,第 250—253 页。

② ［德］卡尔·拉伦茨:《法学方法论》,陈爱娥译,商务印书馆 2003 年版,第 42—43 页。

③ 关于三段论的必然性,可以参见 ［波兰］卢卡西维茨:《亚里士多德的三段论》,李真、李先焜译,商务印书馆 1981 年版,第 19 页。

④ ［德］卡尔·拉伦茨:《法学方法论》,商务印书馆 1975 年版,第 154 页。转引自［德］罗伯特·阿列克西:《法律论证理论——作为法律证立理论的理性论辩理论》,舒国滢译,中国法制出版社 2002 年版,导论第 1 页。

不是一个简单的逻辑涵摄，而是司法者的目光在事实与规范之间往返流转的过程。①

　　检察官在面对疑难案件时，尤其是在是否做出不起诉决定（毕竟这种法律决定在某种意义上意味着刑事诉讼程序的终结）的时候，想通过简单的三段论说理或者长篇烦冗的无逻辑论述来解决问题，根本就是不可能的。请看下面的案例：

　　某地殡葬场在火化死者某甲的尸体之前，某甲的家属发现，其眼睛被换成了一对假眼。公安机关侦查后认定，拿掉某甲眼睛的是死者生前住院的医院眼科副主任某乙。原因是，某乙在给氨水烧伤眼睛的患者做手术时，缺乏角膜源，于是就将某甲的眼睛摘下来，用其角膜材料为患者治病。某甲的家属报案后，经公安机关侦查终结，移送人民检察院起诉，人民检察院最后做出了绝对不起诉决定。②

　　当面对上述这样一个疑难案件，检察官在做出不起诉决定时，应当如何进行法律判断？三段论只是最后得出结论的一个框架而已，而在这个框架生成之前，必须经过一种合乎理性的法律论证，可以为司法者做出法律决定提供依据，也可以为法律职业共同体对这种决定进行评价提供可能，更为关键的是有利于司法者限制恣意并进行自我监督，确保法的安定性和正义的实现。

四、法律论证运用于不起诉决定的意义

　　在实践中，检察机关越来越注重在做出相对不起诉时的法律说理，相应的文书也不像以前那样简单，但长篇的法律说理并不等于严格的法律论证。"法律论证是法律应用过程中的论证问题，结论论证为核心，不关法学研究、立法、媒体等中的论证，其实就是司法论证理论。"③ 检察官在作不起诉的决定过程中运用法律论证，能够最大限度实现决定的正当性，从而在更大程度上实现结论的可接受性。

　　（一）在相对不起诉中运用法律论证确保不起诉决定的正当性，增强检察机关的执法公信力

　　在我国司法实践中，司法人员大多缺乏这种法律论证的训练，因而事实认

---

　　① ［德］罗伯特·阿列克西：《法律论证理论——作为法律证立理论的理性论辩理论》，舒国滢译，中国法制出版社 2002 年版，第 283 页。

　　② 参见宗建文：《刑法适用解释机制与刑事法制改革》，载 www. sopuk. com/Article/fxfl/xfa/Article_ 41728. html – 87k，最后访问日期 2010 年 6 月 19 日。

　　③ 郑永流：《法律阶梯方法》，中国政法大学出版社 2008 年版，第 76 页。

定与法律判断仅仅依赖直觉或依靠简单的逻辑知识，而这些都难以保证结论的正当性。① 法律论证理论能够为做出不起诉的决定提供一种"程序性的技术"（罗伯特·阿列克西语），大部分的法律论证理论都会提供一种论证的规则和形式，通过这种规则和形式，做出法律决定就不会陷入无根游移的说服当中。检察机关作为法律监督机关，必须依据法律，遵奉公平、正义之原则，保证做出的不起诉决定具有正当性。法律论证理论为检察官提供了一个思考的路径，避免陷入自然主义和直觉主义的泥潭，这样做出的结论可以经受法律职业共同体的充分检视，而这种论证方法的本身已经充分考量了各方的利益冲突、角色地位等尽可能多的因素。检察机关的执法公信力的形成不是靠法律监督的地位，也不能单纯依赖检察官苦口婆心的说服，执法公信力的形成依靠执法手段本身的科学性、合理性。

（二）在不起诉中运用法律论证理论提高决定的可接受性，能够最大限度做到"案结事了"，最大限度化解社会矛盾

当前，全国政法系统把社会矛盾化解作为一项重点工作，但如何把这项工作做好，尤其是在检察工作的各个环节如何实现化解社会矛盾，通过什么方法化解社会矛盾是必须要解决的问题。要在不起诉环节做到彻底的"案结事了"，就必须提高法律决定的可接受性。"法律命题的可接受性取决于证立的质量"②，一个检察官必须充分证立他所做出的决定使各方当事人、其他法律职业人甚至法律界所接受。我国司法系统承担的不是单纯的法律功能，检察机关及其他司法机关的工作要求实现法律效果、社会效果和政治效果的统一，尤其当事人充分接受检察官所做的决定非常重要，当事人的"不接受"是否向其他渠道以其他形式（如人身伤害、越级上访）转化是衡量社会矛盾化解程度的重要指标。以法律论证理论而做出的不起诉决定给各方当事人理性重构（rational reconstruction）的机会，各方当事人可以通过理性重构而评价检察官的决定，当事人只有知道检察官是怎么做出决定的，在检察官的决定过程中自己的利益如何被考量的，只要弄清了这些问题，通过一种理性重构的构成，各方当事人才能充分接受检察官所做的决定。

---

① 陈兴良：《刑法教义学方法论》，载梁根林主编：《刑法方法论》，北京大学出版社2006 年版，第 42 页。

② ［荷］伊芙琳·T. 菲特丽丝：《法律论证原理——司法裁决之证立理论概览》，商务印书馆 2005 年版，第 1 页。

五、如何在不起诉中引入法律论证理论

阿列克西认为法律论辩是普通实践论辩的特殊情形。普遍的实践论辩理论要解决的基本问题，其实就是"明希豪森困境"式的难题，即我们要证明一个规范性命题 A 是正确的，那么必须举出一个理由 N 进行说明，于是我们会继续追问或被追问：为什么 N 是正确的呢？我们会发现 N 又依赖于另一个理由 M，这样就可能出现无穷递归、永无止境的局面，伦理学的自然主义和直觉主义在面对这类问题时采用的是一种"决断的方式"，"它们在正面的意义上直白而毫不含糊地对上面这些问题作了回答"。① 如果伦理学的不可知论可以站住脚的话，那么理性的实践论辩理论似乎就多余了，而我们也回到了韦伯所谓的卡理斯玛型的统治方式。② 普遍实践论辩理论就要挽救这种不理性的决断方式。法律实践作为一种理性的决断方式，如果任由自然主义、直觉主义大行其道，依法治国的基础便荡然无存。法律论证理论，没有追求最终的客观的野心，但要保持对命题进行理性的证立，要做到这一点，最重要的方法就是发展出包含约束主体言语行为的理性规则与形式。

对于是否做出不起诉（包括绝对不起诉和相对不起诉）的案件往往是疑难案件（hard case），即往往无法妥善确定一个坚固的价值基点作为推论的起点，甚至涉及罪与非罪，罚与不罚的问题，因此虽然在做出决定的文书上，检察机关将案件涵摄在某个法律条文之下，但本案工作的核心已经不再是逻辑三段论上的"合法"，这种形式有效性也无法确保结论的正确性并最大限度实现法律决定的可接受性，因为在法规范之外已经包含了正当性考量，得到这一正当性的过程又来自于伦理学立场上的普遍实践论辩结构。下面，以一案例为分析样本，尝试在证立过程中引入法律论证理论。

（一）法律论证的对象

我们要认清哪些是法律论证的对象，我们不妨沿着法律适用的路径来进行操作分析。做出不起诉决定的过程就是一个司法过程，即一个司法者认定事实、寻找法律、解决纠纷做出裁判的过程。看似简单，实则很复杂。对于这个复杂的法律适用过程，德国学者在规范性裁决理论中给出了不同的图式，以德国学者魏德士的法律适用四步骤说为例：

---

① ［德］罗伯特·阿列克西：《法律论证理论——作为法律证立理论的理性论辩理论》，舒国滢译，中国法制出版社 2002 年版，第 41 页。

② See Max Weber, Economy and Society, 2 vols, edited by Guenther Roth and Claus Wittich, Berkeley: University of California Press, reissue, 1978. Vol. I, p. 215.

——认定事实

——寻找相关的（一个或若干）法律规范

——以整个法律秩序为准进行涵摄

——宣布法律结果①

魏德士归纳的四步骤基本概括了法律适用的全过程，但这四个步骤不是各自完全独立的，而是相互转换、来回穿梭的。本文重点在于探讨"通过法律的论证"，即狭义的法律论证，也即意味着自始至终必须坚持根据法律进行法律论证。

（二）法律论证的步骤

1. 对认定的案件事实进行论证，论证的主要任务是分析说明法律适用者认定的为什么是这样一些"案件事实"，而不是另外一些"案件事实"，在是否做出不起诉决定的过程当中，有关犯罪情节的所有事实都至关重要，能够证明犯罪嫌疑人实施犯罪的目的、动机、手段、危害后果及其犯罪后的态度等各方面的事实都必须予以关照②。

2. 对寻找出的法律规范进行论证，分析说明法律适用者找到的为什么是这样一些"法律规范"而不是其他的"法律规范"，这是司法过程中法律论证的核心，也是司法过程中法律论证的重点和难点，这方面的论证在阿列克西的法律论证理论中被称为外部证成。一定要注意在第一阶段和第二阶段并不是依据时间次第发生的，毋宁说司法者的目光在事实与规范之间往返流盼。以本文第二部分所举的案例为分析样本，第一种意见的内部证成三段论的结构是：

大前提 T1：伪造、变造金融票证，情节严重的，即伪造、变造金融票证面额 1 万元以上的，应当处 5 年以下有期徒刑或者拘役，并处或者单处 2 万元以上 20 万元以下罚金（《刑法》第 177 条，最高人民检察院、公安部《关于经济犯罪案件追诉标准的规定》第 25 条）。

小前提 T2：李某伪造银行储蓄存单，且面额在 1 万元以上。

结论 C：李某的行为构成伪造金融票证罪。

第一种意见的内部论证是最为常见的。但由于犯罪数额刚好达到法律规定的起刑点，即正好处在罪与非罪认定的临界点上，任何一个理性的司法者都不会单凭犯罪数额来对行为进行定性。

第二种意见是对李某的行为做绝对不起诉，其推理链条如下：

① ［德］魏德士：《法理学》，丁晓春、吴越译，法律出版社 2003 年版，第 296—297 页。

② 参见李培龙主编：《不起诉实务》，中国检察出版社 2008 年版，第 99 页。

大前提 T1'：情节显著轻微、危害不大的行为，不认为是犯罪（《刑事诉讼法》第 15 条）。

小前提 T2'：李某的行为所设计的伪造存单的面额刚到起刑点，但属于情节显著轻微、危害不大的行为。

结论 C'：李某的行为可不认为是犯罪。

上述的推理过程是在不起诉实践中普遍存在的，往往在以检察委员会为名义做出的不起诉决定书上展现得更加淋漓尽致，但很容易发现从前提 T1' 和 T2' 到结论在逻辑上并不是一个必然的推理，在这里面存在推理链条的断裂。所以在这里要想推理缜密，而不是形成看似武断的决定，必须在 T1' 和 T2' 之间引入外部证成。

大前提 T1'：情节显著轻微、危害不大的行为，不认为是犯罪（《刑事诉讼法》第 15 条）。

前提 T1'a：伪造金融票证情节显著轻微、危害不大的，不认为是犯罪。

前提 T1'b：伪造金融票证的数额达到法律规定处罚的数额，但其他情节显著轻微，主观恶性不大的，社会危害性小的，不认为是犯罪。

前提 T1'c：伪造金融票证的数额达到法律规定处罚的数额，只有犯罪数额符合法律规定，但具有下列情形的，可不认为是犯罪：（1）行为人伪造金融票证系初次；（2）行为人伪造票证系和其他事件前后关联；（3）行为人只有取得财产的故意，其行为并非直接指向社会主义市场经济秩序之法益；（4）赃款全部退赔，案件中没有实际的财产损失；（5）行为人主观恶性小，有自首情节的。

小前提 T2'：李某伪造金融票证的数额达到法律规定处罚的数额，但是初次伪造金融凭证，他的行为发生在与其前妻发生财产交接过程中，行为人只有取得一万元财产的故意，李某具有自首情节，赃款全部退赔。

结论：李某的行为不是犯罪。

以上的推理符合阿列克西的"（J.2.5）应最大可能陈述逻辑的展开步骤"的论证规则。但有人会质疑前提 T1'c 并不是一个符合（J.2.1）[①] 的普遍的规范性命题，而是完全从结论倒推出来的前提。其实前提 T1'c 的规范恰恰符合"相同问题相同处理、不同问题不同处理"的原则。根据 1998 年 11 月 4 日起施行的《关于审理盗窃案件具体应用法律若干问题的解释》第 6 条之规定，可以得出下述普遍性的规范：（1）犯罪数额达到起点不是认定罪与非罪的唯

[①] ［德］罗伯特·阿列克西：《法律论证理论——作为法律证立理论的理性论辩理论》，舒国滢译，中国法制出版社 2002 年版，第 276 页。

一标准。（2）即使犯罪数额达到起刑点，具有下列情形之一的，可以不作犯罪处理：①已满 16 周岁不满 18 周岁的未成年人作案的；②全部退赃、退赔的；③主动投案的；④被胁迫参加盗窃活动，没有分赃或获赃较少的；⑤其他情节轻微、危害不大的。司法机关在处理其他刚达到起刑点的案件时，在有相同的情形出现时，做出同等的处理是正确的。这种法律论证的过程不是完美的，但论证步骤尽量展开，减少推理的跨度，最终得出的结论是有相当说服力的。

3. 对寻找出的法律规范与认定的案件事实之间是否具有涵摄关系进行论证，目的是分析说明寻找出的"法律规范"与认定的"案件事实"具有对应关系，这方面论证的关键是找到"法律规范"与"案件事实"所共有的中间项。需要说明的是，论证"法律规范"与"案件事实"之间有无涵摄关系，须以整个法律秩序为基准，如对于本文第三部分所援引的案例，由于犯罪嫌疑人的行为涉嫌的罪名是唯一的，即侮辱尸体罪，所以如果最终涵摄关系不能成立，结合罪刑法定原则，即可做出不起诉决定。这是因为法律适用者是根据整个法律秩序，而不是根据某个具体规范的字面意义来处理他所面临的纠纷的，正如施塔姆勒所言："一旦有人适用一部法典的一个条文，他就是在适用整个法典。"①

六、不起诉相关的程序与制度的变革

在不起诉实践中引入法律论证理论，这种理论的运用有助于检察官做出理性的法律决定，但其运行的载体不能仅仅是检察官的思维过程，要充分发挥这种理论的实践效能，必须以特定的程序为运行载体。法律论证理论可以说是一个完全的舶来品，"德国基尔大学公法学与法哲学教授罗伯特·阿列克西于 1978 年出版的博士论文《法律论证理论》无疑是此方面的奠基之作。经舒国滢教授 2002 年译介为中文后，迅速被奉为国内论证研究之圭臬"②，在审判实务领域有引入法律论证理论的实例，但在检察领域引入这种理论，必须考量既有体制、政治压力、权力配置等检察领域所特有的环境要素，一种理论引入法律实践必须有容纳这种理论的"程序槽"。

---

① ［德］卡尔·恩吉施：《法律思维导论》，郑永流译，法律出版社 2004 年版，第71、73、74 页。

② 雷磊：《法律论证何以可能？——与桑本谦先生商榷法律论证理论的基本问题》，载《政法论坛》2008 年第 4 期。

（一）设置不起诉的公开听证程序

现在的不起诉的决定过程，几乎都由检察机关独自做出，当事人不参与这个决定的过程，但决定的结果却和当事人有直接的利害关系。所以，这里面存在一个悖论，检察机关希望当事人能够接受不起诉的结果，但当事人却不知道这个结果是如何形成的，这种程序设置本身是不科学的，"程序的正当过程的最低标准是：公民的权利义务将因为决定而受到影响时，在决定之前他必须有行使陈述权和知情权的公正的机会"。① 法律论证理论的渊源法律论证构建了一个民主商讨和开放式的平台，使"独白"走向了"对话"，让正义以看得见的方式得以实现。检察机关在不起诉的程序变革上，首先应采用不起诉的公开听证程序，或可以称为公开审查程序，整个法律论证的过程是展示在当事人和公众面前的。这种听证和审查程序类似一个庭审程序，检察机关是一个居中裁判者，而被告人、被害人其他利害关系人都有权参与到这个决定过程中来，发表自己的观点。当然这种改革不能一蹴而就，可以针对某类案件进行试点，之后再逐步推开。

（二）建立释明说理会制度

有一个事实不可否认，对于争议的双方来说，得到不利结果的一方总认为没有得到正义，即使整个程序是公开、透明的，司法者是公正执法而毫无偏见的。尤其就中国的政治法律环境来说，一个不接受法律决定的当事人，他们更容易通过其他渠道释放自己的不满并且执意追求他们自己认为的正义的结果。当事人不接受司法机关的法律决定而不断上访是中国政法系统的一种独有现象，是否存在上访、上访的次数、上访的层级直接成为司法机关工作成果的重要指标。即使在检察实践中引入法律论证，也不可能立马成为治疗上访顽疾的灵丹妙药，所以在引入了公开听证或审查程序之后，必须设置一个做出决定以后的程序，这个程序是一个当事人不满情绪、非法律诉求的容纳程序，这个程序可以起到对当事人的进一步诉求表达的缓冲作用。审判机关在这方面已经积累了有益的实践经验，释法说明会使不少处于萌芽状态的上访事件得以消隐。在不起诉程序的设计上，应该建立释法说明会制度，承办检察官应全面、彻底地对不起诉的决定做出说明，不但要剖析法理，更要结合案件自身特点，动之以情、晓之以理，让当事人接受不起诉的决定，做到口服心服，彻底把社会矛盾化解在检察阶段。

---

① 季卫东：《法律程序的意义——对中国法制建设的另一种思考》，中国法制出版社2004年版，第38页。

（三）建立案件回访跟踪制度

从实践来看，不少案件的当事人，尤其是被害人的家属，对检察机关所做出的不起诉决定当时是完全接受的，而经过一段时间又出现上访事件，给社会的稳定带来不和谐的因素。一个人一生中遭遇到刑事案件是凤毛麟角的事情，在经历过检察机关的处理之后，他当时可能完全接受检察机关做出的不起诉决定，但随着时间推移，当事人总会以回忆的方式复现案件的整个过程，有的当事人很可能会出现思想的反复，他们对正义的模糊认识会使他们对案件重新做出判断，而这种思想的反复很可能导致新的社会矛盾出现。不起诉是检察机关终结案件的一种方式，为了更好地、更彻底地化解社会矛盾，检察机关的工作不能止于法律决定做出之后，而是应当根据不同性质的案件，设置期限不等的案件定期回访机制，在一定的期限之内关注当事人的生活状况、心理状态，定期回访的频率应该随着距离做出决定时间的延长而逐渐递减。

七、结语

我国政法系统正在推进"三项重点工作"，检察机关必须有所作为，除了必须进行的宣传、宏观活动、宏大叙事、宏观话语之外，要使"三项重点工作"推向深入，并以此为契机使检察工作有所变革，从而积淀下来可以经久流传的体制性因素，最终依靠的是什么？笔者认为是精细的、科学的符合理性的法律适用方法和相应的程序设计。政治主题频繁变幻，而法律使命始终唯一，为了达至正义的彼岸，检察官应当找到自己方法论的基础。本文在不起诉的实践中引入法律论证，这并不是一种追捧热点的"光晕效应"的应景研究，而是试图在检察实践中注入更多理性、科学因素的尝试。检察机关作为法律监督机关，不能仅凭宪法上的定位解释自己的权威，真正的权威建立在理性商谈和科学决定基础之上。审判机关在司法实践中引入法学方法论、法律论证理论方面已经走在了前列，检察机关作为司法机关，也应当在不起诉、审查逮捕等环节引入科学的法学方法，不但能使检察工作回应不断变化的政治主题，而且可使检察事业得到可持续发展。

化解社会矛盾新举措——民事检察和解[*]

郭　锐

一、"民事检察"与"和解"

"和解"具体含义在我国法律并无规定。我国台湾地区"民法债编"第736 条规定："称和解者，谓当事人约定，互相让步，以终止争执或防止争执发生之契约。"由之可见和解即为当事人对自己的权利和义务作了重新分配的契约。根据和解发生在诉讼中还是诉讼外，分为诉讼和解和诉讼外和解。所谓诉讼和解指由双方当事人在法院民事诉讼过程中自主协商后达成和解协议，通过"合意判决"或记入法庭笔录的形式使协议具有执行力，争议得以消灭。虽然我国对此有规定①，但是此规定较笼统并不具体，所以实践中在诉讼过程中双方当事人达成和解协议法院往往动员当事人撤诉或者转化为法院调解的形式。诉讼外和解是指在人民调解组织、仲裁机构、行政机关及其他单位和个人协调下当事人在诉讼程序外达成的和解。但是在我国法律的相关规定中，有法院调解、人民调解、执行和解的相关规定，却没有出现检察机关和解的概念，而司法实践却又把民事检察与和解联系了起来。

检察机关通过对民事申诉案件审查后认为原判决程序违法或确有错误而提出抗诉的毕竟为少数，在经济发达地区抗诉比例更低。在司法实践中，有相当数量的民事申诉案件法院判决存在瑕疵但是却不符合抗诉条件不能抗诉，或者虽符合抗诉但是标的小、影响不大无抗诉必要，或者抗诉后社会效果不好会引起新的矛盾纠纷而不宜抗诉，因此如何采取合法有效的方式既达到抗诉的效果又解决当事人之间的纷争、化解社会矛盾，成为我们必须思考的课题。在司法实践中，民事检察工作引入和解制度来化解矛盾不失为一种有效的方法和途径。

---

　　* 本文获第四届天津检察论坛三等奖。作者简介：郭锐，天津市人民检察院第二分院民事行政检察处干部。

　　① 《民事诉讼法》第51 条规定：双方当事人可以自行和解。

检察机关申诉过程中双方当事人在检察机关的主持和见证下自愿达成和解协议，在目前司法实践中并没有一个统一的称谓。有人提议是在检察机关达成的和解，因此应该叫做检察和解。但是笔者认为这个概念有些大，没有正确反映出到底是民事检察和解还是刑事和解。第二种观点认为是在检察机关民行部门达成的和解，并且和解案件既包括民事案件也包括行政案件，因此叫作民行和解，笔者认为和解的概念不应包括行政申诉案件。第三种观点称作"申诉和解"，但是笔者认为此概念顾名思义应该包括当事人向法院、信访机构、人大等机构的申诉过程中达成的和解。第四种观点称为"民行调解"，笔者认为首先检察机关没有法律赋予的调解权不是矛盾纠纷专门调解解决机关，调解则突出了检察机关的主导地位，不符检察机关法律监督者的身份。综上，笔者认为称作民事检察和解更恰当。

有的学者指出民事检察和解的含义是指对于人民法院生效的裁判等法律文书，当事人一方不满向人民检察院提出抗诉申请，人民检察院在依法向人民法院提出抗诉前，主持双方当事人达成和解协议，从而暂时中止抗诉审查程序或暂缓提出抗诉的一种程序和过程①。笔者认为，这种定义虽然基本包括了民事检察和解的主要含义，但是不够周延。因为不一定必须是符合抗诉条件的案件检察机关才能主持和解。在法院判决存在瑕疵，未能解决纠纷但是不符合抗诉条件或者无抗诉必要的情形下，检察机关也可以主持和解工作。因此，民事检察和解的含义是人民检察院在办理民事申诉案件的过程中，对人民法院已经生效的民事判决、裁定认为确有瑕疵，但不符合抗诉条件的或者判决符合抗诉条件但无抗诉必要或者不宜抗诉，及符合抗诉条件但不存在原则性或重大错误的情况下当事人主动要求和解的，检察机关促使双方自愿协商，在公正、公平、合法的前提下，达成和解协议而结束申诉程序的一种办案形式。

二、民事检察和解的理论支持和法律依据

（一）"民事检察和解"不影响法院"既判力"

一些学者认为当事人在诉讼外可以和解，但是诉讼外的和解仅限于法院判决之前，如人民调解、仲裁调解、其他行政执法机关的调解，在诉讼中法院判决前也可以和解，但是在法院判决后，即法院对双方的权利义务有了明确的界定和划分后以司法判决的形式确定下来，就不能够和解，因为民事检察申诉和解，其具有重新确立当事人权利义务的功能，其确立的权利义务关系通常与生效民事裁判内容不同，因而也是对生效民事裁判既判力的侵害。

---

① 汤维建：《司法性质的特殊救济手段》，载《检察日报》2007年8月23日。

在民事申诉阶段即法院生效判决后，能否以法院判决确定的法律关系为和解的客体，是否会影响到法院判决的既判力？一般认为，既判力是判决实质上的确定力，是指确定判决对诉讼标的之判断对法院和当事人产生的约束力。对于既判的案件不得再为争执（即提出相异的诉讼主张），在制度上则体现为禁止当事人再行起诉（包括反诉），如再行起诉则应予驳回。这就是既判力的"禁止反复"的作用，其主要效果是禁止将已经法院判决的争执再次向法院提起，其本质为程序性的。① 但是判决的既判力不能解决当事人对实体民事权利义务关系的争议，因此，法院判决确定的法律关系如果在当事人之间存在争议，当事人仍可以通过和解解决，"只要是双方意思表示一致的产物，内容不违反法律和社会公共利益，就应当承认其法律效力"。② 双方当事人通过协商自愿形成了解决矛盾的方法，把问题解决了，其属于当事人意思自治和处分的结果，并不和裁判的既判力存在关系，更谈不上侵害。如果通过法院判决把张三与李四房屋继承纠纷的房屋确权给张三后，张三通过合法转让给李四，那么这是否否定了先前确权判决呢，是否影响既判力呢？显然不是，当事人有权处分已经判决确定的实体权利义务。如果李四不付钱，张三能否再告李四，是否违反一事不再理，显然不违反，因为诉讼标的变了。同理经法院判决确定的法律关系，当事人完全可以实体处分形成新的协议（包括和解协议），如果因为这个"协议"出现问题，当然可以此重新起诉，与先前诉讼标的已不相同，并不影响法院先前判决既判力。

（二）民事检察和解具有法律监督的性质

检察机关是国家的法律监督机关，这是宪法的定位，其职责是保障法律在全国统一、有效、正确地施行。其对民事审判活动的监督主要体现在对确有错误的民事裁判提出抗诉，促使法院再审纠正其错误。也就是说，检察机关本质工作是法律监督，监督的对象是法院对公权力的行使，有人提出如果有瑕疵或者错误的判决没有抗诉，而是通过民事检察和解解决了，是否与法律监督的职能相违背呢。

笔者认为，检察机关的本质工作是法律监督，因此我们所做的民事检察和解工作必须具有法律监督的属性。这也是民事检察和解与其他和解的根本区别点之一。民事检察和解只针对有瑕疵、有错误的判决，在此基础上又符合和解条件的申诉案件才进行和解。民事检察和解实际上改变了法院对当事人之间的

---

① 丁南：《论民法上的和解》，载《政治与法律》2004 年第 3 期。

② 王利明：《关于和解协议的效力》，载《判解研究》（总第 4 辑），人民法院出版社 2001 年版，第 49 页。

民事关系的调整，使当事人之间的权利义务关系有了新的内容，并且在达成和解协议后，将和解协议和对相关判决的检察建议送交原审法院，这无疑起到法律监督的作用，只不过是一种自治的、间接的、有弹性的法律监督形式。

（三）民事检察和解承载的是私权自治的理念

当事人意思自治原则是民法通则的一项基本原则，体现了当事人对自己的财产权益或人身权益有着充分的自治权利，不受外来干涉。《民事诉讼法》第13条规定："当事人有权在法律规定的范围内处分自己的民事权利和诉讼权利"，且无法律禁止当事人在民事申诉阶段和解。根据民法领域"法无禁止则自由"的原理，民事申诉案件的当事人，在向检察机关的申诉过程中，双方自愿改变原生效裁判确定的权利义务关系，达成新的权利义务关系，是当事人行使其权利的一种表现，体现了当事人对自己民事权利的处分，符合民法理论上的私权自治原则。

（四）民事检察和解是诉讼外的和解，本质上是民事契约

民事检察申诉是一个申诉程序，因此民事检察和解应属诉讼外的和解。[①]我国目前法律上未对和解的效力作出明确规定，因此出现两种不同观点：一种观点认为和解协议性质上属于契约，[②] 在法律上能够约束双方当事人，具有契约的效力。另一种观点则认为和解协议不具有合同的属性，因为其双方权利义务不具有对等性，而且合同目的是追求经济利益，而和解协议是为了解决纠纷。

笔者认为和解协议本质是合同，对当事人具有契约上约束力。达成的民事检察和解协议，是当事人对自己私权范围的民事权利的处分，虽然先前判决在实体上为当事人确定了权利义务内容，但这种权利在本质上仍为一种民事权利，权利主体完全可以依照自身意愿自主处分，[③] 因此，和解协议是当事人之间就变更其民事权利义务关系而达成的合意，只要和解协议是真实合法的，就应当承认其合同效力。当事人再以和解协议提出请求，并不构成同一事实的重复起诉。

民事检察和解协议虽然具有合同效力，但是达成的和解协议并无强制执行

---

① 赵芳芳：《化解社会矛盾的新路径——民事检察和解》，载《民行检察监督难点与对策研究》，法律出版社2009年版，第227页。

② 沈恒斌主编：《多元化纠纷解决机制原理与实务》，厦门大学出版社2005年版，第280页。

③ 丁亮华：《和解协议的效力及其救济——中国农业银行潍坊市奎文区支行与潍坊市农业机械供应公司借款合同纠纷案评析》，载梁慧星主编：《民商法论丛》（第38卷），法律出版社2007年版，第221页。

力，不能请求法院强制执行。当事人因履行和解协议产生纠纷可以合同纠纷再次起诉。民事检察和解的目的之一是尽快解决原审裁判所涉的纠纷，但双方因和解协议之违反而引发的新争执，如此，和解协议不仅没有解决纠纷，反而绕了一个圈之后又回到了原点。这显然与检察和解的目的是相悖的。因此，建议对检察机关达成的民事检察和解尽量引导双方当事人即时履行，以免日后产生纠纷。如果不能及时履行可以根据《民事诉讼法》第214条，引导双方去公证，公证后可以申请法院强制执行。

（五）民事检察和解的法律依据

《民事诉讼法》第211条规定："执行中，双方当事人自行达成和解协议的，执行员应当将协议内容记入笔录，由双方当事人签名或者盖章。"从规定可看出，双方当事人在法院执行阶段可以和解，但是检察机关的申诉阶段往往也处于法院执行阶段，因此，在检察机关和解包含了执行和解的意思，对该项法律规定也应适用，只是主持和解的主体发生变化，但并不影响其性质。最高人民检察院《关于执行〈中华人民共和国民事诉讼法〉若干问题的意见》（以下简称《意见》）第14条规定："人民检察院在审查民事申诉案件过程中，当事人有和解意愿、案件存在和解因素的，可以促成当事人和解，发挥民事行政检察维护司法权威、化解矛盾纷争、消除社会隐患、促进社会和谐的功能作用。"最高人民检察院《人民检察院民事行政抗诉案件办案规则》第22条规定："有下列情形之一的，人民检察院应当终止审查：……（三）当事人自行和解的；上述司法解释虽然没有具体规定和解的制度，但是也肯定了和解这种办案方式。"

三、民事检察和解的现实必要性和价值体现

（一）民事检察和解的必要性论证

1. 符合中央的司法政策和社会现实需要。周永康同志在全国政法工作会议上的重要讲话，明确阐述了新形势下政法工作发展的方向性、全局性和战略性问题，集中体现了对新形势下政法工作规律性的认识。讲话突出强调深入推进社会矛盾化解、社会管理创新、公正廉洁执法三项重点工作。最高人民检察院《关于深入推进社会矛盾化解、社会管理创新、公正廉洁执法的实施意见》强调建立健全检调对接工作机制。在依法履行法律监督职能的同时，建立依托"大调解"工作体系化解社会矛盾纠纷的工作机制。对民事申诉等案件，坚持抗诉与息诉并重，在查明事实、分清是非的基础上，积极支持和配合有关部门做好调解工作，努力促成双方当事人达成和解。民事检察和解机制就是在确保案件依法正确处理的基础上，主动把执法办案工作向化解社会矛盾延伸，防止

和克服机械执法、就案办案，努力实现案结事了，符合中央和最高人民检察院对民事检察工作的要求。

2. 民事检察和解是服务大局、构建和谐社会的需要，也是充分履行民行检察职能的需要。有效地化解矛盾、平纷止讼是检察工作服从于党和政府的工作大局，服务于社会主义和谐社会的必然要求和重要任务。检察机关在构建社会主义和谐社会中的职能要求民事行政法律监督不局限于监督法院的审判工作，还要通过办理申诉案件化解社会矛盾，促进和谐稳定。在检察实践中我们发现，即使原判决无明显不当，经过耐心疏导和劝解，个别当事人仍会认为自己的"合法"利益受损受到不公平的审判，而不断上访、申诉。更何况有些情况下由于法律的滞后和不周延、社会体制和机制某些方面不健全、不完善，及证据不足等客观因素造成对当事人不利的判决，当事人往往难以接受并对社会产生一定怨恨、不满和报复的想法，这种怨恨和不满给社会和谐带来极大的不安定因素。因此我们认识到除采用抗诉、检察建议等手段履行法律监督职能外，还必须积极探索新的工作方式以充分地履行检察职能，有效化解社会矛盾。民事检察和解正是在这种需求下应运而生，从案结事了的目的出发，促使当事人在完全自愿的基础上，达成和解协议，切实解决矛盾，定分止争。这种新型的办案模式，使一大批久诉不息的影响社会稳定的民事纠纷得到及时、准确、合法合理的妥善解决，既充分发挥了检察职能，又积极有力地促进了社会的和谐稳定。

（二）民事检察和解的价值体现

1. 民事检察和解的特殊价值——有利于化解社会矛盾。申诉案件双方当事人大多经历多次诉讼，矛盾较深，即使最终再审改判，也还涉及执行问题。而民事检察和解这种间接的、柔性的法律监督方式最大的优点就是充分尊重了当事人的意愿，和解协议应该最符合他们的利益需求，当事人能从内心接受协商处理的结果，和解协议也就能得到全面、及时的履行。故民事检察和解能以经济、友好、快捷的方式解决双方的纷争，真正做到案结事了，化解社会矛盾。

2. 民事检察和解外在价值——有利于提高司法效率。在我国现行法律框架下，民事行政申诉受法定诉讼程序的限制，一件案件要经过数次的重复审查，特别是一些两审终审的案件要经过基层检察院的初审，提出建议由上一级（市级或地级）检察院审查，上一级检察审查后，提请省级人民检察抗诉，经省级检察院审查认为，人民法院的裁判确有错误后，向高级人民法院提出抗诉。如此漫长的程序即使最后申诉人得到了判决往往也"事过境迁"。民事检察和解在较短的时间内能够快速解决争端问题，就可以避免司法程序带来的巨大人力、物力投入，有利于提高司法效率。

3. 民事检察和解核心价值——有利于实现当事人的合法权益。虽然民事检察监督的根本目的是监督法院判决、维护法律统一正确实施，并不是为了某一方当事人利益。但是民事和解这种非诉的柔性监督方式既达到了法律监督的目的，又在客观上维护了当事人的合法权益。如果我们只是因为不符合抗诉条件息诉，那么当事人某些合法的权益有可能受到损害，如果单纯抗诉，虽然达到了监督的效果，当事人仍有可能因为某些客观原因如证据问题而不能通过判决来实现自己的合法权益。而促成当事人达成彼此都满意的和解协议，既达到了法律监督的目的，又能够有效实现当事人合法权益。

四、民事检察和解的可行性论证

（一）当事人采取和解可能性分析

从中国传统文化看，中国崇尚"和为贵"，并且其自古以来就是我国的主流文化，古代的纠纷解决奉行无诉是求，历来倡导和为贵，民事检察和解在中国有着深厚的传统文化土壤，和解不仅符合社会大众的价值观念和传统意识，也体现了中华民族追求和谐的理念。

从诉讼过程看，在申诉过程中，经过法院的一审、二审甚至高院再审判决，双方当事人均已疲惫，申诉人对争取更大自身利益的希望已经不大，不再抱侥幸心理来希望实现最初的诉讼请求，对当初诉请肯定期望有所降低，而对方当事人很可能考虑到申诉人申请抗诉有可能拖延执行甚至可能改判或撤销原判而使执行无法进行。在这种情况下，双方当事人的利益发生了冲突，就有可能各让一步达成和解协议。

从判决实际执行情况来看，目前执行问题仍是我国司法实践的一大难题，很多民事判决不能及时有效的执行，这其中涉及多方面的问题，而且即使按照法院判决执行，双方当事人都有可能因执行或强制执行受到或多或少的损失，如果双方当事人能坐下来共同协商解决，则有可能达成一个双方都满意的和解协议，从而也避免了执行难的困扰以及强制执行带来的损失。

从某些案件和当事人的情况看，一些邻里纠纷、相邻关系、亲属之间的矛盾纠纷，双方当事人本来就有着某种特殊的关系，存在和解基础，如果达成和解不仅解决了纠纷，而且修补恢复了关系，达到"双赢"。另外某些案件的当事人之间并无多大矛盾，是因为一时想不开或者"争口气"、"好面子"而不断打官司，如果从人情世故方面多给当事人做些工作也是存在和解可能的。

（二）检察机关在实践中的成功探索

我院直面司法实践需要，以科学发展观为指引，深入推进社会矛盾化解、社会管理创新、公正廉洁执法三项重点工作，坚持将化解矛盾贯穿于民行检察工作始终，积极探索和实践民行检察全程和解工作，为建立、完善民事检察和解制度作出了积极努力。从去年开展和解工作以来，我院先后办理了张某诉其兄腾房申诉和解案、天津市城南供电公司诉赵某拖欠电费和解案、牟某租赁合同申诉和解案、吴某劳动争议申诉和解案等，这些矛盾纠纷都以和解的形式圆满解决，并且和解后没有出现缠诉、上访情况，根本性地解决了纠纷，均取得了良好的法律效果和社会效果。

五、民事检察和解的程序设计和检察机关的定位

（一）检察机关在和解中的地位和作用

在民事和解过程中，检察机关不代表任何一方的利益，和解的目的和出发点就是为了更好地化解社会矛盾、促进社会和谐。具体讲在民事检察和解中检察机关应当履行如下义务和职责。

1. 要履行告知义务。告知当事人双方在和解中的权利、后果，具体内容包括：告知当事人在和解中有与对方进行和解的权利、告知当事人达成和解协议的后果（即将变更生效判决书确定的双方当事人的权利义务，和解协议重新确定当事人的权利义务）、告知当事人不履行和解协议的后果（可能丧失申请法院执行判决的权利、可以以和解协议重新起诉、可以恢复申诉）。

2. 要履行审查之责。即对当事人和解意愿的真实性和和解协议内容的合法性进行审查。

3. 督促、协助和解协议履行的义务。应对双方当事人履行和解协议提供必要的法律帮助和支持。尽量使双方在签订和解协议时即时履行，以免后续产生新的纷争。

（二）民事检察和解的受案范围

检察机关受理的民事申诉案件，从裁判结果来看，大致可以分为以下几种：一是符合我国《民事诉讼法》第179条规定的情形之一，生效裁判确有错误的；二是生效裁判认定事实清楚、适用法律正确，程序合法的；三是生效裁判存在一定瑕疵，双方当事人的利益纷争未能圆满解决，但又不符合抗诉的条件。

对于第三类法院判决有瑕疵，但是不符合抗诉条件的案件可以适用和解，争议不大。但是对于前两类确有争议。先说第一类，有一种观点认为凡是符合抗诉的案件，检察机关必须抗诉，这是正确地履行法律监督职能要求，否则就是背离法律监督的含义，弱化了监督。笔者不同意上述观点，虽然抗诉是法律赋予检察机关一种直接的、有力的监督方式，但是并不能达到监督效果唯一的方式，在某些情况下从各方面效果来看也未必是最好的方式。符合抗诉条件的

案件也有很多种类，笔者认为也不是所有能抗诉的案件都可以采取和解的方式，对于那些存在严重错误，如重大事实认定错误、法律关系定性错误、法律适用错误影响当事人重大权益、遗漏应当承当责任的当事人、判决严重损害国家或他人利益的等等在这种情况下就不能适用和解来解决问题，必须采取强有力的监督方式维护法律统一正确实施。因为抗诉具有"刚性监督"的性质，它更能伸张正义，维护司法公正，增强法律监督效果。对于虽然原审裁判存在瑕疵，但标的较小、影响不大，无抗诉之必要的案件、原审裁判确有错误，但抗诉社会效果不好，或易引发新的社会矛盾和冲突，不宜抗诉的案件及非上述原则性错误下双方当事人主动要求和解的案件。对于这几类抗诉案件笔者认为完全可以采用和解的监督方式，好处有两方面：一方面回应了当事人的诉求，解决了他们之间的矛盾纠纷，符合化解社会矛盾、社会管理创新的要求。另一方面我们对法院存在错误的判决发出相应检察建议，并附上当事人之间的和解协议，又达到了法律监督的目的。

对于第二类法院判决正确的案件，能否适用检察和解，有不同的意见，一种观点认为可以和解，促成和解并不一定意味着生效裁判有错，而是案件双方当事人意思自治且达成一致，使原本的纷争得以平息，即达到了我们工作所追求的应有息诉效果。所以，这是一种息诉方法，在检察实践中可以适用。

另一种观点认为只要双方主动提出和解即可，因为生效的判决并不存在错误，所以检察机关不主动提出，如果当事人提出和解，检察机关没有必要约束当事人。

笔者认为对于法院正确的判决，检察机关不能做和解工作，即使当事人主动申请和解，检察机关也不应参与。因为对于正确的判决当事人可以自行和解、可以去法院作执行和解，唯独不能在检察机关做和解，这也是检察和解区别于其他和解的地方。因为检察机关的职能是法律监督、维护司法权威和法律统一，所以检察机关相关活动及社会管理创新也一定要有法律监督的性质，因此在检察机关的和解一定要体现法律监督的性质。对于正确的判决，我们的职责就是旗帜鲜明地维护，否则有悖法律监督的宗旨。如果检察机关参与并宣传了这种和解，想必会给人造成检察机关也是矛盾纠纷解决机关的误解，将来即使有了生效正确的判决，当事人也可能否定判决的效力纷纷而来检察机关要求检察机关做和解促和工作。所以遇到这种法院判决正确当事人要求和解的案件，检察机关可以让双方私下和解而不参与其中，或者引导当事人双方去法院执行部门和解。

（三）民事检察和解的原则

检察和解应当坚持当事人合法原则、自愿原则和公正原则。

1. 合法原则。一是民事检察和解的内容不得违反法律的强制性规定，不得损害国家利益、社会公共利益或他人的合法权益。二是检察机关引导当事人进行和解要严格遵守法律，不得对当事人进行欺诈，迫使其和解。

2. 自愿原则。民事检察和解，是当事人对自己民事实体权利和程序权利的一种让步与变通，有些甚至超出了当事人的诉请及裁判的范围。因此，民事检察和解必须充分尊重当事人意愿，自愿表现在三个方面：一是双方当事人自愿通过和解化解纠纷。二是和解内容自愿、真实。和解内容应当是当事人双方妥协让步，自愿达成的。三是履行的自愿。由于民事检察和解协议没有法律上的强制执行力，因此和解协议要自动履行。

3. 公正原则。公正原则是指在双方自愿、合法前提下，民事检察和解尽力做到公平、合理、充分、无偏私。检察机关在办案中要平等地对待双方当事人，充分听取双方的意见，不能是非不分、责任不明，造成新的不公，导致事后反复。

4. 民行检察和解的程序。（1）启动程序。民事检察和解自受理案件开始，至案件审结过程中的任何阶段均可进行。但是民事检察和解的程序如何启动，对于不符合抗诉条件的案件，笔者认为检察机关可以主动启动，因为检察机关没有别的方式能够更好地履行监督职责了，只能主动启动和解，积极引导双方当事人达成和解，从而履行检察职能。对于符合抗诉条件且属于和解受案范围的几类案件，对于其中标的小、影响不大无抗诉必要的案件（如双方当事人具有亲属关系、相邻关系等特殊关系）或者抗诉会造成新的矛盾、社会效果不理想的情况下（如涉及群体利益的，或者人数众多的共同诉讼、集团诉讼案件；涉及当地党委、政府工作大局，当地党委、政府等部门密切关注的案件）可以由检察机关主动启动民事检察和解这种方式来达到法律监督的目的。当然检察机关可以主动启动但是最终能否达成和解仍需以当事人自愿为前提。

对于其他一般符合抗诉条件且又属于和解范围的案件，是否启动和解，由检察机关告知当事人其有选择申请抗诉和申请和解的权利，由申诉人自己选择。因为和解是当事人的一种权利，申诉也是当事人的一种权利，把这种选择权赋予当事人，体现对当事人意思自治的尊重，同时避免过度主张和解，造成民事检察抗诉职能的弱化。

（2）审查程序。民事检察部门对民事检察和解的审查主要包括三个方面：一是对息诉和解主体进行审核。和解事项涉及当事人重大权利变动，一般应当由当事人本人、法人的法定代表人签署，代理律师参加的，应当有当事人的特别授权。二是对和解的内容审核。和解协议的内容必须符合法律、相关政策和社会公序良俗，不得损害社会利益和他人合法利益。三是和解形式合法有效，用词严谨、清楚，避免产生歧义。

（3）备案机制。双方当事人自愿达成和解的，在检察机关的主持和见证下由当事人自行拟定和解协议，笔者不建议检察机关以"见证人"或"主持人、调解人"的形式出现在和解协议上，以免有公权干预私权自治之嫌。息诉和解的过程应以谈话笔录的形式记录在案，和解协议应和相应的法律文书一同入卷。

（4）终止申诉程序。双方当事人达成和解协议后，根据最高人民检察院《人民检察院民事行政抗诉案件办案规则》第22条第1款第1项和第3项的规定，① 检察机关终止对该案的审查。检察机关按案件所处的阶段办理案件终结手续，并书面通知双方当事人。通知书送达双方当事人后，案件终结。如在受理阶段，应办理不立案文书，在立案审查和抗诉审查阶段，应办理终止审查决定书。

（5）和解协议达成后的送达。在检察机关达成和解后，是否要通知执行法院。笔者认为如果该案申诉时当事人已向法院申请强制执行，即已经进入到法院的强制执行程序，应通知法院从而结束执行程序。在这种情况下应该由申请执行人主动通知并撤回执行申请。因为执行是由当事人申请的，撤回申请终止执行也应由当事人行使。检察机关通知法院不能达到终止执行的目的。

（6）监督履行情况，确保和解案件的实际效果。民事检察和解协议的履行是整个和解工作的重要一环，检察机关在主持和解的基础上，还应积极督促双方当事人切实履行和解协议，尽量帮助当事人在履行过程中遇到的实际困难，确保和解协议的落实，最终达到化解社会矛盾、维护社会和谐稳定的目的。

（7）民事检察和解的救济。检察机关终结案件后，如果当事人一方不执行和解协议，申诉人又要求对原申诉案件重新审查的，检察机关应根据案件的不同情况来处理。一是对法院生效判决有误但不符合抗诉条件的申诉案件，对方当事人不执行和解协议且案件终结的，检察机关不再恢复对申诉案件的审查，可以告知当事人提起新的诉讼②。二是对法院生效裁判错误的、符合抗诉

---

① 《人民检察院民事行政抗诉案件办案规则》第22条规定："有下列情形之一的，人民检察院应当终止审查：（一）申诉人撤回申诉，且不损害国家利益和社会公共利益的……（三）当事人自行和解的……

② 有人认为就法院判决确定的法律关系达成和解后，不能就和解协议再起诉，违反一事不再审原则。笔者认为就原实体权利义务达成的和解协议已经不再是原来的法律关系，所以当事人在申诉阶段达成的和解协议起诉不属于一案再审的情况。

条件的申诉案件，对方当事人不执行和解协议的，检察机关可根据申诉人的书面申请恢复对申诉案件的审查，并按原终结阶段进行。如果是申诉人反悔再度申诉，要求检察机关重新受理，或要求检察机关重新回到原审理程序，除非有证据证实该和解协议是被欺骗或强迫而为，否则，检察机关不再予以受理。

综上所述，民事检察和解是通过检察实践探索出的一种行之有效的民事检察监督方法。它既有助于化解社会矛盾、维护社会和谐稳定，也有助于检察机关更好地履行法律监督职责维护司法公正，但是检察机关民事检察和解是一种法律监督性质的和解、有限度的和解，它有其单独的受案范围和条件，与息诉、抗诉共同发挥着各自不同作用，而不能相互混淆或者取代。

学习型检察机关建设的
理论要点和实践重点探析[*]

王宝强　张咏梅

　　党的十七届四中全会提出，世界在变化，形势在发展，中国特色社会主义实践在深入。不断学习，善于学习，努力掌握和运用一切科学的新思想、新知识、新经验，是党始终走在时代前列引领中国发展进步的决定性因素。《中共中央关于加强和改进新形势下党的建设若干重大问题的决定》明确提出，把建设马克思主义学习型政党作为重大而紧迫的战略任务抓紧抓好。把各级党组织建设成为学习型党组织，是建设马克思主义学习型政党的基础工程。以此类推，建设学习型机关、学习型部门和学习型干部队伍又是基础中的基础，关系到学习型政党建设的最终效果。因此，抓住学习型机关、部门和干部队伍建设这个基础和关键，结合机关各项工作实际和客观需要，深入理解、把握和探索、分析建设学习型机关的理论要点和实践重点，是将学习成果向实际效果转化的必然要求，本身就反映了理论联系实际、学以致用的马克思主义学风。下面，笔者就学习型机关建设的理论要点和实践重点进行尝试性的探析。

一、建设学习型机关必须把握的理论要点

（一）必须充分认识建设学习型党组织的重要意义

　　中共中央办公厅印发的《关于推进学习型党组织建设的意见》（以下简称《意见》）是对建设学习型政党理论进行全面系统总结归纳和提炼的重要文件，对建设学习型机关具有很强的指导性和可操作性。文件开宗明义，首先就深刻阐释了建设学习型党组织的重要意义。建设学习型党组织，是党始终走在时代前列、引领中国发展进步的重要基础；是党领导人民夺取全面建设小康社会新胜利、开创中国特色社会主义事业新局面的必然要求；是提高党的执政能力、

　　[*]　本文获 2011 年市直机关党委征文一等奖。作者简介：王宝强，天津市人民检察院第二分院政治部副主任；张咏梅，天津市人民检察院第二分院政治部组宣处副处长。

保持和发展党的先进性的紧迫任务。这是我们建设学习型机关首先应该牢记、理解和把握的理论要点。忽略了这一点，就不可能清楚明白建设学习型政党的提法从哪里来、到哪里去；就不可能有自觉参与其中的责任感、紧迫感；就不可能做到真正意义上的改革创新和科学发展；就不可能有效提高党的执政能力和永葆党的先进性。只有真正理解并领会了三点意义的深刻内涵，才能在思想上真正认同推进学习型党组织的基础性、必要性和紧迫性，对我们的行动起到引领和推动作用。

（二）必须明确建设学习型党组织的总体要求

建设学习型党组织的总体要求是：高举中国特色社会主义伟大旗帜，坚持以邓小平理论和"三个代表"重要思想为指导，深入贯彻落实科学发展观，全面贯彻党的十七大和十七届三中、四中全会精神，紧紧围绕党和国家工作大局，按照科学理论武装、具有世界眼光、善于把握规律、富有创新精神的要求，以提高全党思想政治水平为基本目标，深入学习马克思主义理论，学习党的路线方针政策和国家法律法规，学习党的历史，学习现代化建设所需要的各方面知识，不断在武装头脑、指导实践、推动工作上取得新成效。要大力营造和形成重视学习、崇尚学习、坚持学习的浓厚氛围，牢固确立党组织全员学习、党员终身学习的理念，建立健全管用有效的学习制度，使党员的学习能力不断提升、知识素养不断提高、先锋模范作用充分发挥，使党组织的创造力、凝聚力、战斗力不断增强。这段文字涵盖了建设学习型党组织应该遵循和把握的所有要点，如学什么、怎么学，学习的要求、方法和途径，学习的近期效果和长远目标等，必须作为建设学习型党组织的指导思想和科学依据学懂、弄通、用足、做实。

（三）必须掌握建设学习型党组织应当遵循的主要原则

主要原则包括：一要坚持解放思想、实事求是、与时俱进，用发展着的马克思主义指导新的实践。二要坚持理论联系实际的马克思主义学风，切实推动实际问题的解决。三要坚持领导干部作表率，调动广大党员的积极性和主动性。四要坚持改革创新，鼓励大胆探索。这四条主要原则笔者理解为是要求我们：学习内容要新、形式要新，学习要领导带头、要切实解决问题，理解吃透这4点，才能有的放矢地开展学习。

（四）必须掌握学习的主要内容

建设学习型机关，哪些方面的知识和素养是必备的，中央明确提出了要求：一是坚持用中国特色社会主义理论体系武装头脑；二是深入学习实践科学发展观；三是学习践行社会主义核心价值体系；四是学习掌握现代化建设所必需的各方面知识；五是学习总结实践中的成功经验。笔者认为，上述5方面的内容我们平时一直在学，但是系统性不够，专题性不强，没有形成清晰的理论架构和明确的思想定位，学习流于形式浮于表面，针对性和有效性不强，没能最大限度地发挥武装头脑、指导实践、推动工作的作用，是今后亟须改进和加强的关键问题。

（五）必须把握"学习型"的标志

建设学习型机关，必须坚持科学理论武装、具有世界眼光、善于把握规律、富有创新精神的要求。科学理论武装，是学习型机关的本质特征；具有世界眼光，是学习型机关必须具有的战略高度和宽广胸怀；善于把握规律，是学习型机关应有的科学态度和追求真理的精神；富有创新精神，是学习型机关必须具有的时代品格。这四点相辅相成，共同为建设学习型机关指明了努力方向和奋斗目标，也为衡量学习型机关建设成败与否提供了依据和标准。

二、建设学习型机关应该把握的实践重点

（一）树立良好的学习风气

党的十七届四中全会提出建设学习型政党，本身包含着转变学风的要求。学风，是指人们在学习过程中一贯表现出来的态度和行为。它包含3层含义：一是如何对待理论；二是如何对待实际；三是如何对待理论和实际的关系。学风问题，说到底就是对待马克思主义的根本态度问题。我们党一贯坚持和倡导的正确学风是理论联系实际的马克思主义学风。但是，不可否认，当前学风不正的现象也较为突出。如不思进取、碌碌无为，不愿学；各种应酬、忙于事务，不勤学；装点门面、走走形式，不真学；心浮气躁、浅尝辄止，不深学；食而不化、学用脱节，不善学等，这些现象在我院个别党员干部身上也不同程度地存在。从学习的组织者来看，也存在学习制度不健全或制度虽有但落实不好的问题；学习思路不开阔，形式单一、方法简单，激发学习动力招法不足的问题；学习热衷形式、讲阵势，但忽视效果和针对性的问题等。这些问题，都是与建设学习型机关要求相背离，需要重视并认真加以解决的。在建设学习型政党的大背景下，我们可以抓住契机，切实把马克思主义学风的要求重申并固定在党员干部的思想信念中，树立机关良好的学习风气。重点要在3个方面多下功夫：一是要在勤奋学习、善于学习上狠下功夫。教育党员干部把学习作为第一要务，牢固树立终身学习的思想，自觉养成勤奋好学的习惯，坚持用科学理论武装自己，用人类社会创造的各种知识充实自己，用实践和群众的丰富创造提高自己，努力在建设学习型机关中走在前列。二是要在学以致用、用有所成上狠下功夫。只有学以致用、用有所成，才能明确学习目的，端正学习态度，增强学习兴趣，提高学习效果。要教育党员干部充分认识到，当前对马克

思主义理论学以致用，最根本的就是用科学发展观统领各项检察工作，推动经济社会又好又快发展。三是要在开拓创新、与时俱进上狠下功夫。弘扬理论联系实际的马克思主义学风，根本的就是随着实践的不断发展，推进马克思主义理论创新。在理论指导实践过程中，实践无止境，创新就没有止境。要教育每个党员干部都充分认识自身担负的创新和实践的责任和使命，都自觉在马克思主义基本理论的重大突破中发挥积极的推动和促进作用。在学习内容上，不仅要向书本学，更要向实践学习，向群众学习。既要立足于运用马克思主义、毛泽东思想和中国特色社会主义理论体系，还要以我们正在做的事情为中心，更要研究和解决机关、部门和个人存在的现实问题，这样才是真正的马克思主义学风的体现。

（二）发挥各级领导干部的表率作用

领导干部肩负着历史重任，是党和国家建设的中流砥柱。领导干部的学习问题，事关党的先进性，事关国家民族的兴旺，事关社会主义现代化事业的成功。领导干部自觉学习、带头学习，是新形势下提高执政能力、胜任领导工作的必然要求，也是建设学习型机关的必然要求。为此，我们要教育已经在领导岗位上和有志于走上领导岗位的同志，只有加强学习，才能不负重托，获得领导资格；才能不断前进，走在时代前列；才能精神富有，信念坚定。除了肯于学习，领导干部还要善于学习，做学习上的创新者、有心人。体现在制订科学的学习计划，探索科学的学习方法。在制订学习计划中，要注意计划的多层次性。一是以一生作为整体统筹制订长远学习规划。使自己的每一年、每一个月甚至每一天读书学习都大体有遵循的轨道和目标。二是中期学习计划。以一年为期，针对形势和任务发展需要，党和国家大政方针、检察工作的重点任务，细分为季度学习安排和月份学习计划，按时完成学习目标和任务。三是每日学习定额。我国古代学者称为"日课"，即每一天都给自己规定读书学习的定额，这样就会日有渐进，年有收获，持之以恒，必有大成。在探索科学的学习方法中，虽然因人而异，各有千秋，但是做到五个统一，仍然普遍具有事半功倍的效果。即连贯与取舍的统一、精研与粗读的统一、一般性了解与准确掌握的统一、读与思的统一、知与行的统一。做到这五个统一，就能真正实现理论与实践相结合。除了有计划、有方法，领导干部要做学习型领导干部，还要有持之以恒的精神，有勤学好问的态度，有博采众长的学识，有兼收并蓄的底蕴，这样才能成为一名众望所归、德才兼备、令人敬仰、受人尊重的优秀领导干部。

（三）建立和完善促进学习、保障学习的长效机制

建设学习型机关，最重要、最关键的工作和环节就是建立健全学习的长效

机制。结合检察机关的实际，笔者认为应当把以下工作作为重点加以探索和实践：一是形成学习型机关建设的运行机制和工作格局。包括：一要建立领导责任制。机关和部门"一把手"充当第一责任人，保证用足够的时间和精力抓好学习型机关、部门建设工作。坚持上下级之间的相互监督和促动，层层落实学习要求。二要建立领导干部联系点。各级领导干部结合各自分管工作，确定学习联系点，定期深入联系点调查研究，督促检查，具体指导，解决问题，总结经验，以点带面。三要加强督察，促进工作落实。确定责任人和联系点后，相关部门要按照逐级负责的原则，采取适时的方式开展督促检查，并予以公示，表彰先进，鞭策后进。二是建立健全符合实际、行之有效的学习制度。包括：一要坚持党组中心组学习制度。在当前形势下，重点是紧密联系机关实际，围绕全局性、战略性、前瞻性问题开展调查研究和学习讨论，促使领导干部在学习中提高解决实际问题的能力，在研究解决问题中增强深入学习的紧迫感。二要建立大规模培训党员干部的体制机制。要使每个党员干部成为学习型干部，全面增强党员干部的综合素质，就要按照习近平在中央党校 2009 年秋季学期第二批进修班开学典礼上的讲话中明确要求的那样，制订大规模培训党员干部的规划，建立完善学习培训制度，健全经常性理论学习机制。健全层级培训网络和立体化学习网络。构建开放式、高层次师资人才库，实现教育资源的合理发掘、配置和共享。健全和落实常态化、多样化的学习培训制度，在培训对象、培训内容、培训时间上作出制度性规定，切实增强学习的针对性和实效性。还要着力加强学习考勤、档案、同胞、督查等制度建设，建立健全促进和保障学习的竞争机制、激励机制、创新机制和考核机制。形成健全完备、科学严谨的学习机制网络，确保学习型机关建设的普遍性和普惠性。三是把理论素养、学习能力作为选拔任用领导干部的重要依据。这是党的十七届四中全会提出的明确要求，是建设学习型机关的重要举措。实践证明，那些德才兼备、任人唯贤、理论素养高、学习能力强，学用结合好，具有较强的组织力、领导力和推动力，善于解决实际问题的领导干部，才是人民群众拥护、信任和依赖的干部。而这些无一不是靠学习得来的。这为选拔任用领导干部提出了标准，指明了方向，也是建设学习型机关的重点实践方向。在今后培养选拔领导干部中，我们一是要把理论素养作为衡量领导干部综合组织和能力水平的重要指标。考察他们理论上是否清醒坚定，政治上是否方向明确，信念上是否矢志不渝，品行上是否言行一致。总而言之，是否具备运用科学理论，认识、分析和解决实际问题的思维视野和能力水平。二是要把学习型机关建设与深化干部人事制度改革结合起来。制定领导干部德才考察标准，把领导干部的理论素养和学习能力纳入考察范围，与考察政治品格、道德品行、履行岗位职责能力等相结合。此外还要建立完善领导干部学习考核制度，加强对领导干部学习管理和服务，构建多元一体、多种培训形式互相补充的学习培训保障体系，形成领导干部终身学习的长效机制。三是要形成注重学习的用人导向，真正实现"学而优则仕、学而优则升"。使那些有真才实学、有进取精神、有创新意识，勤于学习、善于学习、肯于学习的人才得到提拔和重用。引导党员干部把学习作为一种政治责任、一种价值追求、一种生活方式、一种自觉行动。形成学习型机关必然选拔重用学习型干部的机制和氛围，影响和带动更多的党员干部争做学习型人才，在学习中提升自身境界，实现自身理想和价值。

（四）拓展学习的范围、方法和途径

按照《意见》要求，结合检察机关实际，笔者认为应该在学习型机关建设中重点丰富和完善以下4项工作：一是创新方法。特别是要积极探索富有时代特点的新方法。如在党组中心组学习中，要加强和改进务虚探讨，深入研究重大问题和热点难点问题。加强和改进专题研讨，形成改进工作的思路和举措。加强和改进主题宣讲，深入联系点面对面解答党员思想认识上的困惑和工作中的问题。加强和改进形势政策教育，领导干部要带头深入解读国家发展形势和重大方针政策。加强和改进自学，每个党员都要建立学习档案和学习笔记，养成勤于学习、善于思考的习惯。加强学习交流研讨，各级领导干部要带头展示学习成果，树立群众威信，以德服人、以才服人、以自身魅力服人。要倡导领导干部亲自执笔写文章、讲党课、做宣讲，以自身理论素养、知识水平、才学气质、胸襟见解，树立新时期领导干部博学多才、一专多能的风采和形象，以实际行动赢得干部和群众的尊重和信赖。二是完善途径。围绕党的全国代表大会和中央全会的召开，组织学习贯彻党的理论创新成果和中央重大决策部署，把全党思想及时统一到中央精神上来。围绕"五一"、"五四"、"七一"、"八一"、"十一"等重要节庆日以及重大历史事件纪念日，组织开展党的历史、新中国历史以及党的优良传统和优良作风、民族精神和时代精神、促进民族团结和军民团结等方面的专题学习教育。围绕纪念革命领袖、革命先烈、杰出历史人物等活动，组织学习英烈英模和英雄人物的先进事迹和崇高思想。围绕我国传统节日组织学习中华民族的悠久历史和灿烂文化，增强民族认同感。以创新和多样的形式把各项教育活动抓出特色和新意，以制度的形式把国家重大政策出台、重大活动开展、重大节日纪念日学习活动常态化、规律化。让教育活动不仅丰富多彩、引人入胜，而且潜移默化、润物无声。三是拓展阵地。重视党校、行政学院、干部学院在教育培训中的主渠道、主阵地作用，积极选派干部参加各类培训。每个参加培训的干部都要撰写学习体会或以其他形式展示学习成果，做到学习成果全院共享。主动与高等学校、社科研究机构以及各类正规培训机构建立联系，探索通过建立培训基地、实践基地等途径，努力形成规范化、制度化培训机制，提高培训质量。积极运用信息网络技术手段，加强党员干部远程教育、电化教育、数字图书馆、数字法律法规等网络学习教育平台建设和文化信息资源共享工程建设，不断提高党员干部学习教育的信息化水平。四是健全制度。明确学习教育的时间、内容、目标、责任以及相关的考勤、交流、通报等要求，推进党员干部学习教育的科学化、制度化、规范化。将学习型机关建设相关制度纳入各类考试、考核、考评内容，达到普遍重视和了解、相互检查和监督的目标。建立健全集体学习制度，领导班子要定期务虚，保证集体学习每个季度不少于 1 次。各部门学习情况要纳入评比表彰范畴，推动学习型部门建设。建立系统、科学的培训制度，根据每个干警的实际情况，合理安排岗前培训、业务培训、晋职培训、理论培训等，确保机会均等，利益均沾。量化培训标准，明确具体目标。县处级以上党政领导干部参加脱产培训每年一般不少于 110 个学时。建立健全调查研究制度，处级以上领导干部每年要亲自撰写 1—2 篇调研报告。认真落实《2009—2013 年全国党员教育培训工作规划》，建立基层党员轮训制度。建立健全党员个人自学制度，明确要求制订学习计划和目标。各支部要积极推荐和鼓励党员参加各类培训。党员自学和轮训情况将作为支部整体学习情况的重要内容之一。支部学习情况将作为领导班子考核和党建责任制考核的重要内容之一。建立健全主题教育制度，形成运用重大节庆日、纪念日等开展学习、宣传、教育的工作机制。建立健全学习考核制度，把学习情况作为民主评议党员、综合考核评价领导班子和领导干部的重要内容，把理论素养、学习态度和学习能力作为选拔任用领导干部的重要依据，形成注重学习的用人导向。建立健全学习成果转化制度，针对一个时期的学习重点，定期开展全员学习成果检测。检测结果既可以作为评比表彰的依据，也可以作为干部晋职晋级的依据，还可以作为选拔任用领导干部的依据。使"逢晋必考"成为促进学习型机关机关建设的长效载体和可靠保障，学习教育成果更加权威有效地运用于各项决策中。

三、建设学习型机关的关键环节和主要矛盾

（一）关键环节

建设学习型机关是一项长期而艰巨的任务，是具有战略意义同时也非常具有挑战性的工作，需要从时间、精力和物质等各方面坚持不懈、持之以恒地加大投入，需要较长时间的实践和验证才能逐渐看到成效。因此，抓住关键环节，解决主要矛盾，做好重点工作，对建设学习型机关至关重要。笔者认为关键环节有五点：

1. 组织领导。机关党组要把学习型机关建设摆在突出位置，列入重要议事日程。亲自抓、亲自管、亲自监督落实学习责任制和有关的具体实施方案。党委、宣传部门和其他有关部门要密切配合、齐抓共管、加强协调、拾遗补缺，形成组织和推动学习的强大后盾。把建设学习型机关与学习型部门、学习型检察干部结合起来，与干部教育培训结合起来，与班子建设和队伍建设结合起来，与党组织和党员队伍建设结合起来。同时还要调动和发挥工会、共青团、妇女组织等团体的优势和力量，形成各具特色、各尽其才、各显其能的全方位立体学习网络。

2. 领导带头。把领导班子建设成为学习型领导班子，各级领导干部打造成学习型领导干部，是推动学习型机关建设最直接、最有效、最具影响力和感召力的方式和举措。各级领导干部的以身作则、积极进取、博学多能、精明强干，可以带动和激发干警的竞争意识、危机意识和精品意识，促进各项工作争先创优，精益求精，出亮点工作，出创新思路。每个领导干部都应该自觉成为建设学习型机关和学习型班子的精心组织者、积极促进者和自觉实践者。

3. 落实制度。要健全完善学习型机关建设的各项制度机制，更要下大决心和力气抓落实。制度要深入人心，要发挥应有的作用，必须与精心组织、领导带头紧密结合起来。尤其要把那些与职级晋升、考核评选、选拔任用相关联的学习制度、考核制度、激励制度落实到位，奖勤罚懒，奖学促干。让德才兼备、学有所成的优秀人才和学风浓厚、学用结合的部门得到应有的肯定，反之则会失去机会和资格。让每个部门和干警都不能置身事外，真正有所触动。

4. 学有所用。一方面，学习要有针对性。要紧紧围绕前面提到的理论重点开展学习，同时不断拓展新的学习领域和学习内容，与时俱进，吐故纳新，与时代发展同步，与形势任务和检察工作需要相契合。另一方面，学习成果要广泛应用于具体实践，应用于学习型机关建设的各个层面。形成学与不学不一样，真学与假学不一样，学有所得与学而无功不一样，学以致用和学而不用不一样。通过逢学必考、逢考必用等制度机制，让学习从务虚变成务实的工作。

5. 形成风气。学习型机关建设的长期性决定了学习风气的形成是多么关键。要形成一种好的学习风气，没有捷径可走，必须自上而下形成共识，把学习摆上位，视学习为发展的第一要务，常抓不懈；必须狠抓各项学习制度和相关制度的落实，让制度发挥铁腕作用，从严治学，奖惩严明；必须开拓创新学习方法、途径，为学习型机关、部门和干部队伍建设提供机会和平台；必须树立争先创优的意识，开阔眼界，调查研究，比学赶帮，勇于进取。善于发现自身的差距和不足，明确努力方向和奋斗目标，齐心协力、众志成城，凝聚人气、团结一致，集中智慧和力量开创各项工作新局面。

（二）主要矛盾

客观分析当前影响和阻碍学习型机关建设的主要矛盾，笔者认为主要有3点：

1. 工学矛盾。这是学习型机关建设中长期存在的主要矛盾。追根究底还是对学习的重要性认识不够，对待务虚与务实的辩证关系没有真正实现对立统一。缺乏政治远见，缺乏发展理念，缺乏进取精神，缺乏创新意识。以工代学，而不能以学促工；纯学不用，而不能活学活用；只图形式，而不能学有所获。这是领导干部对"一岗双责"和"两手抓两手硬"认识不足、落实不到位的表现。

2. 学用脱节的矛盾。工学矛盾的存在，间接反映出学用脱节的矛盾。传统意义上的政治学习，理论性很强，但多数人对其科学内涵和精神实质不能全面深刻地理解和把握，势必让学习成为走马观花、囫囵吞枣，缺乏指导性和针对性。要解决这一矛盾，必须引导干警树立系统学习科学理论的理念，培养应有的政治敏锐性，善于发现和挖掘理论精髓指导实践工作，精于从党的大政方针中找准、辨清工作方向，使学习更有吸引力和需求性。

3. 上紧下松、前紧后松、内紧外松的矛盾。无论是常规化的全年理论学习还是专题性的阶段学习教育，都存在上面重视、学得紧抓得紧，下面敷衍、抓就紧不抓就松；年初刚制订学习计划时紧，越到后来就越松懈；机关内部抓得紧、社会认知度不高的现象。这是重视程度不够、组织领导不力和学习风气不足共同造成的结果，需要整合各方共同治理解决。

全面推进学习型机关建设，任重而道远。需要我们充分发扬马克思主义理论联系实际的学风，在不断的学习和实践中，认真总结经验，着力开拓创新。按照体现时代性、把握规律性、富于创造性的要求，坚持继承和创新相统一，营造宽松环境，尊重首创精神，促进人的全面发展，推动学习型机关、部门和干部队伍建设的长远发展。

浅谈定密保密制度在检察
保密工作中的应用与思考*

宋中华　　王婷婷

《中华人民共和国保守国家秘密法》（以下简称《保密法》）于 2010 年 4 月 29 日经全国人大常委会修订通过，自 2010 年 10 月 1 日起实施。《保密法》所带来的一系列新举措，使我国检察机关定密、解密工作步入了健康的发展轨道。

一、《保密法》对定密工作的新举措，有利于把握检察保密工作的"定密"与"解密"

（一）落实检察秘密定密人责任制

目前，我国检察机关几乎所有的部门与岗位都产生"检察秘密"，谁该给它定密和解密，检察机关还不够规范和统一，存在责任人和责任不够明确的问题。建立检察秘密定密责任人制度，需要根据检察人员在定密活动中所处的不同地位和担负的不同职责，明确和落实责任人，使定密工作有法可依，确保定密活动规范有序运行。

（二）规范检察秘密密级调整和解密机制

检察涉密工作从部门岗位到工作人员，都是一个动态的过程，检察秘密会随着岗位职责的调整而变化；定密等级同样是一个动态的过程，会随着检察工作任务的调整而变化。因此，检察保密工作必须随着时间的推移、活动内容的变化而变化，及时调整人员和变更密级。一是检察秘密和解密审查制度，按照最高人民检察院定解密要求，来保证密级调整和解密的及时性。二是完善密级调整和解密机制。一个定密程序的形成，一般由承办人员提出定密意见，交部门领导审核，定密员提出审核交办意见，同级保密委员会审批，保密委员会办公室和承办涉密处（室）部门和承办人备案。上级主管涉密工作部门，对检

---

* 本文获天津市政法系统保密工作征文一等奖。作者简介：宋中华，天津市人民检察院第二分院政治部副主任；王婷婷，天津市人民检察院第二分院办公室干部。

察秘密的调整使用和解密活动实施有效监督，对符合解密而尚未解密的事项，要依法依规进行监督直至直接行使解密权。

（三）有利于责任人把握和操作"定"与"解"的时效性

"机关、单位负责人及其指定的人员为定密责任人，负责本机关、本单位的国家秘密确定、变更和解除工作。"① 确定了定密和解密活动法律依据，也就确定了责任人依法定、解密的岗位职责和工作范围，使得检察保密工作基层和基础的工作形成了操作性机制，有了检察保密工作说起来重要、看起来必要、做起来需要的共识，检察保密工作必定会产生有人负责、有人管理、有人监管的时效机制。

二、《保密法》对定密操作的新举措，有利于把握检察定密工作的"定量"与"定性"

"中央国家机关、省级机关及其授权的机关、单位可以确定绝密级、机密级和秘密级国家秘密；设区的市、自治州一级的机关及其授权的机关、单位可以确定机密级和秘密级国家秘密。具体的定密权限、授权范围由国家保密行政管理部门规定。"② 从法制的角度，确定了国家秘密的密级和应当遵守的定密权限。检察机关是依法履行监督法律正确实施的国家执法机关，执法职责确定了该机关涉密人员多、涉密范围广、调整定密和解密频繁的特点。

（一）"定性"是定密活动的本质要求

密级怎么定，内容有哪些，这是确定密级的实质性要求。《保密法》规定，要以国家安全和利益作为定密的唯一标准。"绝密级国家秘密是最重要的国家秘密，泄露会使国家安全和利益遭受特别严重的损害；机密级国家秘密是重要的国家秘密，泄露会使国家安全和利益遭受严重的损害；秘密级国家秘密是一般的国家秘密，泄露会使国家安全和利益遭受损害。"③ 检察机关的定密活动，从广义上讲，是以《保密法》和最高人民检察院《关于确定检察机关工作秘密的意见》作为依据，以国家安全和利益作为标准，与国家安全和利益有着完全相同的一致性，这是中国检察机关的性质和检察工作主题所确定的。从狭义上讲，检察机关的定密活动又有自身的特点。最高人民检察院《关于确定检察机关工作秘密的意见》规定："检察机关的工作秘密，系指各级人民检察院在工作中形成的国家秘密以外的，尚未公开和不宜公开的一旦泄露会给工作带来损害的事

---

① 《保密法》第 12 条。

② 《保密法》第 13 条。

③ 《保密法》第 10 条。

项。"检察机关工作秘密的范围：在一定时间内不宜公开的事件和统计数据；在一定时间内不宜公开案件的法律文书；未立案侦查的有关举报材料及举报人情况；正在审查的刑事申诉案件有关材料的处理意见；已解除国家秘密但在一定时间内不宜公开的案件材料；检察机关内部讨论与研究分析案件的情况及对策；检察机关内部文件、材料；尚未公开的检察机关人事安排和职务任免事项；检察机关内部事项。这就涵盖了检察机关涉密活动的全部。

（二）"定量"是责任人履行职责的标准要求

"定量"是指定密范围，既不能无依据地自行扩展，又不能在定密期限达到后延期解除。定密责任人，要消除在"旧保密法"影响下形成的"保密最大化"思维模式，加重保密压力和投入。宁可多定，不可少定；宁可错定，不可漏定的做法，在检察工作实践中，是付出了学费的，不但在实践中难以实施，还会造成社会信息量的匮缺，使人民群众知情权在一定范围内受到削弱，危害社会，危害群众利益。这种保密方式，不但不能维护国家利益，其本身对国家利益和社会也是一种损害。这就对定密人提出了定密必须在法定条件下执法的标准要求。检察机关民事行政和刑事案件，构成检察机关定密活动基本和主要内容，从批准逮捕、提起公诉到民事、刑事审判程序的有效推进，定密级别在逐步减轻，直至解密。从这个意义上说，保密活动是在一定时间内的行为。当涉密过程结束后，解密环节必须同步启动，把涉密内容全部向社会公布。可见，定密范围和延期解除活动对定密责任人而言，他的工作标准和工作责任心，是社会的要求，是利益关系人的要求，更是检察机关公平待人、公正待案的要求。

（三）"定性"和"定量"确定了定密、解密活动的规范性要求

"定性"和"定量"，有着严格的法定性和规范性。一是诠释了定密依据。《保密法》对定密活动和密级的确定，都有着明确的，而且是唯一的标准。在定密程序中，任何组织和个人均没有自由裁量的权利和空间。二是明确了解密的时限。关于国家秘密的保密期限，《保密法》第15条规定："应当根据事项的性质和特点，按照维护国家安全和利益的需要，限定在必要的期限内；不能确定期限的应当确定解密的条件。"三是维护了国家秘密安全与公民知情权。定解密的法定性和规范性，既体现了"国家秘密受法律保护"，又体现了"任何危害国家秘密安全的行为，都必须受到法律追究"。[①] 在维护国家利益安全的前提下，国家法律规定"法律、行政法规规定公开的事项，应当依法公开"。[②] 达到了维

---

① 《保密法》第2条。
② 《保密法》第4条。

护国家利益和维护公民权益的高度一致性。

三、《保密法》对定密人的新举措，有利于行使检察保密责任人的"责任"与"义务"

定密活动主要涉及两大问题，首先是"谁有权定密"，再就是"怎么定密"。《保密法》第 11 条规定："各级国家机关、单位对所产生的国家秘密，应当按照国家秘密及其密级具体范围的规定确定密级。"这一规定，解决了定密需要"对号入座"的问题，但是"谁有权定密"的问题没有真正解决。

(一) 要明确定密责任主体

检察机关，是广泛产生密源的国家机关，其担负的检察工作，涉及大量国家安全和利益的重要事项和信息。从《保密法》法条看，定密的权力主体应当是国家机关组织，但实际上这个规定所确定的定密权力主体不明确、不特定，但是定密又是无条件的。笔者认为，检察机关的定密责任主体应当是党组授权下的各级保密工作委员会，首先有效控制了定密主体广泛化和不确定的问题，使其由此获得对本单位产生可定密的信息进行定密的权利。当然，这种权利是有范围和级别的，范围限制在产生保密工作委员会的单位，定密级别则视定密责任主体级别而定。就设区的市、自治州一级的机关而言，它的定密级别为"机密"、"秘密"。越权定密是违法行为。

(二) 要明确定密责任人

定密既是一种权利，也是法律规定的一种职责。尽管明确了定密主体，但完成定密活动是需要具体人来进行的，必须有责任人来承担这种职责。从检察工作的实践看，虽然检察机关接触秘密的人员多，涉密事项多，但必须确定定密责任人的范围、确定定密责任人的资格和确定定涉密责任人的责任。

1. 定密责任人的范围。定密首先应当由产生秘密岗位的人员进行定密申报，该人员报请部门领导批准，然后由所在单位保密委员会办公室确定的保密员或兼职保密员报请保密委员会批准定密。可见，定密责任人应当包括定密申报责任人、部门领导和专门负责承办具体定密工作的保密人员和该单位保密委员会（单位）。

2. 定密责任人的资格。定密责任人岗位资格构成了定密流程的重要内容。由于定密是国家的一项重要权利，因此，定密责任人一要具备政治条件，这是由保密工作重要性和特殊性决定的；二要具备业务条件，这是由保密工作专业性和技术性决定的。定密责任人必须经过有资质部门的系统培训，使其了解和掌握定密职责、定密方法、定密标准和程序，具有独立鉴别、能准确认定具体信息是否属于国家秘密和使用何种级别密级的能力。这种能力要得到资质单位的书面认可，方可上岗。

3. 明确定密责任人责任和权利。确定和履行定密责任人的责任，是整个定密活动承上启下的环节。定密责任人的确定，主要解决了由谁定密的问题，一个重要的问题是必须解决定密责任人在定密工作中的定密责任问题。定密责任又是定密权利的有效保证，这是定密责任制的关键环节。一要申报人的申报依照保密范围直接确定是否为秘密及密级和保密期限，然后确定密级范围并予以标密并对定密的情况予以记载和备案。二要承担变更密级和解密以及信息公开的审查。三要对秘密产生在哪些岗位、谁能接触秘密信息、不同密级的密期时长，应当了如指掌。四要对提出确定密级的部门工作人员和各部门领导的签批意见，定密人员必须严格审核把关，提请的定密意见应当是书面的，各级各类人员亲笔签字，做到事后有据。

四、保密法对涉密人的新举措，有利于规范涉密单位涉密人践行职责的"标准"与"质量"

确定秘密级别和遵守秘密规定之间，存在诸多环节需要完善，有着大量工作需要落实，艰巨的落实任务，需要切实有力的领导力度和工作机制做保障。《保密法》第 7 条规定："机关、单位应当实行保密工作责任制，健全保密管理制度，完善保密防护措施，开展保密宣传教育，加强保密检查。"中国检察机关的干部和法警，程度不同地接触和操作着国家秘密事项，检察保密工作需要稳步践行：组织领导集体化；人员教育全员化；预防工作规范化；涉密管理机制化。协调落实一体化标准，方可提高检察保密工作落实质量。

（一）坚持组织领导集体化

各级检察机关主要领导和分管领导，在上级保密工作会议和培训活动结束后，都要主动听取汇报，明示落实对策。树立"保密工作慎之又慎"和"保密工作无小事"的指导思想。为使保密工作紧跟形势任务发展变化需要，院级和中层部门要不定期安排相关人员到上级机关和兄弟单位学习调研保密工作，解决保密工作遇到的重点和难点，采取教育的、制度的、技术的手段加以解决。检察机关党组织要确定保密工作舍得"花钱买安全"的工作思路，明确完善技术设施建设才是保密工作"硬道理"，树立起"硬件硬"的指导思想，从根本上营造保密工作的技术环境。

（二）坚持人员教育全员化

首先，通过督察督办进行教育。做到"三走进三检查"，即分批走进干警办公场所，逐台检查计算机是否做到了保密使用，实地查看是否留有移动存储介质交叉使用痕迹；分批走进处室逐部门统计 3G 手机持有及使用情况，检查相关人员在落实保密规定上是否做到了应知应会；分批走进涉密重点部位宣讲保密制度要求，检查重点涉密人员是否形成了教育重点。其次，通过有效形式进行教育。采取 3 种形式达到 3 种效果，即邀请保密工作专家为领导和干警作保密工作形势报告。有条件的机关可把保密教育采取系列讲座形式挂在网上，达到教育可记的效果；把《保密法》内容制作成宣传图片和板报专刊张贴在醒目位置，达到教育可视的效果；组织全员进行《保密法》知识考试，达到推动学习的效果。最后，采取跟进检查进行教育，通过 3 个层次承诺完善 3 种类型监控。对在职涉密人员签订《涉密人员承诺书》，完善对涉密人员的监控；对物业和临时工作人员签订《临时工作人员保密承诺书》，完善对可能接触涉密场所人员的监控；对退休涉密人员离岗前签订《涉密人员承诺书》，完善对欲离岗干警在岗期间的最后一道保密防线。

（三）坚持预防工作规范化

使用宽带和局域网的单位建立 3 个台账：使用外网门户网站计算机台账；使用局域网计算机台账；检查计算机上外网隐患台账。采取三种警示手段：一是使用"计算机保密安全检查取证系统"，发现问题现场提醒；二是曾有过移动存储介质交叉使用问题的人员，在部门相关会议上做出自我批评；三是对再次发现干警交叉使用移动存储介质问题的在一定范围内通报批评。落实上网的 3 个流程：上传外网门户网站的资料、文字和图片新闻不按流程解密不上网；不按流程杀毒不上网；不按流程报批不上网。

（四）坚持涉密管理机制化

随着形势任务的调整变化，保密工作制度规定跟进完善，全员各类涉密岗位、涉密部位、涉密人员都有保守国家秘密的行为规范。为主管涉密工作部门人员，尤其要制定操作涉密活动工作流程。为全员计算机和单机使用者，统一编号，量身管理。

（五）坚持协调落实一体化

检察机关要根据保密工作有多层次机构、多部门协同、多人员涉足的特点，坚持纵向协调、横向指导的原则，主动取得上级保密机关的支持和指导，保持与领导机关步调的一致性。积极设置工作载体，跟进对涉密部门的指导力度。主管部门与技术部门共同运作，荣辱共享。对保密工作硬件设施的配置，主要领导、分管领导和行政部门领导，共同定夺，限时落实。

久押不决问题初探[*]

田建伟　葛海涛

　　久押不决是指在刑事诉讼活动中，公安司法机关采用各种法律赋予的手段规避刑事诉讼法的办案期限，从而导致案件久拖不决，严重侵害被告人以及其他诉讼参与人诉讼权利的情形，是一个长期存在但至今仍未能根本解决的问题。久押不决虽然在形式上看似没有违法，但实质上形成了对犯罪嫌疑人的超期羁押，[①] 违反了我国刑事诉讼法的相关时限规定，使犯罪嫌疑人不能得到及时审判，导致案件处于悬而未决的状态。久押不决问题侵害了犯罪嫌疑人的合法权益，损害了我国的司法权威，阻碍了我国的社会主义法治化进程。

　　解决久押不决问题，必须弄清久押不决案件的特点和问题产生的原因。久押不决既有办案人程序意识、独立办案意识不强的主观原因，也有办案能力不强、办案条件落后的客观原因，还有相关法律不够完善的原因等。解决久押不决问题，必须从多个方面入手，综合治理。

一、久押不决案件的特点

　　久押不决的案件往往案情比较复杂，取证较为困难，社会影响较大。办案机关在面对此类案件时，经常面临"定又定不了，放又放不得"的两难境地，于是在面临时限压力的时候采取退查、重审或请示上级等形式上合法的方法规避时限规定。笔者认为久押不决案件具有以下 3 个特点。

　　（一）久押不决的犯罪嫌疑人、被告人往往涉嫌严重犯罪

　　久押不决案件的犯罪嫌疑人往往涉及故意杀人、严重暴力犯罪或其他有较大社会影响的犯罪，性质较为严重，社会危害性较大，案件本身往往较为复

---

　　* 本文获 2011 年直辖市检察院监所检察论坛二等奖。作者简介：田建伟，天津市人民检察院第二分院监所检察处副处长；葛海涛，天津市人民检察院第二分院监所检察处干部。

　　① 本文所指的超期羁押是狭义上的超期羁押，即超过法律规定的办案期限，同时又不具有法定或办案机关内部规定的延期或重新起算羁押期限的理由而将犯罪嫌疑人或被告人羁押。

杂。办案机关在面对此类案件时往往会面临取证难、定性难等诸多问题。案件办下去困难重重，放人又会面临来自各方面的压力。

（二）案件往往面临退查、重审或向上级请示

由于久押不决的案件往往存在定性、取证困难、查办难度大的问题，检察机关在审查起诉时遇到证据不足时就习惯于采取退查手段，上级法院在受理上诉或抗诉后经常会将案件发回重审。法院在面临此类重大复杂案件时，也习惯于向上级法院请示或送交同级政法委。

（三）形式合法性

超期羁押是指超过法定的羁押期限继续羁押在押人员，而久押不决往往具有形式合法性，即久押不决往往有法律或办案机关内部规定的依据。这是久押不决问题难以根本解决的重要原因。相关办案人员往往拿出法律或内部规定作为对在押人员长期羁押的"挡箭牌"。①

二、久押不决与超期羁押的联系和区别

久押不决案件与超期羁押案件都使得犯罪嫌疑人长期处于被羁押状态，造成了对在押人员合法权益的侵犯，但二者在判断依据、治理难度和救济途径上又存在明显的区别。

（一）二者之间的联系

我国刑事诉讼法和相关司法解释明确规定了刑事案件在刑事审查、审查起诉和法庭审理阶段各个环节的时限。其目的是维护犯罪嫌疑人、被告人的合法诉讼权益，防止超期羁押的发生。久押不决和超期羁押都是将犯罪嫌疑人、被告人长期置于被羁押状态之中，都侵犯了在押人员的合法权益。从这点上来看，两者具有类似性，但两者又具有明显的不同。

（二）二者之间的不同

1. 两者的判断依据不同。超期羁押是指超过法律规定的时限对犯罪嫌疑人进行羁押，判断的依据十分明确具体，很容易加以判断。如我国刑事诉讼法规定了刑事公诉案件一审的诉讼时限是 1 个月，至迟不得超过 1 个半月，法官在一审中在没有法定情形的情况下超过 1 个半月仍未宣判就是超期羁押。我国刑事诉讼法规定了逮捕的羁押期限是两个月，最多 7 个月，如果超过 7 个月未提撤销案件或提交检察机关起诉，且未有发现犯罪嫌疑人另有重要罪行或犯罪嫌疑人不讲真实姓名、住址或身份不明等情形的，就会造成超期羁押。久押不

---

① 参见新浪网，http://news. *sina*. com. cn/o/2009 - 05 - 20/080015654346s. shtml, 2011 年 3 月 6 日访问。

决不同于超期羁押，法律并没有具体规定羁押多长时间就算久押不决，它指使犯罪嫌疑人或被告人长期被羁押的一种不正常的状态。我国《刑事诉讼法》第 69 条第 2 款规定：对于流窜作案、多次作案、结伙作案的重大嫌疑分子，提请审查批准的时间可以延长至 30 日。如果对于不属于流窜作案、多次作案、结伙作案的，通过形式上合法的手续把审查批准时间延长至 30 日就是久押不决；如果在同样的情形下没有形式上的手续而将审查批准时间延长则属于超期羁押。

2. 两者的治理难度不同。2003 年 9 月 24 日，最高人民检察院通过了《最高人民检察院关于在检察工作中防止和纠正超期羁押的若干规定》，该法律性文件规定了八项预防和纠正超期羁押的措施。2003 年 11 月 12 日，最高人民法院、最高人民检察院、公安部联合发布了《关于严格执行刑事诉讼法，切实纠防超期羁押的通知》。2003 年 12 月 1 日最高人民法院公布《关于推行十项制度切实防止产生新的超期羁押的通知》。这些法律性文件出台后取得了明显的效果。在 2003 年之前，全国每年超期羁押达到上万人。这些年来，全国每年超期羁押人数基本上保持在 200 人左右。① 和超期羁押不同，久押不决问题直到现在仍然在刑事诉讼阶段普遍存在。某检察院监所检察部门近期组织干警对部分投劳人员进行了回访，发现有的投劳人员在看守所被羁押长达四五年之久。

3. 当事人寻求救济的途径不同。我国公检法机关十分关注超期羁押问题，当事人对于发生在自己身上的超期羁押可以向有关部门反映并可以通过相关渠道得以纠正。天津市人民检察院第二分院驻所检察室在天津市第二看守所的每一间监室都张贴了刑事诉讼期限一览表，在押人员通过阅览此表判断自己是否被超期羁押。如果发现被超期羁押，可以通过约见驻所检察人员反映情况。监所检察部门在羁押期限即将届满前通过预警提示来提醒办案部门，也可以有效防止超期羁押的发生。但由于久押不决的判断依据不像超期羁押一样明确，所以当事人很难得到救济。

三、久押不决问题出现的原因

造成久押不决问题出现的原因较多，比较复杂，笔者认为主要有以下四个方面的原因。

---

① 参见中国日报网，http://www.chinadaily.com.cn/dfpd/2010 - 10/11/content_11392937.htm，2011 年 3 月 5 日访问。

（一）办案人员程序意识、独立办案意识不强

目前，在司法实践领域重实体轻程序的思想意识仍较严重。我国刑事诉讼法规定了各诉讼阶段的时限，立法意图是为了防止司法机关滥用权力，保护犯罪嫌疑人和被告人的合法权益。办案人员往往重视法律事实，轻视犯罪嫌疑人和被告人的程序利益。当案件陷入困境时，往往采取退回补充侦查、发回重审、向上级请示等方法加以解决。一些重大疑难复杂案件，往往会因事实不清、证据不足，在公、检、法机关多次反复循环，有的案件在法院环节多次发回重审，仍难以作出最终判决。这就使得办案期限拖得很长，客观上又造成羁押时间很长，导致案件久押不决。① 程序的实质是管理和决定的非人情化，其一切布置都是为了限制恣意、专断和过度的裁量。② 这些方法的滥用直接导致了久押不决现象的出现。例如，上级法院对于事实和证据有疑问的案件通常采取发回重审的方式。

我国《刑事诉讼法》第 5 条规定："人民法院依照法律规定独立行使审判权，人民检察院依照法律规定独立行使检察权，不受任何行政机关、社会团体和个人的干涉。"该法条明确规定了法院、检察院的独立办案权。司法独立虽然是西方三权分立的政治制度的产物，但司法独立的形式可以存在多样性，司法独立并非政治制度的附属物。③ 但在司法实践中，检察权、审判权在很多时候却难以真正独立行使。检察权、审判权在司法实践中往往会遇到来自各方面的阻力。部分检察官、法官头脑中司法机关独立办案的意识不够强，当遇到阻力或案件疑难问题，就出于各种考虑将案件上报上级机关、同级政法委或干脆将案件束之高阁。

（二）案件复杂，侦查能力和手段不能适应目前的办案需要

案件复杂是久押不决的重要原因。有的犯罪案件是多人共同实施，有的犯罪嫌疑人为逃避打击而逃匿、毁灭、伪造证据或者串供，从而使案件变得复杂；有的案件主犯在逃，导致从犯难以处理，特别是有些案件"定又定不了，放又不敢放"。面对复杂的案件，办案人员的办案手段也应得到丰富，办案能力应得到加强。但在司法实践中，办案人员侦查能力较差，办案手段落后的现象仍在各地司法机关普遍存在。在这种情况下，一旦侦查机关遇到疑难案件而不能在法定期限内结案的时候，往往会想尽各种办法来规避法定期限的规定。

---

① 参见中国日报网，http：//www.chinadaily.com.cn/dfpd/2010－10/11/content_11392937.htm，2011 年 3 月 5 日访问。

② 季卫东：《法治秩序的构建》，中国政法大学出版社 1999 年版，第 57 页。

③ 王潇：《走向司法公正的制度选择》，法制出版社 2005 年版，第 106 页。

（三） 强制措施制度构建的缺陷是造成久押不决的重要制度原因

我国立法上没有将审前羁押设置为一种独立的强制措施，导致其混同于拘留和逮捕这两大措施。我国刑事诉讼法按照强度的不同依次规定了拘传、拘留、取保候审、监视居住、逮捕 5 类强制措施，并严格规定了它们不同的适用条件。但在实践中，办案机关在执行强制措施时没有体现比例原则，过多地适用逮捕这一强度最大的措施，违反了"非羁押为原则，羁押为例外"的精神，确立了逮捕为核心的强制措施适用原则。取保候审、监视居住在刑事侦查过程中很少适用，侦查机关从控制罪犯角度出发，往往采取拘留和逮捕这两种强制措施，以方便讯问和调查取证。犯罪嫌疑人一旦被逮捕，司法机关往往很少考虑是否有继续羁押的必要或是否应该采取其他强制措施，这就可能导致对犯罪嫌疑人羁押达数月甚至数年之久。

（四） 立法的漏洞和相关办案机关的内部规定为办案机关久押不决提供了现实条件

我国《刑事诉讼法》第 122 条规定："对犯罪嫌疑人作精神病鉴定的期间不计入办案期限。"第 125 条规定："因为特殊原因，在较长时间内不宜交付审判的特别重大复杂的案件，由最高人民检察院报请全国人民代表大会常务委员会批准延期审理。"我国刑事诉讼法未规定最高人民法院死刑复核的期限。刑事诉讼法中的类似规定和立法漏洞还有很多。这种情形的存在很容易被滥用造成久押不决。

办案部门的有些内部规定未将上报上级机关处理的期间计入审限。最高人民法院《关于案件请示若干问题的规定（试行）》规定："省法院办理请示案件，应在 1 个月内办结，最迟不应超过 1 个半月，需向最高人民法院请示的除外。"① 这使得很多案件被无限期地搁置，相关犯罪嫌疑人或被告人也被无限期地羁押于看守所。根据最高人民法院《关于严格执行案件审理期限制度的若干规定》第 9 条第 4 项规定，刑事案件二审期间，检察院查阅案卷超过 7 日后的时间不计入审理期限。实践中，检察院在刑事案件二审期间查阅案卷的时间有时的确需要超过 7 日；而有的法院因为有上述规定并为了得到更长时限，常常以检察院正在阅卷为由迟迟不按时开庭，造成刑事案件的审理期限超过法

---

① 姬茂义：《法院内部案件请示制度存废问题辨析》，载安徽法院网，http: // www. ahcourt. gov. cn/gb/ahgy_ 2004/llyt/gygz/userobject1ai14283.html，2010 年 3 月 5 日访问。

律规定的期限。①

（五）监督手段缺乏，难以对久押不决形成强有力的防范

近年来，监所检察工作得到了重视。截至 2009 年年底，全国检察机关共有监所派出检察院 80 个、派驻检察室 3204 个。② 派驻检察对刑罚的执行和监管活动起到了很好的监督作用。但对于久押不决，派驻检察室缺乏强有力的手段加以治理。派驻检察室通过与监管场所信息联网和监控联网，很容易查出久押未决的在押人员，但如何解决成了一个难题。久押不决的案件很多是上报案件或屡次被发回重审的，形式上并没有违法，但实质上是对在押人员的超期羁押，造成了对在押人员合法权益的侵害。派驻检察室发检察建议书，办案部门不疼不痒，往往不予理睬；发纠正违法通知书，办案部门往往会拿出内部规定加以辩解。

四、久押不决问题出现的危害

我国刑事诉讼法规定各个诉讼环节的实现，目的是督促司法机关及时"案结事了"，防止司法机关滥用权力侵害犯罪嫌疑人和被告人的合法权益。久押不决的存在严重违背了立法意图，侵害了当事人的合法权益，同时影响了社会的和谐稳定。

（一）久押不决背离了刑事诉讼法的立法意图

建设社会主义法治社会，首要的前提是树立法律的权威，一切组织和个人都要遵守法律，司法机关更应该做维护法律权威的表率。我国刑事诉讼法规定了各个诉讼环节的时限，是想通过立法防止司法机关滥用权力，节约司法资源，保护公民的合法权益。久押不决使在押人员长期处于被羁押状态，失去人身自由，既浪费了司法资源，又严重危害了公民的合法权益，这对人性是一种摧残。久押不决规避了刑事诉讼法的时效规定，背离了刑事诉讼法的立法意图。

（二）久押不决侵害了在押人员的合法权益

由于我国没有独立的羁押制度，案件审理的期限往往就是被告人的羁押期限，因此发回重审不仅会使被告人面临着"多重危险"，其人身自由也将因此

---

① 参见世纪图书馆网，http：//www. redlib. cn/html/12063/2005/41720040. htm，2011年 3 月 5 日访问。

② 参见中国日报网，http：//www. chinadaily. com. cn/dfpd/2010 – 10/11/content _ 11392937. htm，2011 年 3 月 5 日访问。

受到严重损害，甚至使被告人客体化和工具化。① 久押不决使案件长期处于悬而未决的状态，犯罪嫌疑人或被告人被长期羁押于看守所或监狱，由于不是正式服刑人员，所以不能通过积极改造拿到相应奖励证明，使他们在实质上失去了可能被减刑的机会，严重损害了在押人员积极接受改造的主观积极性。久押不决对于那些以后有可能判处死缓和无期徒刑的在押人员影响更为明显，因为判决前的羁押期限不存在折抵的问题。

（三）久押不决损害了司法权威，影响了社会的和谐稳定

司法公正不仅体现在使每一个犯罪分子都能得到惩罚，也体现在使每一个犯罪分子都能得到及时的裁决。久押不决使在押人员长期处于被羁押的状态。这种不确定的状态使罪犯难以冷静下来反思自己的罪行，不利于罪犯的思想改造，使在押人员不能按照正常的法律程序通过改造回归社会，影响了社会的和谐稳定。

五、久押不决问题的救济途径

久押不决问题的成因具有复杂性，对其进行治理难度很大，往往牵一发而动全身。久押未决严重侵害了在押人员的合法利益，阻碍了我国的司法改革进程，危害了我国社会主义法治化建设，是一个必须得到解决的问题。笔者认为，解决久押未决问题要从两个方面共同治理：一是从治标入手解决目前被羁押的久押不决人员合法利益的维护问题，二是从治本入手探讨从根本上解决久押不决问题的措施。

（一）目前被羁押的久押不决人员合法利益的救济

目前被羁押的久押不决人员的合法利益亟待救济，笔者认为对该部分人员的救济可以考虑以下措施：

1. 建立久押不决赔偿制度。国家赔偿法没有专门规定对久押不决人员的国家赔偿问题，依据目前的法律，对法院最终判决有罪的被告人判决前羁押的时间是不能获得国家赔偿的。法院最终判决刑期少于羁押期限的被告人不能依据目前法律获得国家赔偿，其合法利益也就不能得到维护。笔者认为，应当制定专门的法律法规来解决羁押期限超过法院最终判决刑期被告人的赔偿问题。

2. 将久押不决人员在监管场所的表现进行考核，作为刑罚执行中减刑、假释的依据。依据现行法律，由于久押不决人员的羁押期限不在刑罚执行过程

① 陈卫东：《刑事二审"发回重审"制度的反思与重构》，载法律教育网，http://www.chinalawedu.com/news/21601/21714/21623/2006/6/zh40061823431666002196 - 0.htm，2011 年 3 月 6 日访问。

中，这在实际上剥夺了久押不决人员通过其表现获得减刑或假释的机会。这对久押不决人员来说是非常不公平的，不利于对此类人员的改造。笔者认为可以从以下 3 种途径加以解决：（1）将不计入审限的期限，如精神病鉴定的期限，上报政法委机关的期限等作为实际执行期限，其在此类期限内的表现作为对久押不决人员减刑、假释的依据；（2）将久押不决羁押期限折半计入实际执行期限，其在此类期限内的表现作为对久押不决人员减刑、假释的依据；（3）将久押不决期间罪犯在看守所的表现情况进行考核，根据表现情况给予一定的减刑或假释奖励。

（二）根本解决久押不决问题的措施

笔者认为，根本解决久押不决问题应从以下几个方面入手：

1. 要站在人性、人权的高度，正确看待久押未决问题。现代法治国家的最主要特征，是将保障人民的自由当作国家存在及政治运行的主要目的。[①] 很多犯罪嫌疑人和被告被关押在看守所长达数年，仍未等到一纸判决。他们失去的不仅是青春岁月，还有通过自己努力改造争取立功减刑的机会。毋庸置疑，这些犯罪嫌疑人和被告人大都是对社会和人民犯有罪行的、应当受到惩罚的人。但我们也应该承认他们也是公民，也享有基本的人权。他们的犯罪行为应当通过及时的判决来惩罚。迟到的正义是非正义，迟到的裁判同样是非正义的。刑事审判不仅仅是一种认识活动，也是一种受到法律程序严格限制的法律实施活动，并包含着法律价值的实现和选择过程。[②] 久押未决既不能使犯罪行为通过及时的判决加以惩罚，使受害人得以安慰，也不能使犯罪嫌疑人在及时得到惩罚后重新做人。久押不决只有司法人员站在人性、人权的角度，才能正确看待久押不决问题，久押不决问题才有得到根本解决的可能性。

2. 丰富刑事侦查手段，提高办案能力。随着社会的发展，犯罪手段呈现出多样化，犯罪能力不断提高，侦查工作面临严峻的考验。我国目前的侦查手段还不够先进，办案能力仍需进一步加强，刑事侦查人员队伍庞大，但人员素质参差不齐。解决这一问题，一要加大对刑事侦查人员的业务培训力度，提高刑事侦查人员的办案水平，推进侦查队伍专业化建设。要根据工作需要，引进一批精通计算机、外语、法律、心理学等方面知识技能的专业人才，提高侦查队伍的专业化程度。二要加强侦查信息化建设。为增强打击犯罪的主动性，提高侦查效率，有必要加强刑事犯罪情报信息工作、秘密侦查和技术侦查工作。特别是对黑社会性质的团伙犯罪、毒品犯罪、假币犯罪等没有明确犯罪现场或

---

① 　陈新民：《宪法基本权利之基本理论》，山东人民出版社 2001 年版，第 485 页。

② 　陈瑞华：《刑事审判原理论》，北京大学出版社 1997 年版，第 226 页。

者具体受害人的案件，应坚持主动进攻，开展内线侦查和秘密侦查。三要大力发展刑侦技术，提高侦查工作科技含量。为根除口供主义的影响，提高发现、揭露和证实犯罪的能力，必须摒弃"由供到证"的落后侦查模式，推行以物证为中心的新型侦查模式。四要加大对侦查工作的投入。特别在目前基层侦查机关经费严重不足的情况下，必须建立和完善侦查经费保障机制，保障执法活动的顺利开展。①

3. 办案人员要树立独立办案的意识和勇于担当的精神。虽然我国相关法律规定了检察机关、审判机关享有独立的检察权和审判权，但在司法实践中，很多情况下检察权和审判权并没有得到独立行使，这种情况在审判机关表现尤为明显。很多法官在遇到疑难案件时往往习惯向上级审判机关甚至向同级政法委请示，以致案件被长期搁置得不到裁决。检察机关、审判机关在办案时要依据事实和法律，当诉则诉、当判则判、当放则放。应当充分依照无罪推定的原则，在补充侦查达到法定次数仍事实不清、证据不足的，应当不予起诉或宣告被告人无罪。对于刑事二审程序中经常出现的多次发回重审的问题，由于进入二审程序的不少案件尤其是人民检察院提出抗诉的案件大多关系复杂、矛盾尖锐，处理起来比较棘手或受外界干扰较多，二审法官大多不愿意也不敢让案件在自己手中作个了断，因此往往并不区别主要与次要，只要认定原审判决事实不清、证据不足，甚至根本就不进行"事实是否清楚、证据是否充分"的判断就裁定将案件发回重审，以此推卸责任、回避矛盾。当然，近年来建立的国家赔偿制度和"错案追究制度"使负责办案的法官个人承担着越来越大的职业风险，而法官个人的经济收入、升迁前途甚至命运与案件的处理情况有着越来越多的联系，这也使得作为承办人的法官从主观上就愿意将这种职业风险加以转移。② 面对这种情况，办案人员应当具有勇于担当的精神，不能违背法治和职业操守而将案件一推了之。

4. 完善相关立法，内部规定应符合依法制定并符合法治精神。立法漏洞的存在是造成久押不决问题存在的重要原因，解决的办法就是尽快通过立法弥补漏洞。对于期限或次数不明确的条文，要通过立法解释、司法解释或制定单行法的方式加以明确。针对久押不决造成在押人员无法通过积极改造争取减刑

---

① 参见中国法院网，http：//www. chinacourt. org/html/article/200504/14/158296. shtml，2011 年 3 月 5 日访问。

② 陈卫东：《刑事二审"发回重审"制度的反思与重构》，载法律教育网，http：//www. chinalawedu. com/news/21601/21714/21623/2006/6/zh40061823431666002196 － 0. htm，2011 年 3 月 6 日访问。

的问题，笔者建议建立对久押不决在押人员的考核制度，使得有积极悔罪表现的久押未决人员能够获得同投牢人员一样的奖励机会，日后在投牢时能够获得减刑的机会。

内部规定的制定要依法进行，要符合法治精神，不能以内部规定取代法律，更不能超越法律。内部规定在不违背法律原意的情况下可以对立法中不明确的地方加以明确，但要符合基本法的立法意图。

5. 加强监督，形成有效制约机制。久押不决问题存在的一个重要原因就是缺乏有效的监督。久押不决问题往往涉及深层次的问题，解决难度较大，很多组织和个人在面临久押不决问题时往往会选择回避，这大大削弱了对久押不决的监督力度，很大程度上助长了办案单位拖延案件的风气。以往久押不决、未决问题往往通过检察院监所检察部门与法院相关部门协调或通过政法委的协调或督促加以解决，没有形成一套有效的监督制约机制。笔者认为解决久押不决问题，除依靠媒体的舆论监督外，必须加强监所检察部门的监督权力。

检察权是法律监督权，检察官是法律监督官员，[①] 监所检察部门担负着刑罚执行和监管活动监督职能，全面掌握着监所部门被关押人员的详细情况，这是监所检察部门能够做好久押不决监督工作的优势条件。但从目前的情况来看，监所检察部门对久押不决问题的监督力度仍不够，根本原因就在于法律没有赋予该部门对久押不决问题明确、充分的监督权。法律首先应赋予监所检察部门对久押不决案件的认定权，详细规定认定标准；其次法律应给予监所检察部门催办权，如果审判部门在收到监所检察部门下达的限期催办函后没有法定理由仍不予审判结案，相关责任人应当承担相应的法律责任。

6. 建立防止和解决久押不决问题的长效机制。2010 年在江西井冈山举行的全国检察长座谈会上，决定检察机关将分级负责，逐渐清理。羁押 8 年以上的，由高检院挂牌督办；8 年以下的由省级院负责清理和督办，力争在 2010 年底前清理完毕。这项举措对于清理久押不决的"陈年旧账"无疑是一个好消息。但根本解决久押不决不能仅仅靠一时的政策或领导重视，而必须建立防止和解决久押不决的长效机制。上述会议提出建立久押不决案件报告和备案审查制度，分级督办制度，办理在押人员及其家属申诉制度等，如能落实并能长期实施，一定会对解决久押不决问题起到重要作用。

---

① 王桂五：《略论检察官的法律属性》，载《检察论丛》（第 1 卷），法律出版社 2000 年版。

2009—2010 年受理审查抗诉案件存在的问题及对策研究[*]

刘力克　乔大元

　　"强化法律监督，维护公平正义"是我们检察工作的主题，曹建明检察长讲过"要敢于监督、善于监督、依法监督、规范监督，不断提高法律监督的水平和能力"。刑事抗诉作为法律监督的重要手段，是我们监督法院刑事判决的重要方式。我们不仅要敢于抗诉，更要善于抗诉、依法抗诉，努力提高抗诉工作水平。如果草率抗诉，不仅不能起到监督的效果，反而会有适得其反的影响。我院以 2009 年 1 月至 2010 年 12 月两年间受理审查的抗诉案件为样本，就我院抗诉案件的基本情况、上下级检察院之间、检法之间意见分歧原因进行了分析，并就如何提高抗诉质量、加强法律监督提出了意见和建议。

一、受理抗诉案件的基本情况分析

　　（一）每年抗诉案件数量占所有受理案件的比例基本持平

　　2009 年，我院共受理案件 295 件 671 人，其中受理抗诉案件 23 件 44 人，受理上诉案件 272 件 627 人，抗诉案件占所有受理案件的 7.79%。2010 年，我院共受理案件 253 件 462 人，其中受理抗诉案件 18 件 35 人，受理上诉案件 253 件 462 人，抗诉案件占所有受理案件的 7.11%。两年受理抗诉案件占所有受理案件的比例基本持平，保持在一个相对稳定的水平。详见表一：

---

　　* 本文获第五届天津检察论坛二等奖。作者简介：刘力克，天津市人民检察院第二分院二审监督处处长；乔大元，天津市人民检察院第二分院二审监督处干部。

表一

年份	受理抗诉案件数	受理所有案件数	件数比例
2009	23 件 44 人	295 件 671 人	7.79%
2010	18 件 35 人	253 件 462 人	7.11%
共计	41 件 79 人	548 件 1133 人	7.48%

（二）支持抗诉案件比例逐年上升

2009—2010 年我院共受理抗诉案件 41 件，支持抗诉 23 件，支持抗诉率为 56.10%，超过了半数。其中，2009 年共受理抗诉案件 23 件，支持抗诉 10 件，支持抗诉率为 43.48%；2010 年共受理抗诉案件 18 件，支持抗诉 13 件，支持抗诉率为 72.22%。2010 年比 2009 年支持抗诉率上升了接近 30 个百分点，对区县院的支持力度进一步加大。

（三）支抗案件法院改判率逐年上升

2009—2010 年，我院支持抗诉案件共 23 件，法院最终改判 7 件，2 件没有结果，法院改判率为 33.33%，支抗成功率处于较低的水平。其中，2009 年支抗 10 件，法院改判 2 件，1 件中止审理，法院改判率 22.22%；2010 年支抗 13 件，法院改判 5 件，法院改判率为 41.67%。2010 年比 2009 年法院改判率上升了接近 20 个百分点，但由于种种原因，仍处于较低水平。详见表二：

表二

年份	受理件数	撤抗件数	支抗件数	支抗率	支抗改判	支抗维持	支抗无结果	支抗改判率
2009	23 件 44 人	13 件	10 件	43.48%	2 件	7 件	1 件	22.22%
2010	18 件 35 人	5 件	13 件	72.22%	5 件	7 件	1 件	41.67%
共计	41 件 79 人	18 件	23 件	56.10%	7 件	14 件	2 件	33.33%

（四）各区县院抗诉案件数量相差较大且质量不一

案件总数较多的东丽区、滨海新区塘沽区、河西区等院提起抗诉案件数较多，排在前三名，分别是 12 件、7 件、6 件。但是相对于这些院每年 1000 多件的案件数，所占比例不足 0.5%。滨海新区大港区、汉沽区两区最近两年更是没有提起抗诉案件。

我院支持区县院抗诉率中，宁河最高 100%，提起抗诉 3 件，我院全部支持抗诉。河东、河西均为 66.67%，其中河西提起抗诉 6 件，支持抗诉 4 件；河东提起抗诉 3 件，支持抗诉 2 件。津南为 60%，提起抗诉 5 件，我院支持 3 件。在法院改判率中，津南最高为 66.67%，支抗 3 件，法院改判 2 件。其他详见表三：

表三

区县	受理件数（件）	撤抗件数（件）	支抗件数（件）	支抗率	支抗维持件数（件）	支抗改判数（件）	法院改判率
东丽	12	6	6	50%	5	1	16.67%
河东	3	1	2	66.67%	1	1	50%
河西	6	2	4（2 无结果）	66.67%	1	1	25%
宁河	3	0	3	100%	2	1	33.33%
津南	5	2	3	60%	1	2	66.67%
滨海新区塘沽	7	4	3	42.86%	2	1	33.33%
滨海新区开发区	3	2	1	33.33%	1	0	0
滨海新区大港	0	0	0	0	0	0	0
滨海新区汉沽	0	0	0	0	0	0	0

（五）抗诉案件罪名比较集中

2009—2010 年所有提起抗诉案件涉及罪名有 18 个。主要集中在故意伤害、聚众斗殴、诈骗和贪贿类犯罪。其中故意伤害案件 10 件，占到所有抗诉案件的 24.39%；诈骗类案件 6 件，占所有抗诉案件的 14.63%；聚众斗殴和职务侵占案件分别为 5 件，分别占所有抗诉案件的 12.20%。罪名相对比较集中。详见表四：

表四

罪名	案件总数（件）	所占比例	撤抗（件）	支抗（件）	支抗维持（件）	支抗改判（件）	支抗无结果（件）
聚众斗殴	5	12.20%	1	4	3	1	—
诈骗（含合同诈骗）	6	14.63%	3	3	1	2	—
职务侵占（含侵占）	5	12.20%	2	3	2	1	—
强奸	2	4.89%	2	0	0	0	—
绑架	2	4.89%	0	2	1	0	1
非法拘禁、妨害公务	1	2.44%	1	0	0	0	—
职务犯罪（含贪污、挪用公款、受贿）	4	9.76%	2	2	0	1	1

罪名	案件总数（件）	所占比例	撤抗（件）	支抗（件）	支抗维持（件）	支抗改判（件）	支抗无结果（件）
盗窃（盗伐林木）	3	7.32%	2	1	1	0	—
故意伤害（含寻衅滋事1件）	10	24.39%	4	6	4	0	—
抢劫	2	4.89%	0	2	2	0	—
假冒注册商标	1	2.44%	1	0	0	0	—
共计	41	—	18	23	14	7	2

二、案情分析

（一）撤抗案件情况分析

2009—2010年区县检察院共提起抗诉41件，我院撤回抗诉18件，撤回抗诉的这些案件意味着我们与区县院之间存在分歧和认识不一致的地方。现将这些案件的情况做一个分析总结。

1. 涉及此罪与彼罪的区分。例如，（1）赵某侵占终止审理抗诉案。区检察院认为赵某的行为应该属于盗窃罪，一审法院适用法律不当、定性不准。我院审查后认为，本案中该手表系旅客的遗忘物，已脱离旅客的控制，安检人员亦未将手表进行保管，虽然最终可能安检人员会发现手表并妥善收藏，但是在没有发现的情况下，该手表系遗忘物无疑。在此情况下，被告人赵某拿走该手表的行为不符合盗窃罪"秘密取得"的法律特征，故被告人赵某的行为不构成盗窃罪。但被告人赵某在取得该手表后，心生贪念，欲非法占有该手表，并在民警的追问下拒不交还，其行为符合侵占罪的构成要件。由于侵占罪属于告诉才处理，被害人没有告诉的，应当终止审理。一审法院的裁定并无不当，故撤回抗诉。（2）李丽诉机场侵占金首饰案（价值300万元）。经过全国范围的讨论，该种情况不定盗窃定侵占是主流观点。（3）郑某某、刘某某、刘某盗伐林木罪抗诉案。区检察院认为，本案中被盗的树木不属于"林木"，被告人的行为构成盗窃罪。我院审查后认为，本案中，道路两旁的绿化带应该属于林木，不仅作为国家财产，更主要是绿化环境。被告人的行为应该属于盗伐林木罪。再加上本案中，被告人已经积极赔偿损失，认罪态度较好，故撤回抗诉。（4）夏某、孙某、朱某故意伤害抗诉案。区检察院认为，被告人等以暴力方法强行将被害人的汽车劫走，构成了抢劫罪。我院审查后认为，被告人夏某出资给被害人购车，虽然现有证据不能证实该资金是赠与还是借款，但是被害人亦承认购车款项系被告人所出。本着对被告人有利的原则，应认定为借款。被告人夏某等人将被害人劫持到铁西路殴打，强行将其驾驶的灰色马自达 2 型轿车开走以抵消借款。夏某等人主观上没有非法占有他人财产的故意，其行为构成了故意伤害罪。被告人夏某亲属赔偿被害人人民币共计 6 万元，被害人表示对被告人予以谅解。本案我院撤回抗诉。（5）刘某某假冒注册商标罪。区检察院认为，刘某某无照生产销售食用油，构成了生产销售伪劣产品罪。我院经审查后认为，本案中的检验报告没有送达被告人，后送达被告人时，被告人不服申请重新检验，但是·该产品均已经销毁，无法重新鉴定。检验报告只证实刘某某食用油加工厂天然谷物调和油和一级大豆油鉴定不合格。而且所用的样品是从刘某某食用油加工厂被封存的很少量的假冒食用油中抽样取得的，以此推论其以前所灌装的食用油为不合格，显系欠妥。同时对花生油、色拉油没有进行鉴定。因此，认定其生产销售伪劣产品属于证据不足，原审被告人主观上应是假冒他人商标，赚取非法利益的故意，构成假冒注册商标罪。一审判决定性准确。

2. 涉及是否构成自首。例如，张某某等四人职务侵占案。区检察院认为张某某的行为不属于自首，量刑畸轻提起抗诉。我院审查后认为，从本案的案件来源看，既不是举报成案，也不是侦查成案，而是张某某、赵某某主动交代，检察机关才立案侦查。区检察院反贪局也出具证明材料，证实在调查其他案件过程中，张某某、赵某某主动交代了犯罪事实。依据刑法规定以及本案证据和原审被告人张某某的供述，应当对张某某、赵某某认定自首。原审判决根据原审被告人的自首、在本案中的作用、积极退赃弥补损失、认罪悔罪等情节，依据法律规定，对四名原审被告人在法定刑以下量刑，适用法律无明显不当。本案不宜支抗，我院撤回抗诉。

3. 量刑争议。例如，马某某、佟某、于某非法拘禁、妨害公务抗诉案。区检察院认为，一审判决马某某非法拘禁 1 年，妨害公务 1 年，合并执行 1 年6 个月，量刑畸轻。我院审查后认为，依据《刑法》第 238 条规定，非法拘禁他人或者以其他方法剥夺他人人身自由的，处 3 年以下有期徒刑、拘役、管制或者剥夺政治权利，具有殴打、侮辱情节的从重。一审法院判处有期徒刑 1年，在法定刑之内，不属于量刑畸轻。依据《刑法》第 277 条规定，以暴力、威胁方法阻碍国家机关工作人员依法执行职务的，处 3 年以下有期徒刑、拘役、管制或者罚金。一审法院判处其有期徒刑 1 年，在法定刑之内，亦不属于量刑畸轻。本案不宜抗诉。

4. 认定事实证据争议。例如，（1）孔某某合同诈骗无罪抗诉案。区检察院认为本案孔某某已经构成了合同诈骗罪，提起抗诉。我们审查后认为，本案中既不能证实孔某某具有非法占有的目的，也不能证实孔某某实施了诈骗行为。孔某某只是受丰某某指派办理借款相关手续，对于明知没有归还能力而大量骗取资金的说法，没有证据证实。另外，天一公司并不是没有资金偿还借款，天一公司账户上尚有存款1000万元。区检察院仅凭孔某某办理借款手续和推定明知，就认定其构成合同诈骗罪，显属适用法律不当。根据《刑事诉讼法》第162条第3款规定："证据不足，不能认定被告人有罪的，应当作出证据不足、指控的犯罪不能成立的无罪判决。"因此，原审判决适用法律正确。本案我院撤回抗诉。（2）周某某故意伤害、敲诈勒索抗诉案。区检察院认为被告人周某某已经构成了强制猥亵妇女罪。我院审查后认为，本案中涉及强制猥亵妇女罪的证据只有被害人聂某某的一次陈述，没有其他证据对被害人陈述予以佐证，且被告人对此节事实一直予以否认，因此，现有证据情况下，认定被告人犯有强制猥亵妇女罪证据不足，根据最高人民检察院关于印发〔2001〕7号《最高人民检察院关于刑事抗诉工作的若干意见》的通知第3条第1项之规定支持抗诉主张的证据不充分、不确实，或者不能合理排除证据之间的矛盾的不宜抗诉。本案没有支持抗诉。

5. 其他情况。例如，（1）段某某故意伤害抗诉案。本案属于邻里纠纷，双方因为琐事发生争执进而发生厮打，在这个过程中段某某将被害人摔倒在地，被害人经鉴定构成了轻伤。一审法院判处其有期徒刑1年，缓期1年执行。区检察院抗诉理由：段某某没有给予被害人任何赔偿，量刑畸轻。我院审查后认为，被告人已经积极赔偿了被害人的损失，量刑适当，因此撤回抗诉。（2）王某某故意伤害抗诉案。本案我们也与区院进行了沟通，该案抗诉系因被害人不服，赔偿不到位申请检察院抗诉引起，被害人闹，压力较大。本案虽然抗诉理由不能成立，但是本案中一审检察机关和法院做了大量的工作，本案的抗诉有利于本案的解决。二审中，我们在一审工作的基础上，通过调解使双方达成了和解协议，化解了社会矛盾。最后本案撤抗，法律效果、社会效果都非常好。区院对我们也非常理解支持。

（二）支抗后获得改判案件7件

1. 涉及定性不当。例如，（1）李某、段某某故意伤害案。一审法院认定李某、段某某故意伤害他人身体致重伤的后果，构成故意伤害罪，分别判处有期徒刑8年和3年。区检察院抗诉认为，"被告人李某、段某某为抗拒抓捕，共同当场实施了伤害店主王希荣的行为，致被害人王希荣重伤的结果，符合转化型抢劫罪的转化条件，应当认定被告人李某、段某某的行为构成抢劫罪"。我院审查后认为，被告人李某、段某某在骗吃食物后又想打包带走香烟、洗发水等物品，在被害人正在算账之际，对被害人当场实施暴力，其中李某用刀子猛捅被害人腹部、段某某用啤酒瓶猛砸被害人头部，造成被害人重伤的严重后果，因此被告人李某、段某某的行为应适用《刑法》第 263 条构成抢劫罪"。本案中，被告人在被害人算账时，直接使用暴力打击被害人，不存在"抗拒抓捕"的情形，应直接认定抢劫罪。二审法院完全采纳了我们的意见予以改判。

（2）邵某某合同诈骗案。一审法院判决邵某某合同诈骗处 2 年有期徒刑。区检察院认为邵某某的行为构成诈骗罪，遂以本案定性不准、量刑畸轻为由提起抗诉。我院审查后认为，邵某某伪造了假的房产证。并与被害人签订了数额为 25 万元的抵押借款合同，合同约定借款使用期限为 15 日，如到期无法归还，合同所载明的房产归被害人所有。合同签订后，邵某某得到人民币 20 万元，当日邵某某即将此款偿还债务，后潜逃。本案中，虽然二人之间签订了合同，但是并不是只要有合同就构成合同诈骗罪，从本案的抵押借款合同来看，合同主体、内容方面体现的是自然人之间的借贷关系，不属于市场交易的经济合同的范畴，无任何市场交易内容，也未体现市场经济活动。因此，不符合合同诈骗罪的特征。邵某某的行为构成诈骗罪，遂支持抗诉。二审法院采纳我院意见，改判诈骗罪，处有期徒刑 10 年。

2. 认定事实不当。例如，苏某某贪污、挪用公款案。一审认定苏某某构成犯罪事实不清、证据不足，宣告无罪。区检察院认为一审判决不当提起抗诉。我院经审查后认为，苏某某身为国有企业工作人员，对联络处的经营和资金有职务便利，其挪用公款 240 万元归其亲属使用，用于经营活动，谋取利益，事实清楚，证据确实充分，已经构成挪用公款罪，遂支持抗诉。二审法院采纳了我院的意见，改判其犯挪用公款罪，处有期徒刑 7 年。

3. 量刑不当。例如，杨某、李某某故意伤害、寻衅滋事案。一审认定杨某故意伤害他人身体，造成重伤后果，有一定的积极赔偿和悔罪表现，可以酌情从轻处罚，即对杨某处有期徒刑 3 年；认定李某某无端滋事，砸碎他人手机店的玻璃及店内移动板，拘役一个月。区检察院认为杨某家属仅给被害人赔偿了 2 万元，对另一被害人没有作任何赔偿，但给被害人造成的损失是 8 万余元，差距较大。李某某无端滋事，砸碎他人手机店的玻璃及店内移动板的行为与之后发生的杨某用刀将被害人捅成重伤和用砖头砸伤另一被害人的后果有因果关系，应承担民事连带赔偿责任，在两被害人没得到实际赔偿的情况下，判决对李某某作出此判决属量刑畸轻。我院审查后认为，区检察院抗诉理由成立，遂支持抗诉。二审法院采纳了我院的意见，改判杨某有期徒刑 4 年 6 个月，李某某有期徒刑 8 个月。

（三）支抗后未获改判案件 11 件

1. 此罪与彼罪认识分歧。例如，（1）田某某故意伤害抗诉案。一审判决田某某故意伤害他人身体，造成被害人死亡的后果，构成了故意伤害罪，一审判决有期徒刑 11 年。区检察院以定性不准、量刑过重为由提起抗诉。我院审查后认为，被告人与被害人事前并无矛盾，没有证据证明田某某具有足以产生伤害被害人的动机，尸检报告也没有证明被害人生前受到了除颈部伤以外的伤害迹象。被告人与被害人发生的是"摔跤"动作，且当时地面上还有薄薄的一层棉花，造成被害人发生致命伤的原因是摔跤过程中被害人倒地后被告人的身体压在被害人的身上。田某某作为心智正常的人，确实应当预见到将被害人摔倒在地可能会给被害人造成严重的伤害后果，但从其行为表现及事件的前因后果上看其没有预见，田某某对损害结果是存在过失的。田某某的行为不构成故意伤害罪，而构成过失致人死亡罪，遂支持抗诉。二审法院坚持认为田某某"摔跤"的行为具有故意伤害的故意，维持了原判决。（2）杨某故意伤害案。一审法院认为杨某的行为构成故意伤害罪。区检察院以定性错误、适用法律不当为由提起抗诉。我院审查后认为，原审被告人杨某主观上具有直接剥夺他人生命的故意，客观上实施了故意杀人的客观行为，具备故意杀人罪的犯罪构成。杨某事先准备足以剥夺他人生命的作案凶器刀具一把，并在被害人李某某对其批评且殴打之后，趁被害人背对其没有防备的情况下，持刀连续捅刺李某某要害部位背部两刀，尤其是在李某某负伤躲避情况下仍持刀追赶，直至被制服。原审被告人杨某在实施杀人过程中，始终扬言要杀死对方，在被他人制止行凶时仍表露出要杀死对方的意图，此客观事实，原审被告人杨某在捕前多次供述中均供认，其供认的情况和证人证言相吻合。可以认定其杀人罪事实清楚、证据充分。原审被告人杨某捕后改变说法，但证实其杀人的证据没有任何变化，其虽部分推翻原先多次供述不符合逻辑，一审法院判其伤害罪也无道理，遂支持了区院的抗诉。二审法院维持了一审判决。（3）王某某故意伤害抗诉案。一审法院判决原审被告人王某某出卖假冒茅台白酒，被人发现后，为挣脱继续逃走，手持一瓶假冒茅台酒将被害人面部砸伤，经法医鉴定为轻伤，王某某构成了故意伤害罪。区检察院认为一审判决定性不准、量刑畸轻提起抗诉。我院审查后认为，被告人王某某是有意从外地来津使用假酒诈骗被害人的钱财，在被被害人识破并已经报警的情况下，为了抗拒被害人抓捕，故意持酒瓶伤害被害人身体，并致被害人轻伤。以上事实表明，被告人王某某的行为符合《刑法》第 269 条关于在实施盗窃、诈骗、抢夺的犯罪过程中，为了抗拒抓捕而实施暴力的，应转化为抢劫罪，依据《刑法》第 263 条定罪处罚。依法提起了抗诉。二审法院认为王某某的行为属于销售假冒伪劣产品，在被发现后，故意伤害他人身体，维持了一审判决。（4）吕某某等职务侵占案。一审法院判决吕某某骗取 490 万元的事实存在，但是该 490 万元属于集体财产，因此构成职务侵占罪。区检察院以定性不准、量刑畸轻为由提起抗诉。我院审查后认为，该 490 万元系该村的土地补偿款，由镇会计代管站管理保存，吕某某等人将该款骗出，该款虽然进了集体账户，仍然改变不了其土地补偿款的性质，构成贪污罪。二审法院认为该款项系吕某某等人以虚假还款协议书骗出，款项性质已发生变化，已属村集体财产，不属于对土地征用补偿费用的管理行为，故被告人不符合全国人大常委会关于《刑法》第 93 条第 2 款第 4 项的规定。故被告人吕某某等人不构成贪污罪维持了原判决。

2. 法律适用争议。例如，（1）赵某某绑架抗诉案。一审判决赵某某的行为构成了绑架罪，属于情节较轻，判处有期徒刑 8 年。区检察院以不属于情节较轻，定性不准，量刑畸轻为由提起抗诉。我们审查后认为，赵某某等人两次实施绑架犯罪，主观恶性较大。其中一起既遂并得到了 1 万元赎金，拘禁人质时间长达 18 小时，期间有打骂和恐吓行为，虽然释放了人质，但是是勒取赎金后的行为。不属于情节较轻，遂提起抗诉。二审法院认为赵某某主动释放了人质，属于情节较轻。维持了原判。（2）薛某某盗窃抗诉案。一审法院以盗窃罪判处薛某某有期徒刑 2 年，缓刑 2 年。区检察院认为法院适用法律错误、认定数额有误提起抗诉。我院审查后认为，依据天津市某规定，该盗窃数额应按盗窃天数计算，数额特别巨大，应该在 10 年以上量刑。一审法院没有采用该地方性规章，属适用法律错误，支持抗诉。二审法院选择不适用该地方性规章，维持了原判。

3. 量刑争议。例如，刘某某故意伤害案。一审以故意伤害罪判处其管制 1 年。区检察院认为量刑畸轻提起抗诉。我院审查后认为，被告人拒不认罪、拒不赔偿经济损失，被害人对此十分不满，本案属于量刑畸轻，应予以抗诉。本案在二审开庭后，双方达成和解意见，赔偿损失 3 万元。二审法院维持原判。

三、存在问题

整体来看，我们的抗诉工作力度较弱，抗诉案件数量较少，抗诉率偏低。2009—2010 年区县院共提起抗诉 41 件，虽然相对于 2004—2008 年 5 年才 45 件的数据已经有了很大的提高，但是同样区县院每年受理审查起诉的案件数也已激增，所占比例仍处于较低的水平。

从整个辖区来看，抗诉案件分布极不均衡。我院下属 9 个辖区，塘沽、汉沽、大港、东丽、开发区、津南、河西、河东、宁河等区。就总体情况而言，提抗案件主要集中在东丽、滨海新区塘沽区、河西区、津南区等院，这四个院提起抗诉的案件占到了所有提抗案件的 75%。

具体来看，我们在抗诉工作中还存在有些提抗案件质量不高的问题，部分存在"应抗未抗、不该抗提抗"的情况。有些案件囿于上诉不加刑原则而被迫维持。有些案件上诉得到了改判。两年间我们在上诉案件中改判了 50 余件，其中以事实不清发回重审 15 件，直接改判 30 余件，另有 1 件直接改判无罪。当然其中不乏许多事实证据发生变化的案件，但是有些案件属于事实认定有误、定性错误，应该提起抗诉但没有提起。

提抗案件主要针对实体问题，对程序问题的抗诉关注不够，主要针对量刑轻的案件，对量刑重的案件抗诉关注不够。两年中，在提抗的众多案件中，针对程序违法的案件一件没有，抗量刑重的只有 1 件。

部分案外因素的影响。有些案件抗诉的提起，有许多案外的因素，其中一个就是被害人不满法院对被告人的判决，而到检察院要求抗诉，有些案件被害人人数众多，往往以进京上访、越级上访相要挟，要求检察院必须抗诉，部分检察院不堪被害人的烦扰，基于平息被害人的情绪，进而提起抗诉，导致一些抗诉案件质量不高。

抗诉工作机制有待进一步完善。刑事抗诉权的监督职能由基层院和分院共同完成，依照法律规定，基层院提起抗诉的案件应当同时向上级检察院报送案件材料和抗诉书副本，有些案件没有做到这些，提前亦没有任何电话沟通联络，信息滞后造成被动局面。

四、工作对策

（一）更新监督理念，强化监督意识，高度重视刑事抗诉工作

加强刑事抗诉工作是实现"强化法律监督，维护公平正义"这一检察工作主题的必然要求，同时也是落实"加大工作力度，提高执法水平和办案质量"这一检察工作总体要求的必要措施。各检察院要加强学习，牢固树立监督意识，转变保守的抗诉观念，依法、准确、及时、有效地开展刑事抗诉工作。

1. 要坚持指控犯罪和诉讼监督并重的原则。当前我国处于刑事犯罪的高发期，指控犯罪仍是工作的重中之重，但是同时我们也应看到，刑事审判监督对于促进审判公正，依法惩治犯罪，确保指控犯罪法律效果和社会效果的有机统一，具有重要的作用。从这个意义上讲，加强审判监督有重要意义。同时我们在审判监督过程中，要处理好监督和配合的关系。把单纯的重视和法院的配合，变成既要重视配合更要重视监督制约，既要指控犯罪更要重视制约监督，要善于在监督中体现配合，在配合中履行监督，通过配合形成打击犯罪的合力，通过监督确保审判的公正。

2. 要坚持敢抗和抗准的工作原则。敢抗就是要加强抗诉力度，提高抗诉案件的数量。抗准就是要提高抗诉的质量。二者的实质就是质和量的关系。只

有敢于抗，才能树立检察形象，唯有抗得准，方能确保司法公正。在实践中，我们既要提高案件的数量，又要保证抗诉的质量，两者缺一不可。同时一定要认识到法院改判与否是衡量抗诉是否正确的重要标准，但却不是唯一标准，对人民法院未改判的案件，要具体分析未改判的原因，结合抗诉理由是否充分，上级检察院是否支抗，综合评价。

3. 既要重视实体审查又要重视程序审查，在现有基础上加大对程序审查的力度，对于重大程序违法有可能影响案件公正审理的要坚决提抗，保证被告人的程序权利，以保证实体公正。既要加强对判决无罪和量刑畸轻案件的监督，更要加强对判决量刑畸重案件的监督，对于量刑畸重的案件要大胆提抗，以作出对其罚当其罪的处罚，保护被告人的合法权益。

（二）加强学习调查研究，不断总结经验，提高监督能力

1. 要不断地加强业务学习。二审工作对于业务能力有着更高的要求。二审案件均是不服一审判决的抗诉案件和上诉案件，大部分为疑难复杂案件，有很大争议。二审如果要纠正一审判决存在的错误，则不仅需要更加充分的事实与证据予以说明，还需要检察人员有着深厚的法学理论功底和严密的逻辑思维能力。因此，我们要重视知识积累，不断学习新的法律知识，不断夯实基础，提升办案水平，更好地履行监督职能。

2. 要加强调查研究，总结抗诉经验。要定期对案件进行分析、总结。例如对一段时间以来抗诉案件的情况进行总结，对抗诉后法院没有支持抗诉的案件进行总结，分析研究检察官与法官对于案件事实和证据的认定的分歧究竟在哪里，原因是什么，为什么没有得到法院支持等。针对经常出现的疑难复杂案件，要加强调研，总结经验。例如诈骗类犯罪和经济纠纷的区别、故意伤害类、聚众斗殴类犯罪的定性争议等，对这些类型的案件进行总结和分析，找出办理这类案件的规律和困难，使检察员能够不断提升办案能力。同时，针对法律适用或者执法过程中的较大争议问题，检法可以共同研究、论证，以形成共识，统一执法尺度。

（三）完善工作机制，落实抗诉效果

1. 基层院对于疑难复杂案件要提起抗诉的，应事先征求上级院的意见，如实反映案件情况和与法院沟通情况，上下协调，加强研究，形成抗诉的合力。

2. 要深化检法两家的沟通联系机制。加强沟通与协调是抗诉工作取得成功的重要因素。通过办案人、部门领导和法院进行多层次沟通，及时掌握法院的审判动向和倾向性意见，通过检察长列席审委会，进一步强化抗诉观点；通过定期联席会议，共同协商办案中遇到的一类问题。只有检法有效沟通，才能

保证执法统一，维护法律权威。及时地总结经验、研究对策，共同提高抗诉质量。

　　总之，区院要对抗诉工作准确定位，平时夯实基础，确保案件质量，敢于抗诉、善于抗诉、依法抗诉。分院要及时总结经验，加强沟通与联系，依法尽最大努力给予区院以支持。上下齐心合力、协调沟通共同使抗诉工作再上一个新的台阶。

司法改革背景下民行检察工作的发展[*]

陶 明 郭 锐

近 30 年来（1987 年开始试点），我国民事行政检察工作从无到有、从小到大，经历了试点、起步、初步发展和持续发展四个阶段，① 成为检察机关法律监督工作的重要组成部分。随着中国经济社会发展，人民群众对司法的要求与期待越来越高，现有的司法制度必须改革才能满足这种需要，体现司法的价值，民行检察制度也是这次司法改革的重点内容之一。

一、司法改革背景下的民事行政检察工作

随着改革开放的深入推进，我国经济上已经成为世界上第二大经济体，广大人民群众的物质文化生活水平得到了极大提高。然而我国仍然处于经济转轨、社会转型时期，正在经历着经济体制的深刻变革、社会结构的深刻变动、利益结构的深刻调整、思想观念的深刻变化。这一系列的变化也给现有的司法制度带来了一定的冲击和影响。具体体现在三个方面：

1. 我国正由计划经济体制下形成的高度国家化的社会向公民社会和市场化社会转变，从身份社会向契约社会转变，从单位社会向个体社会转变。社会从单位管理向社会管理转变，政府由全能政府向有限政府转变，政府的公共管理方式从行政管理向行政执法转变，这些变化必然会带来一系列的问题和矛盾纠纷，其中会有大量矛盾纠纷通过诉讼的形式涌入司法机关，要靠现有的司法制度来解决。

2. 关注和保障民生成为社会发展的重要主题，维护社会和谐稳定成为司法机关重要任务。当前涉及民生、民利的矛盾纠纷是社会矛盾纠纷主要体现，如劳动争议、征地拆迁、医疗卫生、食品安全、企业改制、社会保障、资源利

---

* 本文获第五届天津检察论坛三等奖。作者简介：陶明，天津市人民检察院第二分院副检察长；郭锐，天津市人民检察院第二分院民事行政检察处干部。

① 杨立新：《民事行政检察教程》，法律出版社 2002 年版，第 39 页。

用、环境保护等案件明显增多。新时期的社会管理尚无现成的经验可以借鉴，但是维护社会和谐稳定为社会发展提供稳定和谐的环境又是司法机关职责之所在，因此改革与完善现有司法制度以适应新的形势，才能确保社会发展和谐稳定的大局。

3. 人民群众权利意识、法律意识逐步增强，而现实的司法制度与人民群众的司法需求存在差距。人民群众日益增长的司法需求与司法能力相对不足的矛盾，是现阶段我国司法制度建设中的基本矛盾。伴随着经济社会的变革与发展，在社会矛盾增多的同时，人民群众的权利意识、诉讼意识日益增强，对社会公平正义有了更高的期待和要求，然而我们的司法现状与人民群众的要求还有一定的差距，加之我们的司法人员腐败、违法办案、侵害当事人诉讼权利的违法行为时有发生，这就更增加了人民群众的不满。解决这一矛盾唯有进行司法改革，切实加强诉讼监督。

制度改革的动力来自于实践现实需求，由于民事行政法律调整范围之广，民事行政案件数量之大，民事行政案件裁判结果与当事人切身利益密切相关，特别是法官在审理民事行政案件中的自由裁量权相对较大，人民群众对社会公平正义和司法公正的要求也更多地集中在民事行政诉讼领域。民行检察承担了民事、行政两大诉讼监督职责，因此加强和完善民行检察改革是司法改革的重要一环。现在民行检察工作正在进行着一场结构性、全局性、制度性的重大改革，也面对着实现民行工作跨越式发展难得的机遇和挑战，具体体现在如下三个方面：

1. 中央和最高人民检察院对于民行检察工作及其改革高度重视。党的十七大以来，以胡锦涛同志为总书记的党中央对新时期检察工作作出一系列重要指示，突出强调要加强对诉讼活动的法律监督，切实解决执法不严、司法不公问题。周永康同志在深入贯彻党的十七大精神、全面加强和改进检察工作座谈会上指出："对于民事、行政诉讼进行法律监督是国家法律赋予检察机关的重要职能，要维护民事、行政裁判的严肃性，使公正的判决裁定得到有效执行，使显失公平的判决裁定得到及时纠正。"中央《关于深化司法体制和工作机制改革若干问题的意见》明确提出"完善检察机关对民事、行政诉讼实施法律监督的范围和程序"，"明确对民事执行工作实施法律监督的范围和程序"的要求。最高人民检察院去年召开了全国检察机关第二次民事行政检察工作会议，会上曹建明检察长作了重要讲话，对进一步加强和改进民事行政检察工作作了深入阐述。2010 年 9 月，最高人民检察院先后印发了《关于进一步加强对诉讼活动法律监督工作的意见》和《关于加强和改进民事行政检察工作的决定》，对民行检察工作提出了新要求。这些都充分体现了党中央和最高人民检察院对民事行政检察工作的高度重视，为加强和改进民事行政检察工作指明了方向。

2. 涉及民行检察改革具体司法文件已经出台，为民行工作改革发展提供了制度保证。司法改革从开始至今涉及民行检察工作司改文件一共有 7 个，分别是最高人民法院和最高人民检察院《关于调阅诉讼卷宗有关问题的通知》、《关于人民检察院检察长列席人民法院审判委员会会议的实施意见》，最高人民检察院《最高人民检察院关于完善抗诉工作与职务犯罪侦查工作内部监督制约机制的规定》、《人民检察院检察建议工作规定（试行）》，2010 年 7 月最高人民检察院会同最高人民法院、公安部、国家安全部、司法部联合制定《关于对司法人员在诉讼活动中的渎职行为加强法律监督的若干规定（试行）》（以下简称《若干规定》），2011 年 3 月，最高人民法院和最高人民检察院共同制定《关于对民事审判活动与行政诉讼实行法律监督的若干意见（试行）》（高检会〔2011〕1 号，以下简称《若干意见》）、《关于在部分地方开展民事执行活动法律监督试点工作的通知》（高检会〔2011〕2 号，以下简称《执行监督试点通知》），后 3 个司法改革文件是与民行工作最重要、最相关的改革文件，明确把错误的民事调解、行政赔偿调解纳入抗诉范围，对抗诉监督范围之外的违法情形采取检察建议的方式监督，确定了检察机关对于证据和诉讼过程中司法人员违法行为的调查权，巩固了司法体制改革和检察实践探索成果，为检察机关民行检察工作更好地履行监督职责，提供了依据。

3. 民行检察改革工作已经引起全国及各省（市、区）人大的高度重视，民行检察改革内容已列入立法修法规划。新一轮民事诉讼法修改的一项重要内容即是强化民行检察对民事审判、行政审判和执行活动的监督。全国人大法工委将于今年 6 月形成征求意见稿，在征求各方意见后，于 10 月提交全国人大常委会审议。其中，增加民事执行检察监督内容已不存在悬念；关于调解、程序违法和审判人员在诉讼中的渎职行为的监督，全国人大也正在进行调研。全国目前已有 29 个省级、市级人大出台了加强诉讼监督或法律监督的决议。从立法趋势看，"十二五"时期将是民事、行政诉讼监督工作大发展的五年，职能范围将大大拓展，任务将发生重大调整。

二、司法改革给民行检察工作带来的机遇和挑战

在坚持和完善中国特色社会主义司法制度的前提下司法改革，进一步规范了民行检察监督的范围和程序，既为民行检察工作更好地服务"十二五"规划的实施，促进我国经济社会又好又快发展提供了重要指引，也为检察机关准确把握民行检察工作的职能定位，依法监督、规范监督实现民行检察工作跨越

式发展提供了制度保障。

（一）司法改革给民行检察工作带来的机遇

1. 监督范围扩展。由于现行民事诉讼法分则规定监督范围较为单一，实践中民事诉讼法律监督范围往往只限于"诉后"已经生效的民事行政判决与裁定。最高人民法院先后发布的十几个司法解释对生效判决与裁定还作出了不合理的限制。而《若干意见》的规定并没有对生效的民事行政判决、裁定作出更多的限制，也不仅限于对生效裁判的监督，《若干意见》第6条规定："人民检察院发现人民法院已经发生法律效力的民事调解、行政赔偿调解损害国家利益、社会公共利益的，应当提出抗诉。"这一规定解决了多年来争议的调解监督问题，即不仅可以监督，并且纳入了抗诉监督范围。《若干意见》第9条规定："人民法院的审判活动有本意见第五条、第六条以外违反法律规定情形，不适用再审程序的，人民检察院应当向人民法院提出检察建议。"

这两条司法解释对我们的民行检察工作具有重大而深远意义。首先，明确了检察机关对于调解的监督。对于调解最高人民法院曾经明文规定，人民检察院抗诉不予受理。同时在民事诉讼法中赋予了调解无论是当事人申请还是法院均可以启动对于调解的再审程序，唯独通过内部的司法解释把检察机关对于调解的监督排除在外，而现实情况是调解已经成了人民法院主要办案模式，部分基层院的调撤率已达到80%以上，实践中，强迫调解、诱导调解、虚假调解、恶意调解、双方串通损害国家或者第三方利益的调解以及明显违背自愿、合法原则的调解并不罕见，因此，对违法调解进行监督是完全必要的。最高人民检察院会签的文件无疑为检察机关更好地履行法律监督职责，对调解进行监督提供了法律依据。但是遗憾的是只规定检察机关对"损害国家利益、社会公共利益的"调解才能监督，无疑又限缩了监督的范围，但是"损害国家利益、社会公共利益"又是一个到目前为止尚未确定的概念和议题，如何理解并正确有效行使我们的职权成为摆在民行同人面前一个新的课题。笔者认为，如此限定检察机关对调解案件的范围是模糊的，也是不合适的。但是我们可以在检察实践中这样理解：检察机关是法律监督机关，监督的是法律统一、正确实施，法律是国家意志的体现，违反了法律即违背了国家意志、损害了国家利益。而在社会公共利益中，公共秩序主要包括社会公共秩序与生活秩序，违反社会公共秩序与生活秩序的行为往往也是违反法律和行政法规的强制性规定的行为，只是法律和行政法规不能对所有违反社会公共秩序的行为作出穷尽性的规定，所以以违反社会公共秩序作为补充。因此违反了法律强制性规定即是损害了国家和社会公共利益。其次，首次明确了检察机关对于整个审判过程的监督。虽然《民事诉讼法》第14条规定检察机关有权对"民事审判活动"监督，但是由于民事诉讼法分则对此没有明确规定，及实践中由于监督方式等限制，检察机关监督局限于案后对于部分判决结果的监督，这种监督只针对案件而不涉及具体法官审判行为，从结果上不利于发挥法律监督作用，也达不到监督的效果。而《若干意见》明确了检察机关对审判活动以检察建议的方式进行监督。这是一种全方位的监督，从立案、审判、结案、执行等整个审判活动进行监督，而且监督也侧重了对于法官个人职务行为的监督。此外《执行监督试点通知》明确了对执行监督，《若干规定》规定了对诉讼中违法行为的监督，也是对全程监督确认。笔者认为这将给民行法律监督工作带来全新的空间，以往实践中只是单纯监督法院审判文书错误，其效果往往取决于法院对此接受态度，这种对事不对个人的监督对于法官依法办案、司法公正只是起到治标作用，如果对于整个审判活动进行全程监督，将点滴的审判错误或程序瑕疵消除在诉讼结果最终定型之前，接受监督的审判机关也容易接受监督意见，及时纠正错误的审判行为，构建协同性监督机制和监督模式。① 笔者认为这种监督方式能从根本上预防法官违法审案，在确保审判程序公平、公正的同时有效推进司法公正实现。

2. 监督方式多样化。由于现行立法的不足，检察机关长期以来受困于监督手段单一，现行民事诉讼法仅规定了抗诉一种监督方式，《若干意见》中除规定抗诉监督方式外还总结实践经验，对检察建议、再审检察建议等监督方式予以明确，使这两种实践中已经采用监督方式从此不仅有了制度保证，在效力上也有了程序保障。如《若干意见》第 10 条规定："人民检察院提出检察建议的，人民法院应当在一个月内作出处理并将处理情况书面回复人民检察院。"《若干意见》第 7 条第 1 款规定："地方各级人民检察院对符合本意见第 5 条、第 6 条规定情形的判决、裁定、调解，经检察委员会决定，可以向同级人民法院提出再审检察建议。"这些规定使"检察建议"、"再审检察建议"方式有章可循，弥补了抗诉监督的局限性。而且《若干规定》对于诉讼中的渎职违法行为规定了另外的三种监督方式：发放纠正违法通知书、建议更换办案人、移送有关机关处理，这些均是民行检察监督通过积极开拓实践而总结提炼的有效的监督方式，新出的司改文件大大丰富了诉讼法对监督方式的相对单一的规定，为检察机关更好地履行法律监督职能提供了保障。

3. 明确了检察机关进行法律监督必要的调查权。法律监督权本身就蕴含着调查权，调查权是诉讼监督的基础，通过合法的调查为检察机关的监督意见

---

① 汤维建：《三大转向：推动民行检察制度转轨》，载《检察日报》2010 年 6 月 21 日。

提供证据和事实支持，能够更加有效地维护诉讼程序的公正，树立法律监督的权威。检察机关如果没有调查就不可能发现违法，取得证据。明确检察机关的调查权是保持检察权的完整性、有效发挥检察监督职能的必需。检察机关的调查权分为两部分，一是对案件事实的抗诉调查权，在《若干意见》第 3 条规定："人民检察院对于已经发生法律效力判决、裁定、调解，有下列情形之一的，可以向当事人或者案外人调查核实：（一）可能损害国家利益、社会公共利益的；（二）民事诉讼的当事人或者行政诉讼的原告、第三人在原审中因客观原因不能自行收集证据，书面申请人民法院调查收集，人民法院应当调查收集而未调查收集的；（三）民事审判、行政诉讼活动违反法定程序，可能影响案件正确判决、裁定的。"此调查主要是针对检察机关审查的民事行政案件是否具有抗诉事由，是对案件事实的调查，此类调查范围应该有严格限制，以保持检察机关居中监督的法律属性。另外一个调查权就是《若干规定》所规定的对于司法人员诉讼中有无违法行为的违法行为调查权。关于调查权又是一项民行司法改革重大突破，解决了长期困扰民行检察监督的调查权问题，对于检察机关开展法律监督工作提供了保障，符合了民事、行政诉讼法对于检察机关职权配置，有利于检察机关增强法律监督工作的针对性和实效性，使民行法律监督权更具合理性和科学性。

4. 同级监督的局面已经具备。再审检察建议是检察机关在民行检察监督程序立法不完善的情况下，着眼维护司法公正和权威，依据法律原则和立法精神，在履行民行检察监督权上的发展和创新。各地经过实践中不停的摸索，有些地方已经积累起一定的经验，但是再审检察建议这种监督方式以前尚无法律明文规定，检察机关在运用中，工作较被动，会碰到一系列的困难和问题，影响监督效果。尤其是 2008 年民事诉讼法修改后，再审案件上提一级，各地法院对于检察机关再审检察建议适用发出了质疑、否定的声音。司法实践中，抗诉案件单纯属于适用法律错误而由上级法院提审的情况极少，"上级抗下级审"成为抗诉案件再审的常态，其启动再审程序周期长、程序复杂，不利于错误判决和错误调解及时纠正的弊端已是检法的共识。而这次的《若干意见》第 7 条明确规定了再审检察建议的适用条件和程序，规定了是同级检察机关向同级法院发出，且同级法院需三个月内回复同级检察机关。《若干意见》规定的再审检察建议制度一定程度上实现了同级监督，有利于提高司法效率、节约司法资源，是抗诉方式的必要补充。注意《若干意见》规定发出再审检察建议必须经过检委会，笔者认为这也是目前情况下提高自身监督工作质量、确保案件监督效果必须要求的。

5. 行政检察监督初露端倪。我国法律监督制度作为一项国家制度，不仅应当包括诉讼领域中的监督，而且也包括诉讼领域外的监督。"既通过诉讼形式进行监督，也通过非诉讼形式进行监督。"① 由于检察机关的诉讼功能，我国法律监督长期被当作诉讼监督，法律监督制度变成了诉讼监督制度。我国行政诉讼法规定，检察机关有权对行政诉讼活动进行监督。所以多年来我们一直将行政检察主要理解为对行政诉讼中法院行政审判的监督。对于行政诉讼当事人即行政机关在行政诉讼中的监督较少，更较少涉及对行政执法的监督。但是现有的一些法规规定了行政机关须接受检察机关的监督，② 从检察权与行政权监督与被监督的关系出发，行政检察也应当具有更加丰富的内涵，应当包括对行政机关依法行政的法律监督。《若干意见》第 11 条规定，人民检察院办理行政申诉案件，发现行政机关有违反法律规定，可能影响人民法院公正审理行为的，应当向行政机关提出检察建议，并将相关情况告知人民法院。可以说对于检察机关向行政机关监督提供了一个方向和指引，为我国法律监督的进一步完善、跳出诉讼监督的传统和习惯，以法律监督为核心重新构建法律监督制度具有重大指引意义。③ 然而行政检察这一对检察工作具有重大且深远影响的前沿课题还需要我们深入地探讨和研究。

（二）司法改革给民行工作带来的挑战

司法改革给民行工作的发展带来了全新的机遇，但是也带来了一定的挑战，笔者认为主要有以下几个方面：一是在思想认识上，我们对于司改工作对民行工作发展的重大意义及司改文件的深刻理解还不足，需要深入研读改革文件，领会改革精神及意义，积极落实民行改革措施，才能真正适应改革的要求。二是许多工作是初次通过司法解释、会签文件形式明确赋予检察机关民行部门，一方面我们没有现成的经验可以借鉴，需要在实践中不停探索、提高，另一方面在探索实践的过程中我们务必要把握好司改中应有诉讼原则和规律，确保改革之路的合法、顺畅。三是在改革之中，有多方面的关系，需要我们进一步思考，把握好与审判机关、申诉人的关系，找准检察机关的定位，在依法监督中维护司法权威、保护当事人合法权益。四是我们的办案机制、专业化机制和人才保障机制，尚不能完全适应司法改革对民行检察工作的要求，需要我们不断加以研究，逐步完善和改进。

---

① 王桂五：《中华人民共和国检察制度研究》，法律出版社 1991 年版，第 256 页。

② 例如，2001 年国务院《行政机关移送涉嫌犯罪案件的规定》第 14 条规定："行政执法机关移送涉嫌犯罪案件，应当接受人民检察院和监察机关依法实施的监督"；《国务院关于劳动教养的补充规定》第 5 条规定："人民检察院对劳动教养机关的活动实行监督"。

③ 蒋德海：《法律监督还是诉讼监督》，载《华东政法学院学报》2009 年第 3 期。

三、理顺关系、完善机制，做好司法改革背景下的民事行政检察工作

民行检察工作经过 20 年的艰辛探索和发展，取得了一定成绩，机制也越来越完善、成熟。但目前，民事检察工作还存在一些认识问题，各项工作机制尚需进一步完善。所以进一步加强研究、统一认识，逐步完善民事检察工作机制，切实提高民事检察工作质量和效果，是进一步贯彻落实司法体制改革精神、为立法提供实践经验、满足人民群众司法公正需求的现实需要。

（一）正确把握新形势下民事行政检察工作原则

现行社会的发展变化使民行检察监督工作面临新情况，加之现在处于司法改革探索积累阶段，所以民行检察工作首先应当在理念上进行新的定位，并确立统一遵循的基本原则，从而把握改革和实践的正确方向。

1. 牢固树立依法监督的原则。依法监督的原则要求我们在开展民事、行政法律监督工作中要严格、公正地行使检察权，依法监督。主要包括三方面要求：一是依据法律的授权和规定进行监督。二是要求监督的案件属于法定的监督范围，即属于违反法律规定的情形。三是监督的手段和程序也必须符合法律的规定。司法改革赋予了检察机关对调解、执行、诉讼活动等新的监督领域，但是详细的法律规定、程序规范尚未出台，在此期间我们开展监督就必须更加严谨地依据民事行政实体法、程序法及相关的司法解释，这是因为自身行为合法是我们监督其他执法部门的基础。

2. 牢固树立维护法律的尊严和权威的监督理念。民事检察监督目的不是通过削弱乃至损害审判权威的办法提高自己的法律监督权威，而是通过积极有效的法律监督活动，在提高审判权威的同时，最终提高和保障国家的司法权威。① 民事检察工作机制改革必须始终贯穿这一精神，即应以维护司法权威为基本原则。具体来说树立 3 种理念：一是树立办案数量与质量并重的理念，不能只讲求办案数量，将其作为考核标准，而忽视监督的质量和效果。二是不能将发现客观真实纠正错误、维护当事人合法权益作为法律监督的唯一目标，我们的职责是通过依法监督纠正诉讼违法和裁判不公问题，以维护司法公正，维护社会主义法制统一、尊严、权威。三是树立抗诉与息诉并重的理念，抗诉是维护法律统一正确实施，息诉同样是维护正确判决的稳定、向人们宣示正确法律，目的也是维护法律权威和统一，两者都是法律监督工作的重要组成部分。

3. 牢固树立尊重规律和服务大局理念。首先要尊重规律。在我们的民行

---

① 张步洪：《略论民事行政检察的目的》，载《人民检察》1998 年第 7 期。

检察改革过程中一方面必须依法，另一方面在法律没有直接规定的情况下，我们还必须尊重民事行政诉讼基本原理和规律，尊重法院独立行使审判权、尊重当事人诉权和处分权、保持检察监督的有限、居中、谦抑，不越权、不越位。如不遵循诉讼规律，不仅不能积累改革探索的经验，还会带来严重的负面影响，遭遇更多的阻力，最终会使改革走上绝路。其次要有服务大局的意识。民行检察工作与改革发展稳定大局密切相关，要善于把履行监督职责置于大局中审视和判断，找准服务大局的切入点和着力点，真正做到履职贴紧发展，履职服务大局，力争在为经济社会发展中创造良好社会环境和法治环境，同时正确履行好法律监督职责，实现自身科学发展。

（二）把握好民行定位，正确处理新形势下民事行政检察工作中面临的各种关系

1. 正确处理与审判机关的关系。检察机关与审判机关既是对立统一的关系又是一种平等制约的关系。对立统一表现在，因为监督与被监督首先就是一对矛盾，是对立的，但两者又是统一的，因为价值追求和目标都是为了维护法律的尊严和权威。平等制约表现在，法律地位方面，根据宪法和人民检察院组织法、人民法院组织法的规定，在人民代表大会制度下，检察机关和审判机关都由人民代表大会产生，检察权和审判权是并列的国家权力，具有平等性。在职能特性方面，检察权是主动型权力，审判权是被动型权力；在效力方面，检察权仅具有程序性，而审判权具有终局性。这就形成了检法间相辅相克的均衡态势。① 例如对于纠正违法，检察机关可以依法对审判机关的违法行为启动相关审查程序提出纠正意见，但是否采纳由审判机关自己决定。

对立统一的矛盾关系要求处理检法关系上，一是检察机关既要敢于监督、善于监督、强化监督，忠实履行宪法和法律赋予的职责，又要依法监督、规范监督、理性监督，严格依法履行宪法和法律赋予检察机关的神圣职责，不辜负党和人民的重托。二是要主动加强与人民法院的沟通，树立共同的司法理念和司法价值观。要善于换位思考，不断改进监督方式和方法，建立健全正常有序的工作机制，在依法监督纠正错误裁判的同时，积极做好正确裁判的服判息诉工作，实现良性互动，保障检察机关与审判机关协调有序有效地开展工作。

平等制约的关系要求在处理检法关系上，一是必须尊重审判权运行的内在规律，检察监督要有边界，要保持一定的谦抑性。要正确处理加强民行检察与维护审判机关权威和裁判稳定性的关系，在监督纠正错误裁判的同时最大限度地维护裁判的既判力和稳定性。二是全体检察人员都要牢固树立监督者更要接

①　万绍文、吕晶：《试论司法体制改革中的检法关系》，载法律教育网。

受监督的观念，把自觉接受外部监督制约与强化法律监督摆在同等重要的位置，既要依法监督别人，更要主动接受监督。要严格执行《若干意见》第 14 条、第 15 条的要求，对人民法院针对检察监督行为违反法律或者检察纪律提出的书面建议，必须高度重视、认真办理，并在一个月内将处理结果书面回复人民法院。

2. 正确处理与申诉人的关系。正确处理与申诉人的关系，说到根本是如何处理好检察机关的公权与申诉人私权的关系，具体说来有如下几种关系：

（1）申诉人的诉权与检察机关的抗诉权。诉权是宪法规定的公民的一项基本权利，诉权是当事人因实体权利义务关系发生争议或处于不正常状态请求法院作出裁判的权利。申诉人的诉权与检察机关的抗诉权有以下几个问题。

①一审判决作出后申诉人未上诉，直接来检察机关要求抗诉，如何处理。《若干意见》第 4 条规定："当事人对可以上诉的一审判决、裁定在发生法律效力后提出申诉的，应当说明未提出上诉的理由；没有正当理由的，不予受理。"在这种情况下由于一审判决后尚有上诉程序的保障，如果没有正当理由而没有上诉，则是当事人对上诉权的处分，依当事人处分原则，不宜发动审判监督程序。另外一审生效裁判确定的权利义务过多地因为抗诉而重新回到不确定状态，不利于司法权威的维护和社会经济秩序的稳定。但是《若干意见》第 4 条中"正当理由"应当作有利于当事人的解释。例如对于送达程序违法，法院故意侵害当事人上诉权，一、二审审判人员相互串通、贪赃枉法，申诉人为特困户难以支付上诉费等情况，应当受理申诉。如果申诉人可以上诉、能够上诉但自动放弃上诉，则属于无受理的必要。

②法院判决生效后，申诉人没有去法院申请再审而是直接来检察机关要求抗诉，检察机关如何处理。法律上规定了既可以向上一级法院申请再审，也可以向检察机关申请抗诉，这是法律赋予申诉人的权利。然而实践中却会由于申诉人去法院申请再审同时去检察机关申诉，造成检法两家同时受理，造成司法资源的浪费。笔者认为申诉人向法院申请再审之诉还是一种诉权，其目的与一审诉权、二审上诉权一样都是寻求审判权的保护，而到检察机关申诉申请抗诉，是申诉人认为审判权不能保障自己合法权益而向另外一种国家权力——检察权寻求救济的申请，应该鼓励申诉人通过诉权的行使来救济自己的权利，而不是直接求助于公权力介入和帮助。当事人主动放弃程序内的常规救济渠道而寻求特殊救济，不管出于何种原因都不应得到支持，否则就有悖检察监督的原则。我们目前没有权力强制要求申诉人先去法院，但是按照检察监督的原则应先引导申诉人去法院再审。

③虽然法律赋予了当事人到检察机关的申诉权，但是任何权利的行使都理

应受到一定合法约束和限制。对于来检察机关申诉当事人没有过多限制，但是为了维护生效裁判的稳定和权威，避免司法资源的浪费，防止滥用诉权情况的发生，笔者认为实践中应当对当事人申诉权作如下限制：当事人申请再审的期限为两年，当事人向检察机关申诉的期限为原裁判生效后的四年。超过申诉期限的，检察机关可不予受理。主要是因为当事人对自己的权利未主动行使，公权力也就无强行保护的必要。另外，民事判决生效后在一定时间内会形成新的社会关系。如果无期限地对原权利进行保护必然会对新形成的社会关系产生影响。当事人申诉后，检察机关提起抗诉且再审裁判生效后，当事人不得再申请抗诉。

（2）当事人的处分权与检察机关的抗诉权。当事人对自己权利享有处分权，民事诉讼领域更是体现意思自治原理。但是实践中当事人的处分权有时会和检察权发生冲突。主要体现在以下几个方面：

①当事人未申诉检察机关能否抗诉的问题。对于这一问题目前有两种截然不同的认识。根据民事诉讼"不告不理"的原则，在当事人未提出申诉的情况下，检察机关不应主动启动民事检察监督程序，否则会不当干预了当事人的私权利，客观上造成了民事检察监督权与当事人处分权的冲突，不利于民事检察监督目的的实现。另一种观点认为，申诉人申诉只是检察机关案件线索来源之一，检察机关的《办案规则》明确规定人民检察院受理的民事、行政案件，来源包括"人民检察院自行发现的"情况。民事诉讼法中用语也是"检察机关发现"，另外从检察机关监督的职能和对象来说，是公权力对公权力的监督，我们职权是宪法、法律赋予的，是否行使不能以当事人的意志为转移。两种观点都有一定的道理，但是笔者认为，在不损害国家利益和社会公共利益的情况下应当尊重当事人的处分权，不应主动抗诉。民事商事属于私权领域，奉行私权自治和处分自由，在不涉及国家和社会公共利益的情况下体现了对当事人处分权的尊重。从案件实际的法律效果看，以当事人申诉为原则有利于避免诉讼长期争议，有利于及时定分止争、社会矛盾化解。

②检察机关是否抗诉取决于申诉人的申诉理由。根据检察机关法律监督的属性，检察机关应该不代表不偏袒任何一方当事人居中、独立地监督，可是实践中抗诉未必真正做到"居中"。笔者认为如果法院判决确实有误，但又非申诉人的申诉理由时，检察机关可以以申诉为依据增加或改变申诉人的申诉理由，因为一方面我国公民的诉讼能力有限，这种情况下机械执行法律不符合我国现实司法国情，容易造成申诉人不停缠访。另一方面虽然表面是"帮助"申诉人，但这不过是我们依法履行法律监督职能纠正法院错误判决的附属效果，而非直接目的，因此笔者认为在目前的情况下，检察机关抗诉意见可以超

出申诉人的申诉理由和范围。

③在检察机关申诉人撤回申诉与要求和解如何处理。申诉人申请撤诉也是申诉人行使处分权的一种表现，在不损害国家和社会公共利益的情况下，我们应当尊重。但是如果案件已经抗诉，笔者认为不应以申诉人的意志为转移，检察机关是否会因当事人的撤诉而撤回抗诉要根据案件的情况和效果，综合考虑决定。有关申诉人在检察机关的和解，《若干意见》和最高人民检察院《办案规则》都做了规定，《若干意见》提到"可以建议"非主持、调解。笔者认为在检察机关的和解应当作如下几点理解：第一，检察机关可以建议或引导当事人自行和解，检察机关不应过多参与和解或者调解，因为化解矛盾纠纷不是检察机关的本职工作，和解是我们在新的社会形势下一种监督或者办理案件的方式而已。第二，在检察机关和解案件必须判决有瑕疵，正确判决和存在严重违反法律错误的判决绝不应在检察机关倡导和解，因为检察机关的任何工作都要秉持法律监督的本质属性，这才有别于其他机关的和解工作。

（三）完善相应机制确保民事检察改革的落实

1. 民事、行政检察机构分设，以适应案件专业化需求。通过司法改革可以看到，民行检察工作将向更多的监督领域延伸，除了基本的中心工作抗诉外，司改文件又明确赋予了执行监督、调解监督、诉讼违法行为调查等新的工作，而且对于行政机关依法行政的法律监督成为现在民行理论和实践研究的新课题。然而如此多的工作种类放在一个处室很难协调开展，民事监督和行政监督在机构设置上混合为一，制约了民行检察监督能力的专业性发展。检察机关要积极适应形势的变化，加强行政诉讼监督，努力实现民事、行政检察分开设立。民行分开设立独立处室，是适应司法改革要求必然趋势，有利于加强行政诉讼监督力度、有利于理顺两种诉讼监督职能机制、理顺与人民法院业务庭的关系，有利于民行队伍专业化建设。就全国来看，湖北、山东、海南、吉林等检察机关已经实现民、行检察分设。

2. 优化案件办理机制，适应新的形势和任务。通过司法改革的文件可以看出，以抗诉为中心的多元化监督格局已经形成，有些学者甚至认为将来的民行工作将逐步把对案件监督与对人的监督、审判中与审判后监督结合起来，抗诉为中心的格局有可能改变。但是目前可以肯定的是民行工作将向多格局发展，抗诉将不再是唯一的中心工作，而目前我们的办案机制尚难以适应这种多极化发展的趋势，绝大部分办案时间和精力放在了抗诉和息诉案件的审查上。主要表现在：一是案件办理内部环节过多、程序烦琐，一般案件经过承办人审查、集体研究讨论、处长审批、检察长审批，如果是提请或建提类案件，这样的程序要走两遍，如此多的环节设计不适合目前民行案件日益增多、监督范围扩大的形势，应当仿照法院建立立审分离、合议制等新的办案程序，提高我们审查案件的工作效率。二是尚未建立案件的繁简分流机制，针对不同的案件应当适用不同程序类似法院审理的简易程序和普通程序，简单案子简单办，复杂案子复杂办，将更多的精力集中在重大、疑难或是抗诉类案件上，突出重点，有所成绩。而目前所有案件不论抗诉还是息诉适用完全相同的审查程序，重点不突出，这使大量的人力、物力耗费在息诉案件上，造成了办案效果不佳。三是尚未建立分类办理机制，我们一个部门对应法院五六个专业部门，虽然客观条件不允许增编扩充，但是我们可以走案件专业化办理机制，以此来提高我们的专业化水平。笔者认为只有在保证案件质量的前提下尽量优化现有的办案机制，才能力求在司法效益和司法公正之间寻找到一个最佳平衡点，解决制约民事检察工作发展的"工作程序复杂"这一瓶颈因素，以最快的速度、最低的成本、最短的周期，实现最佳的工作效果，充分利用有限的司法资源，发挥民事检察监督的效果。

3. 建立息诉案件分工协调机制，确保民行监督职能有效发挥。民行工作的最大难点在于判决后的服判息诉工作，表现在：一是现在矛盾纠纷较多，有些矛盾司法机关未必能解决，但是求助司法又是目前唯一的法定途径。检察机关民行部门作为司法救济的最后程序，造成过多矛盾和纠纷以申诉的形式滞留检察机关民行部门。二是一些部门利用法律规定"检察机关是法律监督机关"的定位，逃避矛盾，将检察机关民行部门作为"解压阀"，实践中二审、再审判后法官解答申诉人缠诉最常用的方式是把申诉人引至检察机关，给民行息诉工作带来困难和挑战。三是检察机关内部民行与控申职能协调不清，民行案件何时终结、什么时间转为信访案件转控申接待答复缺乏统一标准，导致民行办案人员既是案件承办人又是该案信访接待人员，牵涉办案人大量时间和精力。四是息诉审查机制不完善，对于简单的息诉案件没有简易程序和书面审理机制，造成案件积压，无法脱身。为适应新的任务和要求，集中精力搞好民行法律监督工作，必须将上级院案件合理分流基层，由基层化解。对于个别人员和机关不负责任推脱，要根据最新司改文件赋予的权力调查核实，将结果通报有关单位和部门，逐步理顺检察机关内部部门关系，明确分工，减轻民行既办案又信访接待的压力。笔者认为目前解决民行人员不足，同时又面临司法改革重任的情况下，唯有通过内部一系列机制改革才能胜任改革时期的任务和要求。

4. 建立人员队伍保障机制，为改革和发展提供人才保障和支持。徒法不足以自行，纵有良法美制，也需要靠人来执行和落实。民行检察监督能力必须能够适应该项制度和实践发展的需要，否则就会制约此项制度的实际功用，最终成为该项制度趋于完善的羁绊。① 司法改革为民行工作的发展描绘了光辉、宏伟的蓝图，然而想要实现，我们不仅需要信心更需要具备胜任工作的队伍。目前民行检察监督人才队伍存在如下问题，一是人员不足。民行监督的人才队伍尚未形成应有的规模，人才短缺十分严重。民行监督占整个检察监督的2/3，然而检察人才的配备却远远低于这个比重，这就形成了监督资源内部分配上的不平衡。二是人员素质参差不齐，检察机关思想偏刑轻民严重，往往把优秀的人才和干部配到刑检部门，民行队伍专业化水平不高、人才队伍不稳定，与法院审判队伍的水平和能力存在一定的差距。面对日益增加的民事申诉案件，民行检察队伍建设的改革举措与力度显然不够大。为此需要我们转变观念，在民行队伍建设上要珍惜难得的发展机遇，为民行配备高素质的检察人才，培养民行专家和业务骨干，给民行干部提供良好平台和空间，唯有如此，才能为民行检察改革提供最基本的人才队伍保障，助推民行检察监督制度改革的成功落实。

---

① 汤维建：《民行检察制度的新发展》，载《法学家》2010 年第 3 期。

对离退休干部发挥作用的法律保障的思考*

施长征　李长青

一、问题的提出

1982 年，党中央发布了《中共中央关于建立老干部退休制度的决定》（以下简称《建立退休制度的决定》），将重视发挥离退休干部的作用确立为我们党和国家的坚定不移的政策原则之一。据统计，我国有 1700 多万离退休干部，其中有不少离退休干部基于自身的政治、专业、经验等方面的优势，为了满足国家各行各业的需要，弥补人力资源的缺口，仍然以各种形式活跃在社会主义事业建设的第一线。为了让离退休干部充分发挥余热，让他们在各行业更好发挥作用，党和国家出台了一系列政策和法律，但是，我国经济发展较快，城市化、现代化、家庭核心化等同时发展，离退休干部的人数增长较快，离退休干部参与社会发展的机制、离退休干部法律主体身份的确认、可持续发展的人力资源配置等都在探索和摸索阶段。

在越来越庞大的离退休干部中，有很多人以兼职、聘用等多种形式参与各项工作，他们充分发挥自身优势，老有所为，为我国社会发展进步做出了重要贡献。除了荣誉性、义务性的工作外，重新参与工作的离退休干部享有获得报酬的权利，对这种权利的充分保障是践行党和国家离退休干部政策的必要举措，更直接体现了党和国家对离退休干部发挥作用的肯定和尊重。在司法实践中，离退休干部因在返聘、离退休待遇、事实劳动关系等问题上发生争议的纠纷正逐年增加，运用司法手段，正确妥当地解决这些纠纷是让离退休人员更好发挥作用的重要法律保障。

* 本文获 2012 年中央组织部老干部局组织的"总结干部离退休制度建立 30 周年老干部工作理论研讨"征文活动二等奖。作者简介：施长征，天津市人民检察院第二分院公诉处干部；李长青，天津市人民检察院第二分院政治处干部。

二、我国对离退休干部发挥作用的法律保障存在的缺陷

（一）离退休干部在聘用关系中的法律主体地位不明确

随着老龄化趋势的加快发展和社会形势的转变，离退休干部重返工作岗位已经成为一种常态，不少人在退休前就开始考虑退休后如何发挥作用的问题。由于缺乏明确具体的法律保障，有一些离退休老干部在参与工作的过程中，自身权益受到了侵害。有些离退休老干部，具有一种迫切的发挥余热的热情，对于签订合同等问题并不是很在意，有的连薪酬待遇问题都没有谈就开始工作；有些用人单位随意辞退解聘离退休干部，拖欠或不支付薪酬，同工不同酬，对离退休干部的福利待遇实行低标准现象时有发生。由于在聘用关系中，离退休干部的法律主体地位并不明确，导致选择和适用法律本身就成为有争议的问题。劳动法上的劳动就业范畴的劳动者，是指法定退休年龄内的公民，因此在理论上对超过法定退休年龄的劳动者是否能适用劳动法有不同看法。在某些案例中，就出现因离退休干部的劳动者身份被否认，不能适用劳动法维权失败的情形。

（二）关于离退休干部发挥作用的法律规范缺乏系统性和科学性

党中央一直十分重视离退休干部工作，注重发挥离退休干部的作用，倍加珍惜离退休干部的人力资源储备。20 世纪 80 年代以来，党中央颁行了《中共中央关于建立老干部退休制度的决定》、《关于发挥离退休专业技术人员作用的暂行规定》等纲领性的政策文件，充分体现了政策调整的及时性、灵活性，但只有将这些政策及时转变为立法，才能保证制度效果。但由于调整对象比较特殊、调整范围不具有普遍性等原因，上述政策没有转化为法律规定，但各级各地机关根据政策精神制定了一些行政规章，如国家工商行政管理局出台了关于离退休专业技术人员从事个体经营问题的规定，一系列地方性法规和规章放宽了离退休干部重新聘用、参与工作的条件，明确规定离退休人员（干部）可以被其他用人单位聘用而从事工作，并且应签订书面聘用合同。但是，以上法律规范由不同级别、不同部门制定，缺乏系统性和科学性，有些规范却彼此冲突，有些规范虽然具有法律属性，但由于缺乏行为模式和法律后果等构成要件，实质作用等同于政策规范，而无法实现法律规范的强制性。

2005 年 2 月 23 日，中央办公厅、国务院办公厅又以中办发〔2005〕9 号文件转发了《关于进一步发挥离退休专业技术人员作用的意见》，规定各单位聘请离退休专业技术人员都要按照平等协商、报酬合理的原则，通过合同的方式明确双方的权利义务，保障双方的合法权益。在劳动法没有对达到法定退休年龄的劳动者与用人单位之间的劳动关系作出排除性规定前提下，国家法律法

规中对离退休干部在聘用关系中的权利予以明确确认。只是再聘用或返聘已经办理了退休手续的退休干部，是不具备劳动法规定的劳动者主体资格的。离退休干部被再次聘用时签订的不是劳动合同，而是聘用协议。与劳动合同最大不同之处在于，劳动合同内社会保险、劳动保护等内容是强制性内容，体现了劳动法对于劳动者的特殊保护，用人单位无故解除劳动合同时应支付经济补偿金。而聘用协议双方是平等的，所有的内容由离退休干部与单位协商确定，双方是平等的民事主体，其法律关系属于受民法调整的民事法律关系，而不是受劳动法调整的劳动法关系。离退休人员再次聘用遭受事故伤害，聘用协议有约定的，应按协议约定处理；没有约定的，应通过民事途径解决，而不纳入工伤行政确认范围。

（三）离退休干部在发挥作用过程中法律纠纷的司法保障乏力

离退休干部是一个较为独特的群体，这一群体离退休后发挥作用属于特殊事项，将一个特殊群体的特殊事项纳入专门的司法保护存在一定难度，我国以往针对类似问题的处理方式是通过专项运动的方式进行，如全国打击侵犯知识产权行为专项行动、公安部打拐专项行动等，专项行动虽然具有短期性等弱点，但仍在相当程度上起到了对有关违法犯罪行为的震慑作用。离退休干部在发挥作用过程中，是一个需要司法保障的问题，法律纠纷也不在少数，但是司法保障却不理想：没有专门机构负责保障，也没有作为专门事项予以保护；"同等情况同等对待，不同的情况不同对待"的正义原则被忽视，离退休干部作为一个特殊群体，没有得到司法的特别对待；离退休干部的法律知情权未得到完全保障，因为"信息缺陷"而造成法律纠纷，重司法裁判作用，忽视纠纷预防。

三、为离退休干部更好发挥作用提供法律保障的建议

（一）建立老干部离退前的法律告知制度

离退休干部的原就职单位绝大多数为国家机关、事业单位，这些单位与干部之间的法律关系并不是标准意义上的劳动关系，一般也不适用劳动法来进行调整，发生争议的一般由人事行政部门来解决，所以大部分离退休干部对于劳动关系或劳务关系的权利义务内容、争议处理机制等并不十分了解，所以在老干部离休前，应由原单位发放再聘用法律事项告知书，内容应当涵盖能够较好发挥离退休干部作用的单位范围、聘用关系的权利与义务、可能出现的法律纠纷的类别及处理方式，尤其重要的，应当提示离退休老干部，应当与用人单位签订书面的聘用合同，同一时期有较多人员同时退休的且有条件的单位，可以组织法律专业人士在离退休前开展普法教育工作。通过法律告知，让离退休干

部知道自己的身份定位，让他们有足够的信心去开创属于自己的"第二事业"，为他们更好地发挥作用打下坚实的法律基础。

（二）建立离退休干部的聘用追踪机制

离退休干部曾经为社会主义事业作出了一定贡献，尤其是为原用人单位的发展作出了直接贡献，虽然他们离开了原工作岗位，但他们仍然是原单位的一分子，更是党和国家事业不可或缺的重要力量。当他们通过再次被聘用发挥作用时，也应当得到全面细致的照顾和保护。为了更好地保障离退休干部的合法权益，对于重新被聘用的老干部实行自愿的全程追踪机制，即在老干部本人自愿的前提下，对于聘用的离退休老干部实行双备案制度，由原单位和再聘用单位的老干部工作管理机构对聘用老干部的情况同时备案，对聘用期限、工作内容、薪金情况等进行登记，在聘用关系变动时进行变动登记。有关管理机构根据登记的情况，及时向离退休干部本人发出聘用预警，如单位有歧视老年人记录的、单位有恶意欠薪情况发生的、聘用协议内容违反法律规定等。通过追踪机制的建立，让离退休人员感觉到自己"不是一个人在战斗"，这种法律责任的监督、控制，最大可能避免侵犯离退休干部权益的事件。

（三）成立专业的离退休老干部法律援助机构

亚里士多德认为，法治发生的条件首先是有制定的良法，其次是良法得到良好的执行。同样，在离退休老干部发挥作用的问题上，即使有全面良好的法律政策予以支持，执行起来也完全有可能走样，所以必须建立更专业的执法监督机构，由专人负责相关事项，这也完全符合我国的行政管理体制。建议由当地老干部行政管理部门联合司法行政部门，成立离退休老干部法律援助机构，负责有关离退休干部法律事项的咨询、顾问、调处、解纷等工作。

（四）在法律纠纷中明确离退休干部的法律主体身份

事实劳动关系是指用人单位与劳动者没有订立书面合同，但双方实际履行了劳动权利义务而形成的劳动关系。我国法律有多条法规对事实劳动关系作出规定，《劳动法》第2条规定："中国境内的企业、个体经济组织与劳动者之间，只要形成劳动关系，即劳动者事实上已成为企业、个体经济组织的成员，并为其提供有偿劳动，适用劳动法。"劳动部劳部发〔1995〕309号《关于贯彻执行〈中华人民共和国劳动法〉若干问题的意见》第17条规定："用人单位与劳动者之间形成了事实劳动关系，而用人单位故意拖延不订立劳动合同，劳动行政部门应予以纠正。用人单位因此给劳动者造成损害的，应按劳动部《违反劳动法有关劳动合同规定的赔偿办法》（劳部发〔1995〕223号）的规定进行赔偿。"劳动部劳部发〔1995〕309号《关于贯彻执行〈中华人民共和国劳动法〉若干问题的意见》第82条规定："用人单位与劳动者发生劳动争议不论是否订立劳动合同，只要存在事实劳动关系，并符合劳动法的适用范围和《中华人民共和国企业劳动争议处理条例》的受案范围，劳动争议仲裁委员会均应受理。"《最高人民法院关于审理劳动争议案件适用法律若干问题的解释》第 16 条规定："劳动合同期满后，劳动者仍在原用人单位工作，原用人单位未表示异议的，视为双方同意以原条件继续履行劳动合同。一方提出终止劳动关系的，人民法院应当支持。"可见，事实劳动关系是我国法律规定和调整的。同时也可以看到，在劳动部的〔1995〕309 号文件中，事实劳动关系的认定要求符合劳动法的适用范围，这就对不适用劳动法的离退休人员的劳务关系认定构成了影响。

　　离退休干部与用人单位应当按照聘用协议的约定履行义务，聘用协议约定提前解除书面协议的，应当按照双方约定办理，未约定的，应当协商解决。离退休干部与其签订的聘用合同显然不属于劳动法调整，不是劳动合同，双方建立的是劳务合同关系，应当受合同法调整。而在没有协议的情况下，一般是根据事实劳动关系的形成条件确定双方的权利与义务。但如果僵硬理解前述法律规定，则会认为事实劳动关系的确立必须以符合劳动法的主体资格为前提条件。这就形成了一个错误逻辑，离退休干部不是劳动法主体，那就更不可能与用人单位之间形成事实劳动关系。如此一来，仅仅因为年龄原因，没有法律的肯定，离退休干部的合法权益完全得不到保障。出现问题的症结在于将劳动法的规定和合同法的规定对立看待。我国劳动法中关于事实劳动关系的规定，应该看作合同法律制度中事实合同理论的延用和承认。所谓事实合同是指民事主体通过一定的法律行为或准法律行为相互达成缔约合意或符合法律规定的构成要件而成就的合同。事实合同的成立不一定通过传统确定的缔约方式，但仍旧有合意的存在，经得起要约和承诺理论的检验。即使缔结合同的合意不明确也符合法律规定的合同成立的特殊情况。如我国《合同法》第 36 条规定："法律、行政法规规定或者当事人约定采用书面形式订立合同，当事人未采用书面形式但一方已经履行主要义务，对方接受的，该合同成立。"在这里，当事人的行为更除了先前的约定或法律的规定而成就事实合同。法律强调人人平等，一旦进入合同法的领域，无论是退休干部还是其他人，都应该享有法律给予的权利。劳动法并没有禁止离退休干部参与劳动，也未明令排除离退休干部获得合法收入的资格，这一点和合同法并不冲突。因此离退休干部的事实劳动关系的认定并不违背劳动法的规定，更是符合合同法的制度要求。合同法中关于事实合同的规定，是适用于离退休干部的事实劳动关系认定的。只要提供有偿劳动的证据，离退休人员可以依法获得合理收入，也能在用人单位单方面解除协议的情况下，依照合同法的规定，争取经济补偿。每一位公民在自己的合法权益受到不法侵害的情况下都可以采取一定措施制止不法侵害保护自己的合法权益。在我国法制现代化的时代背景下，离退休干部在遇到争议时，积极主动运用法律手段维权，适时和适度保护自己合法权益的行为，是受到法律保护和鼓励的。

论我国民事公益诉讼制度的构建*

许希坤

一、民事公益诉讼基本原理

（一）公共利益之界定

民事公益诉讼是检察机关为了保护公共利益而提起的一种特殊民事诉讼，什么是公共利益、如何界定公共利益非常重要，因为这个问题涉及民事公益诉讼的受案范围以及如何防止检察权的滥用等。笔者认为要准确把握公共利益的界定，应当注意以下几个方面的问题：

1. 公共利益的主体是公众。公众的概念是包括全社会的每一个成员，还是只要满足"不确定的多数"就满足了公众的概念？对此，应当将公益界定为一个不确定多数人的利益，只要大多数不确定数目的利益人存在，即属于公益。

2. 在民事公益诉讼的框架内谈论公共利益，其范围不可过分地扩大，应是受限制的。而区分以下几种利益与公共利益的区别，对于限制公共利益的范围是很有意义的：（1）政府利益并不等同于公共利益。虽然公共利益的实现主要是通过政府制定公共政策、执行公共权力，但有时政府行为的目标与社会公共利益之间并非一致。（2）集团利益不可混淆于公共利益范围之中。集团利益与公共利益划分标准是截然不同的，只有当某一集团的利益普遍代表了集团内成员的共同利益，且该种利益与社会公序和道德的价值取向相一致时，该集团利益才具有公益的特征。（3）公共利益与个体利益并不是截然分离的。公共利益在一定程度上是无数或多数个体利益的集合，多数人的私益集合可以形成公共利益。

3. 并非所有的公共利益遭受损害都需要提起民事公益诉讼。毕竟民事公益诉讼是消耗司法成本的，寻求司法救济只是保护公共利益的手段之一。提起

---

* 本文获第五届天津应用法论坛二等奖。作者简介：许希坤，天津市人民检察院第二分院侦查监督处干部。

民事公益诉讼，必须是公共利益的损失达到一定规模、影响，且其他救济方式难以达到目的。

（二）民事公益诉讼的概念与特征

1. 概念。民事公益诉讼是指由检察机关对涉及侵害国家利益、社会公共利益的民事案件向法院提起诉讼，追究违法者的民事法律责任，保护国家利益、社会公共利益的制度。

2. 特征。

（1）民事公益诉讼的目的是维护公共利益。"民事诉讼的目的，不仅在于解决民事争议，还在于通过法院的神圣判决制裁违法行为从而达到维护正常经济和生活的目的。"① 检察机关是国家利益和社会公共利益的代表，在民事公益诉讼中，检察机关提起诉讼，不是为了维护自己的利益，也不是为了维护本单位、本部门的利益，而是为了维护国家利益和社会公共利益，追求社会公正公平。

（2）检察机关提起民事公益诉讼是行使国家民事诉讼权，而不是行使其作为国家法律监督机关所享有的民事检察监督权。在普通民事诉讼的检察监督中，检察机关行使法律监督权的方式是参与到已经开始的由当事人提起的诉讼之中。而民事公益诉讼与普通民事诉讼不同，检察机关是通过自己的起诉行为，向法院提起一个专门的民事诉讼程序，在其没有起诉之前，这个诉讼并不存在。检察机关提起民事公益诉讼以后，该诉的民事法律关系当事人被动地参加到诉讼中来，与检察机关进行对抗，接受法院的裁断。

（3）民事公益诉讼的起诉权主体不要求必须与案件有直接利害关系。普通的民事诉讼，是民事法律关系当事人在行使民事权利和履行民事义务的过程中发生争议，为解决这种权益之争起诉到法院，诉请法院依法裁断的诉讼程序。这种诉讼的主体是民事法律关系当事人，是以当事人的身份进行的诉讼。民事公益诉讼则是检察机关作为公益代表人这一特殊诉讼主体提起的民事诉讼，它不是作为民事法律关系当事人的身份参加诉讼，而是作为一个特殊的主体提起民事诉讼。换言之，当检察机关提起民事公益诉讼时，该案件的实体权利与诉讼权利是分离的，而这种现象恰恰是检察机关提起民事公益诉讼的特色所在。

（4）民事公益诉讼案件的利害关系主体具有不特定性和广泛性。在传统诉讼中，受到违法行为侵害的往往是法定的合法权益，而且此侵害往往已经发

---

① 张卫平：《诉讼架构与程式——民事诉讼的法理分析》，清华大学出版社 2002 年版，第 351 页。

生，损害既成事实，而在民事公益诉讼中，违法行为侵犯的对象是公共利益，对于普通民众来说只有不利影响，而无直接利益上的损失。即便个案中该行为在侵犯公共利益的同时也触及特定个人直接利益，法律允许在该特定人不愿、不敢或不便提起诉讼时，检察机关应为保护社会公共利益而向法院提起公益诉讼。

（三）民事公益诉讼的理论基础

1. 诉权理论。在传统民事诉讼中，"有利益才有诉权"，诉权只有在民事主体与他人发生争议时才享有。这种传统的诉权理论是与较低的商品经济发展水平相适应的，随着商品经济和民事诉讼制度的发展，诉权理论也进一步发展，出现了形式意义上诉权与实质意义上诉权的分离，直接享有现实的实体法律上的正当权利不再是享有诉权的基本条件。随着市场经济的发展以及政府职能的转变，国家作为民事主体参与民事活动的机会越来越多，其受到损害的可能性就越来越大。国家作为民事主体，当然享有民事实体权利并享有民事权利受到损害时的救济请求权，即国家享有完全的形式意义上的诉权和实体意义上的诉权。但是国家要行使其诉权就势必要通过一个具体的机构、组织来实现，而检察机关作为宪法规定的国家法律监督机关，便是最佳的选择。因此，检察机关在民事公益诉讼中作为国家的"化身"是享有诉权的。

2. 当事人理论。传统的当事人理论与传统的诉权理论一样，都是与民事实体权利密切相关的，当事人仅指因民事权利义务关系发生纠纷，以自己的名义进行诉讼，案件审理结果与其有法律上的利害关系，并受人民法院裁判拘束的人。它要求当事人必须是直接利害关系人，即非实体权利人不能作为当事人。然而随着市场经济的发展和社会的进步，民事主体的能力越来越显现其局限性，不能胜任日益扩大的经济活动的要求，这在客观上要求允许民事主体以外的人作为民事诉讼主体，以自己的名义提起民事诉讼，维护民事主体的权益。同时民事实体权利和民事诉讼权利日益分离，民事主体和民事诉讼主体也随之日益分离，这在客观上也为民事主体以外的人作为民事诉讼主体，以自己的名义提起民事诉讼以维护民事主体的权益提供了必要条件。这样，民事公益诉讼应运而生，而检察机关作为公共利益的代表，理所当然可以提起损害公共利益的民事诉讼。

3. 检察权理论。虽然最初检察机关的主要职责是对刑事案件提起公诉和对民事审判活动进行监督，但随着社会经济的发展和检察理论研究的深入，我国关于检察制度的法律规定不断完善，检察机关的体制也不断健全，这时检察机关的法律监督权得到全面的解释。就民事领域而言，检察机关不仅作为国家专门的法律监督机关的地位得到巩固，而且作为国家公益代表人的身份也逐渐得到承认：它不仅有权对法院和诉讼参与人的民事审判活动进行诉讼监督，而且有权对公民、法人或其他组织的民事实体活动进行一般法律监督；不仅可以对特定国家机关的职能活动进行法律监督，还可以对一般社会公众的活动进行法律监督。这些方面都是相互联系不可分割的，都是检察权应有的组成部分，是检察机关实施法律监督的不同表现形式，应对此进行区分，而不能把它们混淆。在这种广义的法律监督权下，代表国家享有公益案件的民事诉权是其法律监督权的应有权能，它不仅有权以参加诉讼、提起抗诉等方式参与诉讼，而且有权以提起诉讼的方式参与诉讼，而直接对重大民事违法行为提起民事公益诉讼是其对民事实体活动进行监督的最有效也是最为必要的方式。

二、民事公益诉讼制度的具体构建

（一）检察机关在民事公益诉讼中的法律地位

对于检察机关在民事公益诉讼中的法律地位，学界众说纷纭，主要有以下几种说法，即原告人说、准当事人说、民事公益诉讼人说、公益代表人说。综合考虑多个因素，笔者认为将检察机关在民事公益诉讼中的法律地位定位于国家公诉人更为合理。检察机关提起民事公益诉讼是为了社会利益，以国家的名义，代表国家行使国家民事公益诉讼权，具有明显的公益色彩和国家强制性。检察机关的职责包括监督民事活动，那么在民事诉讼中检察机关以公诉人的身份提起诉讼便是其在民事诉讼中行使监督权的最好形式，名实相符。另外，国家公诉人的概念能够解决检察机关既非单纯的原告，也非纯粹的法律监督者的称谓问题，还能够消除检察机关双重身份的矛盾。

需要注意的是，尽管检察机关在民事公益诉讼中角色为公诉人，但不能因为检察机关的身份、性质与普通的当事人不同，就改变其在民事公益诉讼中的法律地位，即检察机关在民事公益诉讼中的法律地位应当尽可能的"当事人化"。检察机关在公益诉讼中是当事人，享有当事人的诉讼权利、承担当事人的诉讼义务。同时，检察机关作为公益诉讼的当事人，不同于传统意义上的"利害关系当事人"，而是指纯粹的"程序当事人"，因此检察机关对于起诉所保护的利益不能享有完全的处分权，因为检察机关毕竟不是诉讼所保护的实体权利的享有者。

（二）受案范围

1. 国有资产流失案件。侵害国有资产案件主要指对国有资产负有管理、使用、保值或者增值义务的单位及个人，没有依法履行相应的职责，致使国有资产面临严重违法侵害或者已经造成违法侵害的案件。我国是社会主义国家，国有经济是国民经济的命脉，是保持我国政权稳固的经济基础。然而据统计，由于不合理的折旧、不合规的拍卖和盲目的海外上市等原因，每年造成的国有资产流失就高达几百亿元乃至上千亿元人民币，并仍有加剧趋势。我国专门成立了国有资产监督管理委员会，但它同样作为行政机关，只有行政处理的权力，不享有诉权，因而，不能追究侵害行为人的法律责任，致使违法者有恃无恐，侵害行为难以得到遏制。因此，应当授权检察机关对此类行为提起民事公益诉讼，启动诉讼程序，通过法院的审理活动追究侵害行为人和违法行政部门的责任，以保护国有资产不受侵犯，保护国家的经济利益。

2. 环境污染案件。对于环境污染案件，一般情况下是有人起诉的，即受害人依照民法通则和环境保护法的有关规定，向法院提起诉讼，请求人民法院依法裁判，使自己受到侵害的权利得到恢复。但是，"现代的积蓄公害已不是单纯依靠私法上追求个人责任的原理（侵权行为责任）所能对应得了的问题了。要根除公害，保护自然环境，必须要有与私法不同的新的法律控制手段"。① 而在我国，最适宜的法律控制手段，就是民事公益诉讼了。在一些污染重大的案件中，或者在污染损害的是不特定的人的案件中，以及污染行为还没有造成实际损害，只是存在重大环境污染隐患的，受害人往往难以起诉。这时，就需要检察机关代表公众的利益，向法院起诉，请求法院依法裁判，保护公众的利益，制止环境污染行为。

3. 损害消费者利益案件。市场经济条件下，假冒伪劣商品以及欺诈等侵害消费者权益的案件屡有发生，消费者除了通过消费者协会或向工商局等部门投诉外，如果以受害者个人身份对厂商或销售者提起诉讼，按照民事诉讼法的"不告不理"原则，法院判决只能针对不法生产者或销售者对消费者个人造成的损害做出赔偿判决，往往不能对其非法的生产或销售活动做出有效的惩罚性判决或颁布禁止令。民事诉讼法规定原告必须是与案件有直接利害关系的当事人，公民个人若想起诉，不得不先购买假冒伪劣商品，而后才可以消费者身份进行诉讼。但这种做法的风险太大，同一法院也有可能做出截然相反的判决，而且一旦败诉，原告往往背负沉重的负担，不仅购买伪劣商品的钱款不能得到补偿，还要承担相应的诉讼费用。另外，这类案件受害者往往众多且范围不确定，从维护社会公共利益出发，实行民事公益诉讼而非集团诉讼，可以避免程序复杂化。

（三）几个具体程序的构建

1. 诉前准备程序。由于检察机关并不是公共利益的直接管理主体，它只能通过以下几种方式来获取案件线索：一是检察机关在对民事审判活动进行检

---

① 冷罗生：《日本公害诉讼理论与案例评析》，商务印书馆 2005 年版，第 22 页。

察监督的过程中发现的案件；二是检察机关在办理刑事公诉案件的过程中发现的案件；三是社会公众举报的案件；四是法院审判过程中发现而通知检察机关的案件；五是其他国家机关在日常管理活动中发现并移交的案件。对于这些案件线索，检察机关应首先进行深入调查，了解是否有民事违法行为存在，国家利益是否受到侵害及侵害程度，是否存在直接受害主体及其是否起诉，是否属于其他职能部门主管。其次，根据调查的具体情况，以提起民事公益诉讼的条件为标准，具体审查该案件是否属于民事公益诉讼案件的范围，是否属于本检察院的管辖范围，是否必须采用公益诉讼的方式解决。最后，检察机关对于应由自己提起民事公益诉讼的案件直接向人民法院提起诉讼。① 而对于民事公益诉讼案件的诉讼时效，由于该类案件的间接性及诉前调查的复杂性，因此不宜适用普通诉讼时效的规定，应相对延长，以 5 年为宜，这样才能更有效地保护公共利益。

2. 反诉与上诉。反诉是指被告对本诉原告提起的、旨在抵消或吞并原告诉讼请求的反请求，反诉问题与本诉原告的实体问题相对应。而在民事公益诉讼中，检察机关并不是实体意义上的原告，与被告并无直接实体利益关系，因此在这种情况下被告也就无从提起反诉。对于检察机关因为错误提起民事公益诉讼而给被告造成的损失，可以通过国家赔偿程序解决。当然不容忽视的是还存在一种情况，那就是在民事公益诉讼中也存在实体原告，由于其与被告存在实体上的利益关系，因此被告在这种情况下可以对其提起反诉。上诉与反诉不同，上诉权是当事人的一项重要诉讼权利，是针对一审未生效的裁判提起的，对该裁判的事实认定或法律适用存在争议，即可提起上诉，启动二审程序。检察机关在诉讼中的当事人地位，决定了它在这种情况下应当担当起被上诉人的角色。同理，检察机关对一审裁判不服的，也可以上诉，而不是径行抗诉。

3. 诉讼费用的承担。检察机关作为公益代表人提起民事诉讼，其维护的是国家利益和社会公共利益，属于"执行公务"的行为，不应缴纳诉讼费用。在检察机关胜诉的情况下，法院可以判决由败诉方承担诉讼费用；在检察机关败诉的情况下，诉讼费用由国家承担，检察机关仅负担其为进行诉讼所支付的必要费用。

4. 诉讼后果的承担。就案件本身而言，检察机关不存在胜诉与败诉的问题，因为检察机关不承担实体权利义务的法律后果。法院经过审理，认为检察机关的公益诉讼有事实和法律依据的，应当依法判决被告承担法律责任。如果

---

① 常英、王云红：《民事公诉制度研究》，载别涛主编：《环境公益诉讼》，法律出版社 2007 年版。

法院认为检察机关的公益诉讼不能成立，亦不能判决检察机关承担实体上的法律责任。① 有关当事人因检察机关提起民事公益诉讼而被强制参加诉讼并因此造成损失的，当事人可以请求国家赔偿。

---

① 张艳蕊：《民事公益诉讼制度研究——兼论民事诉讼机能的扩大》，北京大学出版社 2007 年版，第 179 页。

以打击犯罪与保障人权的统一为原则
深度参与社会管理创新实践[*]

——对我院近三年刑事申诉案件的思考

孙宝成　　施雅倩

一、问题的提出

三项重点工作是一个三位一体的有机整体。"社会矛盾化解、社会管理创新、公正廉洁执法"作为三项重点工作的三个重要命题，各有其客观内容，"社会矛盾化解"是三项重点工作的目的；"公正廉洁执法"是三项重点工作的价值取向和化解社会矛盾的根本途径；"社会管理创新"是一个综合概念，是三项重点工作的全局，是公正廉洁执法和化解社会矛盾的有机统一。对于检察机关而言，公正廉洁执法是化解社会矛盾的根本途径，是社会管理创新的具体体现。为了进一步探讨和规范检察机关公正廉洁执法的途径和方法，必须从客观存在的社会矛盾特点出发，正视矛盾，研究矛盾，发现矛盾运行的规律，因势利导解决矛盾。正视矛盾是起点，解决矛盾是归宿。以新刑事诉讼法关于打击犯罪和保障人权的理念为主旨，对检察机关受理的上访申诉案件进行深层次的研究和探索，探求上访申诉者的个体、家庭、社会背景，寻求上访申诉的终结机制，不啻为检察机关参与社会管理创新的一个重要途径。

近些年来，由于社会群体之间各种利益诉求的对立和冲突，行政执法部门、司法部门在处理过程中，所用的方式方法及处理结果难免与被处理者的主观意向相悖。因此，申诉、上访、缠访、闹访、进京访、越级访则成为各阶层群众解决自身问题的一种体制内选择，这种现象的扩大、蔓延与变异，不仅造成社会管理成本的极度透支和无端浪费，也成为影响社会和谐与稳定的难治顽

---

　　* 本文获 2012 第六届天津检察论坛二等奖。作者简介：孙宝成，天津市人民检察院第二分院研究室干部；施雅倩，天津市人民检察院第二分院控告申诉处干部。

疾。据资料统计，2009 年我国围绕信访维稳方面的财政支出增加了 16%，2010 年 8.9% 的增幅已超过国防开支，总金额也逼近后者，高达 5140 亿元人民币。与国家在信访投资加大形成鲜明对比的是，信访形势却是依然严峻，情况日趋复杂，信访工作已经出现异化的势头，探究信访背后的深层次原因已经迫在眉睫。

上访事件千千万万，百姓诉求多种多样，其主要原因一是广大公民权利意识日益觉醒与依法、依程序控告申诉、服判息诉的法律意识相对落后的矛盾引发；二是个别公权力部门执法观念和执法方式的落后导致群众利益受损而引发；三是个别信访者和个别部门相互勾结，使上访工作变成了谋取非法利益的手段和途径。

在我市检察机关，控告申诉部门每年都要接待五千起以上群众的上访、申诉、举报、控告，我院每年也要接待近六百起信访申诉人员。在这庞大的信访申诉队伍中，不可否认有投机钻营者，有借机牟利者，但更多的是百姓权利意识的觉醒与法治观念的相对落后，百姓权利诉求与公权管理部门处理方式方法的不协调引发的。检察机关刑事申诉工作作为大信访工作的重要组成部分，是探索检察机关化解社会矛盾、探求上访终结机制的重要抓手，对刑事申诉主体的分析和认识，既是我们正确应对此类事件的立脚点，也是进行社会管理深度反思的参照物。为此，我们以近三年来我院受理的全部刑事案件申诉当事人及其诉求为蓝本，以申诉人的自然条件为自变量，以案件发生原因、处理结果及其诉求为因变量，对刑事申诉主体这一特殊社会群体进行了深入分析，以期通过对申诉群体情况的分析，透视我们工作中的不足，为实现客观诊断病情、对症下药治疗、化解矛盾痊愈的目的而探求一条新途径和方法。

二、刑事申诉群体的基本状况

（一）采样基本原则

1. 范围及对象：我院受理的刑事申诉案件当事人或适格的当事人近亲属。

2. 时间：受理的刑事申诉案件时间为 2009 年至 2011 年。

3. 数量：我院 3 年受理的全部刑事申诉案件，累计共 52 起。

（二）样本基本情况

1. 申诉上访人员的自然状况。在 52 个申诉统计的样本中，2009 年受理 20 起，2010 年受理 15 起，2011 年受理 17 起，其中，有 6 起是单位申诉。因此，有效的自然人统计样本为 46 名，其中男 35 名，女 11 名。详见表一①：

---

① 有六个样本为单位申诉，故未列入该统计表中。

表一

| 年龄段 | 职业分布 | | | | | | | | | 合计（名） | % |
	干部（名）	国企工（名）	非国企（名）	农民（名）	私企（名）	个体（名）	无业（名）	外来工（名）	医生（名）		
35岁以下	—	—	—	1	1	1	2	—	—	5	10.9
36~40岁	—	—	—	1	—	—	2	—	—	3	6.5
41~45岁	—	1	—	3	1	1	1	2	—	9	19.5
46~50岁	—	—	—	2	—	—	3	—	—	6	13.0
51~55岁	—	1	1	—	—	—	2	—	—	7	15.2
56~60岁	—	3	1	—	—	—	2	—	1	7	15.2
61~65岁	3	3	—	—	—	—	1	—	—	7	15.2
65岁以上										2	4.3
合计	3	10	2	10	2	3	13	2	1	46	100

2. 刑事案件申诉主体及案件所处诉讼阶段。在52起申诉案件中，有的当事人是在刑罚执行中申诉，有的则是在刑罚执行完毕后申诉，申诉案件中，涉检申诉21.1%。详见表二：

表二

| 申诉主体 | 刑罚执行完毕申诉 | | 刑罚执行中申诉 | | 合计 |
	涉检（件）	非涉检（件）	涉检（件）	非涉检（件）	
被害人申诉	7	4	—	14	25
被告人申诉	4	12	—	11	27
合计	11	16	—	25	52

三、刑事上诉上访案件的实证分析

（一）申诉案件主体的自然特点

1. 农民和无业等弱势群体是申诉群体的主力军。从表一中不难发现，在46名申诉的自然人中，占比例最高的是农民和无业群体，二者合计所占比例为50%（（10+13）/46=0.5），其中农民占21.7%（10/46=0.217），无业人员占28.3%（13/46=0.28）。这个群体既是容易产生犯罪的群体，又是受到刑罚后，难以再正常融入社会的群体。对于其中一部分人来讲，消除自身的污点，再度融入社会就成为其人生重大选择。于是，在现有体制下，受到刑罚后，为了谋生，选择申诉就成为他们中的部分人员的重要途径。

2. 农民、无业群体、私企职工、个体、外来工等弱势群体申诉人员与机关和国企职工申诉人员在年龄结构上形成剪刀差。从统计表一中我们可以看到，农民、无业群体、私企职工、个体、外来工这五类申诉人员共计 30 人，其年龄结构主要集中在 50 岁以下，共计 22 人，占五类申诉人员总数的 73.3%（22/30 = 0.733）。其中，50 岁以下的农民申诉人员占农民申诉人员总数的 70%（7/10 = 0.7）。50 岁以下无业人员占无业人员申诉总数的 61.5%（8/13 = 0.615）。这个数字与机关和国企申诉人员的年龄结构形成鲜明对比：在机关和国企申诉人员中，绝大多数申诉人员年龄都是 51 岁以上，表一显示，干部和国企职工申诉人员共计 13 人，占全部申诉人员的 28.3%，其中 51 岁以上的申诉人员 12 人，占两个职业全部申诉人员的 92.3%。50 岁以下只有 1 人。农民等五类申诉人员与干部和国企职工申诉人员之间，这种年龄结构上的巨大反差值得我们深思。

3. 文化程度普遍偏低。在所统计的 46 名申诉自然人中，有学历的 16 人，在这 16 人中，大学 2 人，大专 1 人，高中以下学历 11 人，其余未登记教育经历的也大都是农民、外来工和无业人员，其学历也不会很理想。因此，申诉人员中，主要组成部分应该由高中以下文化程度群体构成，与申诉群体的主力及 50 岁以下人员的主体构成正对应关系，也就是说，申诉主体人群由文化水平较低、年龄在 50 岁以下的农民、无业人员、个体户、外来工等弱势群体组成。

（二）申诉案件的特征及程序特点

1. 3 年中我院受理的刑事申诉案件，以判处 3 年以下刑罚的轻微刑事案件群体为主。在 52 起申诉案件中，有 34 起案件被处以 3 年以下有期徒刑或无罪释放，占全部刑事申诉案件的 65.4%，其中含无罪释放 3 起，撤案 1 起，免予刑事处罚 1 起，不起诉 2 起，存疑不诉 2 起，相对不诉 2 起。

2. 大多数申诉案件都是经法院审判的案件，涉检上诉上访案件相对较低。52 起申诉上访案件中，41 件是经过法院判决的案件，11 件是在检察机关侦查或公诉阶段作出处理决定而结案的案件。

3. 从申诉时间来看，4 年以上徒刑的案件当事人大都选择在刑罚执行中申诉或近亲属申诉。在 18 起判处 4 年以上刑罚的案件中，有 15 起申诉案件是在刑罚执行中发生，其中受害人提出的 4 起。判处 3 年以下刑罚案件的当事人或其近亲属申诉过程大都发生在刑罚执行完毕之后。

（三）申诉案件的处理结果

我们在接待刑事案件申诉当事人的过程中，坚持"实事求是，有错必纠"的原则，以维护当事人合法权利为目标，认真对待每一个申诉人员，认真处理每一个上诉案件，无论是不予抗诉的，还是维持原决定的，抑或改变原决定的，未再出现一起上访案件，基本上达到了案结事了，维护稳定的目的。详见表三：

表三①

类型	数量（件）	申诉后处理结果		
		改变原决定（件）	维持原决定（件）	不予抗诉（件）
故意伤害罪	19	—	2	17
诈骗罪	7	—	3	4
职务侵占	3	—	2	1
贪污	3	—	1	2
盗窃	4	1	—	3
交通肇事	2	—	—	2
抢劫	2	—	—	2
聚众斗殴	3	—	—	3
其他	9	1	1	7
合计	52	2	9	41

（四）涉检申诉的主要特征

检察机关在刑事诉讼过程中所处的特殊位置，决定了涉检上访相对于其他申诉案件要少得多，近三年我院受理的涉检申诉上访案件一共 11 起，涉检案件尽管数量较少，却应该成为检察机关特别关注的焦点。涉检申诉案件主要涉及检察机关的自侦和公诉部门，其中涉及检察机关自侦案件的 1 起，其他为公安机关侦查、检察机关公诉部门做出处理决定的案件。详见表四：

表四

案件类型	被告人上访申诉		被害人上访申诉		合计（件）
	自侦案件（件）	公安侦查（件）	自侦案件（件）	公安侦查（件）	
不服区县院赔偿决定	1	3	0	0	4
不服不起诉决定	0	0	0	7	7
合计	1	3	0	7	11

---

① "改变"和"维持"原决定指的是涉检上访中由检察机关做出的原决定，"不予抗诉"则指的是对法院做出的判决。

四、刑事申诉案件的成因及启示

（一）刑事申诉案件的成因分析

1. 生活就业问题是导致申诉的重要原因。孟子说："有恒产者有恒心。"自古以来，安居乐业是人群社会稳定与发展的前提和基础，从 46 例自然人的职业构成来看，农民、无业者、个体户、外来务工者构成申诉队伍的主力，占全部申诉人员的 65.2%（30/46＝0.652），这些群体恰恰是城乡差别、城市内二元结构差别及社保体系不完善社会现状的直接受害者。在正常情况下，他们的生活与就业都比较困难，一旦受到刑罚，其生活与就业环境必然是雪上加霜，这就为他们刑罚执行完毕后的自证无罪行为埋下了伏笔。从年龄构成来看，在 46 名自然人中，50 岁以下申诉人员共 23 人，其中有 22 人是农民、无业者、个体户、外来务工者，占 95.7%。25 至 50 岁，正是年富力强、养家糊口的黄金年龄，对于这几个职业群体更是如此。在这个年龄阶段，一旦他们失去就业的机会，受影响的将不仅是他自己一个人，而是一个或多个家庭，因此，这也是促使他们想方设法洗脱或为自己辩解的重要原因。与此群体相对应的则是由机关、国企职工、医务人员几个职业构成的申诉群体，无论从人员数量还是从年龄构成上，都从反面印证着就业和生活是促使申诉的重要原因。如从年龄结构上讲，机关、国企、医务人员上访群体的年龄都集中在 50 岁，甚至 60 岁退休之后，50 岁以前的申诉人员只有一人，一方面，这个群体犯罪率较低，另一方面，刑与罚相适应，申诉的空间余地较少，再者，退休后申诉者也无后顾之忧了。

2. 轻微刑事案件的刑罚过重是导致申诉的不可回避的原因。在 52 起申诉案件中，34 起案件是 3 年以下刑罚或无罪处理案件，这种处理方式方法也多集中于农民、私企职工等五类人员之中，其犯罪案由多是故意伤害、盗窃等罪名。他们之所以把刑罚期满之后作为申诉的时机，除了所受刑罚时间短之外，在作出处罚之前"好汉不吃眼前亏"的心理作用发挥着很大的作用。一旦刑罚结束，他们也就成为刑事申诉的主力军了。对于这些案件是不是构成犯罪暂且不论，但是否需要一押到底以及刑罚程度如何，是今后司法过程中值得司法人员深思的重要问题。

3. 重大刑事案件判决过程中的犯罪与刑罚是否严谨，是重刑犯申诉的重要理由。这些人刑罚期限都比较长，一旦他们觉得有可变更的希望和余地，他们就会自己或委托近亲属申诉。证据是定罪量刑的根据，特别是重大刑事案件，对犯罪嫌疑人处以重刑必须做到罪与罚相一致，证据充足，判决严谨。否则，服刑期间重刑犯申诉就不可避免了。

4. 涉检上诉案件中，立案侦查部门的案件侦查质量和检察机关的执法观念决定着当事人结案前后是否申诉的重要原因。检察机关自侦部门的侦查对象都是国家机关工作人员，其自身文化素质、法律意识、政治地位都相对较高，反侦查能力较强，社会关系较复杂，面对这个群体的犯罪嫌疑人，自侦部门如果不能在证据问题上做扎实，轻易动用强制措施，势必影响侦查质量，从而在案件处理之后，导致个别犯罪嫌疑人的反制申诉。

（二）刑事申诉案件的几点启示

1. 保障民生是化解社会矛盾，解决申诉上访问题的治本之路。管子曾说："衣食足则知礼节"，许多群众上访申诉，其根本原因是为了解决其生活保障问题。在 46 起自然人的申诉案件中，农民、无业者、个体户、外来工等职业人员成为申诉上访的主要群体，充分说明了这一点。也许他们没料到，一失足成千古恨，但国法如炉，不容含糊。当刑罚加在其身上时，不良的符号为其再就业蒙上了一层阴影，因此，对于他个人及家庭的生活都会带来不利的影响。上访申诉也就成为必然。因此，不折不扣地贯彻党的法律政策，解决其生活问题，应成为我们处理申诉案件的落脚点。如我们受理并化解的杨某某上访申诉案件充分说明了这一点。杨某某，原系海洋石油局钻井处行管科工人。1979至 1980 年任采购员期间，利用工作职务之便，单独和伙同他人将私卖的机、柴油款 2891 元私分，杨某某获利 1901 元。1983 年 9 月 8 日，一审法院以贪污罪、贿赂罪判处杨某某有期徒刑 2 年。1985 年刑满释放，在天津被注销户口又失去工作的杨某某回到原籍。从此，杨某某以一审判决认定的犯罪不属实为由，不断上访、申诉。2009 年 8 月，杨某某向我院申诉。此时的杨某某经历了 20 余年上访、申诉的坎坷道路，变得绝望、偏执、不近情理。他不顾事实，执拗地要求检察院支持无罪诉求，否则就越级上访和进京上访，甚至扬言要自焚，要和送他坐牢的人同归于尽。当办案人多次接触杨某某后，方知其上访申诉的真正原因是生活问题。杨某某刑满释放后一直不能落户，连身份证也办不了，没有稳定的生活来源，生活仍没有保障，他希望改判无罪来解决户口和养老问题。因此，办案人意识到化解案件难题的关键可能就在解决其户口和养老问题上，根据 1983 年 5 月公安部等五部委下发《关于犯人刑满释放后落户和安置的联合通知》精神，杨某某应当由原单位办理落户和重新就业手续；1984 年 7 月国务院还下发文件就贯彻落实 1983 年"五部委"《联合通知》进一步作出了要求。因为，当年该落实的政策没有落实，造成了杨某某长期上访、申诉的局面。为此，我们从落实公安部等五部委相关政策入手，把解决杨某某户口和养老问题作为息诉的突破口，最终做好矛盾化解工作。经过近两年的协调，2011 年 3 月，市公安局户籍处经过审查，落实了杨某某的户口，同时，中国海洋石油渤海公司解决了其养老保险等事宜。在事实和法律面前，杨某某的态度发生了根本转变，明确表示，感谢检察机关各级领导和部门执法为民的工作作风和情操，感谢渤海公司对他的关心和帮助，坚决服从二分院的处理意见，息诉罢访，报答社会，安度晚年。在日益扩大的信访大军中，以上访手段寻求不当利益群体的出现，也从反面印证着民生问题是导致信访的根源。所以，一起简单的上访案件透露的往往是深层次的民生问题，只要把握住民生这一核心，在政策范围内就能化解上访申诉这一难解之题。

更深一层追究，是什么力量导致这部分申诉者的民生出现问题了呢？除了他们自身的违法原因之外，公权力在处理过程中也有欠妥之处。

2. 转变观念，把惩治犯罪与保障人权的统一不折不扣地落实在执法过程中。有人说，中国现在不缺乏法律，也不缺乏具有法律知识的人，缺乏的是最基本的法制观念和思维。这话不无道理，在一定程度上，反映了包括检察机关在内的司法机关，在执法司法过程中存在的问题和不足。恰恰是这一不足，不仅使案件当事人的个人正当权利受到侵蚀，也给社会稳定埋下不稳定因子。尊重和保障人权列入新修改的刑事诉讼法，强调了惩治犯罪和保障人权的统一，惩罚犯罪和保障人权作为一条红线贯穿于新刑事诉讼法的众多条文之中。这既是我们将来执法、司法工作中所要坚持的基本思想，也是我们反思过去工作的重要标准。

以我院近三年受理34件轻微刑事申诉案件为例，这34件案件都处以3年以下徒刑或拘役、管制、无罪，而且大都是故意伤害案件。这些案件当事人在刑罚执行完毕后之所以申诉，与轻保护、重打击的执法理念不无关系。如申诉人杨某某案。2006年6月，被害人徐某与潘某前往被告人杨某某的厂里索要为该厂垫土的工程款。徐某因对工程测量结果不满意，与杨某某的测量员董某发生争执。杨某某与徐某发生冲突，将徐某打成轻伤，后被捕羁押。2009年8月19日天津市某区人民法院以故意伤害罪判处杨某某有期徒刑8个月，赔偿被害人徐某医疗费、误工费合计人民币1293.8元。杨某某不服一审判决，向天津市某中级人民法院提出申诉，2011年3月16日，天津市某中级人民法院作出驳回上诉，维持原判的裁定。被告人在刑罚执行完毕后到检察机关进行申诉。"打了不罚，罚了不打"是国人朴素的法治观念，因此，在此类案件中，施害方赔偿不是关键，又赔偿又羁押才是导致其不服的关键所在。这一数字和这件案例反映出的问题，向我们昭示了一个重要信息：过分强调求定罪、定重罪、判重罪，忽视司法机关应当履行的客观公正义务，忽视宽严相济刑事政策，对程序是不是合法、权利是不是得到充分保障、是不是轻罪重判、是不是宽严有度等关注不多；满足于捕得了、诉得出、判得了的机械办案模式等，必将导致申诉案件增多。对轻微型犯罪如此，对重刑犯更是如此，如何改变这些错误的观念已成为当务之急。

作为检察机关，必须尽职尽责履行检察监督职能，对于侦查机关报捕的案件，严格按照程序把好首道程序，特别是对可能判处 3 年以下刑罚的刑事案件，能不采取强制措施尽量不要采取强制措施，已经采取强制措施的也要继续履行捕后羁押必要性审查，对可以变更强制措施的，及时变更强制措施。公诉部门在审查起诉阶段也要树立保障人权和打击犯罪相统一的观念，及时做好矛盾化解和转化工作，促使矛盾向好的方向转化，深入探索和深度实践刑事和解这一恢复性司法的实现途径，把刑事申诉案件化解在诉讼程序的上游才是治本之策。

新刑事诉讼法坚持宽严相济的刑事政策，针对犯罪的不同情况，区别对待，该宽则宽，当严则严，有宽有严，宽严适度。确立了轻微刑事案件当事人达成和解协议的从宽处理制度，其中公安机关可以向人民检察院提出从宽处理的建议；人民检察院可以向人民法院提出从宽处理的建议，同时规定检察环节的刑事和解由检察机关主持，公安机关、人民法院主持的刑事和解是否合法，检察机关也负有一定的监督职责。与此相适应，刑事诉讼法专门增加了第 93 条：“犯罪嫌疑人、被告人被捕后，人民检察院仍应当对羁押的必要性进行审查，对不需要继续羁押的，应当建议予以释放或变更强制措施。”这个修改，对于司法人员而言，首要的不是对条款内容的适应，而是对条款深层所涉及的施法观念的变更。因此，以新刑事诉讼法贯彻落实为契机，在执法思想和执法手段上进行一场革命，这是从根本上解决申诉顽症的必由之路。

3. 涉检申诉案件分两类：（1）自侦案件要强化证据意识，慎用强制措施，如某院侦查的刘某贪污案件，在刘某被捕羁押并行将审判期间，检察机关以事实不清，发现新证据为由，撤回起诉，并对刘某予以国家赔偿。刘某不服赔偿数额，引发上诉。尽管我院维持了下级院的赔偿决定，但诱发申诉人申诉的导火索是案件侦查过程中的证据瑕疵和对嫌疑人采取羁押的处理方式。因此，在现有体制下，强化自侦案件质量，把好侦查监督关是检察机关防止涉检上访申诉案件发生的重要途径。（2）对于公安的侦查案件，要完善不诉环节的程序机制。涉检申诉案件中，有 7 起案件是案件被害人不服公诉部门做出的不诉决定而引发的申诉，这就警示公诉部门，在对案件做出不诉决定过程中，必须有严密的审查机制、评价机制和监督机制，使公诉机关做出的不诉决定经得起推敲和考验，说得服原告和被告，这种活动在新刑事诉讼法实施后将会越来越多，如果不从执法观念上做出根本性改变，必将引发更多的涉检申诉案件发生。

4. 强化法律权威性，将涉法上诉行为解决在申诉阶段。从当前信访上访的形势来看，群众之所以"信访不信法"，有着多重原因：有深层的文化原因，如信访带有"拦轿陈情告御状，击鼓鸣冤盼青天"的封建文化色彩；有现有制度设计中责权利混淆不清的原因，如权力不受制约、领导批示滥觞、职能部门不作为、乱作为等缺陷；有法治机制建设滞后的原因，信访制度已经在一定程度上构成了对诉讼主渠道的挑战。申诉是当事人正常的诉讼渠道，如果在这一程序中，受理机关和部门不能较好地解决当事人的疑惑和问题，申诉主体变成上访主体就成为必然的趋势。因此，作为检察机关，除了在诉讼程序的上游即侦查、批捕、公诉等环节，忠实履行法律监督职能，严格依法办事，掐断申诉尾巴之外，在接待申诉群众的过程中，也要时刻保持打击犯罪和保障人权统一的理念，维护法律的尊严，树立和谐不是妥协，服务不是服从，保护不是包庇的意识，坚守法律底线。对于申诉群众的合理诉求要做好落实工作，对于申诉主体的无理要求，在做好法制宣传教育的同时，一定要坚持原则，绝不能采取和稀泥、推责任、迁就妥协的态度，否则就会给申诉者留下幻想，从而将申诉变上访，将诉讼程序变政治解决，不仅不会化解矛盾，还会导致矛盾的复杂化和激烈化。近三年我们处理的 52 起申诉案件无一件转变为上访闹访事件，这证明了坚守法律底线，维护群众利益，不枉不纵，是化解矛盾的不二法门。

五、刑事申诉对社会管理创新实践的启发

社会管理创新不是抽象的、空洞的说教，更不是追求外在形式的标新立异、花样翻新，而是具体的、科学的，建立在实践理性上的科学行动。政府与社会，法制管理与行政管理，公民权利与政府权力的三层关系是社会管理面临的基本问题，社会管理创新就是正视政府与社会、公民权利和政府权力、法制管理与行政管理三者的客观矛盾，并科学掌握三者矛盾的内在发展规律，因势利导，有的放矢地制定出相应的政策和策略，从而实现社会整体的和谐与进步。所谓的社会管理创新就是要求每一项政策和策略的出台与实施，都应与社会矛盾发展的客观规律相适应，应该是与社会发展趋势相一致的，应该具有促进社会相对公正的价值取向，否则，就不能称为社会管理创新。恩格斯在《费尔巴哈论》中有一段对黑格尔哲学经典话语"凡是现实的都是合理的，凡是合理的都是现实的"的分析，在分析过程中，恩格斯对现实性和现存性进行了深入剖析，现实性都是现存性，现存性不一定是现实性，现实性是符合客观事物发展必然性的现存性，即"现实性在其展开过程中表明为必然性"。许多不符合事物发展必然性、甚至逆潮流而动的现存性则不属于现实性的范畴。因

此，在社会主义范畴体系下，社会管理创新必须是符合社会历史发展必然性的，必须建立在公正廉洁执法的价值取向之下，具有化解社会矛盾，促进社会和谐的功能，如邓小平同志指出的，只有"有利于发展社会主义社会生产力，有利于增强社会主义国家的综合国力，有利于提高人民的物质文化生活"的社会管理政策和策略才是社会管理创新的范畴。违背社会公正廉洁的价值取向，激化社会矛盾，不符合"三个有利于"的政策和策略，说得再天花乱坠、打扮得再花枝招展也不能称为社会管理创新。

在新时期，社会矛盾尽管复杂、多样，但仍然没有超出人民内部矛盾的范畴。解决社会矛盾的方法和途径，必须用解决人民内部矛盾的政策和策略。我党吸收人类文明发展过程中的一切优秀成果，与时俱进，从国际国内社会发展的大趋势出发，审时度势，科学地提出了依法治国，建立社会主义法治国家的大政方针。从这个角度讲，社会管理创新是执法的方式方法的创新，是化解矛盾手段和渠道的创新，是"社会矛盾化解和公正廉洁执法"的统一；公正廉洁执法是社会管理创新的延伸和具体化，是化解矛盾的重要推手；化解社会矛盾是社会管理创新的内涵，是公正廉洁执法的根本。公正廉洁执法与化解社会矛盾是辩证统一的有机整体，是社会管理创新的核心内容。公正廉洁执法必然会化解矛盾，化解矛盾必须依靠公正廉洁执法。妥协与迁就换不来和谐，回避与掩盖只能是养虎为患，受理广大群众的刑事申诉是检察机关的一项重要工作内容，也是上访及各种非正常访的起点之一，不仅映照着刑事诉讼程序各个环节的问题，也在一定程度上折射出社会管理环节的众多问题。因此，在信访工作中，必须以情感人、以法服人、坚持法律、不枉不纵，通过廉洁的情操、公正的行为、无畏的气魄，达到案结事了、化解社会矛盾的目的，在追求廉洁公正执法和化解社会矛盾统一的过程中，实现社会管理的创新。

决 策 关 注

从检察实务出发，对重点和难点问题进行实证研究是近年来二分院调研工作的一大亮点。这些实证调研成果真实地反映了检察实际和检察规律，受到各级领导的极大关注。本单元汇集了被各级领导关注并批示的调研成果，全面展示了为领导决策服务、为检察工作科学发展服务的理由和依据。

黑社会性质组织犯罪的新特点、法律适用方法及预防策略的调整[*]

施长征

随着经济社会的不断发展，黑社会性质组织犯罪也不断变换新形式，呈现出与传统涉黑犯罪不同的新特点，这些新特点的出现，给发现、打击和惩治黑社会性质组织犯罪带来了很大的挑战。应当对涉黑犯罪案件的新特点予以深入剖析，对法律规范做新的深入理解，司法人员应当在事实和法律之间找到恰当的平衡点，对新案件作出及时、准确的法律应对，针对犯罪的新的变化和趋势，有关犯罪预防的策略和措施应有所调整。

一、黑社会性质组织犯罪呈现出的新特点

（一）松散组织结构下的较高行动效率和较大的社会危害性

组织特征是黑社会性质的重要特征之一，按照法律规定，组织特征是指"形成较稳定的犯罪组织，人数较多，有明确的组织者、领导者，骨干成员基本固定"。以往的黑社会性质组织大多内部结构较严密，一般有三级或者三级以上的垂直权力结构，且上级对下级拥有绝对的控制权。内部大多存在一些亚文化规范、严格的组织纪律，如不准背叛组织，不准泄露组织秘密，不准临阵脱逃等。此外，还统一购置、保管用于作案的枪支、管制刀具、联络工具，确定专门的联络呼号。随着打黑力度的加大，打黑事件不断被媒体宣传，黑社会性质组织为了逃避法律追究，更加注重组织的行动效率和实质作用，基本放弃了组织形式上的规范和管理，其表现的形式之一就是，在进行犯罪活动时，黑社会性质组织的首领只单线联系几个骨干成员，由骨干成员发动其他成员，骨干成员负责不同环节的犯罪活动，甚至彼此之间没有意思联络。在审查本市某涉黑组织案件时，办案人员发现组织的骨干成员只有五六人，分工并不是十分

---

[*] 本文获第六届天津检察论坛三等奖，2012 年 11 月市委政法委副书记高从善作重要批示。作者简介：施长征，天津市人民检察院第二分院公诉处干部。

明确，层级比较模糊，越低层级的人数构成越不确定，但在数十次的聚众案件中，从该组织首领发出违法犯罪活动的指示开始，能够在几十分钟甚至更短的时间内，迅速聚集四五十人以上人员参与违法犯罪活动，该组织"招之即来"的行动效率十分惊人，其社会危害性之大也不言而喻。在行动效率和发挥作用同等的情况下，对于组织的首领来说，组织的形式就不那么重要，有这个"形式"反而容易成为司法机关打击的目标，而没有这个"形式"却不影响组织的活动。黑社会性质这种松散的组织特征，极大地增强了黑社会性质的隐蔽性，使黑社会性质组织难以发现，发现以后难以惩办。

（二）大多数违法犯罪活动具有合法形式

在行为特征上，传统黑社会性质组织犯罪主要表现为，直接凭借暴力、杀人越货、敲诈勒索、贩毒、非法控制赌博、卖淫等非法行为来直接牟取钱财，并进而采取暴力手段来保护自己的既得利益，扩大势力范围。而目前黑社会性质组织有向"更高层次"发展的趋势，行为方式由"黑"变"白"，这些组织学会、擅用合法的形式掩盖违法犯罪的实质，有些活动甚至从外观上看是有利于地方经济发展的"好"事情。首先，在主体上，黑社会性质组织注册公司，成立法人，其从事的活动往往以合法的主体身份为依托，在司法实践中，几乎所有的黑社会性质组织都有依法注册成立的经济实体，有的注册多家公司，经营范围十分广泛，甚至符合集团公司的形式条件，为其参与各种正常的市场经济活动提供了前提条件。其次在行为手段上，以合法的主体资质为依托，参与招投标活动，开展民间融资借贷业务，参加大型工程建设，在合法的活动背后大肆从事违法犯罪活动，攫取巨额经济利益，如为了能在竞标活动中胜出，他们在参与招标的同时，暗地里威胁、恐吓其他竞争者，使自己的企业能够中标；以发放民间贷款为名目，在收回贷款时以种种理由敲诈借款人；在工程建设中，迫使施工方与之签订所谓的联合建设合同，获取不法利益。

（三）黑社会性质组织犯罪出现新的"参加"形式

参加黑社会性质组织罪的"参加"，一般都要具备接受黑社会性质组织的领导和管理的条件，这也是实践中最为普遍的参加形式。但在司法实践中，出现了一批对于黑社会性质组织和发展起到特殊作用的人员，如在黑社会性质组织的人员被司法机关审查处理时，多次帮忙疏通关系、想法设法使涉黑人员免受法律处罚的"救火队长"式的人员，又如非国家机关工作人员利用国家机关工作人员的影响力，多次包庇、纵容黑社会性质组织成员的"有影响力的人物"等。以上人员明显不符合接受黑社会性质组织的领导和管理的条件，如果仅根据其构成的具体犯罪来处罚，而不对其与黑社会性质组织有关的行为做出法律评价，难以做到罚当其罪，难以取得法律效果、政治效果和社会效果的统一。

二、新型黑社会性质组织犯罪案件的法律适用方法

（一）透过组织表象看行为实质

针对当前黑社会性质组织的隐蔽性不断增强的特点，最高人民法院、最高人民检察院、公安部《办理黑社会性质犯罪案件座谈会纪要》（以下简称《纪要》）要求在认定组织特征时"要特别注意审查组织者、领导者，以及对组织运行、活动起着突出作用的积极参加者等骨干成员是否基本固定、联系是否紧密，不要被其组织形式的表象所左右"。

《纪要》的内容为执法司法机关适用法律提供了指引，公安机关在侦查涉黑案件时，除了注意搜集涉黑组织的章程、加入仪式等典型的证据之外，更要注重搜集能够证明成员之间联系频率、密切程度、行动效率等方面的证据，尤其是违法犯罪活动的次数、规模以及行动效率等指标，这些指标可作为区分黑恶势力和黑社会性质组织的标志之一。检察机关、审判机关在审查起诉和审判环节，可以着重从客观行为的实质证明其组织结构特征，即在符合黑社会性质组织有层级、有分工的组织特征的最低要求情况下，通过证明行动效率、发挥作用的实质特征，来证明该组织的刑事违法性、社会危害性以及刑罚处罚性。

通过以上替代证明的方式，可以使公安机关尽早发现黑社会性质组织的犯罪活动，并适当降低司法机关证明、论证黑社会性质组织特征的负担。"黑社会组织的特征决定了我们必须对黑社会组织犯罪采取特殊的方法，例如在司法程序方面不得不采取的'特别调查方法'等，对已有的司法原则和制度带来冲击。这是我们必须付出的代价。"[①]

（二）剥开"合法外衣"分析犯罪实质

审查刑事案件时，必须遵守的原则之一就是，实质分析重于形式判断，很多犯罪行为对刑法所保护法益的侵害和威胁都是被掩藏在合法形式之下的。随着社会文明程度的提高和法律知识的普及，各类犯罪案件普遍呈现智能化倾向，民刑交叉案件的比例逐年上升，需要公安司法人员在办案过程中，提高审查和分析证据的能力，剥开包裹着犯罪行为的层层合法外衣，让沉默的证据说话，让犯罪分子无所遁形。黑社会性质犯罪的外观合法化给发现和侦办此类犯罪带来了一定的难度，尤其在涉及敲诈勒索、强迫交易等犯罪事实的认定上，不但要戳穿合法形式的虚伪性，还要完成犯罪的证明，无形中提高了指控犯罪的难度，增加了司法机关的工作量，这就更需要办案人员具备较强的法律适用

[①]　参见北京大学刘守芬教授主持的重点课题《黑社会性质组织犯罪对策研究》。

能力和较高的证据甄判能力。在我院办理的涉黑专案中，一起涉嫌敲诈勒索案件，涉案金额 400 余万元，其中往来的合同、借条、票据等书证多达 10 余份，从外观看就是一起民事纠纷，除被害人证言外，没有其他证据证明这是一起敲诈勒索的刑事案件。办案人员结合在合同执行过程中该组织对被害人及其公司进行的违法犯罪活动，深入剖析合同中显失公平的条款内容，综合其他言词证据，完善了该起敲诈勒索案件犯罪事实的证据体系。

（三）运用扩张解释实现立法目的

按照《纪要》的规定，参加黑社会性质组织的属于"隶属型"参加，即要接受组织的领导和管理才能认定为参加，如果机械适用该《纪要》规定，部分对于黑社会性质组织的发展起到推动或关键作用的人员，就无法得到应有的惩处。《纪要》不是正式司法解释，只是办理案件的参考，如果偏离了刑法的目的，当然可以通过扩张解释径行适用刑法规定。"特别是在社会急剧变动的时候，为确保具体的妥当性，有必要扩张刑罚法规进行解释，扩大刑法的处罚范围，因为，扩张解释也是允许的。"①如上述对于黑社会性质组织及其成员起到类似"救火队长"作用的人员，就应当运用扩张解释的方法，认定其构成参加黑社会性质组织罪。

虽然这类人员没有参加该组织的愿望，也没有接受该组织的领导和管理，甚至其经济实力与社会地位都在该组织的首领之下。但是这类人员多次帮助该组织及其成员逃避法律制裁的行为已经大大助长了该组织及其成员的嚣张气焰，如果没有这类人员的帮助，该组织可能早已受到法律制裁。对于这类人员是否构成参加黑社会性质组织罪，应综合考虑犯罪嫌疑人在黑社会性质组织形成过程中所起的作用来认定，这类人员对黑社会性质组织的性质系明知，起到的作用是在黑社会性质组织及其成员面临法律追究和制裁时帮助其逃避，而且多次从事上述行为，与该组织之间已经形成了一种固定的常态联系，这种联系与常见的隶属型"参加"形式有所不同，但却具有相当大的社会危害性，其危害性大大超过一般参加人员，甚至还超过了部分骨干成员的作用，依法认定这类人员构成参加黑社会性质组织罪，符合立法精神。

三、黑社会性质犯罪预防策略的调整

从一般意义上讲，黑社会犯罪的预防对策包括完善立法、重视"两劳"

---

① ［日］大谷实：《刑法总论》，黎宏译，中国人民大学出版社 2008 年版，第 57 页。

人员的再社会化、缩小贫富差距等方面①，针对新型黑社会性质组织犯罪，预防策略应当进行有针对性的调整，尽早通过打击个罪而打击团伙犯罪，力争通过持续有效地惩处使各类犯罪团伙、黑恶势力丧失发展壮大的机会。

（一）确立涉黑案件信息情报收集研判制度

公安司法机关应重视黑恶犯罪档案资料的积累和运用。要加大对聚众斗殴、寻衅滋事、敲诈勒索、强迫交易等涉众性、团伙性涉黑案件的查处力度，建立涉黑犯罪信息数据库，将涉黑案件的犯罪嫌疑人、犯罪人的前科情况、体貌特征、工作情况等个人信息及时入库，进行科学分类，整合信息资料，实现数据库联网，信息资源共享，并及时进行数据库信息的分析研判。我院在办理涉黑专案过程中，发现该组织的首领张某，早在 2003 年就参与了聚众斗殴，并有证据显示其参与犯罪，因证据体系不够完善，尚达不到追诉犯罪的标准，如果当初有涉黑案件数据库，将其信息收录该数据库，公安司法机关就可以随时掌握相关人员的动态信息，但当时囿于软硬件的原因，甚至连已经判决的涉黑案件人员都没有专门统计。犯罪预防策略制定的重要参考就是以往的犯罪记录统计，某一类犯罪的规律和特点会在统计数据中有所反应。"亡羊补牢，犹未为晚"，在侦查情报方面，尽快建立高质量的涉黑犯罪的秘密情报系统，组织专门力量加强涉黑性质犯罪情报的收集和研判，着力提高发现黑社会性质犯罪组织的能力。对单类、单个案件，不能就案办案、简单处理，对同类、同性质、不同警种和不同辖区的案件也要进行综合分析，加强串并案力度，以提高信息情报服务在打黑除恶过程中的功效，力争把此类犯罪消灭在萌芽阶段。

（二）学会"打黑"与"反腐"两手抓

腐败现象的盛行是黑社会性质组织滋生、蔓延的土壤，权力的庇护是黑恶势力膨胀的直接原因。绝大多数黑社会性质组织和国家公职人员有联系，由于举证困难等问题，黑社会性质组织的"保护伞"的条件被剔除，但在现实中，"保护伞"以及公权腐败往往是黑恶势力发展成黑社会性质组织的催化剂。在我院办理的涉黑专案中，如果不是因为部分公职人员收受贿赂而轻纵犯罪，该黑社会性质组织的首领可能早在多年前就落入法网。

打黑与反腐工作必须同步推进，扫除黑社会性质组织的"保护伞"或斩断其与公权力的利益输送链条，才能逐步铲除黑社会性质组织犯罪的土壤。首先，办案机关思想要坚定，敢于顶住压力，克服困难，加大办案投入，坚决深挖到底，彻底摧毁，不留后患。对包庇、纵容黑社会性质组织的腐败分子，不

---

① 高峰、杨强、姬凯：《社会转型时期黑社会性质组织的犯罪特征及预防对策——以李义黑社会性质组织犯罪为视角》，载《西南政法大学学报》2010 年第 4 期。

论涉及谁，都要坚决严肃查处，绝不姑息养奸。其次，法律监督应当进一步向前推进。要扩大检察机关对司法领域、行政执法领域以及一些密切关系国计民生的重点行业部门的监督力度，对各种司法、执法过程中存在的失职、渎职等现象进行必要的调查，及时发现职务犯罪行为，彻底铲除违法违纪行为滋生的土壤，使黑恶势力难以形成。最后，对容易被腐蚀、拉拢的运管、税收、工商、海关等经济要害部门的国家工作人员，除加强上级对下级的监督外，要实行监察、审计人员委派制，加大监察、审计力度，定期或不定期地开展执法、执纪大检查，及时发现和处理存在的问题。

（三）建立多部门协作联动综合机制

黑社会性质组织大多开办经济实体，从事非法经营活动，同时将这些经济实体作为犯罪活动的据点。公安机关要与工商等管理部门建立联系，加大协作力度，建立全方位、立体化、多系统的综合防治体系，在做好治安管理工作的同时，强化市场监管力度，从中发现黑社会性质组织的犯罪线索。对容易滋生黑恶势力的重点场所（如歌舞厅、夜总会、桑拿洗浴、电子游戏厅等）公安部门要进行严密的管理、控制；对易受黑恶势力侵害的房地产业、运输业、集贸市场、土地拍卖场所、物流、废旧物品回收等商业经营活动，市场监管部门应当积极履行职能，加大监督力度，加强走访调查，对它们的企业组织方式、经济运行模式、规模发展形式、营利途径等情况进行综合分析。对存在违规、违法行为的企业，应分别通过工商、税务等监管部门给予经济、行政处罚，包括停业整顿、依法取缔等。做到早发现、早控制、早打掉，铲除犯罪土壤。

（四）相信群众，依靠群众，发动群众

群众路线是我党的主要工作路线，多年的实践证明，这一路线是靠的住的，是有效的，这也印证了恩格斯所说的人民群众是历史进步真正的推动力。在预防和打击涉黑犯罪案件的问题上，群众路线仍然是法宝。公安司法机关的公权力触角延伸的范围总是有限的，而人民群众的监督则是无时不在、无处不在的。在办理的涉黑专案过程中，我们发现反映该组织犯罪活动的群众举报不在少数，也许由于线索模糊等原因，有关机关没有开展侦查工作，但最终该黑社会性质组织的存在证明了群众的眼睛是雪亮的。群众举报是公安司法机关发现犯罪的主要且重要的来源之一，人民群众并非法律的专业人士，他们的举报可能是五花八门，有些犯罪事实是自己亲眼所见、亲耳所听，有些犯罪线索也可能是听别人说的，公安司法机关无权苛责群众的举报内容，而要加强从举报内容中提炼线索、发现犯罪的工作能力。

积极应对金融危机　提高检察机关
服务滨海新区能力初探*

吴玉光

席卷全球的金融危机对社会生活的各个方面都产生了重大影响，它不仅是企业面临的严峻考验，也是包括检察机关在内所有社会公共机构必须面对的新的挑战。应对金融危机需要全社会的共同努力，正是基于这一认识，中共天津市委做出了"保增长、渡难关、上水平"的重大决策。如何贯彻这一重大决策，积极履行检察职能，更好地为滨海新区开发开放服务是我们必须深入研究的课题。结合天津市检察院关于开展走访"百家企业和百个村镇"司法调研服务活动，我们走访了滨海新区部分企业，与部分国有、民营及外资企业代表进行座谈，在充分了解企业需求的基础上，对检察机关服务经济的途径重新进行思考与定位，本文即是这一调研与思考的总结。

一、当前检察机关为企业服务存在的缺陷

服务经济服务企业是检察机关长期以来坚持执行的工作原则之一，取得了许多成绩，积累了很多经验，但是也存在一些缺陷，与企业的实际需求有一定的距离。

（一）法制宣传缺乏针对性与时效性

检察机关到企业进行法律知识讲座，多以预防职务犯罪为主要内容，且主要集中在国有企业如何预防本单位干部发生职务犯罪，防止国有资产流失方面。但是我们发现，这远远不能满足企业的需求。随着改革开放，我国经济逐渐融入国际经济体系，对国际市场的依赖度大大加强，受国际经济形势的影响也越来越大，特别是滨海新区是以外向型经济为主的经济开发区，此次受到的

---

* 本文发表于《调查与研究》2009 年第 11 期，市院于世平检察长作重要批示。作者简介：吴玉光，天津市人民检察院第二分院党组成员、纪检组长。

冲击更大。在调研中我们听到最多的一句话就是资金短缺，金融危机的冲击使许多企业的资金链出现了问题。但是政府为了保持社会稳定，控制企业裁员，企业自我降低成本的能力受到一定程度的制约，一旦资金周转困难，对外融资将成为主要渠道。众所周知，此次金融危机就是由次贷危机引起的，金融企业受到的冲击最大，一方面他们本身的信贷资金出现缩水或短缺，因而他们对外放贷的行为更加审慎，金融贷款难度加大；另一方面社会闲散资金对投资缺乏信心，社会渠道融资也异常艰难，许多本来业绩很好的企业也出现了资金短缺、融资困难的现象，更不用说那些规模小、信用度低的企业了。在如此严峻的形势下，有些企业为了及时得到资金，有可能采取一些超常规的做法，也有一些人趁机进行诈骗等犯罪活动，企业迫切想得到如何及时、合法获得融资，既保证自己的干部不犯错误，又保障企业不上当受骗的法律指导。

（二）服务内容有待进一步扩展

检察机关服务企业往往从自己的业务出发，局限于法律知识特别是犯罪知识的普及，但是法律相对于社会的发展存在一定的滞后性，特别是在大变革时期，在作为先行先试试验区的滨海新区，仅抠法律条文是不够的，政策往往在实践中起着主导作用。但是随着政企分开的深入，大多数企业领导、决策者没有经过系统的政治训练，缺乏政治敏感性，因此对某项具体政策出台的背景缺乏必要的了解，容易仅从字面上理解政策，不能深刻领会其内在的深层次的含义，更对政策的趋势与导向缺乏合理预测，在企业的长期战略决策上可能出现失误。同时由于对政策的解读存在困难，有些政策规定的优惠条件企业不知道如何能够实际获得。例如，国家规定企业聘用40—50岁人员帮助他们实现再就业，由财政给予一定的补贴，但企业不知如何才能得到这笔补贴。在这方面检察机关应当发挥自己的长处，有所作为。

（三）服务方式有待进一步深化

长期以来，检察机关服务企业的方式多以会议、讲课为主，而且容易以检察机关自身为出发点，用我熟悉的方式讲我熟悉的内容，对企业的实际需求考虑不是很多，具体地、实际地帮助企业解决问题的方式较少，与企业的日常管理、机制建设结合得不够密切。由于讲课时间有限，不可能特别深入细致地讲解，有的企业干部感觉课讲得很好，很受触动，但是好像离自己远了一些，不能与自己的实际工作结合起来，在处理具体问题时还是缺乏警惕性，没有明确的法律概念，往往等出了问题才后悔：当时要是有人能提醒我一下就好了。企业迫切需要把这种"提醒"变成一种制度，使权力监督成为企业决策的必经程序，而不仅仅寄希望于决策者身边能有一个时刻保持清醒而又勇于进言的"谏臣"。

二、提高检察机关服务企业能力的途径

针对调研中发现的问题，我们重新审视了以前服务企业、服务滨海新区的做法，认为新的形势应有新的举措，结合工作实际，提高金融危机下检察机关服务经济的水平。

（一）加大与融资行为相关的法律知识的宣传力度

普法必须与实际需要相契合才能切实起到作用。在当前融资普遍困难的时候，检察机关要特别加强这方面的法制宣传，利用已有的联席会议制度等形式，引导企业通过正确的渠道获得融资，预防相关犯罪的发生。

企业融资一般有两种渠道：一是向社会融资，二是向银行贷款。我们的法制宣传工作也要从这两个方面入手：一方面要防止企业利用非法渠道融资，杜绝各种形式与手段的非法集资、集资诈骗、非法吸收公众存款等犯罪行为的发生，要向企业宣传向什么样的对象、采取什么样的手段融资，以及怎样使用融来的资本才是合法的，才受法律保护，什么样的手段绝不能使用，否则就会受到法律的制裁，以加强企业的自律性，绝不能为了拯救一个企业给社会带来更多的不安定因素。另一方面要进行职务犯罪相关知识的宣讲，不仅将如何预防作为干部的犯罪行为，让企业知道"我不应当做什么"，还要使企业了解银行等金融机构的工作人员怎样的行为是合法的审查，怎样的行为可能导致职务犯罪的发生，知道"他不应当做什么"，帮助企业在坚决杜绝主动行贿的同时，能够拒绝索贿，从外部因素上预防金融等高风险领域职务犯罪的发生。

（二）帮助企业提高解读政策的能力

应对金融危机，国家不断推出各种政策实现宏观调控职能，这些政策大多具有较强的灵活性与时效性，正确把握政策，适时做出正确决策，是当前企业走出困境的必备条件之一。检察干警的政治素养相对较高，特别是中层以上领导干部，大多具有较高的政策水平，可以说检察机关在这方面具有一定的人才资源，可以为企业对新政策进行剖析与解读，协助企业做出与政策导向相符的决策，从而谋得更有利的发展时机。这种措施可以是被动的，即当企业向检察机关咨询时予以解答，但更应当是主动的，当新的政策出台时结合法制宣传向企业进行宣讲，使他们正确领会政策精神，既不错失发展良机，又不触犯法律底线，从而保证政策得到及时、正确的贯彻与实施，取得预期的效果。

（三）提高主动服务意识，协助企业完善内部管理制度

在调研中我们了解到天津空港物流管理局自建立以来，10多年间从未发生过重大违法违纪案件，他们的成功经验就是在企业建章立制时请检察机关协助把关，把预防职务犯罪的措施作为工作流程必经的环节之一，使之成为全体

员工必须遵守的刚性规则，用制度预防犯罪。遗憾的是，很多企业没有认识到这一点。企业作为以追求利益最大化为目标的经济体，必然希望减少决策环节，最大可能地提高工作效率。但是这也成为一些干部腐化堕落的缺口。在制定制度时把对权力的制衡作为必须加以考虑的因素，在最有可能产生职务犯罪的环节设置监督制约机制，虽然可能会丧失一些效率，但能够保持企业的廉洁运转，既能实现企业的经济利益，又能保护干部不出问题。当前许多企业受金融危机的影响正在进行改组，我们可以把天津空港物流管理局的经验在一些企业中进行推广，使制度建设成为企业渡过金融危机的助力、预防危机的屏障。

（四）充分行使建议权，使政府决策更加科学化

我们在深入企业调研中发现有些问题带有普遍性，但不是检察机关力所能及的，需要由政府在决策时加以解决。我们认为对此类问题不能简单地以不属于检察机关职责范围予以推托，而应当以适当形式反映给决策机构，使政府决策更科学、更有可行性。例如，当前应对金融危机的政策已经注意到脱困与产业结构的调整升级相结合，把政策倾斜向那些有前景的朝阳产业，但是许多企业提出，政策也应当兼顾同一行业的资源整合。政府用以救市的资金毕竟是有限的，不可能满足全部企业的资金需求，如何合理利用、发挥这些资金的最大带动力则是投资时必须严格考量的。享受政策优惠应当设置一定的企业资质门槛，如连续几年的营业额与盈利额的基数，把资金引向那些本来经营业绩良好，仅仅是因为金融危机的影响一时资金周转发生问题的企业，而对那些因经营不善等原因本来就生存困难，金融危机只不过加速其破产的企业，则不应再予以无意义的优惠。

金融危机给检察机关提出了新的课题，也提供了新的思路与方向，我们提出的途径只是一些设想，实际效果有待实践的检验，随着社会的发展和工作的深入一定会不断发展与创新。

检察机关如何为重大项目提供全程法律支持^{*}

刘在青　　胡光嵌

为认真贯彻落实市委"解难题、促转变、上水平"活动部署，深入推进三项重点工作，日前，党组书记、检察长张平发，党组成员、副检察长刘在青带领有关同志深入中铁十八局集团开展司法调研服务活动。调研期间，我们观看了中铁十八局集团 50 年辉煌历程电视专题片，参观了中铁十八局的荣誉室，听取了中铁十八局领导同志介绍企业发展及纪检监察工作情况，与公司高级管理层进行座谈，在充分了解企业需求的基础上对检察机关如何为重大项目提供全程法律支持进行思考与定位，本文即是这一调研与思考的总结。

一、企业概况和当前存在的问题

（一）企业概况

在调研中我们了解到改革开放以来，中铁十八局集团参与了国内国外多项重点工程的建设，是一支有着辉煌历史的队伍。中铁十八局在建重大项目遍布国内国际市场，该集团先后参与了引滦入津、青藏铁路、京津城际铁路等多项国家重点工程建设，在巩固国内市场的同时，还大力推进海外经营，有胡锦涛总书记亲自批示的沙特麦加轻轨，南北铁路等一大批工程，该集团已成功开拓沙特、尼日利亚等 10 多个国家市场，海外经营逐渐成为集团发展的重要经济支柱。随着国内和国外市场的不断扩大，目前有包括在建项目 380 多个共 500余个工程项目，工程项目和企业人员遍布全国和世界各地。2009 年，面对国际金融危机的不断蔓延，十八局集团努力化挑战为机遇，牢牢抓住国家加大基础设施建设力度，拉动内需的难得契机，全集团任务承揽 407 亿元，完成施工产值 290 亿元，缴纳国家各类税金 6.8 亿元，期末资产总额 178 亿元，实现净利润 1.9 亿元。

* 天津市委政法委副书记高从善作出重要批示。作者简介：刘在青，天津市人民检察院第二分院副检察长；胡光嵌，天津市人民检察院第二分院公诉处干部。

（二）调研中发现的问题

1. 预防职务犯罪的难度加大。在调研中我们发现，企业在建项目多，而且遍布全国和世界各地，企业重大项目建设的成功与否直接关系国家长远利益和企业的自身发展，工程建设中发生职务犯罪问题，不仅直接导致大量建设资金的流失和浪费，而且可能影响工程质量，给项目建成后的生产、运行安全和人民群众的生命财产安全埋下隐患。特别是中铁十八局海外建设项目多、影响大，在海外项目建设中发生职务犯罪问题，更会造成恶劣的国际影响。随着重大工程项目的不断开工建设、资金投入力度的加大，管理难度和滋生腐败的风险也将随之加大。同时，全集团只有纪检监察工作人员 49 名，自身纪检监察力量感到不足，所以，迫切需要检察机关在重大项目预防职务犯罪方面的指导和支持。

2. 工程招投标领域存在问题。在调研中我们发现，根据招标投标法的规定，集团承揽的工程项目都必须通过投标的方法获得，而目前在工程的招投标活动中极易滋生腐败。由于受人为因素的影响，发包单位权力过大，责任不明确，缺少责任约束和追究机制。在市场经济条件下，个别发包单位领导法制观念淡薄，经受不住权力、金钱的考验，以权代法。同时评标办法中也存在人为因素，评标专家在评标、定标过程中扮演着重要角色，其行为直接关系到中标的结果，从而影响了招投标的公平、公正。尤其是在政府投资工程上，这些工程在招投标阶段"暗箱操作"、"违规操作"，剥夺了潜在投标人公平竞争的机会，同时给一些腐败分子提供了"寻租"沃土。建筑市场经过多次整顿虽然取得了一定成效，但违规行为从公开到隐蔽，从个别人"一锤定音"到整个招投标过程不正当的"系列操作"，形成了程序上的合法而实质上渗透着腐败。同时，由于企业人员懂市场、懂管理，但是不熟悉法律知识，在签订包括招投标合同在内的各种合同时易发生法律问题。

3. 企业生存发展需要检察机关保驾护航。调研中我们发现，在当前我国市场经济体系不断完善的过程中，在激烈的市场竞争中，包括十八局集团在内的国有建筑企业受到了不少难以回避的干扰，需要我们检察机关的理解和支持。有些负有市场管理职责的行政执法人员滥用职权、玩忽职守，企业生存环境恶化，需要检察机关加大查办职务犯罪的案件力度。同时在民事行政纠纷中，企业面临着裁判不公，需要检察机关的民事行政检察部门运用职能加以解决。因此企业迫切需要检察机关给予重大项目以全程法律支持，为企业的持续、平稳、健康发展提供法律保障。

二、检察机关如何为重大项目提供全程法律支持

（一）搞好职务犯罪预防工作

"防病重于治病，在于其成本低、效果好。"因此检察机关要针对重大项目工程建设容易发生职务犯罪的实际，提前给项目建设单位负责人和员工打"预防针"。对重大项目实施同步职务犯罪预防，从这些工程开工之初就介入其中。检察机关可以成立预防职务犯罪领导小组，在工程建设工地设立检察室，对项目审批和建设程序各个环节进行跟踪预防监督，全面介入项目工程的立项、采购、招投标等工作，选派责任心强的同志负责监督该工程建设，与企业纪检监察部门实行双监督。加强对重点部门、重点环节、重点工作的监督检查，从源头上预防腐败行为的发生。

1. 主动配合重大项目建设的相关单位开展预防职务犯罪法制宣传教育，为重大项目建设各方提供预防咨询。集团的纪检监察负责人就说："我们讲十次，不如你们检察院讲一次，检察机关讲，能让大家感到威慑力。"检察官们可以组成宣讲团，深入建筑工地进行职务犯罪预防，以"活、实、深、新"的预防宣讲，变要求"大家怎样做"的被动接受为"我们如何做"的相互交流，让预防工作入脑入心。

2. 推进预防工作的制度化建设。通过对重大项目的跟踪、监督，加强预防调查和典型案件分析，建立预警预测和警示警告制度。根据重大项目建设中职务犯罪发案规律特点，结合建设单位及工程建设的具体情况，提出预防职务犯罪的检察建议。同时充分发挥检察机关行贿犯罪档案查询系统的作用，实行行贿犯罪查询制度；建立信息交流和情况通报制度；推进建立重大项目管理的公开公示制度；同时积极推动职务犯罪技术预防措施的采用等。

（二）加强工程招投标的法律监督

检察机关应在工程的招投标领域加强重点监督，从工程招投标源头上预防腐败。因此，一是要针对影响招投标公正性和社会关注的关键环节，建议相关部门完善相关制度，进一步创新方法，将有针对性的过程监督和随机监督有机地结合起来，公开办事程序、办事条件、办事依据、办事结果，变"暗箱操作"为"阳光操作"，提高监督的效率和权威。二是要建议有关部门实行工程信息公开发布制度，扩大参加投标企业的知情权、参与权、选择权和监督权，切实消除由于信息发布的局限性，导致领导干部干预工程承发包等不法行为，为参加投标的企业提供公平、公开、公正的竞争环境。三是要建议有关部门进一步规范招标行为，在招标信息发布、投标人资格审查、评标办法制定、评标委员会组成、定标等关键环节上，严格备案时限和跟踪管理，严厉打击转包、

违法分包、挂靠等行为。尤其是在工程承包合同签订时，甲乙双方在检察机关主持下，签订"保廉书"，明确双方在廉政建设中的责任和权利义务，并接受检察机关的监督，做到了事前、事中、事后全程同步监督，通过这些可以在重大项目在招投标过程中为工程节省投资和防止腐败的发生。

在服务重大项目建设中，检察机关应利用熟识刑事、民事法律业务知识的优势，审查合同内容合法性、违约责任、解决合同纠纷机制等条款，提示企业负责人签订合同应注意的事项，为企业签订重大项目合同把好法律关，避免在签订重大项目建设合同过程中上当受骗、造成国有资产流失。

（三）检察办案为企业生存发展保驾护航

针对调研中发现的要求检察机关加大办案力度的呼声，检察机关要集中力量查办职务犯罪大要案，特别是要加大对工程建设领域和招投标环节的职务犯罪查处力度，加大对重大项目建设的同步监督，确保国家"扩内需、保增长"企业投资的安全和合法合规使用，严肃查处负有管理市场秩序的行政执法人员滥用职权、玩忽职守侵害企业合法权益，危害经济发展的犯罪，从总体上增强查办职务犯罪的效果。

同时加大民事审判和行政诉讼监督力度。认真受理审查企业在重大工程建设过程中的民事行政申诉，对确有错误的民事行政判决、裁定，特别是因部门保护主义或司法腐败，致使企业和社会公共利益遭受重大损失或者重大项目施工受影响的案件，坚决依法抗诉。对在重大项目施工过程中企业利益受到严重损害的民事行政案件，可以支持监督企业依法行使诉讼权利，努力维护企业利益和保障重大项目的顺利进行，同时对重大项目建设投资者与经营管理者的人身权、财产权及名誉权进行充分保障。

积极推进建筑领域职务犯罪预防工作
保证滨海新区重大工程又好又快发展[*]

程灿坤　　乔大元

为贯彻落实市委"保增长、渡难关、上水平"的重大部署，积极响应最高人民检察院关于社会矛盾化解、社会管理创新、公正廉洁执法"三项重点活动"推进，按照我院党组的统一部署，我们本着为企业分忧、为经济发展保驾护航的初衷，深入天津市城建集团公司进行司法调研服务活动，主动了解企业发展困难、寻找困扰企业发展的"瓶颈"，结合我们检察机关的工作职能，为企业发展，乃至为天津经济更好更快地发展做出应有的贡献。

一、调研对象的选取

天津市城建集团是天津市建筑行业的龙头企业，在建筑领域比较有代表性。据介绍，城建集团今年承担施工任务量达300亿元，其中在我院辖区滨海新区承建工程达105项，超亿元大项目20项，涉及施工、投资、设计三大领域，分布在滨海新区所有行政区和7大功能区。通过调研，我们还了解到集团对于干部管理非常重视，去年还专门签发了文件，健全惩防体系，充分发挥"鼓励创新、支持改革、保护干事、惩处违纪"的职能作用，重点做好预防职务、职能违法犯罪的"两防"工作。这正契合了我们检察机关职务犯罪预防工作的宗旨，预防为先，教育为基础，坚持打击犯罪，有案必查、违法必究，通过宣传教育增强守法的自觉性，减少违法犯罪，通过典型案例的查处警示人们、威慑犯罪。

近年来，随着我国经济建设的高速发展，国家在工程建设、城镇建设、道路和公用设施建设等各方面取得了举世瞩目的光辉成就。同时，我们也清醒地

---

* 天津市委政法委副书记高从善作出重要批示。作者简介：程灿坤，天津市人民检察院第二分院原副巡视员、反贪局副局长；乔大元，天津市人民检察院第二分院公诉处干部。

看到，建筑领域既是反腐败斗争和预防职务犯罪工作的高危区，又是易发、多发职务犯罪的重灾区。建筑领域的职务犯罪不仅使个人沦为阶下囚，还使企业遭受经济损失，严重破坏企业信誉，并且常会使重大工程出现质量问题，造成不可挽回的后果。重庆綦江彩虹桥等工程事故的教训不可谓不深刻，大事故必有大犯罪！因此，在建设领域深入开展预防职务犯罪工作有着特别重要的意义。通过调研我们深入了解了建筑领域独特的特点和易发犯罪的环节，这对于我们进一步加强职务犯罪预防工作，确保滨海新区重大工程又好又快发展有着重大的意义。

二、建筑领域易产生犯罪的环节与特点

建筑工程一般具有合同环节多、时间跨度长、地域分布广、跨行业等特点。其间，从立项审批，土地征用、拆迁，发包、招投标、预决算、房屋拆迁、工程设计、施工管理、质量监理，工程验收等环节都存在滋生违法犯罪的机会。

建筑领域中职务犯罪多种多样，随着时代的发展，手段也不断翻新，这必然给检察机关预防犯罪和查处犯罪带来了新的挑战，但万变不离其宗，归纳起来，主要有以下几个特点。

（一）犯罪以贿赂为主，权钱交易现象普遍

建筑工程发包单位以权力作为资本，将权力商品化获取私利。通过调研我们了解到有些发包单位经常会明示或者暗示各种好处，在竞争如此激烈的建筑市场，大部分守法施工方陷入两难，要么行贿以获得工程，要么在投标中落选。同样，有些建筑行业的施工方，为了承揽到工程往往用金钱打通建筑方，采取非法或以不正当手段变相行贿，从而获得市场入门券，即投标中标权。另外，还存在发包单位人员收受设计、施工单位等的回扣、佣金和其他好处的情况，负责房产评估、产权交易的部门和人员收受申请评估单位贿赂的情况。问题更多地出现在基建审批和招标环节，从现在的案例情况来看，比较多的工程存在虚假、操纵招投标问题，其中大都存在贿赂犯罪。即使到了最后的工程结算，贿赂犯罪亦多发，不行贿不予工程结算、拿不到工程款的情况时有发生。建筑领域的犯罪几乎涉及每一个环节，犯罪预防工作任重道远。

（二）工程环节多、跨度长，犯罪窝案和串案较多

一项工程涉及诸多环节，每一个环节都容易滋生犯罪，因此，在一项工程中如果发生了犯罪，往往都是窝案和串案。一些技术水平差、资质不高的施工单位，为了层层闯关，往往多头送礼，多环节行贿。检察机关抓住一个行贿人可能带出多个受贿人，一个案件有时会涉及多个部门。近几年下马的高官，几

乎都和建筑业腐败有联系。

（三）犯罪主体呈多元化

建筑领域职务犯罪的主体很多，既有掌握一定实权的领导干部，也有把握某一关口的普通工作人员；既有退休返聘的老干部，也有刚参加工作的新人。具体有单位领导、部门负责人、基建管理、材料设备采购、财务人员、工程技术人员，行业主管部门的工作人员如审批人员，与建筑项目相关的土地、规划、设计部门的工作人员，以及金融部门的信贷人员等，另外施工方项目部从经理到队长以及财会人员由于管理不严也容易犯罪。

三、职务犯罪的预防对策

为维护建筑市场秩序，确保建筑工程质量，从源头上预防和治理腐败，应该从建立健全制度入手，帮助企业加强管理创新，进一步强化建筑领域职务犯罪预防工作。

（一）建立统一、协调的职务犯罪预防工作联席会议制度

滨海新区大建设、大开发，必然需要大预防。应该建立统一、协调的职务犯罪预防工作联席会议制度，成立领导小组，确定联席会议成员，由党委、政府、检察院、建委、纪检、审计及有关建筑企业负责人共同参加，联席会议办公室设在检察院，领导小组负责全市的职务犯罪预防协调、指导工作，联席会议主要通报职务犯罪的新情况、新动向和新特点，分析原因，研究预防对策和措施。

（二）建立经常性的宣传教育机制

预防犯罪的主要手段之一就是进行法制宣讲、警示教育。可以通过举办培训班、法制讲座、服刑人员"现身说法"、"以案释法"等多种形式，加强对有关人员的教育，增强防腐意识和拒腐防变的能力。我院从去年开始成立了预防职务犯罪法制宣讲团，迄今为止已经深入重点企业进行法制宣讲 20 余次，取得了很好的效果。调研中，集团纪委负责人表示纪委宣传教育的效果不如检察院同志们的教育效果好，并对检察机关的法律宣讲给予了高度评价。另外，播放建筑系统犯罪的教育片效果很好，这些犯罪发生在身边，对干部触动很大。以后我们还将探索更多的教育方式。

（三）针对发生职务犯罪的企业，提出检察建议，促进企业管理创新

对于企业存在的管理问题，建议企业查缺补漏，积极完善、创新管理制度。建议企业关键岗位实行定期轮岗、领导干部离岗审计等管理创新方法。通过调研发现城建集团针对易发犯罪环节加强管理，制订"八不准"工作要求，重点解决"不准各级领导干部及项目经理、职能部门负责人的亲属挚友参与

本单位工程的分承包、材料采购、设备租赁及其他经营性活动"等问题，取得了一定成效。

（四）对于滨海新区的重大工程项目重点关注，建立同步预防机制

在联席工作会议决策指导下，检察机关可以和企业加强合作，就滨海新区内的重大工程项目和企业签订共建协议，具体措施可以采取定期联席会议通报、专项预防、职务犯罪预防宣讲、干部培训和针对建设过程中暴露出来的问题及隐患提出检察建议等方式。

（五）公正廉洁执法，坚决打击建筑领域职务犯罪活动

进一步贯彻落实全国检察机关深入推进工程建设领域突出问题专项治理工作电视电话会议精神，开展工程建筑领域突出问题排查工作，按照"横向全面排查，纵向突出重点"的工作思路，深入开展工作，针对暴露出来的问题和薄弱环节，发现贪污贿赂犯罪和构成渎职犯罪的依法查处，真正做到公正廉洁执法，树立检察机关的良好形象，为滨海新区乃至全市经济发展保驾护航。

正视外来人员犯罪　探索社会管理创新[*]

高亚男

随着我市及滨海新区经济建设发展，城市建设中诸多产业用工需求特别是对廉价劳动力需求不断增大，同时，农业产业化经营使大量农村劳动力闲置，大量农村劳动力流入就业机会更多的城市谋生，致使越来越多的外来人员涌入城市。近年来，外来务工人员已遍布我市加工制造、工程建设、餐饮娱乐、商品贸易等各个领域，逐渐成为城市建设中不可或缺的重要组成部分。与此同时，受传统的社会管理模式限制，外来人口的管理方式方法还相对滞后，众多社会问题赖以滋生，其中外来务工人员犯罪问题已成为一个影响社会和谐稳定的突出问题。

一、外来务工人员严重暴力犯罪基本情况和主要特征

外来务工人员通常指的是来本地城市打工、不具有本地城市户籍的外省市农村人口。一般分散在建筑、搬运、服务等技术含量低、以简单体力劳动为主的行业。当前，在我市经济较发达的滨海新区及其边缘地域，外来务工人员犯罪已成为一个影响社会和谐稳定的重要社会问题。

（一）外来务工人员严重暴力犯罪基本情况

近年来，外来务工人员实施的严重暴力犯罪呈逐年增多态势。以二分院公诉部门起诉数据为参考，2008 年至 2010 年，该类犯罪分别为 20 件 31 人、25 件 40 人、31 件 56 人，分别占起诉案件总数的 5%、8%、10%，年增长率分别为 29%、40%。同时，在各类案件中的比重也呈逐年上升趋势。2011 年上半年，该类型犯罪受案数量再创历史新高，仅半年即达 22 件 35 人，占已受案总数的13%，外来务工人员实施的严重暴力犯罪，占严重暴力犯罪案件总数的 71%。详见图一、图二：

---

[*] 发表于《中国刑事法杂志》2011 年第 10 期，获第十二届天津市优秀调研成果三等奖，天津市委常委、政法委书记散襄军作重要批示。作者简介：高亚男，天津市人民检察院第二分院案件管理办公室干部。

图一　2008—2011 年上半年二分院受理外来务工人员犯罪案件情况

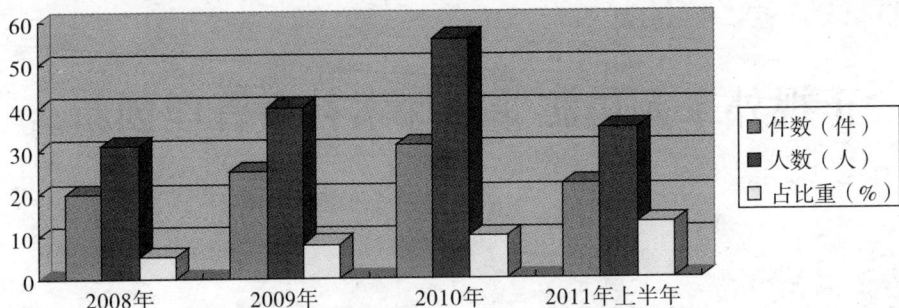

图二　2011 年上半年二分院受理的严重暴力犯罪案件犯罪主体分布情况

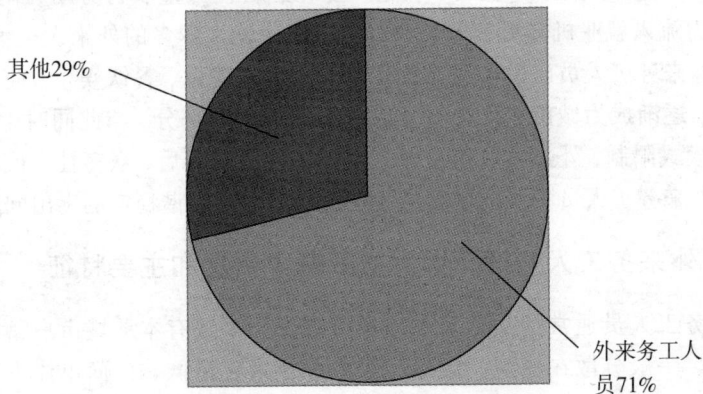

（二）外来务工人员严重暴力犯罪的主要特征

1. 犯罪主体表现为年龄和文化程度普遍偏低。统计数据中的 35 人平均年龄仅为 27 岁，年龄最大的 49 岁，最小仅为 17 岁。其中不满 20 岁的 5 人，20 岁以上不满 30 岁的 19 人，30 岁以上不满 40 岁的 7 人，40 岁以上的 4 人。同时，犯罪主体文化程度普遍偏低。绝大部分犯罪人员仅接受了层次较低的文化教育，35 人中文盲 1 人，小学文化 11 人，初中文化 22 人，中专在学 1 人。

2. 犯罪主体从业领域及案发地相对集中。统计显示，该类犯罪主体从事职业多集中在服务业、建筑业及无业人员等几个领域。具体情况为：娱乐、餐饮场所服务员 11 人（占 31%）、待业无业人员 9 人（占 26%）、建筑工人 5 人（占 14%）、废品回收 3 人（占 9%）、保安 2 人（占 6%）、技术工人 2 人（占 6%）、网吧管理员 2 人（占 6%）、学生 1 人（占 3%）。该类案件案发地主要集中在滨海新区及相邻区域、经济相对发达、管理相对薄弱的城乡接合部地区，其中塘沽、津南两个区占 74%。详见图三：

图三 犯罪主体的从业情况

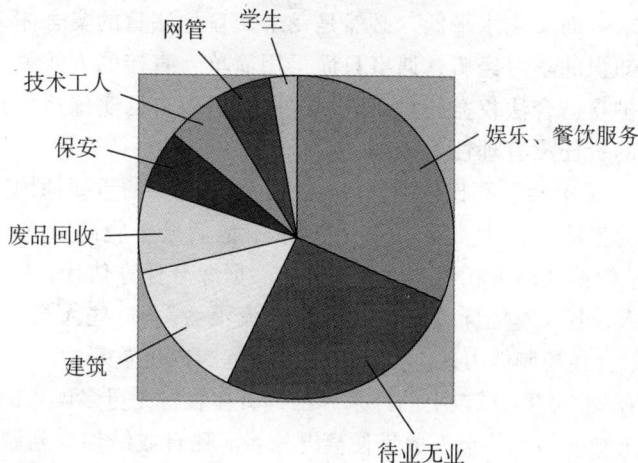

3. 犯罪性质恶劣、作案手段残忍、危害结果严重。统计中的故意杀人、故意伤害案件嫌疑人多采用持刀猛捅要害、硬物砸头等方式，致被害人死亡，有的案件甚至焚尸掩盖罪行。而侵财类案件中体现为被害人稍有反抗便被残忍加害。

4. 犯罪的主观随意性大，激情犯罪类型多，诱因相对简单。他们作案多无预谋、计划，许多案件仅仅因工作、生活及娱乐活动中的偶然争执而引发，犯罪嫌疑人在一时情绪冲动之下实施暴力。非侵财类案件中，因琐事引发争执而实施暴力的 12 件，占该类犯罪的 75%。部分犯罪嫌疑人犯罪时不计后果，待案发后多悔恨不已。同时，犯罪诱因相对简单。非侵财类暴力犯罪主要表现为同事矛盾（7 起）、酒后集群滋事（3 起）、家庭矛盾（3 起）。其中 3 起酒后滋事引发犯罪案件尤为典型和类似，同为农民工务工之余集群饮酒、因琐事酒后争执而致人死亡。侵财类案件主要诱因是犯罪嫌疑人经济拮据、生活无着，几乎全部为到城市后因长期无业，没有任何经济来源和生活保障的人员。

二、外来务工人员犯罪主要原因

（一）犯罪主体因素

1. 漠视法律法规的无节制性行为方式是导致其犯罪的重要因素。与经济落后、生活贫穷相伴生的文化水平偏低，必然是法律意识淡薄，统计范围内35 人中文盲 1 人、小学文化 11 人、初中文化 22 人、中专在学 1 人。由于家庭生活拮据，加之有些偏僻农村教育水平低、对文化教育重视程度低等原因，他们大都早早辍学，在没有良好的教育基础情况下，过早走入社会。他们中初中及以下低水平文化程度占了绝大多数，文化水平偏低限制了他们对事物的认知能力，也制约了他们谋生的发展道路，不能适应城市对人们文化教育水平和综合素质的要求。而文化水平低，必然是一个文盲加法盲的集合体，他们几乎没有基础法律知识的学习经历，遇事只懂得用简单、直接的方式解决问题，运用法律武器保护自己合法权益的意识淡薄，同时也对自己实施违法犯罪行为的后果和应承担的责任没有理性的预期。

2. 年轻"无家族"高比例的人口形态是诱发犯罪的重要原因。城市外来人口在城市中的生活方式大都是"单身一族"，他们处于脱离家庭的"独居"状态，且年龄结构偏低的青壮年人口相应集中。据综合保守估计，在这些区域工作生活的成年人，七八成是身边没有家人的"流浪者"。这些人员大多年龄较小、社会阅历少、自我控制能力差。如前所做统计范围内严重暴力犯罪的35人中30岁以下的即有24人。七成以上的外来务工人员在农村无更多谋生的渠道和机会，他们中大多刚刚成年，甚至未成年便离开家乡，独自或结伴来到城市打工谋生。有的是刚刚来到城市便误入歧途，走上了犯罪的不归路。他们一方面由于年纪较小，另一方面自小生活在人际关系、社会生活都比较简单封闭的农村环境，所以社会阅历、工作生活经验都较少，应对和处理问题特别是突发事件的能力普遍较低，较为情绪化和幼稚，自我控制能力较差。而他们离开家乡和亲人，在陌生的新环境中缺乏约束和引导，如果不严格自控，很容易误入歧途。

3. 城乡差异导致外来务工人员出现心理失衡和心理危机是诱发犯罪不可忽视的因素。长期以来的城乡二元结构客观上产生了一种城市人与农村人的差异。城市人的优越感与农村人的自卑感形成强烈反差。这种反差在城乡未融合时表现的对立是不明显的，随着城乡融合的加速，两种状态放在了同一个平面之内，为这种冲突的出现创造了前提和基础，外来务工人员出现的各方面心理问题便是表现之一。一方面，外来务工人员大多来自偏远、贫困乡村地区，他们离乡背井来到城市，为的是通过自己的努力奋斗过上城市人一样的富足生活。但是他们慢慢发现，他们只能去从事城市中最苦、最脏、最累的工作得到一份微薄的收入，而生活在身边的城市人却能工作轻松、生活无虞、家人团聚。这种巨大的心理落差会产生极大的心理失衡感。另一方面，外来务工人员受歧视感强烈。城乡经济和社会的差异，外来务工人员本身即有一种较为强烈的自卑感。生活在同一片土地，付出的劳动和获得的报酬却严重不对等，许多素质不高的城市人面对外来务工人员经常表现一种与生俱来的优越感，从方方面面流露和表达出对"外地人"、"农村人"的鄙夷，加之城市一些部门中存在的狭隘的地方保护主义思想，制定的一些对外来工进行工种限制、强行清退农民工等政策，会增加外来务工人员的被歧视感。在长期压抑、苦闷、自卑、失衡的心理危机下，该人群心理极为脆弱而敏感，外界稍有刺激因素就可能会引发暴力宣泄行为。

娱乐、餐饮服务行业外来务工人员暴力犯罪案件高发即是该因素的典型表现。在统计范畴内的 35 名暴力犯罪者中，有 11 人从事娱乐、餐饮相关服务行业，成为严重暴力犯罪最高发的行业。该行业虽然工作环境较为混杂，但与城市人及其生活接触更为紧密，务工者服务者的身份与城市人奢侈的消费方式、高高在上的姿态形成鲜明对比，更容易让外来务工者产生落差心理。一方面他们羡慕近在咫尺却遥不可及的城市人生活，另一方面联想自身辛苦工作却生活艰辛、地位低下，产生严重的自卑情绪。羡慕和自卑的强烈冲击最容易诱发自控能力较差的务工者的暴力犯罪。美国朱迪斯·布劳和彼得·布劳的相对剥夺论认为："穷人看到富人的富有后，而自己又不能通过合法手段得到其期望的财富，于是感到自己被剥削，由此便有可能用非法手段寻求补偿。贫困不会产生犯罪，但对贫困的不满却会而且奇怪地足以产生犯罪。"

（二）社会经济因素

这种城市内二元结构必然导致外来务工人员生活上的艰辛与拮据，经济问题往往成为一切社会问题的最终原因。

1. 大部分外来务工人员经济生活拮据，缺乏基本保障。外来务工人员中许多人离开家乡到城市打工，主要目的就是改善经济状况。即便他们中的部分想通过努力成为城市人中的一员，但绝大多数经过几年甚至十几年的辛苦奋斗，仍然生活在城市最底层的行业和领域。他们难以融入城市，既无法接受城市人的价值观，也无法享受与城市人平等的生活保障，最终他们往往都会回到家乡。他们从农村进入城市、从事比务农更为艰辛的工作，就是为了能够获得比农村优越的物质生活。但事实上，他们往往都收入微薄、勉强维持在城市的生活，有的还要节衣缩食贴补家用。他们完全不享有城市各项基本生活保障，没有医疗保险、失业保险等基本福利。同时，一些无良的雇主任意侵害相对弱势的外来务工者合法权益，统计显示，67% 的外来务工人员不享有加班费、39% 被克扣或拖欠过工资、29% 工伤后不给赔偿，这些加剧了他们生活状况的恶化。而许多失业的外来务工人员由于没有任何社会保障和经济来源，不能保障基本的生存，成为城市社会不安定因素。

2. 社会解组导致外来务工人员的边缘化。社会解组理论是 19 世纪 20 年代形成于美国的一个重要犯罪学流派。一般认为，社会解组是指社会结构的崩溃，这种崩溃减弱了社会成员遵守社会行为的意愿，反社会情绪充分发展，社会成员对社会规范的共同感受基本消除的社会现象。① 外来务工人员离开原本

---

① 葛磊：《外来人口犯罪原因与对策分析》，载《四川警官高等专科学校学报》2001年第 4 期。

居住的家乡，脱离了原有社会环境，同时又未能真正迅速融入城市环境中，成为被孤立的"边缘群体"，他们既不愿遵守原本的生活规则，也不愿遵从城市新的社会规范，出现许多失控、失范行为。

3. 城市生活中的消极因素对外来务工人员的影响更为明显。外来务工人员进入城市之前的生活环境相对单纯，而来到城市后突然面对灯红酒绿、网络、色情暴力、赌博、酗酒等，往往更加难以把握方向原则、误入歧途。

（三）社会管理机制因素

当前，与城市经济飞速发展相比，城市社会管理机制的相对滞后性使外来人口管理成为城市发展中的一个软肋。

1. 城市内二元结构使城市人口出现的族群鸿沟是我们必须正视的重要社会问题。因待遇失衡而导致的本地人与外地人间的族群鸿沟，形成了城镇"内二元"结构，这种城镇"内二元"结构不仅诱发当地管理部门与居民对外来者的管理歧视与生活歧视，也进一步加剧了外来人员生存环境的日趋恶劣，给和谐社会埋下不安的隐患。外来务工人员对所工作生活的城市往往缺乏归属感，有着浓重的过客心理。在这种心理支配下，容易导致他们对城市建设发展缺乏责任心、对城市人冷漠、对周围环境缺乏安全感，这些都是诱发犯罪的潜在因素。在这种"内二元"结构中，他们精神生活空虚、业余生活单调乏味，缺乏健康丰富的工余活动，使外来务工人员的环境更趋恶劣。通过笔者对所在区5个农民工聚集点40位外来务工人员进行调查走访，82%的受访者表示工作之外没有规划的生活内容。他们中大部分工作时间长，且多为体力劳动，工作之余67%的人选择和老乡、朋友喝酒聊天，21%的打牌、10%的无所事事、5%的读书看报。他们中超过七成的人渴望得到正规的职业技能培训、超过九成的人希望有机会参与各种文化体育活动。而外来务工人员严重暴力犯罪往往发生在工余时间，许多案例即是工余时间酒后集群滋事引发的。城市环境给予的歧视与排斥，外来人口对城市就业等方面资源的争夺，造成了本地人口的不满和敌意，有些媒体对外来人口犯罪和破坏治安事件的过分渲染也加剧了这种偏见与排斥，一定程度上会使外来务工人员产生报复、破罐子破摔的心理。

2. 与这种城市内二元状态相对应的是现行户籍制度不健全。我国现行的户籍制度是建立在计划经济体制之上的，已不能适应当今流动人口不断增多的趋势。一方面人口流动大，流出地和流入地不能很好地掌握人口信息，导致管理失控；另一方面，社会保障和福利待遇往往建立在户籍制度基础之上，这样就无法保障外来人口的基本权益。

城市对外来人口登记和管理工作不到位。暂住证制度是为了填补户籍制度缺憾而实施的一项管理制度，同时也起到了对外来人口登记管理的作用。但是在实施中由于缺乏流入地、流出地的联动，信息往往不能真实且全面反映所有外来人口的信息。一些地方已经逐步废除了该项制度。

3. 缺乏有力的组织机构。外来务工人员几乎都处于松散状态，当一个庞大群体失去组织时势必混乱不堪。没有有力和贴心的民工组织，外来务工人员缺乏统一管理、缺乏各种形式的培训、文化活动，同时在权益受到侵害时没有有效、畅通的救济渠道。根据默顿的失范理论：当人们不能用社会的"制度化手段"实现目标时，便会产生挫折、愤怒等紧张情绪，这种紧张情绪造成其失范状态，使他们可能用非法手段去实现成功的目标。[①]

三、减少和遏制外来务工人员严重暴力犯罪的应对措施

随着我国各大城市经济文化事业的快速发展，外来人口所占比例必将越来越多，而且也将成为推动城市经济社会进步与发展的重要力量。因此，如何解决好外来人员的就业与生活问题，不仅涉及外来人口的法治环境问题，也影响着社会稳定与持续发展。实践证明，外来人口犯罪问题是诸多因素交织在一起的新城市综合征，对这个新的城市综合征的治理工作也必须站在全局的高度，统筹规范，综合治理，打击与预防相结合，治标与治本相统一。

（一）完善外来务工人员就业及培训体系，提高外来务工人员经济地位及个体素质

外来务工人员是城市社会财富的创造者，也应成为社会财富的共同享有者，作为城市管理机构，首先应该树立现代的公民意识，消除对外来务工者的歧视观念。

1. 建立公平公正的公共资源共享机制，使众多外来务工人员"有家"、"回家"。结合城市经济发展状况，对于已登记的外来务工人员，纳入城市社会保障范围，使他们在失业、无经济来源时能够得到救济。

2. 丰富外来务工人员业余文化生活，提高其生活质量。各社区外来工综合管理组织和外来工居住区应由政府出资逐步建立起外来工图书馆、健身房、电影院，并结合具体情况免费或低价向外来务工人员开放。同时就业、子女入托、入学等待遇上逐步消除歧视性政策，确保外来务工人口及其子女受到良好的义务教育。天津市教委 2008 年 5 月颁布了《关于进一步做好外来务工人员子女义务教育工作意见》，为外来务工人员子女入学问题的解决迈出了重要一步。

---

① ［德］汉斯·约阿希姆·施奈德：《犯罪学》，吴鑫涛等译，中国人民公安大学出版社 1990 年版，第 482 页。

3. 强化对外来务工人员的职业技能培训。以各社区的外来工综合管理组织为载体，组织各种形式的职业技能、职场礼仪、生活百科等内容的讲座培训，提高他们的技能水平、拓展他们的眼界。利用社区外来工综合管理组织向外来务工人员传递各类信息资源。如引导、帮助他们报名参加各类适合自己的学历进修、技能考试，再如通过向他们提供统计数据，引导他们不要过分向某些特定大城市、特定行业集中。

（二）创新社会管理机制，减少诱发外来务工人员犯罪的管理盲点和死角

为减少和遏制外来务工人员各种严重暴力犯罪，各级政府部门应发挥有力作用，充当积极角色，消除社会管理过程中的盲点、死角，使强化外来务工人员社会管理与维护外来工权益紧密结合。

1. 以社区为依托，逐步建立起外来务工人员综合管理组织。该组织由政府社区公职人员与外来务工人员轮值代表共同管理运行。主要由四个职能部门组成，即外来工维权部门、外来工学习进修部门、外来工文娱活动组织部门及外来工基本档案管理部门。每个部门都由公务人员和外来工代表共同牵头组织工作，而外来工代表则由社区外来务工人员定期推选，充分反映外来务工人员意见。

维权部门主要负责社区外来务工人员各类合法权益被侵害时，帮助、引导他们通过法律手段维护自己合法权益。一方面可以通过政府、组织的干预增强外来工维权的力度，保障他们的合法权益；另一方面也有利于及时掌握涉及外来务工人员的权益冲突，便于控制矛盾升级。学习进修部门则是收集各类学习培训信息、定期不定期举办农民工知识讲座、技能培训的部门，它帮助农民工拓宽眼界、增强学习意识。文娱活动部门负责组织社区外来务工人员健康的联谊活动、文艺演出及各类体育项目比赛。档案管理部门则是负责社区内所有外来务工人员基本情况的登记备案工作，而登记内容包括来源地、身份情况、现状况等各项基本情况。以上所有部门各项活动应尽量涵盖社区居住的所有外来务工人员，且各项活动均不收取外来务工人员任何费用。

2. 以用人单位为政府与外来务工人员间的重要媒介、加强对用人单位的监督管理和帮助扶持。一方面，要规定凡是雇用外来务工人员的企业单位要向政府相关部门备案，政府部门专门机构定期对这些企业进行监督调查，发现用人单位隐瞒务工人员情况、侵害务工人员合法权益、违法拖欠工资等情况的严厉惩处；另一方面对充分保护外来工合法权益、积极向政府备案信息、加强对外来工各项培训的企业单位，政府部门要给予鼓励和经济扶持。

3. 建立外来务工人员文明有序的居住社区。城市外来务工人员往往集中在城市边缘城乡接合部地区，而这样的地区往往治安秩序混乱、缺乏政府监

管，外来人员集中于此更容易滋生违法犯罪行为。政府出资建设起外来务工人员居住社区，保证社区要像城市其他居民社区一样的安全、卫生，免费或以极低廉价格出租给外来工，条件则是入住者要进行身份登记及接受社区管理。这样不仅给外来务工人员创造了更为舒适的生活环境，也加强了政府管理，降低了不良环境滋生犯罪的可能性。

（三）发挥司法机关权威，形成打击与预防相结合，治标与治本相统一的法治环境

司法机关在有力打击外来务工人员严重暴力犯罪的同时，要加强形式多样的司法宣教活动，走出轻预防、重打击、只治标、不治本的结果式管理模式，关口前移，构筑教育、预防、惩治三位一体的社会管理模式。

1. 以普法工作为载体，以社区为单位或在外来务工人员集中居住区组织法制讲座和法制宣传。以外来务工人员严重暴力犯罪的真实案例，以案说法，讲座中向外来工派发宣传材料，对相关法律规定做宣讲和解读，达到外来工学法、知法、守法的目的。以发生在他们身边的真实案件为教材，使他们近距离感受法律的神圣与庄严，见证违法犯罪必然吞噬的苦果，达到威慑犯罪和普及法律的双重效果。

2. 司法机关和社区外来务工人员综合管理组织合作，建立外来务工人员法律援助机构，专门负责外来务工人员各类法律问题的咨询和各类权益纠纷的法律援助工作，并向外来务工人员免费提供服务。打造"法律面前人人平等"的法治环境，逐渐消除因城乡差异而形成的对外来务工人员的歧视行为和观念。通过捍卫外来务工人员的合法权益，消除"内二元"结构。

3. 逐步废除户籍限制、暂住证制度，杜绝各行业、用人单位对外来务工人员的歧视政策、多渠道为外来务工人员创造工作机会。对于已被外来务工人员组织登记备案的外来务工人员，要定期跟踪其工作和生活情况，对于失业人员要尽可能帮助其寻找新的职位。对于歧视外来务工人员、侵害外来务工人员权益的行为，政府部门要予以严厉处罚。各社区组织都应尽可能帮助本社区外来务工人员寻找到相对稳定的经济来源。

总之，外来务工人员犯罪问题作为新时期城市建设和发展中的重要问题，是社会管理创新、化解社会矛盾、推进公正执法三项重点工作回避不了、绕不过去的现实问题，必须给予高度重视。

天津市人民检察院第二分院 2008—2010 年
受理审查无罪判决案件情况的调查报告[*]

刘力克　　殷凤斌

无罪判决是司法实践中不可回避的法律问题，但无罪判决引发的一系列法律问题也是不能视而不见的，如何看待无罪判决及因此引发的一系列法律问题，首先要对无罪判决案件的前因后果有一个客观的认识。为此，二分院二审监督处对 2008 年 1 月至 2010 年 12 月受理审查的无罪判决案件进行了研究分析，就无罪判决案件的基本情况、成因及解决对策进行了深层次探讨。

一、受理审查无罪判决案件的基本情况

（一）案件数量和性质

2008 年 1 月至 2010 年 12 月，二分院受理审查无罪判决案件共 16 件 22 人，其中，基层检察院因为一审法院做出无罪判决而提出抗诉的案件 12 件 18 人，一审法院做出有罪判决而二审法院改判无罪的案件 4 件 4 人，年均数量基本持平，详见表一：

表一

年份	无罪抗诉案件	抗诉案件总数	件数比例	上诉改判无罪案件	上诉案件总数	件数比例
2008	5 件 6 人	15 件 35 人	33.3%	1 件 1 人	311 件 740 人	0.32%
2009	4 件 5 人	23 件 44 人	17.4%	2 件 2 人	272 件 627 人	0.73%

---

　　* 本文获第十二届天津市优秀调研成果三等奖，市委政法委副书记高从善、市人大内司委主任李新民、市人大法工委副主任张平发分别作重要批示。作者简介：刘力克，天津市人民检察院第二分院二审监督处处长；殷凤斌，天津市人民检察院第二分院二审监督处干部。

续表

年份	无罪抗诉案件	抗诉案件总数	件数比例	上诉改判 无罪案件	上诉案件 总数	件数比例
2010	3 件 7 人	18 件 35 人	16.7%	1 件 1 人	235 件 427 人	0.43%
合计	12 件 18 人	—	—	4 件 4 人	—	—

这 16 起案件中，基层检察院因为一审法院做出无罪判决而提出抗诉的案件中涉及贪污罪名的 2 件 3 人，涉及受贿罪名的 1 件 2 人，涉及挪用公款罪名的 2 件 3 人，涉及偷税罪名的 1 件 1 人，涉及合同诈骗罪名的 4 件 7 人，涉及诈骗罪名的 2 件 2 人。二审改判无罪的上诉案件中涉及诈骗罪名的 1 件 1 人，涉及合同诈骗罪名的 1 件 1 人，涉及聚众斗殴罪名的 1 件 1 人，涉及盗窃罪名的 1 件 1 人，经济领域犯罪案件比例最高，详见表二：

表二

经济领域犯罪案件：9 件 12 人		
偷税罪	合同诈骗罪	诈骗罪
1 件 1 人	5 件 8 人	3 件 3 人
职务犯罪案件：5 件 8 人		
贪污罪	受贿罪	挪用公款罪
2 件 3 人	1 件 2 人	2 件 3 人
普通刑事案件：2 件 2 人		
聚众斗殴罪	盗窃罪	
1 件 1 人	1 件 1 人	

（二）无罪判决的法律程序依据

受理的无罪抗诉案件中，一审法院作出无罪判决的理由全部为事实不清、证据不足；二审法院改判无罪的上诉案件中，1 件为二分院提出改判无罪的检察意见并为法院采纳而改判，1 件为二分院提出部分改判意见而二审法院全部改判无罪，2 件为二分院提出维持意见而二审法院改判无罪。

对此，二分院支持抗诉的 4 件 9 人，支抗率为 33.3%，其中 2 件 3 人得以改判，另外 2 件 6 人尚在法院审理中；撤回抗诉的 8 件 9 人。对二审改判无罪的 4 件案件，1 件同意法院意见并结案，3 件不同意法院意见，已提起审监抗。

二、案件出现无罪判决的原因分析

无罪案件在基层检察院审查起诉过程中大都经过退查程序，并经过部门会议讨论，有些经过检察委员会讨论。对该类案件检察机关是持非常认真和谨慎的态度的，对案情重大或稍有疑点的案件都是经过了较为严格的审查程序后才向法院提起公诉的，但一审判决结果并不理想，这就需要对其原因进行客观认识和评判。我们认为，刑事案件的发生过程是不可能完全真实地重现的，人们对于案件全貌的认识也只能是依据现有证据认定，尽可能做到客观和全面。因此，对案件的事实和证据出现不同认识甚至明显争议是难以避免的。所以，我们应用客观和实事求是的态度对待案件的被判无罪，不应单纯地以无罪判决来衡量检察机关办案人员的能力和素质。

上述列举的 16 件案件被判决无罪的原因是较为复杂的，既有案件本身性质和特点的原因，也有案件侦查阶段取证不扎实的原因，还有法律制度上、社会环境等方面的原因。

（一）无罪推定原则对司法人员思维的影响日益突出，使无罪判决案件逐渐增多

无罪推定原则是现代法治思想的基本原则之一，司法人员在侦、诉、判过程中对嫌疑人持无罪推定思想无疑是法律的进步，自 1996 年刑事诉讼法将无罪推定原则纳入刑事诉讼法以来，司法人员的执法理念明显改进，特别是频频曝光的错案及问责，使得对于证据有缺陷或有疑点的案件，大多会做出有利于被告人的解释或结论，即认定为无罪，而不再像从前那样仅在具体处罚时给予酌情从轻减轻的考虑。特别是检察机关的二审监督部门，也深刻认识到发现正反两方面证据的重要性，在审查上诉案件中主动收集无罪或罪轻证据，不仅保证了司法的公平与公正，也保障了犯罪嫌疑人的基本权利。如董某某聚众斗殴上诉案，一审法院判处其 4 年有期徒刑，但在二审环节，检察机关发现了一名至关重要的证人，据此收集到了客观真实的无罪证据，进而提出了改判上诉人无罪的检察意见，法院采纳该意见，最终改判董某某无罪。类似这种无罪判决案件的出现既体现了我国法治环境的进步，也体现了司法人员素质的提高。

（二）各诉讼环节司法人员法治理念仍然存在差异

刑事诉讼制度改革至今虽已 10 余年，适用这一诉讼方式对刑事案件进行侦查、起诉、审判的过程中，面对不断出现的许多新情况、新问题，不同司法机关仍有不同理解。因此在刑事诉讼法律中对不同诉讼阶段的审查标准做了不同规定，从而导致标准不一，尺度不同：刑事案件侦查人员的证据有时达不到审查起诉的标准，而审查起诉人员的指控有时达不到法院审判定罪的标准，进

而引发案件处理中的分歧和冲突。从近三年无罪判决案件始终占据一定比例即可看出这一点，如苏某某挪用公款案，针对其中一笔 500 万元的款项，检察机关出具了 3 名证人的证言及轧钢四厂文件等证据，足以证实其挪用公款的犯罪事实，但法院却分析认为此 500 万元款项虽是苏某某经手，但不排除是经过轧钢四厂研究出借的可能性，认定苏某某挪用公款 500 万元的证据不具有唯一性、排他性，证据不足，没有采纳检察机关的一审公诉意见和抗诉意见。可见，理念差异和认识分歧主要是由各部门及司法人员不同的职责、立场等决定的。这种差异的存在是客观的，也是不正常的，这不仅不利于保障犯罪嫌疑人的基本权利，也不利于法律的统一与实施。我们应正视这种差异的存在，尽可能通过协调使之达到一定的平衡。

（三）法院的自由裁量权缺乏必要的限制

法院的自由裁量权应该在宪法和法律的范围内有明确的规定和限制，对滥用自由裁量权应该设立责任追究和制裁措施，但在司法实践中，法官的自由裁量权却成了失去监督和约束的绝对权力，从而使许多案件因自由裁量权的滥用导致无罪判决的结果。如任某某受贿案，虽然检察机关在侦查中获取了充分证据足以证实其犯罪行为，但在庭审中被告人又以经济纠纷的理由翻供，加上法院偏向采信其未利用身份和职务便利等理由，导致无罪判决。应当看到，在目前刑事诉讼中，被告人翻供绝大多数都是被告人为推脱罪责而作的辩解，这种辩解在案件中几乎毫无证据予以佐证，而法官却因为各种理由倾向于相信自己的无罪观点，忽略被告人先前有罪供述与案件其他证据吻合一致、合乎逻辑的情况。不可否认，由于国家赔偿法的有关规定，个别人民法院在对案件事实和证据拿不准时，因不愿承担国家赔偿责任而对"两可"的案件做出无罪判决。

三、避免无罪判决案件的建议与对策

减少和避免案件出现无罪判决，是一个涉及司法制度、法律意识、司法人员专业水准、法律渊源以及司法机关具体工作方式和工作部署的系统工程，非检察机关一家力量可以完成，但强化法律监督、保证法律统一实施是检察机关的基本职能，因此，对案件的侦察和判决依法监督，确保判决的公平公正是检察机关义不容辞的责任。

（一）落实《关于办理死刑案件审查判断证据若干问题的规定》和《关于办理刑事案件排除证据若干问题的规定》强化证据意识

三年来，二分院受理审查的 12 件无罪判决抗诉案件中，10 件是因为指控的犯罪证据不足，占受理的全部无罪判决案件的 83.3%，证据问题成为各级检察机关刑检工作的最大困扰。对此，自侦部门和公诉部门要以《关于办理死刑案件审查判断证据若干问题的规定》、《关于办理刑事案件排除证据若干问题的规定》（以下简称两个《规定》）的颁布实施为契机，强化证据意识，注意对案件证据的收集、固定并不断提高对案件证据进行由此及彼、由表及里、去粗取精、去伪存真的甄别能力，尤其要注重运用科技手段提高收集、鉴别、运用证据的能力，从而增强公诉案件结果的可预见性，使检察机关的公诉工作始终处于主动地位，对于证据条件不符合标准的案件，在进入审判阶段之前通过依法不批准逮捕、不起诉来终止诉讼程序。此外，公、检、法三机关都要深入理解刑事案件各类证据的证明标准，审查标准，程序要求，以及非法证据的排除规则等，统一证据标准，避免政出多门，减少因对证据要求的不同理解而产生认识上的分歧而导致无罪判决的出现。对三机关各有解释和规定的情况，检察机关作为法律监督机关应当敢于强调要遵循立法原意、以最高等级法律为准的意见，以此限制法官对证据认定、判断、取舍甚至判决的随意性，避免法官自由裁量权的滥用，使刑事案件的定罪量刑达到较为客观的标准。

（二）加强和完善检察长列席审委会制度

最高人民检察院和最高人民法院联合制定的《关于人民检察院检察长列席人民法院审判委员会会议的实施意见》规定了同级检察院检察长应当依法列席法院审判委员会会议，讨论可能判处被告人无罪的公诉案件以及检察机关提出抗诉的案件等。列席法院审委会是检察机关履行刑事诉讼法律监督职能的重要途径。检察长列席审委会制度虽然于法有据，但目前实践中贯彻的还不到位，很多时候检察机关在案件被判无罪之前并不知情，法院也没有通知检察长列席审委会研究该案的举动，这无形中限制了检察机关进行法律监督的权力。因此，有必要加强这一制度的落实，使得检察机关有机会对检察意见进一步论证和阐明，并做出量刑建议，进行法律监督，进一步限制法院自由裁量权，避免法院草率做出或故意偏袒做出无罪判决。对确有极大分歧的案件，可以考虑建立由同级人大予以督办的制度来加以监督和协调。

（三）规范刑事抗诉工作加大抗诉案件审查力度

《刑事诉讼法》第185条规定："上级人民检察院如果认为抗诉不当，可以向同级人民法院撤回抗诉，并通知下级人民检察院。"检察机关的这种抗诉权不能必然引起二审程序。从二分院审查12件无罪判决抗诉案件，只对4件作出支持抗诉决定的情况来看，支持抗诉率较低的原因大体有3种：一是无论是有罪与无罪判决，检察机关都是本着以事实为依据，以法律为准绳，以维护当事人的合法权利为目的的原则，不一味追求有罪判决；二是经审查认为有些案件确实存在证据不足或其他问题，一审被判决无罪没有错误，抗诉提出不当，故不支持抗诉；三是对一些法院和检察机关就事实和证据存在分歧的案件，认为这种分歧存在的基础难以改变，如法律冲突、工作立场、法律理念等方面的分歧，抗诉后获得改判的可能性也不大，为保证抗诉成功率，避免浪费司法资源，对没有获得改判把握的案件一般不予支持。

当然，如果因为片面追求抗诉成功率而对无罪判决这样一种法院与检察院对案件存有严重分歧的审判结果轻率地放弃抗诉权，会在无形中削弱检察机关对审判活动的监督权。特别是目前的实践中，对于下级检察院的抗诉请求，上级检察院在审查后不能仅以一纸"抗诉不当，不予支持"来了结案件，而是应当把不予支持的理由和原因作详尽的说明，一方面利于上下级之间的沟通和交流，另一方面利于下级检察院通过抗诉案件不断总结经验、吸取教训，学习提高，形成用个案分析的方法指导下级检察院的办案工作。

（四）监所检察部门要加强对看守所及犯罪嫌疑人的管理

终审判决前，所有刑事案件的结果都是不确定的，而犯罪嫌疑人的供述和辩解作为主要证据之一价值明显，保证其口供的真实性、客观性就尤为必要。因此应尽量避免邻仓关押以及放风和押送过程中的串供，减少和防止因管理不善而造成的串供、通风报信或翻供。

解决民生问题是化解缠访案件的有效方法[*]

——由成功化解一起多年缠访案件引发的思考

马志华

一、案情回放

杨某某，男，1951 年 5 月 10 日出生于陕西省勉县，汉族，初中文化，原系海洋石油局钻井处行管科工人。

杨某某 1979 年至 1980 年任海洋石油局钻井处行政生活管理科采购员，负责民工的施工工作。在此期间，其利用工作职务之便，单独和伙同他人将私卖的机、柴油款 2891 元私分，杨某某获利 1901 元。杨某某还接受山东省乐陵县民工的贿赂 700 元。1983 年 9 月 8 日，一审法院以贪污罪、贿赂罪判处杨某某有期徒刑二年。杨某某没有上诉。

1985 年刑满释放后，在天津被注销户口又失去工作的杨某某回到原籍——陕西勉县安身。从那时开始，杨某某以一审判决认定的犯罪不属实为由，不断上访、申诉。他曾到北京有关部委长期上访，希望上级部门为其平反"冤案"；曾向本市塘沽区法院、塘沽区人民检察院、市第二中级人民法院申诉，要求改判无罪，均未果。2009 年 8 月，杨某某向市检察院二分院申诉。

二、案件处理措施

（一）挖掘原因，对症下药

市检察院二分院受理了杨某某申诉案后，对全案进行了深入细致的审查，认为原审判决、再审判决和终审裁定认定的犯罪事实清楚，证据充分、确实，

---

* 天津市委政法委副书记高从善、市人大内司委主任李新民、市人大法工委副主任张平发作重要批示。作者简介：马志华，天津市人民检察院第二分院控告申诉处干部。

定罪、量刑和适用法律并无不当，申诉理由不成立，应予驳回。但是，此时的杨某某经历了 20 余年上访、申诉的坎坷道路，变得绝望、偏执、不近情理。他不顾事实，执拗地要求检察院支持无罪诉求，否则就越级上访和进京上访，甚至扬言要自焚、要和送他坐牢的人同归于尽。

办案人多次接触杨某某一面稳定杨某某的情绪，一面设法了解他的内心想法，杨某某哭诉其刑满释放后一直不能落户，连身份证也办不了，没有稳定的生活来源，只能靠打零工赚一点微薄的收入度日，已经 58 岁了，即将到退休的年龄，生活仍没有保障，他希望改判无罪来解决户口和养老问题。

办案人意识到化解案件难题的关键可能就在解决其户口和养老问题上，通过查找当时的有关政策，发现 1983 年 5 月公安部等五部委曾下发《关于犯人刑满释放后落户和安置的联合通知》（以下简称《联合通知》），按照文件规定，杨某某应当由原单位办理落户和重新就业手续；1984 年 7 月国务院还下发文件就贯彻落实 1983 年五部委《联合通知》进一步作出了要求。当年该落实的政策没有落实，造成了杨某某长期上访、申诉的局面。

（二）落实政策，化解矛盾

二分院领导了解情况后召开会议进行研究，为了避免杨某某走极端，引发恶性事件，造成不良的社会影响，决定暂缓驳回其申诉，先从落实公安部等五部委相关政策入手，把解决杨某某户口和养老问题作为息诉的突破口，最终做好矛盾化解工作。

为此，二分院主管领导亲自带队，先后 5 次带案下访，找到杨某某原单位的上级主管——中国海洋石油渤海公司，沟通情况，磋商解决办法。因时间久远，杨某的档案材料已经遗失，为此，在滨海新区塘沽检察院的协调下，二分院办案人员又与当地派出所、杨某曾经服刑的监狱等相关部门联系，查阅档案。经过近两年的协调，2011 年 3 月，市公安局户籍处经过审查，落实了杨某某的户口，同时，中国海洋石油渤海公司解决了其养老保险等事宜。

在为杨某某落实相关政策的同时，二分院办案人员不失时机地做杨某某息诉思想工作，不厌其烦地为其解释法律和政策内容，解答他的疑问，指明判决和裁定认定的犯罪事实正确，定罪量刑适当，申诉理由不能支持的道理。使他明白，户籍和养老保险问题没有落实与判决结果没有必然联系，判决结果不影响其户籍和养老保险问题的解决，形成困境的原因不是国家的政策，而是其自己没有很好地把握国家政策。在事实和法律面前，杨某某的态度发生了根本转变，明确表示，感谢二分院、塘沽检察院各级领导和部门执法为民的工作作风和情操，感谢渤海公司对他的关心和帮助，坚决服从二分院的处理意见，息诉罢访，报答社会，安度晚年。

该申诉案在我院历经 3 年最后终结，本院内部专题研究 8 次，单独做杨某某说服劝解工作 9 次，带案下访 5 次，最后案结事了，画上了圆满的句号。至此，在滨海新区塘沽检察院、中国海洋石油渤海公司的共同配合下，二分院将一起历时 26 年的缠诉缠访案件妥善解决，维护了法院生效判决、裁定的权威性，同时也维护了申诉人的合法权益，消除了可能影响社会稳定的不安定因素，取得了各方满意的效果，收到了良好的法律效果和社会效果。

（三）举一反三，做好工作

任何一起上访案件，对我们而言，也许不是什么事关紧要的案件，但对申诉人自己却可能关系其生死存亡，处理不好，就会引发一系列恶性事件。从这起案件中，引发如下几点思考：

1. 培养全方位思维方式，对上访问题进行多角度思考。对于在法律实施过程中没有瑕疵的上访案件，在释理说法的同时，应该改变思维方式，在法律程序之外再思考。有时，法律的实施是正确的，但并不能因此证明其他环节没有不足。这起案件的一审、二审、再审，每一个程序，每一个部门所认定的事实，依据的法律，做出的判决，都是准确无误的，应该说，在法律适用和法律程序上是没有瑕疵的。但即便如此，当事人仍然长期、反复上访，甚至缠访、闹访，其中必有缘由，因此，我们在排除直接、表面因素后，应该换一种思维方式和角度，对导致问题的其他原因作进一步的深入探究，从而可以找到导致上访人长期上访的根本原因，进而提出化解矛盾的方法。

2. 普法与行政公开任重道远，息诉罢访工作同时也是普法工作。在我们接触的许多上访案件中，感情因素大于理性因素、习惯标准高于法律标准是许多当事人的基本思想状态，有时就是因为他们不了解法律，甚至不知道法律，才出现自以为是、纠缠不止的现象。杨某某作为上访人，由于其文化水平的限制，对法律法规应该是懵懂不清的，从我们后来掌握的情况看，公、检、法三家在法律适用上没有问题，导致他上访的原因是在案件之外，即服刑之后的户籍问题。因为他不懂此程序，政府相关部门又没有及时按政策为他解决相关问题，于是他就盲目地认为只有改判无罪，才是解决问题的唯一途径，从而引发了他的漫长上访之路，这既是他自己精力和财力上的浪费，不能不说也是司法资源的浪费。因此，作为申诉案件受理部门的干部，在工作中，既要做化解社会矛盾的典范，也要做普法教育的典范。而普法又不能停留在简单说教上，要在吃透案件、了解申诉人思想心理状态和上访根本原因的基础上有针对性地进行，这样才能有的放矢，收到实实在在的效果。营造一个执法、懂法、守法的良好社会氛围，是践行社会管理创新、社会矛盾化解、实现司法公正的前提，也是切实解决多年缠访案件的必要条件。

　　3. 强化法律监督，是促进公平公正的根本保障。涉检上访案件，有时不只是法律问题，也不是检察机关一家可解决的问题，大多数是需要社会方方面面共同协调处理的。杨某某案件最为突出的特点就是，其申诉的问题实际上是一个行政管理问题，而不是司法问题，解决的渠道是在行政部门，而非司法部门。之所以导致杨某某服刑之后的遗留问题出现，除了他本人不懂政策法规之外，相关部门也有不可推卸的责任。在社会管理创新，化解社会矛盾，实现公平公正，创建和谐社会的工作中，各级政府部门，司法机关，必须在职权范围内积极主动地开展工作，不可有半点衙门作风，要让群众有知情权，各部门必须要尽宣传和指导义务。因此，作为承担法律监督职责的检察机关，强化法律监督的应有之义在于，要在防止和杜绝相关部门的不作为乃至失职、渎职行为的同时，通过检察建议等有效监督方式，对有关部门及时提出意见和建议，促使其及时解决导致案件长期上访的症结问题，这不仅是检察机关的神圣使命，也是实现社会公平正义、保障公民权利不受侵害的重要途径。

民行监督无小事　细微环节化纠纷[*]

郭　锐

　　司法公正要靠正确执行程序法和实体法来保证，法律监督不仅要保障最终实体上的公正，更要注重在执法过程中严格遵守程序要求和规范。送达程序是诉讼程序组成部分，虽然看似简单，但却是保障当事人诉讼权益，确保实体判决的合法、公正的第一环节，稍有不慎就会造成申诉上访案件的发生，引发不稳定因素。几年来，天津市检察院第二分院民行处受理的几起因送达程序违法而出现的几起申诉案件当引以为鉴。

一、问题的提出

　　（一）三则送达程序违法引发的申诉案例

　　案例1：张某运输合同纠纷案。2007年6月刘某经人介绍，为天津市某工程进行小型自卸车辆运输，由于运输费一直未付，刘某诉至法院，主张该工程发包人张某给付运输费3180元并承担诉讼费用。法院在未采用直接送达或者其他送达方式的情况下，直接采用公告方式对张某送达诉讼文书，致使申诉人张某未能到庭参加诉讼、进行抗辩，剥夺了申诉人应享有的诉讼权利，根据民事诉讼法的相关规定，我院对该案提出抗诉，法院采纳我院抗诉意见，已裁定再审此案。

　　案例2：李某物业纠纷案。2008年3月7日，某物业公司向某区法院起诉李某，请求判令李某给付2005年1月至12月的物业管理服务费1267.68元。某区法院于同年3月10日立案。物业公司在起诉状和法院要求其填写的《送达地址及联系方式确认书》中均写明李某的地址为甲地，而法院却在同年3月13日向已无人居住的李某户籍地乙地邮寄送达相关法律文书，邮件被退回后，法院又于同年4月16日在其户籍地进行公告送达，而始终未向物业公司

　　* 天津市委政法委副书记高从善、市人大内司委主任李新民，市人大法工委副主任张平发专门批示。作者简介：郭锐，天津市人民检察院第二分院民事行政检察处干部。

写明的甲地直接送达、邮寄送达和公告送达，致使李某在不知情的情况下未能参加此次诉讼。

案例3：李某租赁合同纠纷案。申诉人李某因与某公司租赁合同纠纷案，某公司于2008年9月向法院起诉李某，要求李某支付所欠的租赁费。法院于同年11月23日径直在人民法院报公告通知李某开庭，而后11月27日向李某邮寄传票，法院先公告后邮寄送达，且人民法院发出的传票标明的开庭日期、公告应开庭日期、实际开庭日期三者并不同一，客观上造成了申诉人无法到庭应诉，剥夺了其应有的诉讼权利，且申诉人知道时已经过了上诉期限，故来我院申诉，我院依法抗诉，法院已裁定再审。

（二）违规之环节

民事诉讼中的送达，是人民法院按照法定的方式和程序，将诉讼文书交给当事人及其他诉讼参与人的行为。民事诉讼法上规定了5种送达方式，加之相关的司法解释，对送达程序和方式进行了规定。但上述3个案例，均为法院违反法定送达程序引起检察机关抗诉的案例，具有一定的代表性。主要表现有三：一是随意扩大了公告送达的适用范围，如案例1。公告送达作为送达方式的一种，是法院在受送达人下落不明，或者以其他方式无法送达的情况下，法院发出公告，公告发出后经过一定的时间即视为送达的方式。公告期满，法院可依法缺席判决。法律规定公告送达必须以穷尽其他送达方式为前提。实践中，部分法院未优先采用当事人已经提供联系方式，包括与当事人电话联系即可获取的联系方式，径直采用公告送达方式，使得法律有严格限定的公告送达条件被随意扩大，导致了当事人提出质疑，发生申诉、缠访等问题。二是审判人员审查当事人提供的信息责任心不够、不细致，未按照当事人提供的联系方式送达，如案例2。当事人在诉讼中准确提供了有效联系方式，但案件承办人却不严格按照当事人提供的地址送达诉讼文书，致使当事人未能收到相关法律文书，进而剥夺了其参与庭审和辩论的权利。三是同时采用多种送达方式送达，随意变更诉讼进程，如案例3。实践中，部分审判人员为了节省时间，提高效率，违反规定，同时采用两种以上送达方式送达，造成了司法程序混乱。

司法实践中，往往就是这些看似不起眼的细小环节的瑕疵，给当事人合法权益带来严重损害，进而构成社会不稳定因素。

二、送达程序违法带来的影响和危害

严格依法定程序办案是确保取得司法公信力的必要前提，也是审判机关和检察机关共同的追求。司法程序1%的缺失，都会导致当事人100%的损失，进而成为引发不和谐音符的诱因之一。在司法实践中，因送达程序不规范引发的危害性结果主要有以下几种：

1. 当事人程序性权利被剥夺，引发了不必要的缠访缠诉，影响社会稳定。这3起案例，前两起都是因为法院工作人员没有根据当事人提供的有效送达地址采取合法的送达方式，致使被告一方没有接到法院传票，导致当事人没有参加诉讼，丧失了出庭申辩的权利，致使其在没有充分行使权利的情况下败诉，甚至在财产被强制执行情况下才知晓被诉讼，必然导致当事人不满和怨恨。这些案件，如果按照正常程序审理，当事人或许也会败诉，但被剥夺权利的败诉和权利正常行使的败诉导致的社会和法律效果是截然不同的。权利正常行使的败诉充其量是引起败诉方依法上诉，剥夺权利的败诉则会导致当事人对法律权威性的质疑，进而使案件的当事人将不满情绪转化成怨愤，由上诉而变为申诉，甚至缠访缠诉，在一定程序上影响了社会稳定。

2. 导致诉讼效率降低，造成了司法资源的浪费。一些案件法律关系简单、事实清楚，本来能够及时审结，但是由于送达程序的违法，致使案件还要经历抗诉、再审等程序，既降低了诉讼效率，又造成了诉讼资源的浪费。这3起案例都属于事实清楚，关系简单的案件，如果不是在送达程序出现纰漏，通过一审，至多二审就可以案结事了。但由于这一细节的瑕疵，当事人通过申诉渠道，启动了抗诉、再审等诉讼程序，这无疑使本来就紧张的诉讼资源雪上加霜，不仅导致诉讼的低效率、重复审判，也导致人、财、物等司法资源的极大浪费。

3. 在一定程度上损害了司法公正和司法权威。司法公正要靠正确执行程序法和实体法来保证，两者缺一不可。对程序的不严格遵循，一方面可能会造成"冤假错案"，另一方面会导致公众对其实体结果是否公正的质疑，损害了司法公信和权威。"徒法不足以自行"，程序法也好，实体法也罢，再好的法律也要通过司法人员的正确履行而得以实施。如果法律得不到正确有效的实施，就是对法律的亵渎和否定，法律的权威性和公正性也就无从谈起。送达程序也是如此，看似简单，但因为它是民事司法程序的开端，如果出现不规范就会影响到整个程序的公正和权威。在第三起案件中，同一案件，却出现了"传票标明的开庭日期"、"公告应开庭日期"、"实际开庭日期"3个不同的时间，使当事人纵有分身之术，也是难以应付，这不能不说是对法律的亵渎，对司法权威性的挑战。

三、民行监督无小事，细微之处化纠纷

综上所述，可见，在民事行政检察工作中，我们不仅要关注诉讼程序关键环节的流程，也要关注细小环节的规范执行和遵守，不管哪一个诉讼环节只要

关乎法律统一正确实施、只要涉及当事人切身的权益，都应成为民行检察工作监督的内容。送达环节看似微不足道，实际上此环节是落实当事人程序利益保障、民事实体正义实现的首要环节，司法实践中存在的为数不少因送达不当而引发申诉、上访的申诉案件充分说明了这一点。从民行工作的职能要求出发，加大对送达程序不当民事案件的监督，对于切实保障当事人的合法权益，维护法律的神圣与尊严无疑具有重要意义，鉴于此，对送达程序的监督应该引起民行检察工作的重视。

1. 对于严重违反送达的法律规定，并且对实体判决产生影响的，检察机关应当依法履行抗诉职权进行监督并纠正错误。对于下列符合《民事诉讼法》第 179 条列举的再审条件申诉案件：（1）第 179 条第 1 款第 9 项规定的"无诉讼行为能力人未经法定代理人代为诉讼或者应该参加诉讼的当事人，因不能归责于本人或者其诉讼代理人的事由，未参加诉讼的"；（2）第 179 条第 1 款第 10 项规定的"违反法律规定，剥夺当事人辩论权利的"；（3）第 179 条第 1 款第 11 项规定的"未经传票传唤，缺席审判的"；（4）第 179 条第 2 款规定的"对违反法定程序可能影响案件正确判决、裁定的情形……"要依法通过抗诉的形式予以监督纠正，确保法律的统一正确实施。对于个别司法承办人员因为责任心不强、不遵守相关程序规范，致使送达程序存在一定瑕疵，引起申诉人上访、缠诉进而影响社会稳定的，检察机关应采用纠正违法通知书或者监督意见书等形式予以监督。

2. 对于当事人隐瞒正确的信息情况进行恶意诉讼及与司法人员勾结故意违法送达而侵害一方当事人合法权益的，检察机关要予以关注，发现有司法人员滥用职权、徇私枉法等犯罪情节的要根据《关于对司法工作人员在诉讼活动中的渎职行为加强法律监督的若干规定（试行）》等相关规定及时将案件线索移交渎职侵权部门审查。

3. 对送达程序中反复出现的同一类问题，民行检察应作深度思考。要对相关案例规律性的东西进行深入分析，不仅要探索其问题的根源，更要探索根源背后的根源。对送达不符合规定、操作不规范从而引发的矛盾和问题，要根据最高人民法院、最高人民检察院联合签发的《关于对民事审判活动与行政诉讼实行法律监督的若干意见（试行）》第 9 条向法院发出对这些问题进行研究并纠正的检察建议，依法行使法律监督权，维护社会和谐和稳定。

夹藏走私毒品案件轻刑化趋势分析及对策[*]

施长征

2011 年，我院公诉处受理了 6 起通过行李箱夹藏方式走私毒品的案件，这些案件一审、二审判决量刑都在 10 年有期徒刑以下，与全国同类案件相比，所判处的刑罚偏轻，这种轻刑化趋势应当引起关注，需对其成因予以深入分析，并研究惩办类似犯罪的新对策。

一、夹藏走私毒品案件特点

（一）案件类型同质性高

我院审查起诉的 6 起行李箱夹藏毒品案件，携带毒品的方式具有高度隐蔽性，毒品全部夹藏在行李箱侧壁中，行李箱的外观与普通行李箱无异，只有通过 X 光机才能发现异常阴影；犯罪嫌疑人皆供述其去国外取服装样品，行李箱中有一定数量被剪去商标的衣物；犯罪嫌疑人皆供述是受他人指派运送服装样品，对所查获毒品一无所知；涉嫌走私毒品数量较大，都在 1000 克以上，已达到本市掌握的判处死刑的标准。

（二）证据体系单薄，证明难度大

此类案件皆为零口供，核心证据主要由行李箱、毒品、毒品检验鉴定结论、海关旅检人员证言构成，对于可能判处无期徒刑以上的案件，这样的证据体系略显单薄，并未形成完整的证据锁链。证明犯罪主观方面的证据付之阙如，单纯依据司法解释的推定规则对犯罪嫌疑人的主观明知做出认定存在一定的风险。而司法解释本身规定过于原则、笼统，给事实证据的论证说理带来相当大的难度。

---

　　* 天津市人大常委会副主任王宝弟、天津市委政法委副书记高从善、市人大内司委主任李新民、市人大法工委副主任张平发作重要批示。作者简介：施长征，天津市人民检察院第二分院公诉处干部。

（三）无罪辩护率高

除法院指定的援助律师出庭辩护外，被告人所聘请的律师几乎无一例外地为被告人做无罪辩护，辩护的理由主要有被告人主观不明知、被告人系被他人蒙蔽、海关旅检人员未依法告知法律责任、侦查机关机械执法等，辩护律师提出新证据比率高，为证明被告人被蒙蔽的事实，辩护人大多会提供同案犯信息、网络聊天记录、手机通话记录等证据或证据线索，增大了公诉机关指控犯罪的难度，为出庭支持公诉提出了更高要求。

（四）轻刑化趋势明显

一审法院对此类案件判处 10 年以下有期徒刑，有一起案件一审被判死刑，缓期二年执行，二审被改判 10 年有期徒刑，对于此类有争议的案件有趋同的轻刑化结果。法院判决的理由，都是认为被告人系从犯，故予以减轻处罚。认定被告人系从犯，唯一的证据只能是被告人的供述，而被告人的供述内容又都强调自己系被蒙蔽的。

二、轻刑化趋势的原因分析

本市毒品流入量连年居高不下，毒品犯罪日益猖獗，打击毒品犯罪的力度亟待加强。在惩治毒品犯罪分子的同时，必须保障犯罪嫌疑人、被告人的合法权益，坚持证据裁判原则。夹藏走私毒品案件轻刑化的原因就是证据量少质差，而证据问题的形成有以下几个主要原因：

（一）旅检人员经验缺乏

2011 年之前，这类案件在本市从未发现过，所以海关旅检人员缺乏相应的经验。旅检人员的所作证言是证明犯罪嫌疑人、被告人通关过程的重要甚至是唯一证据，旅检人员在检查过程中对犯罪嫌疑人、被告人的询问内容将直接决定有关推定规则能否适用。由于有关旅检人员缺乏相应的经验，之前也未接受类似的培训，他们在执法过程中缺乏针对性，所询问的内容与一般检查没有区别，有的工作人员在发现 X 光机显示异常后急于拆箱检验，而恰恰忽视了对犯罪嫌疑人的侦讯环节。

（二）告知责任过于简单机械

适用推定的重要前提之一是对犯罪嫌疑人的法律告知程序，本市海关的告知采用口头告知和书面告知并用的方式，但告知程序履行过于简单机械，为以后适用有关司法解释带来一定障碍。口头告知生硬照搬法律规定，由于缺乏对法律规定精神的理解，导致告知责任时缺乏根据案件情况的口语化调整，缺乏多角度、不同层面的询问。首次告知具有不可逆性，告知的方式正确与否直接决定了案件办案质量的走向。书面告知主要采用在安检仪器侧面、检查台上张贴警示语的方式，但警示语仅以黑色四号字打在 A4 纸上，显然不够醒目，为犯罪嫌疑人狡辩没有看到书面告知留下口实。

（三）追查同案犯意识不强

审查起诉中发现，犯罪嫌疑人并非单打独斗，他们只是跨国贩卖毒品的一个环节，一般都有人指使并有人接应。但海关旅检人员一般的工作程序是，在发现疑似毒品后，马上控制犯罪嫌疑人并延缓甚至切断其通信联络。这种简单的执法，变相给同案犯发出了入境环节出问题的信息。例如在谭某走私毒品案中，在旅检人员检查过程中，谭某的手机多次响起，谭某也声称是接她的人，但旅检人员不让其接听电话，最后在耽搁较长时间以后，让谭某以发短信的方式告知对方变更接头地点，结果接应人员未在变更地点出现。

（四）证据收集手段滞后

对于当事人主观明知的推定，需要依靠诸多的客观信息，对当事人在通关出口时的表现、回答旅检人员询问时的表情、接受询问和检查的过程等信息，都应当有详细的记录，通过这些信息可以增强法官的内心确信。但海关旅检通道的录音录像设备较为滞后，尤其是在旅检台附近摄像头安置较远，且无法同时记录声音，丧失了收集较为客观的证据材料的基础性条件。

（五）补充侦查质量欠佳

我院在审查起诉案件阶段，为了保障起诉质量，以事实不清证据不足退回侦查机关补充侦查，并附具详细的补查提纲，一般会列明追查同案犯、调取网络聊天记录、手机通话记录、查明犯罪嫌疑人背景资料等内容，但一些侦查人员怠于行使侦查权，大多以情况说明的方式，简单说明相关工作无法开展或已向有关部门发协查信息无果而敷衍塞责。如手机通话记录一般可保存 3 个月以上，但侦查机关未经核实直接出具已过保存期限的说明，很容易给辩护律师留下空间。

上述情况表明，积极研究对策，及时向侦查机关发出检察建议，并通过提前介入、公诉引导侦查等手段，进一步提高办案质量，是当前查办走私案件，特别是有效落实和应对修改后刑事诉讼法的重要任务。

三、遏制该类案件轻刑化趋势的对策

（一）完善立法、细化推定规则

运用推定规则直接认定对犯罪嫌疑人、被告人不利的事实，体现了价值博弈中公正对效率的让步，在减轻指控犯罪证明负担的同时，对当事人正当程序的保障则有所欠缺。因此运用推定规则事关重大，应当由基本法律予以规定，但我国现在关于毒品的推定规则仍规定在司法解释中，其内容已经不是单纯的解释，而是规定了新的规范内容，这本身有超乎司法解释范畴的嫌疑。有些法官自己也对司法解释的内容产生质疑，在无法形成内心确信的情况下，重罪轻判成为一种无奈的妥协。因此建议，对于夹藏及其他方式走私毒品的推定规则，应作进一步的完善和明确，并积极推动其尽早上升为法律规定。

（二）加强基础事实证据的收集与固定

立法的完善总有一个过程，这个过程本身有极大的不确定性，所以在较长时间内，现有司法解释仍然是司法人员办理案件的遵循。那么为了能更好地适用推定规则，让基础事实所推出的事实最大限度地接近法律真实，就必须建立扎实牢固的证明基础事实的证据体系。侦查人员不能满足于缴获毒品的数量，更应建立对犯罪嫌疑人、被告人案发前活动情况、背景、学历、经历等案外信息的收集机制，确立对犯罪嫌疑人、被告人辩解的否定性排查机制，如对于当事人提出的有明确线索的其他同案犯信息、网络聊天记录、电子邮件往来信息等，务必彻查清楚，通过证据的内容否定其辩解。

（三）建立侦诉协作机制

侦查人员对于公诉环节法律适用、证据采信、事实认定等问题不大了解，检察机关对该类案件的发生缺乏预警，侦诉双方没有建立信息共享机制，侦诉都只是刑事案件流水线上一环。这种单打独斗的局面，大大降低了打击毒品犯罪的力度和准度，通过建立侦诉协作机制，使侦诉形成打击犯罪的合力。实现走私毒品犯罪案件的信息共享，从批准逮捕环节开始检察机关可以提前介入，侦查人员可以适当方式旁听庭审。

（四）加强走私犯罪侦查联动机制

从案发和演进规律分析，被抓获的犯罪嫌疑人几乎都是上有更高层级犯罪分子的"马仔"，对此，办案实践中检察办案人员都会建议侦查机关追查同案犯，但效果不甚理想。可以发现，垂直管理体制下海关的联动协作效率和效果还不及公安侦查。应通过加强走私犯罪侦查联动机制，逐步形成全国海关行政调查和刑事侦查一体化格局。在入境口岸发现涉案人员，及时与毒品交付地海关联系，为控制下交付提供更大机会。对于线索明确的同案犯信息追查，协助单位应不遗余力、追查到底。

2009—2011 年走私案件分析[*]

张国岩

　　走私犯罪活动，不仅直接冲击和扰乱市场经济秩序，危害民族工业和经济安全，使国家和人民利益遭受巨大损失，而且毒化社会风气，助长腐败现象。天津市人民检察院第二分院是天津市涉及海关走私案件的专属管辖院，及时对走私案件的情况进行统计分类，并由此探讨走私案件发生发展的规律，对于促进我市市场经济秩序良性运转，维护市内外企业公平竞争的环境，保障各级政府正确决策具有重大现实意义。为此，我们对 2009—2011 年我院受理的海关缉私局提请批捕案件的相关情况进行了梳理，针对其中的问题和原因，提出了一些思考。

　　2009—2011 年，我院共受理天津海关缉私局提请逮捕的走私案件 43 件 81人（其中 2009 年 10 件 13 人，2010 年 12 件 32 人，2011 年 21 件 36 人，呈逐年递增趋势），占受理案件总数的 17.5%（详见图一）。在这些案件中，无论从走私犯罪的表现形态，还是从走私犯罪主体的组成，都是多种多样，各具特点，但万变不离其中，规律性的东西还是有迹可循的。

图一　2009—2011 年走私案件统计图

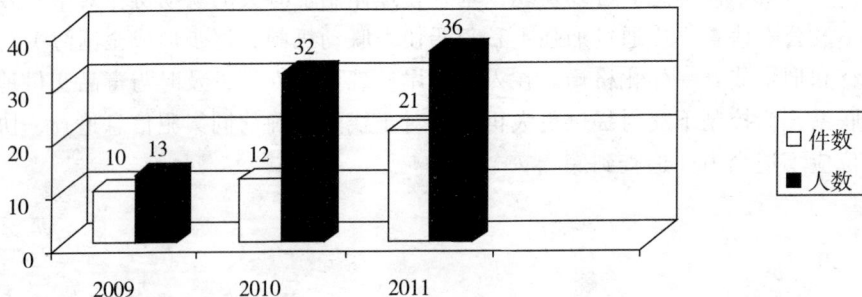

---

　　* 天津市人大副主任王宝弟、市人大内司委主任李新民、市人大法工委副主任张平发作重要批示。作者简介：张国岩，天津市人民检察院第二分院侦查监督处干部。

一、走私案件的表现形态及特点综述

（一）走私类型多样

三年来受理的 43 件走私案件中，从走私案件类型上分以下几类。详见表一：

表一　2009—2011 年各类走私案件统计表

年份	总数		低报价格		伪报贸易方式		伪报品名		夹藏夹带		变相走私	
单位	件	人	件	人	件	人	件	人	件	人	件	人
2009	10	13	3	3	0	0	0	0	6	6	1	4
2010	12	32	5	14	6	17	0	0	0	0	1	1
2011	21	36	9	23	0	0	1	1	11	12	0	0

1. 低报价格。即价格欺瞒，指犯罪嫌疑人在向海关申报进出口货物价格时，隐瞒实际成交价格，故意将其低报或高报，以逃避海关监管、偷逃关税或外汇结售汇的一种走私方式，该方式利用海关审单和查验相分离的特点达到偷逃税款的目的。三年来我院受理的走私案件中，涉嫌低报价格的一直处于领先地位，这种走私形态又分 3 种主要方式：（1）由国内贸易方直接制作虚假通关单据申报进出口，货款一部分通过海关付汇联对外支付，低报部分的货款以个人汇款、地下钱庄或外商自提的方式支付。如黄某走私纸尿裤案，黄某在明知货物的真实成交价格的情况下，仍指使他人制作虚假单据，采取低报价格的方式向天津新港海关申报进口 28 票日本纸尿裤，涉嫌偷逃国家税款 1299365 元人民币。（2）与外商勾结，用国外供货商提供的低于货物价格的虚假单据申报通关，对于实际高出报关价格的货款，一般是用 T/T 方式以预付款或尾款的名义支付。如孙某走私起重设备案，孙某在与外商确定成交价格后，要求外商另行制作一份低价格的通关用合同、发票等单据，外商为维持客户，一般予以同意。（3）利用"离岸公司"逃避出口税款。出口企业在境外设立"离岸公司"，利用离岸公司"自己与自己"签订出口合同，任意操控成交价格。如北京某公司走私硅钙粉案，该公司在香港注册了一家"离岸公司"，"离岸公司"的注册法人、办公场所、业务操作均在北京公司，属于典型的"一套人马、两块牌子"。在外贸过程中，以"离岸公司"名义联系国外客户，协商好价格，签订真实外贸合同并依照该合同执行，而后，"离岸公司"和北京公司签订一份虚假的外贸合同用于报关，这份报关合同的货物成交价格贴近海关限价。外商将全部货款打到"离岸公司"账户上，而后北京公司将报关部分的

货款正常结汇，低报部分货款截留在境外，用于支付公司进口货物货款、出口货物索赔等费用或者作为个人消费使用。

2. 伪报品名。即将实际应征应税的货物伪报成零关税的货物，用以逃避海关监管，偷逃关税，该方式也被称为"闯关"。此类走私案件其他省市自治区多有发生。2011 年在我市首次发现，从我院受理的案件看，此类案件涉及食品、硅钙粉、稀土等资源性货物及电子垃圾等国家禁止或限制进口的货物，以上货物均要求办理许可证及缴纳较高额的关税，犯罪嫌疑人受利益驱动，将其伪报成一般货物申报通关。如王某等 6 人走私红酒、化妆品、医疗设备案中，红酒、化妆品属关税较高的货物，而医疗设备属国家禁止进口或限制进口货物，犯罪嫌疑人为顺利通关，将以上货物伪报成无须许可证及零关税的"次级无取向性硅钢片"和"白色无纺布"申报通关。

3. 伪报贸易方式。即伪报贸易性质，犯罪嫌疑人将实际贸易方式伪报成其他贸易方式，利用国家的税收优惠制度，达到偷逃应缴税款的目的，2010 年此类案件相对集中。如"1·26"走私案，犯罪嫌疑人将其租赁进口的船舶伪报成暂时进出口，达到偷逃国家关税的目的。该行为方式在我院受理的案件中所占比重很小。

4. 夹藏、夹带方式。该方式一般出现在走私珍贵动植物及其制品犯罪、贩卖毒品犯罪中，此类案件 2011 年较为突出。如宋某走私象牙制品案，犯罪嫌疑人将从非洲采购的象牙制品混入其申报进口的铜矿砂中，该方式只有通过开箱查验才能被发觉。

5. 变相走私。变相走私又称后续走私，是指海关为适应新的贸易方式，监管口岸向内陆相关行业较集中的地区延伸，在其后续监管过程中，因监管失察出现的走私行为。如李某走私废塑料案，犯罪嫌疑人李某在未申报缴税的情况下，将其存放在保税仓库内的货物进行掏箱换货，私运出库，造成监管缺失。

6. 多种方式并存。有的走私案件采取的是低报价格、伪报品名、瞒报数量的复合方式，如廖某等 5 人走私轮胎案，该案中，犯罪嫌疑人制作虚假报关单据，伪报轮胎品牌，少报数量或是低报价格，该方式主要体现在"包税"进口中。

（二）涉案主体复杂

在我院受理的诸多形式的走私犯罪案件中，从犯罪主体上看，个人（团伙）走私与单位走私基本持平，单位走私略多。详见表二：

表二　2009—2011 年走私犯罪主体统计表

年份	个人（团伙）		单位	
	件	人	件	人
2009	6	6	4	7
2010	4	13	8	19
2011	11	12	10	24

1. 单位走私。在走私普通货物犯罪中，单位犯罪占有一定的比重。有些案件由单位集体研究、单位主要负责人决定，以单位的名义实施走私，为单位谋取不正当利益。单位走私持续的时间长、次数多，甚至以低报方式进口已成为单位进口货物的一贯做法。

2. 团伙走私。有些案件已出现了专业性的走私团伙，内部组织严密，分工明确，走私活动隐秘，逃避海关监管能力强。如 2010 年的"6·27"、"8·13"及 2011 年"雷霆行动"专案，3 个走私团伙均涉及犯罪嫌疑人 10 余名，且走私方式基本一致，走私团伙通常在申报环节"洗货"、"洗单"，并"包税包柜"进口，"洗货"的流程按照"货到香港→船公司换单→码头提货→柜场拆柜→重新拼柜"进行。通过"洗货"，既可以实施夹藏，将高档物品更换包装后夹藏在普通物品中，也可以提高货柜装货量（一般每柜多装几吨，节约走私成本），又可以"洗掉"货物头程海运信息，经香港"洗货"换柜后，从香港到国内的运输信息难以与头程海运信息关联，进而无法追查货物来源。走私分子在香港"洗货"后，立刻将"洗货"后的货柜号码、装箱清单、柜门放置的货物等资料传递给国内同伙进行"洗单"，即制作虚假的"装箱单"、"发票"、"合同"等准备报关。每个团伙的"洗单"流程均利用专门的电脑软件自动完成：确定好准备申报的品名后，该软件能够根据海关估价、数量和重量的逻辑关系、常见的规格型号等，自动生成一套完整的报关用单证，海关在接受这些单证的申报时，无论是在审单审价环节，还是在现场接单环节均无可挑剔，可以"顺利过关"。

3. 内外勾结。个别案件属于堆场工作人员与走私人员内外勾结，为走私人员掏箱换货应付海关检查提供便利条件，共同使走私行为得逞，造成国家税款大量流失。如 2009 年李某等 4 人走私普通货物案，李某将其从国外进口的货物转栈至具有海关监管资质的某物流公司仓库存放，在此期间，李某通过勾结该物流公司业务部副经理,并指使本公司员工数人,在该副经理的配合下,在遮蔽仓库摄像头后,税箱,将本公司未向海关办理申报进口手续依法纳税的货物运出海关监管仓库,私自打开249个集装箱,偷运未申报进口货物3000余吨,共计偷逃税款160.9万元。

（三）走私案件的特点突出

1. 偷逃税款数额巨大且屡创新高。从我院近年受理的走私普通货物案件看,偷逃税款数额从几十万元至几千万元不等,甚至出现了过亿元的走私大案,国家税款的流失触目惊心。

2. 案情疑难复杂。由于走私犯罪方式隐蔽、多样,涉案主体身份复杂,涉及人员多,书证庞杂,有的案件卷宗甚至达五六十册直至百余册。

3. 走私案件专业性强,涉及的法律、法规、政策繁多,时间跨度大。有些走私案件涉及国家相关对外贸易政策及国内税收政策,这些政策林林总总,章目繁多,如2010年"1·26"走私案中涉及的国家相关政策时间跨度自1997年至2010年,在审查该案时需调阅所有政策性文件,内容纷繁复杂。

4. 单位犯罪呈现越来越多的趋势。一方面与社会分工越来越细,协作要求越来越高的社会经济一体化形势息息相关,表现在走私犯罪问题上就是,只有不同人员分工协作,协同作战,内外勾结才能实现走私的目的。另一方面,单位犯罪在一定程度上也反映了个别商品税收前后国内外价格差异的悬殊,在一定范围内为政策、制度调整提供了参考。

二、走私案件在审查逮捕工作中遇到的主要问题

1. 案情复杂、专业性强与审查时间短、检察业务窄的矛盾。按照我国刑事诉讼法的规定,对于犯罪嫌疑人已被拘留的案件,审查批准逮捕的期限为7天。多数走私案件涉及的相关书证数量多且专业性强,有些书证需要侦查机关协助进行梳理,有些法律性政策性的规定需要权威部门作出解释,有些涉案货物需要进行专业性鉴定,要在短时间内理清案件头绪,对案件作出定性并提出处理意见具有较大难度。因此,对一些疑难复杂的走私案件必须探讨侦监部门提前介入机制,提前熟悉案件情况及涉及相关专业的政策和知识,否则在7天的审限内根本无法完成审查工作,即便完成,也难以保障质量。

2. 由于侦查机关与侦查监督机关在逮捕的必要性以及证据标准上认识不尽一致,造成走私案件不捕率偏高,而绝大部分不捕案件均为无逮捕必要不捕。详见表三:

表三　2009—2011 年走私案件批捕情况统计表

年份	事实不清、证据不足		无逮捕必要	
	件	人	件	人
2009	1	1	0	0
2010	2	3	4	11
2011	1	2	1	1

海关缉私部门在办理走私案件时，为了其侦查工作的顺利进行及取证方便，非常希望将所有涉案人员一律采取刑事拘留的强制措施并提请批准逮捕。但是，作为侦查监督机关，在审查批捕过程中，必须依法办事，当捕则捕，不当捕，则坚决不捕。只有这样才能实现打击走私犯罪与保护企业经营者合法、正常的经营活动和人身权益的统一，达到化解社会矛盾，维护社会稳定的目的。对于那些犯罪嫌疑人系公司、企业主管人员或对生产经营起主要作用的人员，且有悔罪表现积极配合侦查取证、本案相关证据已基本固定的情况下，我们坚持以无逮捕必要不予批准逮捕。如天津某机械工程有限公司走私普通货物案，犯罪嫌疑人孙某系该公司法人代表，孙某指使员工制作虚假报关单据低报价格，共计偷逃关税 100 余万元，我们在审查中发现，孙某被传唤后认罪态度好，积极主动配合侦查部门工作，并退回走私的违法所得人民币 150 余万元，具有悔罪表现，且该公司是知名企业，纳税大户，并有一定数量职工，企业的正常运转是社会稳定的保证，对其改变强制措施具有一定的社会效果，因此我院以无逮捕必要为由不予批捕。在我们下达不捕决定的同时，向侦查机关详细解释了不捕原因，侦查机关认同了我院的不捕决定，没有提起复议、复核程序。

三、侦查监督工作的对策及建议

针对走私案件审查逮捕工作中遇到的困难，我们提出了几点对策：

1. 坚持适时提前介入的做法。会同海关缉私部门，在刑法、刑事诉讼法标准之下，根据走私案件特点，研究制定侦查监督机关提前介入案件侦查和指导机制，在强化侦查监督过程的同时，强化案件监督质量。侦查监督部门对侦查机关所立案侦查的重大疑难复杂案件，在可能的情况下要适时提前介入，提前了解案情，掌握证据，尤其是对于取证难度大的案件，更要及早沟通，相互配合，充分发挥侦监部门对侦查的引导和监督作用，力争把案件中存在的问题解决在报捕之前，确保准确、及时、有力地打击犯罪。

2. 提高侦查监督干警相关专业领域知识，准确界定走私货物的种类和方式。目前走私货物种类很多，且新型走私方式层出不穷，要熟悉相关的法律规定，明确哪些货物是属于限制出口的，哪些是属于禁止进口的，尤其是走私废物的界定，有些废物是国家禁止进口的，有些可用作原料的废物是经有关部门同意限制进口的，在实际操作中，要准确区分，把握案情。

3. 平时要加强和侦查机关的联系，可以形成定期召开联席座谈会的工作机制。工作中随时交换意见，沟通信息，总结分析案件情况，对办案中存在的分歧充分交流，不断提高案件的侦查和审查质量。对于具有特殊身份的犯罪嫌疑人，和有关部门沟通时，要注意方式方法，在维护法律尊严的前提下，取得有关部门的理解和配合，以保证侦查工作的顺利进行，提高办案质量。

4. 坚持依法严格准确掌握批捕标准，慎用逮捕措施。有些走私为单位犯罪，涉案单位和涉案人员在经济社会中具有很大的影响力，在保证不影响正常诉讼的前提下，要坚持宽严相济的刑事政策，可捕可不捕的坚决不捕，注重办案的法律效果、社会效果与经济效果的统一。对拟作不捕决定的案件，在不捕决定下达前，与侦查机关充分交换意见，力争取得理解，达成共识。对不批准逮捕的案件，在下达不捕决定的同时列出明确、具体的补查提纲，以便于侦查机关进行下一步的侦查活动。

5. 做好走私案件的统计分类工作，及时把握走私案件的动向、趋势，使走私案件的侦查监督工作逐渐走向定量化与定性化统一的管理模式，通过这一管理模式，及时分析、捕捉到定向化信息情报，为海关缉私部门提供侦查指导，为相关管理部门在政策制定和调整相应政策中提供真实可鉴的客观依据。

2009—2011 年二分院受理公安经侦部门报捕案件批捕率低的问题及启示*

安英辉　秦晓燕

我院侦查监督部门对公安经济犯罪侦查部门的案件，即《刑法》分则第三章"破坏社会主义市场经济秩序犯罪"所涉及的 7 类 85 条 101 个罪名，及"侵犯财产罪"中的职务侵占罪和挪用资金罪，合计共 8 个大类 103 个罪名依法受理审查，进行立案监督和侦查活动监督，并决定是否批准逮捕。

近期，我们就近三年侦监部门受理的经侦报捕案件情况进行了全额统计，不捕率居高不下是主要特点之一。

一、2009—2011 年受理经侦报捕案件的相关数据

从近三年我院侦查监督处受理和批捕的案件总量分析，经侦案件主要体现以下几个特点：

（一）经侦案件在报捕案件总数中所占比率呈逐年降低趋势

表一　2009—2011 年经侦报捕案件人数比率统计表

年份	报捕总人数（人）	经侦案件人数（人）	经侦案件所占比例（%）
2009	116	47	40.5
2010	131	33	25.2
2011	215	35	16.3

表一数字显示，2009—2011 年我院侦查监督处受理的经侦报捕案件人数略有下降，经侦报捕案件人数在当年受理报捕案件总人数中所占比重三年来基本呈等量下降趋势，平均每年下降 12%。

---

* 天津市人大副主任王宝弟、市人大内司委主任李新民、市人大法工委副主任张平发作重要批示。作者简介：安英辉，天津市人民检察院第二分院侦查监督处处长；秦晓燕，天津市人民检察院第二分院侦查监督处干部。

（二）经侦报捕案件类型相对集中

近年来经侦报捕案件重点相对突出，集中在合同诈骗犯罪、信用卡诈骗犯罪、非法集资类犯罪、发票犯罪和侵犯知识产权犯罪领域，这 5 个罪名的案件在经侦报捕案件总数中所占比重过半。详见图一：

图一　2009—2011 年经侦报捕案件罪名比重分布

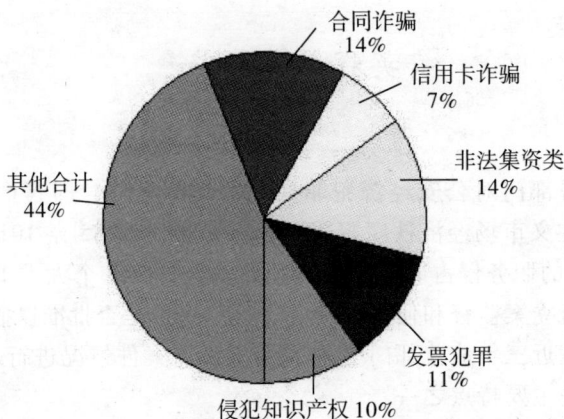

（三）经侦案件不捕率居高不下

表二　2009—2011 年经侦报捕案件不捕率统计表

年份	报捕案件总不捕率（%）	经侦案件不捕率（%）
2009	24.1	46
2010	24.4	33
2011	12.6	42.9

二、经侦案件不捕率高的原因分析

事实不清、不构成犯罪、无逮捕必要是不予批捕的三种情况，经侦不捕案件也不例外，但主要表现为因事实不清而不予批捕，详见图二：

图二　2009—2011 年受理经侦案件不捕类型

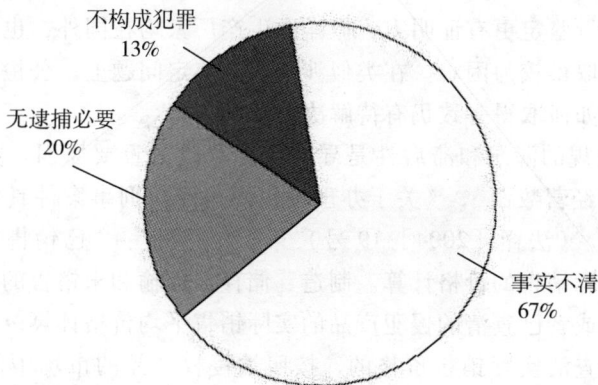

我们认为，之所以出现这种情况，主要原因为：

1. 对案件犯罪构成主客观全面考量存在认识差异。如王某某销售有毒有害食品案，王某某系个体工商户，在经营期间，害怕收到的 10 多公斤白巧克力含有三聚氰胺，于是将部分"白巧克力"送至农业部天津乳品质量监督检测中心要求进行三聚氰胺成分鉴定。经检验，该"白巧克力"内含三聚氰胺 49.4 毫克/千克，检验部门就此向经侦部门举报。在王某某取检验结果时，被公安部门抓获。后在其住处查获"白巧克力" 10 公斤，经鉴定内含三聚氰胺 168 毫克/千克，因此，侦查机关以销售有毒有害食品罪提请逮捕。经审查，王某某将涉案"白巧克力"送检测中心鉴定的行为，证明他并不知道该"白巧克力"是否含有三聚氰胺，从而无法认定他具有销售有毒有害食品的主观故意，卷中证据也无法证实涉案"白巧克力"的来龙去脉，从而无法认定王某某是否具有生产、销售该"白巧克力"的客观行为，王某某涉嫌销售有毒有害食品罪事实不清、证据不足。

2. 对刑民交叉案件界限存在不同把握标准。如王某某合同诈骗案，王某某在与唐山公司签订购销合同后，又与天津公司签订了内容基本一致的购销合同，然后，王某从唐山公司购买 4000 多吨铁精粉卖与天津某公司，因铁精粉质量问题与唐山公司出现争议，因此，王某某取得天津公司的货款后，未及时支付唐山公司货款。对此，侦查机关以合同诈骗罪提请逮捕，我们审查后认为，侦查机关忽略了王某某先后同两个公司分别签订购销合同的行为，该案应属于经济债务纠纷，不宜作犯罪处理。

3. 对证据证明力存在不同认识和衡量标准。如由市局塘沽分局立案侦查的一起制售假冒洋酒案，犯罪嫌疑人刘某某、马某某、郭某某长期购进、制作假芝华士、黑方、红方等假冒品牌洋酒，市值约 200 余万元，公安机关委托国际洋酒协会出具了产品真伪鉴定，检察机关认为由被假冒的洋酒生产厂家对涉案洋酒真假进行鉴定更有证明力，但洋酒生产厂家均在国外，也不在同一个国家，鉴定结论取得较为困难。在类似涉外商品鉴定问题上，公检法机关对鉴定证据的证明力如何取得一致仍有待解决。

4. 法律法规的漏洞和滞后性是导致认识分歧的重要原因。如侵犯知识产权罪的"非法经营数额"，《关于办理侵犯知识产权刑事案件具体应用法律若干问题的解释》（法释〔2004〕19 号）第 12 条规定："已销售的侵犯产品的价值，按照实际销售的价格计算。制造、储存、运输和未销售的侵权产品的价值，按照标价或者已查清的侵犯产品的实际销售平均价格计算。侵权产品没有标价或者无法查清实际销售价格的，按照被侵权产品的市场中间价格计算。"按此规定，如果甲乙二人均生产假酒 1000 瓶（真酒市场价格 160 元/瓶），甲生产后以每瓶 45 元的价格全部销售，按实际销售金额计算，甲的非法经营数额 4.5 万元，未达到追诉标准。乙未销售即被公安机关查获，因侵权产品没有标价，按市场中间价格每瓶 160 元计算为 16 万元，已达到追诉标准。甲乙二人有相同的生产行为，甲生产后又销售，乙只生产未销售，甲不构成犯罪，乙反而构成犯罪，不符合刑法罪责刑相适应原则。

三、几点建议

（一）规范提前介入工作机制，完善联席会议机制

提高经侦案件质量，要在法理上明确提前介入的性质，实践中把握提前介入的标准，限定提前介入的案件范围，创新提前介入的启动方式。在坚持严格履行各自职能的前提下，有效发挥公检权能的双向对接和适度延伸，合法合理摆正既相互配合又相互制约的法律定位，努力改变单方单向对侦查和侦监效率的价值追求，切实实现在遵循侦查规律前提下执法办案质量和效率的价值统一。检察机关要创新启动方式，主动提前介入，对于社会反映强烈、上级关注、当事人反映、媒体披露的案件，应主动迅速提前介入。要积极建立公检执法办案信息共享平台，为检察机关主动提前介入提供更多更充分的便利条件。针对执法标准不统一、法制不完善的问题，要完善定期公检联席会议机制，加强沟通协调，研究解决办案中的难题。要认真探讨公检办案衔接机制建设，随时交流沟通工作动态，定期反馈办案情况和问题，定期交流各自上级机关制定的执法办案规定和办案纪要，并结合执法办案实践，针对每类经济犯罪的特点和规律，共同细化构成要件、法定酌定情节的认定和证据采信标准，更好地统

一执法尺度。

（二）以与新刑事诉讼法对接为契机，完善审查逮捕机制

首先，建立逮捕必要性证明审查机制，观念上要从过去的构罪即捕转变为确有必要的才逮捕。对此新刑事诉讼法细化了逮捕条件，对有必要逮捕规定了5种情形，并完善了批捕程序。实践中要坚持打击犯罪与保障人权并重，坚持办案的法律效果与社会效果并重，重点加强对逮捕必要性证据的收集、固定和证明工作，建议公检双方共同研究制定具体执法细则，就有关必要性逮捕条件取得共识，有力指导执法办案工作，确保新法逮捕必要性5种情形的有效实施。其次，尽快建立继续羁押必要性评估审查机制，改变即捕即全程羁押为全程进行继续羁押必要性审查模式。当前犯罪嫌疑人被批准逮捕后，检察机关一般不知道捕后的执行情况，更不了解犯罪嫌疑人捕后是否有必要、是否适宜继续羁押。当前应尽快建立公检对犯罪嫌疑人捕后情况通报并审查机制，明确执行程序和条件，保证新法新机制的有效落实。

（三）坚持诉讼职能与诉讼监督职能相统一

诉讼职能与诉讼监督职能相统一，既保证批捕质量，又及时发现并纠正侦查违法问题。新《刑事诉讼法》第115条规定对各种违法侦查行为的投诉处理机制，赋予检察机关对侦查监督的投诉处理权。针对经侦不捕案件反映出的问题，要及时会同侦查机关沟通情况、研究症结、寻求对策。要依法履行立案监督和侦查活动监督职责，敢于监督、善于监督、规范监督。要着力加强对检察法律文书说理工作，特别是对不捕案件，在作出决定的同时要提出相应的事实、证据和法理依据，并进行充分的说理；针对案件存在问题，具体提出进一步补查完善的意见和建议，与侦查机关共同提高办案水平和执法能力。对刑民交叉并有争议的案件，要认真分析原因和执法办案界限。积极会同侦查机关认真查找执法办案漏洞，积极建章立制，依法依纪处理以案谋私，以权谋私，办关系案、人情案行为，确保政法队伍的廉洁公正。

（四）做好新刑事诉讼法的实施准备工作，有的放矢地做好社会管理创新工作

新刑事诉讼法在强化了检察机关监督职能的同时，对证据、时效、人权等问题也做了严格规定，对于侦查监督部门的工作既是挑战，又是机遇。为此，侦查监督部门对受理的经济犯罪报捕案件，要牢固树立证据意识，正确区分合法经济行为、违法经济行为和经济犯罪行为的界限；要牢固树立程序意识，作为刑事法律监督第一关口的侦查监督部门，必须以高度的法律责任感，严格把关，依法监督，严格审查，该批捕的从速从快批准，更好更及时地打击犯罪；要牢固树立人权意识，贯彻宽严相济刑事政策，对不构成犯罪或无逮捕必要的

嫌疑人，以最低限度的羁押成本，赢得最大限度的社会稳定，以促使嫌疑人真诚悔罪为着眼点，依法视情决定不采取强制措施；要牢记社会管理的职责使命，对于经侦报捕案件审查中发现的问题要有的放矢地进行梳理、分类、研究，探索其内在规律性趋势，制定相应制度和措施，向有关承担管理职责的机关和有关责任单位发出检察建议，并责成其按要求和期限及时反馈，共同联手促进社会管理创新工作。

检 徽 生 彩

立足检察实际、立足天津实际是二分院检察人理性思考始终把握的根基。本单元选取了在《检察日报》、《中国检察官》、《天津日报》、《天津支部生活》、《天津政法报》等全国检察系统或天津市高度关注的报刊发表的论文，呈现了二分院检察人对检察事业的不懈追求、对检察职业的无限忠诚。

用群众观点、立场和方法
引导检察工作科学发展[*]

张铁英

胡锦涛总书记在庆祝中国共产党成立 90 周年大会上的重要讲话，是一篇全面推进中国特色社会主义伟大事业和党的建设新的伟大工程的马克思主义纲领性文献。讲话立意高远、内涵丰富，其中关于群众工作的重要论述，对进一步做好新时期检察工作具有重要指导意义。我们检察机关和广大检察人员务必深刻学习领会，紧密结合检察工作实际，不断创新群众工作的新思路、新举措，引领各项检察工作科学发展。

树立群众观点站稳群众立场，要在切实加强为人民服务的宗旨意识上下功夫。群众观点是历史唯物主义的基本观点，也是我们做好群众工作的思想基础。做好当前各项检察工作，最根本的是要深刻认识群众路线是实现党的思想路线、政治路线、组织路线的根本工作路线。群众立场是决定我们党的性质的根本政治问题，要求我们始终站在最广大人民的立场上说话办事，而不是站在个人、少数人立场上说话办事，始终代表最广大人民根本利益而不是代表某一个人、某一部分人的利益。今年以来，我们深入开展"发扬传统、坚定信念、执法为民"主题教育实践活动，教育引导广大检察人员坚定中国特色社会主义信念，坚持把执法为民作为永恒的历史使命。紧密结合深入推进"三项重点工作"，坚持以执法办案为载体，以延伸法律监督为途径，强化了执法为民意识，提升了执法为民能力，提高了执法为民效果，涌现了像边学文、孙焕荣等执法为民先进模范典型，分别被评为全国优秀政法工作者、全市劳动模范、全市十大优秀检察官等荣誉称号。他们的闪光精神在于始终牢记为人民服务的宗旨意识，始终秉持立检为公、执法为民使命，以无私无畏、无怨无悔的奉献

---

* 本文发表于《天津支部生活》2011 年第 9 期。作者简介：张铁英，天津市人民检察院第二分院检察长。

精神，争创一流检察业绩；以为民解忧、为民解难的亲民爱民情怀，赢得了人民群众的广泛赞誉，为检察事业增光，为检察形象添彩。

当前，人民群众的新要求、新期待日趋多样多变，不仅要求检察机关保护人身财产权利，还期待保护社会政治等各项权利；不仅要求检察机关维护社会稳定，还期待维护公民的自由和尊严；不仅要求检察机关强化法律监督、维护公平正义，还期待理性、平和、文明、规范执法。切实加强为人民服务的宗旨意识就要求广大检察人员一定要从增进同人民群众的深厚感情入手，牢固树立群众观点，切实站稳群众立场，充分认识检察权来源于人民，必须用来为人民服务，对人民负责，受人民监督，切实增强人民检察为人民的理论认同、感情认同和实践认同。经常想一想我们对群众的感情究竟有多深、群众在我们心中究竟有多重，始终带着对人民群众的深厚感情去执法、去监督、去服务。要从向身边的先进模范学习做起，时时处处以他们为榜样为标尺，看一看自己的群众观点差哪里，比一比自己的群众感情少哪些。紧密结合创先争优和主题教育实践活动，开展内容丰富形式多样的向先进模范学习活动，努力争做学会换位思考、将心比心、以心换心作群众工作的行家里手，始终保持同人民群众的血肉联系。要从切实维护人民权益想起，从忠实履行法律监督职能做起，立足本职着力践行为人民服务的宗旨意识。当前尤其要着眼于对人民群众反映强烈的制售有毒有害食品药品、利用电信网络实施诈骗、拐卖妇女儿童等严重犯罪；着眼于社会保障、医疗卫生、征地拆迁、安全生产、环境保护、就学就业等民生领域的突出问题，以及执法不严、司法不公等群众反映强烈的问题，积极主动运用检察职权，努力满足人民群众的司法需求和公正期待，用群众看得见摸得着的实实在在作为，让为人民服务的宗旨意识得到最美诠释和最大彰显。

感情上贴近群众行动上融入群众，要在切实增强服务群众的本领上下功夫。"只有我们把群众放在心上，群众才会把我们放在心上；只有我们把群众当亲人，群众才会把我们当亲人。"贯彻好胡锦涛总书记的讲话精神，要求我们每一名检察人员都要把人民放在心中最高位置，把政治智慧的增长、执政本领的增强深深扎根于人民的创造性实践中，做到知民情、解民忧、暖民心。近年以来，我们正确履行检察职权，把维护好人民权益作为检察工作的根本出发点和落脚点，以对人民利益高度负责的精神，努力满足人民群众的司法需求，切实加大法律监督力度，真正使执法过程成为保障和改善民生、增强群众幸福感的过程。我院民事行政检察工作实行"三公开"工作模式，即公开办案人员和部门负责人办公电话、公开通信地址、公开检察长接待日期和地点，方便申诉人了解情况和诉求表达，也为检察人员及时掌握申诉群众思想动态，及时妥善化解矛盾提供了机制和方式创新保障。建立并积极推行执法办案风险评估机制，使一起起一件件群众缠访、闹访案件经过多道办案程序的跟踪筛选和预警化解工作实现了案结事了。公诉工作实行听取被害人意见机制，以面对面、心贴心方式了解并合法合理合情解决群众诉求，最大限度地满足群众期待。更加注重制度建设，在完善联系和服务群众各项长效机制的同时，顺应检察工作规律和特点，创新建立检察工作绩效考核制度体系，凝聚全体检察人员为民执法的共同意志，用一个个具体的指标和工作成果弘扬为民执法精神，激励为民执法行为。秉持实体和程序监督并重，法、理、情有机统一，履行检察职权与依法合理延伸对社会管理、解决群众民生问题的建议权衔接有度，着力对群众反映强烈的有关民生等热点敏感问题，群众关注而容易被办案人员忽视的程序、与履行检察职权关联不大的诉求，加大法律监督力度，建议并督促有关部门及时有效解决，用让群众信得过的法律监督成果取信于民。如历经三年走访协调，最终解决了多年缠访、闹访的申诉人户籍和养老问题，使其息诉罢访。认真对待多起因送达程序违法而造成对当事人缺席判决，侵犯当事人诉讼权利的缠访案件，经查实后依法提出抗诉，维护了群众的合法权益，收到了良好的政治效果和社会效果。

随着改革开放的深入和社会主义市场经济的发展，人民群众思想活动的独立性、选择性、多变性、差异性明显增强，面对新形势、新任务，我们广大检察人员必须深入研究和把握新形势下群众工作的新特点、新要求，及时总结并推广运用以往的成功经验和有效做法，不断创新群众工作的新模式、新方法。

要在贴近群众上下功夫。各级领导以及广大检察人员都要坚持深入基层、深入群众、深入一线，积极研究并探索建立直辖市分院驻基层、进社区联系群众，办理和解决群众涉检诉求的机构平台。要安排年轻干部和业务骨干到基层一线、信访部门和工作艰苦、矛盾复杂、群众问题突出的地方锻炼，深入浅出地宣传和讲解党的路线方针政策、国家法律、检察工作原则和理念，了解群众疾苦、了解群众所思、所盼、所忧，做到人对人、面对面、手拉手、心连心做群众工作。要在融入群众上下功夫。通过集中培训、典型示范、岗位实践、深入群众等形式，练就懂群众心理、懂群众语言、懂沟通技巧，会与群众打交道、交朋友，会疏导群众情绪，会调处纠纷，会处理群众诉求等硬功夫，大力加强能力建设，努力把检察工作做到群众心坎上。要在解决群众实际问题上下功夫。正确把握最广大人民根本利益、现阶段群众共同利益、不同群体特殊利益之间的结合点，统筹兼顾各方面的利益关切，更好解决执法办案、教育群众和服务群众的有机统一。既要严格依法办案办事，又要耐心细致、入情入理地解决思想认识问题，更要纠正就案办案、机械执法倾向，依法自觉延展检察职能作用，注意把握办案时机，改进方式方法，诚心诚意帮助群众解决生产生活中的实际困难，争取积极社会评价，确保良好社会效果。切实实现办结一起案件，解决群众一些实际问题，赢得群众一片掌声，带来一个和谐局面，实现法律效果、政治效果和社会效果的有机统一。要在建立健全群众工作机制上下功夫。继续贯彻执行经多年实践证明良好管用的制度机制，积极积累提炼宝贵经验，及时上升为制度规范，健全联系群众制度，创新联系群众方式。要继续认真研究把握检察工作规律、新形势下群众工作的新特点、新要求，更加充分发挥检察业务考评和绩效考核机制的龙头带动作用，激励和约束广大检察人员为人民群众竭诚、勤勉工作。进一步完善延伸法律监督触角机制，完善群众诉求表达机制和民意收集、研究和转化机制，完善接受群众监督机制，完善新形势下专群结合机制。要在领会和贯彻中央、市委领导指示和全国第十三次检察工作会议精神上下功夫。认真按照中共中央政治局常委周永康、市委书记张高丽对检察工作的一系列指示要求，"十三检"会议提出的"十二五"时期检察工作的重大部署，锐意进取，勇于创新，不断引领各项检察工作科学发展。

发挥民行检察职能　　有效化解社会矛盾[*]

陶　明

民行部门是检察机关与人民群众联系最为密切的部门之一，处理的矛盾纠纷，同时又涉及普通人民群众的切身利益，是检察机关体现司法为民的重要窗口，更是维护社会和谐稳定的重要关口，而民行检察工作如何深入贯彻落实中央提出的"三项重点工作"、积极履行检察职能是探索民行工作改革发展的重要课题。

一、坚持"迎进来"发现矛盾

正常诉求表达机制的建立可以使人民群众的愿望、困难、诉求能够正常地表达，有效地避免各类矛盾、纠纷的发生。天津市人民检察院第二分院积极探索"三公开"制度，打造立体倾听空间，确保及时发现社会矛盾和隐情。一是民行部门办案人员办公电话一律对申诉人公开，一方面确保其了解申诉案件的进程，避免人民群众因不了解法律程序而出现信访事件。另一方面随时倾听其新的诉求和意见，有利于对案件全面把握，从而作出正确的决定。二是民行部门处长、主管领导的电话、通信地址一律公开，以便申诉人对干警办理案件过程行为进行监督，确保申诉人顺利地向主管领导反映接待过程中的问题，确保其申诉过程中的正当权益。三是检察长接待日期和地点对人民群众一律公开，每月固定时间由检察长亲自接待人民群众的来访，申诉人只要有正当诉求需要与主管检察长沟通，经过提前预约，都有机会向领导反映问题和意见。通过这种全方位立体化的倾听方式能够有效地发现矛盾，预防了申诉人因申诉途径不畅而造成的上访事件的发生。

---

　　[*] 本文发表于《检察日报》2010 年 11 月 23 日。作者简介：陶明，天津市人民检察院第二分院副检察长。

二、坚持"走出去"排查矛盾

主动参与到社会管理创新中去，将法律监督触角向社会更广更深的层面延伸，发挥检察机关司法为民的能动性，由主管院领导带队"走出去"排查各种社会矛盾和不安定因素。特别是近一段时期积极响应市委和市政法委的号召，主管院领导带领民行部门工作人员深入基层，倾听企业和群众意见和诉求。一方面主动深入关系国计民生和受经济危机影响较大的行业和企业开展司法调研服务，全力协助企业做好内部矛盾纠纷排查化解工作，力争将影响企业发展和社会稳定的事端解决在基层和萌芽状态。另一方面主动深入街道、社区广泛宣传法律法规，特别是针对土地征用、城镇拆迁、劳动争议等容易引发矛盾纠纷和群体性事件的问题，开展法制宣传教育，解答人民群众在维权方面遇到的难题和困惑，积极排查各种社会矛盾苗头和隐患，并将其消灭在萌芽状态。

三、坚持合力解决矛盾

社会矛盾的有效化解是一项全局性的工作，仅仅依靠某一个部门往往势单力薄，需要全社会各方面力量的积极参与和配合。为消除申诉人对于司法机关化解矛盾系息事宁人的疑虑，提高检察机关息诉意见公信力和认可度，经过一段时间的探索和实践，率先在全市民行息诉工作中引入第三方，开创性地将高校的法学教授、学者和社会知名律师、鉴定专家等作为检察机关的"专家证人"，请其对于疑难、复杂或缠诉案件出具"专家意见"。由于其与案件和申诉人没有利害关系，同时在专业问题上具有一定的权威，因此将"专家意见"和检察机关司法息诉意见结合在一起，往往能够使申诉人更加信服，使其主动接受法院判决、息诉罢访。

贵在身体力行　　重在狠抓落实^{*}

张谊山

《中国共产党党员领导干部廉洁从政若干准则》（以下简称《廉政准则》）包括总则、廉洁从政行为规范、实施与监督、附则，从 14 条增加到了 18 条，由 "30 不准" 增加到 "52 不准"。其中，"廉洁从政行为规范" 一章，详细规定了党员领导干部从政行为八大方面的 "禁止"，不仅内容和篇幅大大增加，而且更细致，涵盖面更广，将党员干部的工作、生活以及涉及廉政的各个方面都纳入规范范畴，以更加完善、规范的要求，适应了新的形势需要，具有很高的法规制定水准和实践针对性，充分体现了党解放思想、与时俱进的工作思路，体现了党始终走在时代前沿，始终以强化自身建设取信于民的执政理念，同时也充分体现了党对于党风廉政建设的高度重视。

通过学习，充分认识到颁布《廉政准则》具有重要意义：首先，《廉政准则》是规范领导干部廉洁从政行为的重要基础性党内法规，为促进党员领导干部廉洁从政，形成用制度规范从政行为、按制度办事、靠制度管人的有效机制提供了重要的制度保证。其次，对于加强领导干部廉洁自律和干部队伍建设，进一步提高管党治党水平和深入推进反腐倡廉建设都具有十分重要的意义。结合检察工作实际，认真学好《廉政准则》，认真抓好落实，尤为重要。

检察工作，掌握着司法权力，履行着法律监督职责。我们既是反腐倡廉的先锋，又是腐蚀拉拢的对象。作为检察机关的领导干部，无时无刻不深感肩负的责任重大。学习贯彻落实《廉政准则》，促进廉洁从检，贵在身体力行，重在狠抓落实。具体从以下几个方面抓起：

一是认真组织学习，提高思想认识。在自己分管的部门，组织大家原原本本学，全面把握基本内容，深刻领会其精神实质，筑牢拒腐防变的思想防线，切实增强廉洁从检的自觉性。

---

* 本文发表于《天津政法报》2011 年 1 月 21 日。作者简介：张谊山，天津市人民检察院第二分院副检察长。

　　二是要求各部门领导干部做好表率。班子成员要带头学习《廉政准则》，带头贯彻落实《廉政准则》。把学习贯彻《廉政准则》作为当前一项重要的政治任务，抓紧、抓好、抓实。

　　三是检查对照，自觉规范自身行为。自己和分管的部门，要按照《廉政准则》规范要求逐项对照检查，认真查找存在的突出问题，切实加以解决。严格执行《廉政准则》，强化廉洁从政意识，严格规范自身行为，严防发生违反《廉政准则》现象。切实做到能干事、干实事、不出事，努力营造风清气正的良好检察形象。

　　四是结合实际，建立完善相关制度。形成用制度规范从检行为、按制度办事、靠制度管人的有效机制。要切实保障推进落实，加强领导，落实责任，以贯彻落实《廉政准则》为契机，深入推进反腐倡廉建设。自觉接受监督，严格要求配偶、子女以及身边工作人员，管好分管领域工作，坚决杜绝违反《廉政准则》行为的发生。

　　五是强化监督检查。要将执行《廉政准则》情况作为民主生活会、述职述廉、个人有关事项报告以及落实党风廉政建设责任制和干部考察考核的重要内容，作为民主评议党员干部的重要标准，作为党员干部考察、任用、奖惩的重要条件，通过年度考核和廉政谈话等方式，切实加强监督检查，保证《廉政准则》真正落到实处。

立足检察工作职能　服务天津科学发展[*]

刘在青

　　市第十次党代会，是在天津向更高水平发展的关键时期召开的一次继往开来、团结奋进的会议。张高丽同志代表第九届市委所作的报告，高举中国特色社会主义伟大旗帜，以邓小平理论和"三个代表"重要思想为指导，深入贯彻落实科学发展观，全面总结了过去5年的主要工作和积累的宝贵经验，清醒指出了存在的问题和差距，深刻分析了面临的新形势，明确提出了今后5年的奋斗目标、工作思路、主要任务和重要举措，也为我们检察机关发挥检察职能，服务、保障和促进经济社会发展大局指明了努力方向。

一、深刻领会报告精神，不断增强服务大局意识

　　市第十次党代会报告（以下简称《报告》）是指导当前和今后一个时期全市经济建设、政治建设、文化建设和社会建设的一个纲领性文件，《报告》在全面分析我市发展的总体形势基础上，提出了符合市情实际的"一二三四五六"的奋斗目标和工作思路，同时从发展规律、发展布局、发展环境和机遇等方面，进一步明确了我市所处的发展阶段、定位和现实支撑。深刻领会报告精神，就是要找准十次党代会精神和我们工作实际的结合点，深刻理解和把握十次党代会所确定的全市每个阶段重点工作和发展大局，只有在这样才能保持正确的工作方向。

　　（一）把检察工作放在全市工作大局中谋划、推进

　　近年来，我市经济增速连续多年位于全国领先位置，凭借"北方经济中心"等定位的确立、滨海新区的龙头带动，天津被誉为中国经济"第三增长极"。经济的发展，离不开法律法规在实践中的严格执行，离不开法治建设。《报告》明确指出："要发展社会主义民主政治，进一步加快法治天津建设。"

　　* 本文发表于《天津检察》2012年第4期。作者简介：刘在青，天津市人民检察院第二分院副检察长。

这是加快滨海新区开发开放，实现中央对天津定位的重要保障。检察机关作为国家法律监督机关，是推进法治建设的重要力量。把检察工作放在大局中来谋划和推进，就是要把检察工作和当前经济建设形势、社会发展形势结合起来，通过各项检察工作的实施，创造诚信有序的市场经济环境，及时关注和化解社会矛盾，保障人民群众合法权益，维护社会公平正义，充分发挥检察工作在服务发展大局中的积极作用。

（二）准确把握检察工作面临的新要求新任务

当前我国仍然处于人民内部矛盾凸显、刑事犯罪高发、对敌斗争复杂的时期，腐败现象在一些领域仍然易发多发，随着"十二五"规划实施、各项加快经济发展方式转变的重大举措和惠民利民政策实施，因不同阶层利益冲突可能产生新的社会矛盾。面对当前复杂多变的社会环境，一方面应提高思想认识，增强政治意识、大局意识、忧患意识和责任意识，紧紧围绕我市经济、社会发展的大局，及时调整工作目标和工作思路；另一方面，应加强自身思想道德建设和业务能力建设，与时俱进，开拓创新，努力适应新形势、新要求。

（三）坚持以执法办案为中心服务大局

对于检察机关而言，执法办案是服务大局的基本手段，在实际执法办案过程中，应明确自身的角色定位，妥善处理社会关系，正确理解法律政策界限，正确运用办案手段，准确把握办案尺度和时机，确保不因执法办案而影响发展大局。努力把《报告》精神内化于心，外化于行，把《报告》要求体现到执法办案具体工作上来，通过自身的踏实工作，为服务天津科学发展、建设法治天津作出自己的贡献。

二、充分履行检察职责，提高司法保障水平

十次党代会关于今后 5 年我市科学发展的各项目标，无论是加快转变经济发展方式、加快推进改革开放还是保障和改善民生以及加强反腐倡廉建设等，这些任务的实现，都与检察职能的发挥息息相关，都需要我们检察机关的服务、保障和促进。我们要充分履行检察职责，强化法律监督，努力提高司法保障水平，为全市经济发展营造良好的市场环境、社会环境和法治环境。

（一）加大惩治和预防贪污贿赂、渎职侵权等职务犯罪工作力度

《报告》明确指出："要保持惩治腐败高压态势，加大查办案件工作力度，加强专项治理，认真解决群众反映强烈的突出问题。"当前，职务犯罪形式多样化、隐蔽化、复杂化，一些资金密集、权力集中的领域和环节可能滋生新的职务犯罪，检察机关打击犯罪、维护稳定和惩治预防腐败的任务艰巨繁重。在

全面履职的同时，要重点围绕涉及民生和事关经济社会发展的重要领域，如工程建设、食品安全、招生就业、社会保障以及土地出让、房屋拆迁等重点领域，严厉打击职务犯罪活动。要强化案件线索评估机制，提高线索成案率和分流的准确性，确保线索依法、高效、公正处理，提高案件线索的利用率。既科学分析评估线索的成案率，又预测查办案件对经济社会发展可能产生的影响，提高评估实效性。要注重大要案、窝串案的挖掘，努力实现办案数量、质量、效率、效果和安全的有机统一。要加强侦查能力建设、侦查信息化建设和装备现代化建设，强化执法规范化建设，严格落实讯问全程同步录音录像等办案安全制度。要深入推进职务犯罪预防工作，结合办案加强典型案例分析，针对突出问题开展预防调查，组织开展警示教育，加强行贿犯罪档案查询工作，深入开展重点领域职务犯罪专项预防活动。

（二）努力化解社会矛盾

在具体办案工作中，要注意疏导教育，析法明理，理顺民众情绪，引导民众依法理性表达诉求，保护人民群众的合法行为，打击非法行为。贯彻宽严相济刑事政策，通过"理性、平和、文明、规范"的执法活动，把法律条文中蕴含的公平正义落到实处，使全社会树立法治信仰。要在办案中把协调案件当事人之间的社会关系、化解案件当事人之间的矛盾贯穿执法办案的始终，从规范每一项执法行为做起，确保不因自身执法不当而引发或激化矛盾。严格落实信访风险评估预警、释法说理、司法救助等工作机制，强化对涉检舆情的引导和处置，努力化解矛盾冲突、协调社会关系、维护社会稳定，最大限度增加和谐因素，减少不和谐因素。

（三）积极参与社会管理创新

《报告》指出："要抓好社会管理创新工作，完善社会管理格局，健全体制机制。"我们要努力把检察工作融入社会管理格局，发挥好依法规制、引导和保障社会管理创新的作用，在严厉打击刑事犯罪、惩治和预防职务犯罪的同时，注重维护和保障群众合法权益，完善涉检信访案件排查机制，畅通群众诉求渠道，创新便民利民措施。加强对执法不严、司法不公等问题的监督，坚决查处徇私枉法、枉法裁判以及放纵犯罪等执法、司法环节的腐败问题。充分发挥检察建议的作用，结合办案，对发案单位及其主管部门及时发出检察建议，促使其堵塞漏洞、健全制度、加强监督。协助有关部门加强对刑释人员、监外执行人员、不捕不诉人员的教育和管理，维护社会和谐稳定。

（四）落实公正、廉洁、文明执法

随着民主法治进程不断加快，人民群众的公平正义、监督维权意识越来越强，特别是网络监督时代的到来，人民群众通过互联网等新兴媒体更加关注司法活动，检察机关"强化法律监督、维护公平正义"的责任越来越重。我们要积极分析和应对涉检舆情，正确对待来自群众的批评，勇于从群众的批评中发现、改正自己的不足，学会并习惯在监督下工作。加强检察机关信息化建设，推行"阳光检务"，保障人民群众对检察工作的知情权、参与权、监督权。对容易发生执法问题的岗位和环节要严密监督，坚决防止徇私枉法、权钱交易、违法违规办案。要教育干警讲党性、重品行、作表率，堂堂正正做人、清清白白做官、干干净净做事，公正执法、廉洁执法、文明执法，树立良好的检察官形象。

三、加强检察队伍建设，树立科学执法理念

《报告》指出："要加强政法队伍建设，做到严格、公正、文明执法，不断提高司法公信力。"我们要以这次学习党代会精神为契机，以政法干警核心价值观、保持党的纯洁性、创先争优等教育活动为载体，按照"理性、平和、文明、规范"的执法理念，进一步提高队伍思想道德水平，加强队伍综合素质建设。

（一）强化宗旨意识

《报告》指出："建设法治天津是时代的需要和重大的课题。要牢固树立社会主义法治理念，切实维护宪法和法律权威，保障人民合法权益，促进社会公平正义，实现各项工作法治化，推动依法治市迈出更大步伐。"我们要坚持不懈地开展理论学习和思想教育，不断强化职业责任、职业道德，树立正确的世界观、人生观和价值观，从根本上夯实思想道德根基。牢固树立"三个至上"的理念，坚持正确的政治方向，加强党性教育，强化忠诚履职信念，把坚持党的领导与依法独立行使检察权统一起来，把执行党的政策与执行法律统一起来。

（二）加强自身监督

把自身监督放在与法律监督同等重要位置，确保检察队伍纯洁性。自觉接受人大、政协和社会各界的监督，严格落实党风廉政建设责任制，强化内部各个环节的监督制约，严肃查处有令不行、有禁不止等违法违纪问题，确保执法活动公正和检察人员廉洁。恪守检察职业道德，努力践行"忠诚、为民、公正、清廉"的价值理念，做好本职工作。

（三）注重文化强检

充分发挥先进检察文化的引导、教育、凝聚功能。广泛开展形式多样的精神文明创建和文化创意活动，繁荣检察文化，营造具有自身特色的文化氛围，通过丰富和发展检察文化，提升精神境界，构建良好的检察文化氛围，使生活

在其中的每个成员在思想观念、行为准则、价值取向等方面与先进文化产生认同，将先进文化与检察工作实际相结合，从而实现对人的精神、心灵、性格的塑造，使检察干警自觉地追求、信仰和实践符合先进文化前进方向的法治理念，为检察事业的发展提供强大的精神动力。

　　总之，学习市第十次党代会精神，要把检察工作与发展大局紧密结合，持之以恒地推动各项任务落到实处、取得实效。要充分发挥打击、预防、监督、教育、保护等检察职能，努力营造诚信有序的市场环境、和谐稳定的社会环境、廉洁高效的政务环境、公平正义的法治环境，为天津科学发展提供有力的司法保障。

检务督察制度的三大理念[*]

吴玉光

　　2007 年《最高人民检察院检务督察工作暂行规定》（以下简称《暂行规定》）的颁布，标志着检务督察制度的形成。制度的生命在于实践基础和理念根基，检务督察制度的理念根基不是天马行空想象出来的，而是一直伴随着、根植于检务督察的实践，检务督察制度如能深远发展，也离不开理念根基的深厚与正确。

一、理念之一——权力制约

　　权力制约与监督是法治的要件之一。在理论和实践中，权力制约与监督往往出现在较为宏观的层面，可以说"权力必须受到制约"是具有普适性的政治公理。而这种公理的阐释，往往集中在国家权力初次配置的环节，其实任何权力的本性都毫无二致，不管这种权力多小，都有僭越权限、侵犯权利或者被滥用的可能性。实际上，国家权力初次划分后的权力内部配置也必须注重权力制约与监督，只是由于权力阶层和性质的差别，制约与监督的方式有所区别而已。笔者认为，在我国，检察权是一个比较复杂的权力类型，其实是一个权力的合集，其中包括的很多权力从外观看几乎存在云泥之别，如公诉权和侦查权，检察机关的不同部门就在行使着这些属性差别极大的权力，而这些权力之间尚缺乏有效的制约与监督。

　　检务督察就是通过在检察机关内部建立专门机构，专门行使监督之责，督促批准逮捕权、公诉权、侦查权等权力在既定轨道内运行，而且监督行使这些权力的人——检察官的行为。检务督察制度是弥合了各种具体检察职权之间鸿沟的一种监督，它有效地打通了各种权力区隔的樊篱，是一种通约性的自我监督。检务督察制度充分体现了权力制约的理念，通过检务督察，弥补了各权力

---

　　* 本文发表于《检察日报》2010 年 5 月 14 日。作者简介：吴玉光，天津市人民检察院第二分院党组成员、纪检组长。

之间"多配合、少监督"的不足，这种制度创新符合司法规律，也是对科学配置检察权的崭新诠释。检务督察的权力制约是在检察系统内部建立起来的，只创设了新的机构，不增加新的权力，这种制度创新是在宪法和法律框架之内进行的，没有超越法律所设定的权限，检察机关只是希望通过检务督察制度加强自身内部监督，既不改变宏观层次的权力配置结构，又能在微观层面贯彻权力制约的理念。

二、理念之二——结果调控

我国有很多制度建立的初衷都是好的，但执行起来总是走样。为什么会出现这种情况呢？最主要的原因就是只设定行为规范，而不规定相应的行为后果，最后制度变成了提倡性的口号，根本得不到落实。

完整的法律规则应当具有"行为模式＋法律后果"这样的结构，如果只有行为模式而没有法律后果，就达不到调控行为或关系的目的。有效的调控就是结果调控，即行为人如果遵守或违背行为模式，就应产生积极或消极的结果。检务督察制度在探索阶段，就极力避免被束之高阁的危险。这主要体现在两个方面：

首先，检务督察本身作为一种"后果"，是融合进整个检察规范系统当中去的，如果之前的"行为模式"没有"后果"，检务督察可以补齐规范的构造，如果之前的规范结构完整，检务督察则体现为锦上添花而并非叠床架屋地加强威慑功能。检务督察其实就是对检察人员执行法律、制度等情况进行总体而通透的检查，这就是对检察人员"行为模式"的一种检视，如果发现问题，会及时施加不利后果给行为人，检察人员无形中多了一个"紧箍咒"。

其次，检务督察的规范体系充分体现了结果控制的理念。在《暂行规定》第 11 条中，对于违反《暂行规定》的行为都规定了较为明确的惩治措施。在制度设计上，结果调控所施予的"结果"要兼具必然性与适当性，这样才能达到有效调控，过分严厉的结果很可能过犹不及。现在各地的督察制度都充分体现了结果调控的理念，但有些地方在消极结果的设置上过于严苛，体现不出来对不同层次行为的不同层次的结果，需要适时适地予以调整。

三、理念之三——系统反馈

司法改革或是检察改革都是一个复杂的系统工程，即使是一个微小的制度变化，都可能有"牵一发而动全身"的效果。检察改革的研讨者会自觉或不自觉地运用系统科学的有关原理，诸多检察制度的改进和创新，都要考虑到政治系统、司法系统以及检察系统各种系统环境，而且有较为完善的系统反馈机制，制度革新的效果可以得到评价和检验，并且可以适时适情地改进和调整。检务督察制度是对系统反馈理念的再次贯彻。检务督察的内容非常广泛，就是把检察机关内部各部门行使的分散权力当成一个完整的系统，检务督察机构的出现相当于在检察系统内多了一个信息收集与反馈的机关，在检察系统运行某环节出现问题时，检务督察会及时发现"错误行为信息"，并将这些信息反馈给系统自身，系统再根据反馈信息对相应行为进行处理并对系统自身的功能予以提升。

检务督察制度是检察机关实现内部监督的重要实践载体之一，权力制约、结果调控、系统反馈是这项制度的三大理念，这三大理念构成一个完整的理念体系：权力制约是核心理念，是检务督察制度的根基所在；结果调控是保障理念，是检务督察制度能够贯彻落实、走向实践的路径；系统反馈是机制理念，是为检务督察制度注入活力、盘活整个制度体系的钥匙。

深刻认识、理解和把握
党的纯洁性各项要求[*]

刘华阳

在全市政法系统深入开展的保持党的纯洁性教育和政法干警核心价值观教育实践活动中，通过对其中一些重大理论与现实问题的深入学习和理性思考，得到以下 5 点启示：

一、党历经的四个阶段，迈上的四个台阶，有力证明了保持党的纯洁性的历史意义

在党 90 年奋斗历程中，延安整风运动使全党经受了"思想上入党"的洗礼，为中国革命打开了胜利之门；世纪之交的"三讲"教育活动强党性正党风，推动中国特色社会主义事业实现历史性跨越；21 世纪以来的保持共产党员先进性教育和深入学习实践科学发展观等一系列活动、不断统一全党思想、凝聚全党力量，为党带领人民开创事业发展新局面奠定了思想基础；在党情国情世情发生深刻变化的今天，胡锦涛同志的重要讲话进一步深刻阐述了保持党的纯洁性的极端重要性和紧迫性，明确提出了保持纯洁性的总体要求。这是对马克思主义党的建设理论的创新和发展，是对共产党执政规律认识的进一步把握和深化。历史和实践证明，纯洁性作为马克思主义政党的价值理念，作为马克思主义执政党的行为准则，始终是我们党不变的追求和坚守。它贯穿了党的 90 多年发展历程，与我们党夺取的一个又一个重大胜利紧密相连，与党同人民群众的血肉联系紧密相关，与党肩负的历史使命紧密相随。

---

　* 本文发表于《天津政法报》2012 年 11 月 2 日。作者简介：刘华阳，天津市人民检察院第二分院党组成员、政治部主任。

二、党面对的四种考验，面临的四种危险，深刻揭示了保持党的纯洁性的现实意义

胡锦涛同志在"七一"讲话中要求全党必须清醒看到，在世情、党情、国情发生深刻变化新的时代条件下，我们党面对的执政考验、改革开放考验、市场经济考验、外部环境考验是长期的、复杂的、严峻的；面临精神懈怠的危险、能力不足的危险、脱离群众的危险、消极腐败的危险更加尖锐。这些问题严重损害党的纯洁性，严重损害党同人民群众的血肉联系，严重影响党的执政地位的巩固和执政使命的实现。要解决问题、应对挑战，要经受考验、化解危险，最根本的就是加强党的自身建设，始终保持党的先进性和纯洁性。

三、只有搞好四个结合，提升四种能力，才能有效维护党的纯洁性

胡锦涛指出，在新的形势下保持党的纯洁性，要坚持党要管党、从严治党。坚持强化思想理论武装和严格队伍管理相结合、发扬党的优良作风和加强党性修养与党性锻炼相结合、坚决惩治腐败和有效预防腐败相结合、发挥监督作用和严肃党的纪律相结合。从思想纯洁、队伍纯洁、作风纯洁、保持清正廉洁、严明监督纪律五个方面，不断增强党的自我净化、自我完善、自我革新、自我提高能力，才能始终坚持党的性质和宗旨，永葆共产党人政治本色。

四、只有强化四种意识，加强四项监督，才能始终保持党的纯洁性

每个党员特别是领导干部，都要从党和人民事业发展的高度，从应对新形势下党面临的风险和挑战出发，不断增强党的意识、政治意识、危机意识、责任意识；不断加强党内民主监督，包括普通党员对党员干部的监督，党员干部对领导干部和领导班子的监督，领导班子成员对"一把手"的监督和领导班子内部监督，以及舆论监督。这样才能明确权力边界，规范权力行为，防止权力滥用，确保权力始终在阳光下运行。才能有效防止人民赋予的权力岗位化、岗位形成的权力个人化、个人掌握的权力商品化，确保人民赋予的权力始终用来为人民谋利益。

五、践行政法干警核心价值观，是保持检察机关党的纯洁性的有效载体

检察机关的党员、干部要全面准确把握保持党的纯洁性的基本要求，就要

以政法干警核心价值观教育实践活动为载体，从政治纯洁、队伍纯洁、作风纯洁和清正廉洁等方面入手，大力弘扬忠诚、为民、公正、廉洁的政法干警核心价值观，因为两者在基本内涵、内在要求、价值取向、实现方式等方面都是一致的。"忠诚"，是思想纯洁的本质要求，也是检察人员首要的价值追求；"为民"，是作风纯洁的根本要求，也是共产党人政治本色的生动体现；"公正"，是队伍纯洁的重要体现，也是衡量检察机关、广大检察人员执法办案是否纯洁的基本准则；"廉洁"，与清正廉洁的要求是一致的，是衡量和检验检察机关党员干部纯洁性最直接、最现实的标准。只有保持公正廉洁，才能永葆自身纯洁，并不断提高执法能力和执法公信力。坚守"忠诚"的政治本色，坚守"为民"的宗旨理念，坚守"公正"的神圣职责，坚守"廉洁"的职业操守，才能建设一支理想坚定、党性坚强、品德高尚、作风务实、一身正气，让党放心、让人民满意的检察队伍。

绑架罪情节较轻的司法认定[*]

安英辉　乔大元

刑法修正案（七）实施以来，法院引用"情节较轻的"条款在 10 年有期徒刑以下定罪量刑的绑架案件时有发生，检察机关对此经常提起抗诉，目前我处已经有 2 件绑架案件支持了区检察院的提抗意见，但是到了二审法院均被驳回抗诉、维持原判。此后又有相关类似案件上诉，区检察院已不再提起抗诉。但是不再抗诉并不意味着分歧消失，有关"情节较轻的"理解适用争议仍然存在。被害人及其亲属对此也是很不理解，认为量刑太轻，经常会发生上访，影响了社会的安定。现在我们正在推进社会矛盾化解、社会管理创新、公正廉洁执法三项重点工作，因此，加强"情节较轻的"研究，努力消除检法争议，积极化解社会矛盾，维护社会和谐稳定就成了我们当前工作的重中之重。

一、绑架罪的立法沿革及问题提出

在新中国，绑架罪最早见于 1991 年全国人大常委会《关于严惩拐卖、绑架妇女儿童的犯罪分子的决定》的规定："以出卖或者勒索财物为目的，偷盗婴幼儿的，或以勒索财物为目的绑架他人的，处十年以上有期徒刑或者无期徒刑，并处一万元以下罚金或者没收财产；情节特别严重的，处死刑，并处没收财产。"绑架罪是一种严重侵害公民人身安全和财产权利的犯罪。为保护公民的人身、财产安全，1997 年刑法修订时正式设立了绑架罪的罪名，进一步完善了该条文，第 239 条规定："以勒索财物为目的绑架他人的，或者绑架他人作为人质的，处十年以上有期徒刑或者无期徒刑，并处罚金或者没收财产；致使被绑架人死亡或者杀害被绑架人的，处死刑，并处没收财产。以勒索财物为目的偷盗婴儿的，依照绑架罪定罪处罚。"该罪名延续了之前的高起刑点，对绑架犯罪继续保持高压态势。在以后 10 余年的时间里，历经 6 次修正均未

---

　　[*] 本文发表于《中国检察官》2011 年第 9 期。作者简介：安英辉，天津市人民检察院第二分院侦查监督处处长；乔大元，天津市人民检察院第二分院公诉处干部。

涉及。

从这些年来的司法实践看，对绑架这类严重侵犯人身权利的犯罪，规定较重的刑罚是十分必要的，在特定的历史时期，绑架罪的高刑罚也确实对犯罪分子起到了震慑作用，遏制了犯罪。但是，近年来，随着社会经济的飞速发展，社会的急速转型，各种矛盾的凸显，现在的一些绑架犯罪已经和多年前大不相同，以前绑架者多是亡命之徒，手段也很残忍，被绑架者几乎没有生还的希望，勒索的赎金一般都比较高。现在绑架者很多既不"撕票"，也没有虐待行为，只要拿到钱就会放人。而且许多是刚刚踏入社会的青年人，往往一时糊涂，有的绑架就为了得到几百元钱。因此，考虑到现在实际生活中绑架案件的情况比较复杂，一律判处 10 年以上有期徒刑，在一些个别案件中难以做到罪责刑相适应。为了适应处理各类复杂案件的需要，增加一档刑罚，使司法机关在运用法律上有一定的灵活度，有利于促使犯罪分子主动放弃犯罪行为，防止更严重的危害后果发生，保护人质安全，也可以更好地贯彻宽严相济的刑事政策，做到罪责刑相适应。

在经过了激烈的争论之后，2009 年 2 月 28 日第十一届全国人民代表大会常务委员会第七次会议通过了刑法修正案（七），其中第 6 条对刑法第 239 条的规定作了相应的修改，增加了一档刑罚，对"情节较轻的"，处 5 年以上 10 年以下有期徒刑，并处罚金。这使得刑法对绑架罪这种严重犯罪的严厉惩治重中有轻、严中有宽，罪刑的设置也更为科学、精细与合理，有利于根据罪刑相适应与罪刑均衡的原则惩治绑架犯罪。

该规定实施一年多来，以"情节较轻"为由在 10 年有期徒刑以下处刑的司法判例屡见不鲜，但具体如何理解"情节较轻"则多有争议，作为认定"情节较轻"依据的各种事实情节也多有不同，已经影响到了罪刑的均衡和司法的统一，成为司法实践中一个新的理论争议点，此问题亟须解决。

案例 1：2009 年 3 月 27 日凌晨 2 时许，被告人赵某伙同郭某将在一网吧上网的蔺某叫出，开车将其挟持至某镇清水塘浴园，并控制在 305 房间内，谎称蔺某得罪了其他人，有人找被告人赵某和郭某出面解决纷争，二人对蔺某进行恐吓、打骂后，蔺某被迫答应拿钱了事。当日晚 7 时许，二人逼迫蔺某向家里人要钱，并与蔺某一起，编造蔺某偷走同事的项链需进行赔偿的谎言，蔺某以此为由给其姐姐蔺某某打电话索要人民币 1 万元，在蔺某和其姐姐通话中，被告人赵某抢过电话直接与蔺某某通话，谎称自己是那个被偷的同事，威胁如果得不到赔偿就向公安机关报警，并扬言如果拿不到钱就把蔺某弄到唐山去，蔺某某被迫答应给钱，8 时许，由被告人赵某驾车带蔺某到县医院住院部门前，从蔺某某手中取得邮政储蓄卡一张，被告人赵某挟持蔺某到镇商业道邮政储蓄银行支取 10100 元现金后，蔺某把钱放在车上驾驶座旁的手抠内，后在县医院附近将蔺某释放。

2009 年 5 月 10 日 21 时许，被告人赵某伙同郭某、赵某某到某镇斯文网吧，将在该网吧上网的许某叫出后，乘出租车挟持至镇天宝洗浴中心，将许某控制在 3019 号房间内，以许某父亲欠郭某等人钱为由进行恐吓、打骂，向许某要钱，许某答应出钱后，赵某某看守着许某在房间内休息。2009 年 5 月 11 日 4 时许，郭某、赵某某等又编造许某玩六合彩欠黑庄钱，勒令许某以此为由向其家里人索要人民币 7000 元。郭某还直接打电话给许某的母亲索要，扬言如果不给钱就把许某拉到唐山去。7 时许，郭某再次给许某的母亲王某打电话，让其到镇商业道的工商银行门前送钱，王某随即到公安机关报案，郭某等人到工商银行后，郭某又给王某打电话，让其到芦台汽车站送钱，王某假装答应筹钱，但未到现场，并关闭了手机。郭某恼羞成怒当即将许某一部诺基亚 1200 型手机扔到路边，并称将许某拉到唐山去。当日 10 时许，因害怕事情败露，当车行至镇天宝大酒店附近时，被告人赵某等将许某释放。

本案中，一审法院认定三人构成绑架罪，认定"情节较轻"，分别判处有期徒刑 8 年，理由是虽有打骂行为但没有造成伤害结果，拿钱后主动释放被绑架人。后检察机关以本案不属于"情节较轻"，量刑畸轻为由提起抗诉，二审法院最终维持了原判。本案中赵某和郭某的行为是否属于"情节较轻"成了检法争议的焦点，需要考虑的事实行为有以下几个：一是取得了数额巨大的赎金；二是连续两次实施绑架犯罪；三是控制被绑架人达到 18 小时；四是暴力行为没有造成严重后果；五是主动释放了被绑架人。本案检法之间争议很大，但是由于没有具体的解释，最后虽经努力抗诉，二审法院依然维持了判决。那么本案中面对众多事实如何认定"情节较轻"与否呢？

二、绑架罪"情节较轻的"理论定位

减轻犯是指刑法分则规定的在基本犯的基础上具有减轻情节并减轻处罚的犯罪。我国刑法中的减轻犯，条文主要有两种表述方法，即"情节较轻的"和"其他积极参加的"。第一种表达方式是综合性的，它的内容包括主客观各种影响行为的社会危害性以及行为人人身危险性的因素，理论界有人将这种情况叫作情节减轻犯。[①] 绑架罪中的"情节较轻的"规定即属于刑法中的减轻犯，而且属于一种情节减轻犯。

减轻犯在刑法理论体系中的定位应为犯罪构成要素，而且属于一种派生的

---

① 马克昌主编：《犯罪通论》，武汉大学出版社 1991 年版，第 39 页。

犯罪构成要素。所谓派生的犯罪构成，是指以普通的犯罪构成为基础，因为具有较轻或者较重的情节或者数额，而加重或者减轻的犯罪构成。这里的所谓派生指的是这样一种犯罪构成，它是以普通的犯罪构成为基础，在这样的前提之下，具有某种较轻的或者较重的情节，由此形成的犯罪构成。[①] 派生的犯罪构成又分为减轻的犯罪构成和加重的犯罪构成。此次刑法修正案（七）将绑架罪的法定刑增加了一档，使之具有了 3 个档次，形成了 3 个罪行单位。第一个罪行单位是普通的犯罪构成，只要犯绑架罪就要处以 10 年以上有期徒刑或者无期徒刑；而后半段规定的"致使被绑架人死亡或者杀害被绑架人的，处死刑"，就是加重的犯罪构成；而刑法修正案（七）规定的"情节较轻的，处五年以上十年以下有期徒刑"，就是减轻的犯罪构成。绑架罪中这 3 种犯罪构成同时具备了。当然本文中只讨论减轻的犯罪构成。

"情节较轻的"规定属于减轻的犯罪构成，那么该规定显然是一种定罪情节，而非量刑情节。它是基本犯与减轻犯的界限，对于罪质的层次有决定意义，能够决定适用何种法定刑幅度。那么我们就要将这种减轻犯的减轻处罚与量刑情节的减轻处罚区分开来。我国《刑法》第 63 条规定："犯罪分子具有本法规定的减轻处罚情节的，应该在法定刑之下判处刑罚。"该条中的情节指的就是量刑情节中的减轻处罚情节。可能包括自首、立功、防卫过当、紧急避险、犯罪预备、犯罪未遂、犯罪中止等，尽管这些情节可能使得量刑突破了法定刑的下限，但还是从属于一定的法定刑幅度的。量刑情节不能决定适用哪一个法定刑幅度，而能决定使用何种法定刑幅度的情节只能是定罪情节。[②] 减轻犯的定罪情节自然也具有此种功能。

既然将"情节较轻的"定位为一种定罪情节，而且与量刑情节区分开来，那么在判定什么是"情节较轻"的时候，就是一种基于绑架犯罪构成要件事实本身的考量，而不包含自首、立功、犯罪预备、未遂、中止等情节考量。有学者认为，在司法实践中，对"情节较轻的"认定，一般应当包括绑架犯罪未遂、中止、索取少量赎金，未伤害被绑架人或致被绑架人轻伤、犯罪后主动投案未造成严重后果等情况。[③] 笔者对此不能认同，该观点将量刑情节和定罪情节混为一谈。如果认定"情节较轻"的时候，考虑了自首、未遂、中止等情节，那么在量刑时又考虑自首、未遂、中止等情节，显然属于重复评价，不

---

① 陈兴良：《口授刑法学》，中国人民大学出版社 2007 年版，第 115 页。

② 陈兴良主编：《刑事司法研究》，中国人民大学出版社 2008 年版，第 49 页。

③ 孙涛：《〈刑法修正案（七）〉对绑架罪的调整与刑罚适用》，载《中国检察官》2009 年第 5 期。

利于准确的定罪量刑。有观点认为，如果不将犯罪预备和未遂规定为绑架罪情节较轻的内容，势必发生这种罪刑不均衡的结果，因此，将预备、未遂纳入绑架罪情节较轻的范围，是由普通情节的绑架罪法定刑较重的现实与罪责刑相适应要求平衡的结果，既将作为"可以从宽型"情节的预备和未遂在绑架罪中转化为"应当从宽型"情节，亦降低了适用其他法定或酌定量刑情节的起点。但必须注意的是，犯罪预备、未遂既已作为绑架罪情节较轻的情形，则不能再作为法定量刑情节，否则将导致重复评价。① 笔者认为这种观点亦不可取。虽然表面避免了重复评价问题，但是法理上却讲不通。既然是刑法总则规定的法定量刑情节，在量刑时不予考虑于法无据，既然考虑肯定涉及重复评价。"可以从宽型"情节通过这种方式转化为"应当从宽型"情节亦于法无据，有变相突破刑法规定之嫌。

　　因此，认定"情节较轻"的时候，只能考虑绑架罪的犯罪构成要素，即犯罪嫌疑人实施绑架犯罪的社会危害性及其人身危险性因素。犯罪构成是行为社会危害性及其程度的集中反映，对某一绑架罪个案是否属于"情节较轻"的评判，不可能脱离构成要件符合性判断而独立进行。② 事实上，对绑架罪犯罪构成要件事实的判断分析过程，就是对"情节较轻"的认定过程。

三、绑架罪"情节较轻"的具体认定

　　"情节较轻"包括哪些情形呢？有的学者将绑架罪"情节较轻"的情形分为两类：一是掳人未取赎而主动、安全释放人质的，或者取赎后主动、安全释放人质且取赎数额不大、没有其他严重情节的情形；二是"事出有因"的绑架行为，且该行为与非法拘禁、敲诈勒索等行为相互交织，又没有对人质进行人身损害的情形。③ 有学者则将绑架罪"情节较轻"的情形分为 5 类："（1）绑架之后，主动释放被绑架人的；（2）绑架之后控制被绑架人时间较短就被查获的；（3）绑架之后没有对被绑架人进行严重殴打、虐待，甚至对被绑架人较为优待的；（4）绑架之后勒索的财物数额不大的；（5）其他的表明行为人人身危险性不大、对于被害人的人身安全的侵害也不严重的情节。"④ 全

---

　　① 葛明、姚军、汤媛媛：《情节较轻的绑架罪之司法认定》，载《人民司法·案例》2009 年第 14 期。

　　② 杨志国：《认定绑架罪"情节较轻的"几个理论问题》，载《中国刑事法杂志》2009 年第 11 期。

　　③ 郑金火：《评析修正后的绑架罪》，载《中国刑事法杂志》2009 年第 6 期。

　　④ 付立庆：《论绑架罪的修正构成的解释与适用》，载《法学家》2009 年第 3 期。

国人大法工委刑法室许永安说："这里的'情节较轻'主要是指主动放弃绑架意图，恢复被绑架人人身自由，并且未造成他人人身伤害、财产损失后果的等情形。"① 以上三种观点有许多相同之处，但同时亦有不同之处，具体适用案件时亦有争议。如果用以上三种观点来分析案例1，亦会得出截然不同的结论，争议仍然存在。

在具体界定"情节较轻的"之前，我们再来看两个案例。这两个案例刊载在最高人民法院主编的《刑事审判参考》中，都发生在刑法修正案（七）之前，都是最后层报最高人民法院在法定刑之下进行量刑的个案，应该说依据当时绑架罪的规定都是应该判处10年以上有期徒刑的案件，但是最后都突破了法定刑。依据最高人民法院的最后量刑来看，这两个案例应该都属于绑架罪"情节较轻的"规定。但是关于对此的理解，各级法院之间也存在较大的分歧，量刑差异可谓天壤之别，尤其是第二个案例，从11年到5年最后到适用缓刑，差别不可谓不大。

案例2：2007年3月的一天，被告人俞某驾驶面包车途经桐乡市内一十字路口时，看到被害人魏某（女，8岁）背着书包独自站在路边，俞某因无力偿还欠他人债务顿生绑架勒索财物之念。于是俞某以送其上学为由，将魏某诱骗上车，后驾车途经桐乡市下属乡镇及相邻的海宁市。其间俞某通过电话，以魏某在其处相要挟，向魏某的父亲以"借"为名索要人民币5万元，并要求将钱汇至自己用假身份证开设的银行卡内。当日10时许，俞某出于害怕，主动放弃继续犯罪，驾车将魏某送回梧桐街道，并出资雇三轮车将魏某安全送回所在学校。

俞某被判处有期徒刑4年，并处罚金3万元，该判决最后层报最高人民法院核准。最高人民法院经审查认为，鉴于俞某绑架犯罪属临时起意，绑架人质采用诱骗方式，控制被害人时间较短，在控制期内未实施暴力、威胁，且能及时醒悟，主动将被害人送回，未对受害人造成心理、身体上的伤害，犯罪手段、情节、危害后果轻，对其可以在法定刑以下判处刑法，核准了该判决。②

案例3：行为人程某从其舅舅家偷走一部传呼机，因舅舅将此事告诉了村里人，程觉得无脸见人，产生了报复动机。一日，程租用"面的"车到其舅舅儿子聪聪上学的学校，将放学的聪聪骗上车拉走。而后程给其舅舅打电话索

① 载中国人大网，http：//www.npc.gov.cn/huiyi/lfzt/xfq/2009－03/05/content＿1495000.htm，2010年5月9日访问。

② 最高人民法院刑事审判第一、二、三、四、五庭主编：《中国刑事审判指导案例》，法律出版社2009年版，第481页。

要 6000 元现金，限两小时交到。程给聪聪买了一些小食品之后，开车到约定地点等候。程舅报警，程父获悉后与公安人员一起赶到现场。当时程与聪聪正在车上打扑克，程父走到"面的"车边搂住程的脖子，程见有公安人员，就把碗片放在聪聪的脖子上说："你们不要过来，过来我就杀了他！"在其父夺碗片时，程划伤聪聪的脖子（表皮伤 0.05cm×3.0cm）。公安人员随即将程抓获。

该案一审判处程某有期徒刑 11 年，二审改判法定刑以下量刑，判处有期徒刑 5 年，上报最高人民法院核准。最高人民法院经复核，认为量刑仍然过重，鉴于本案发生于亲属之间，犯罪情节较轻，被告人有悔罪表现，改判程某有期徒刑 3 年，缓期 5 年执行。①

从这两个案例中，我们可以得出：（1）绑架犯罪分子对被害人控制时间较短，没有对被害人进行殴打、伤害、威胁的，并且主动放弃获取赎金，放弃犯罪将被害人安全送回没有造成严重后果，可以适用"情节较轻的"规定；（2）绑架犯罪发生在亲属之间，为了小事报复亲属的动机，主观恶性小，没有造成严重后果的，也可以适用"情节较轻的"规定。我国不是一个判例法的国家，即使判例对司法实践有一定的指导作用，从判例中得出的这两个原则还是解决不了刚才案件的争议，绑架中取得赎金的能否认定，连续两次犯绑架罪的能否认定？

笔者认为，刑法修正案（七）对绑架罪的修订属于一种笼统简约的立法方式。简单规定（"情节较轻的"，"情节严重的"）可以适应司法实践的丰富多彩的情况及其需要，保持法律适用的足够弹性，但这也给司法者留下了过大的自由裁量空间，为法律之内的"设租"、"寻租"提供了可能，增加了法官的自由裁量权。② 这直接导致了法官的自由裁量权可以跨越两个量刑档次，从最低 5 年到最高无期徒刑的范围内自由裁量，权力太大。"一切有权力的人都容易滥用权力，这是万古不易的一条经验。"③ 因此，我们有必要对"情节较轻"进行解释，将法官的自由裁量权限制在 5 年到 10 年有期徒刑之间，或者 10 年以上有期徒刑到无期徒刑之间，缩小法官的自由裁量权。

前面已经论述过考虑绑架罪是否"情节较轻"的依据是绑架罪的犯罪构成要素事实，即行为人实施绑架犯罪的社会危害性及其人身危险性因素。具体

---

① 最高人民法院刑事审判第一、二、三、四、五庭主编：《中国刑事审判指导案例》，法律出版社 2009 年版，第 469—471 页。

② 付立庆：《论绑架罪的修正构成的解释与适用》，载《法学家》2009 年第 3 期。

③ ［法］孟德斯鸠：《论法的精神》（上册），商务印书馆 1959 年版，第 184 页。

应从以下几个方面考量：

1. 危害行为之犯罪手段。绑架犯罪被认为是严重侵害人身权利的犯罪之一，其严重侵害性主要体现在犯罪行为手段上，一定程度上说，犯罪手段决定了社会危害性。具体到绑架犯罪，犯罪手段有严重暴力、威胁、一般暴力、威胁、威胁但未使用暴力、既未威胁亦未使用暴力之分，在拘禁时间上有长时间拘禁、短时间拘禁和被害人不知道自己被拘禁之分。这些因素均决定了绑架犯罪的社会危害性。

2. 危害行为之是否主动释放人质。许多学者都将主动释放人质列为"情节较轻的"一种情形。笔者认为对此应该具体分析。主动释放人质是和被动释放人质相对应的，不主动释放人质即可能有以下几种结果：杀害人质、人质逃跑或被解救。在大部分的绑架案中，犯罪分子要么杀害人质要么释放人质，杀害人质就是死刑，如果只要主动释放人质就认为"情节较轻"，而不考虑取得赎金数额和对人质的伤害情况，那么量刑肯定会失衡。

3. 危害结果之人身伤害。除去造成被害人死亡，确定判处死刑外。造成被害人的伤害结果有致人重伤且造成严重残疾、一般重伤、轻伤、轻微伤和没有造成伤害的程度之分。当然也存在造成被害人严重的精神伤害的情况。这种伤害结果是评判社会危害性的重要方面。

4. 危害结果之财产损失。绑架犯罪侵犯的是复杂客体，不仅侵犯了人身权利，还侵犯了财产权利。因此，取得赎金的数额也是考虑其社会危害性的因素之一。取得赎金数额可以分为数额特别巨大、数额巨大、数额较大和没有取得赎金之分。没有取得赎金又分为放弃勒索赎金、勒索赎金后放弃取得赎金和客观上没有取得赎金之分。

如果绑架犯罪既遂，且取得数额巨大的财产，则不应当认定"情节较轻"。数额巨大依据目前的相关司法解释，宜定1万元。而且依据法律的规定，抢劫犯罪如果数额达到了1万元，也应该在10年以上量刑，绑架犯罪的危害要比抢劫罪大，如果绑架犯罪获得了1万元的财产而认定"情节较轻"，在10年以下量刑，不符合法律的精神，亦会导致量刑的不均衡。具体到开头的案例1，被告人绑架已经既遂并且取得了1万元钱，单凭这一点就应该在10年以上量刑。

5. 人身危险性之是否主动放弃犯罪。刚才提到了主动释放人质，释放人质并不一定放弃犯罪，有可能是取得赎金后的释放人质，主观恶性仍然较大。因为绑架犯罪控制了人质即构成了既遂，而此时放弃犯罪也不构成犯罪中止，不能减轻处罚，因此这种主动放弃犯罪的行为应认定为"情节较轻"。主动放弃犯罪是指绑架人质后积极采取补救措施放弃犯罪，如放弃继续勒索赎金，或者在获取赎金之前，自动放弃对被害人的人身控制，并将被害人安全送回。此时，犯罪分子主动放弃犯罪，其人身危险性已经很低，社会危害性也已经消除。

综上，笔者认为应将"情节较轻的"认定为主动放弃绑架意图，恢复被绑架人人身自由，并且未造成他人人身严重伤害、财产数额巨大损失等情形。严重伤害宜定为轻伤，数额巨大宜定为 1 万元。

认定"情节较轻"是一项综合的工程，应该从社会危害性与人身危险性两方面综合考量，而不能抓住其中一点不放。具体到本文开头的案例，笔者认为，本案不能认定"情节较轻"，因为：（1）赵某、郭某等在不到两个月的时间内实施了两起绑架犯罪，主观恶性较大。（2）本案中，第一起犯罪拘禁人质长达 18 小时，其间有打骂及恐吓行为，而且取得了赎金 1 万元，仅仅取得赎金 1 万元这一点就不能认定"情节较轻"。第二起犯罪拘禁人质 13 小时，其间有打骂及恐吓行为，勒索赎金后，放弃了取得赎金并将人质释放。该起犯罪可以认定"情节较轻"。综合以上两点，赵某和郭某等的行为不属于"情节较轻"，不能适用该规定。

对一起抢劫案的评析*

——兼论财产属性的转化对案件定性的影响

施长征

一、基本案情

被告人马某，无固定职业。马某与朋友赵某、李某在一起闲聊时，谈到最近手头紧。马某提议将高速公路收费站的收费人员赶走后，收取费用还账。当日下午，三人携带棍棒来到某高速公路收费站。马某拿出棍棒，称刚从监狱出来，没有钱花，要"征用"收费站 6 小时。命令值班收费人员鲁某、宋某把发票和已收的钱款都带走，到外面的车上休息，否则，将使二人受"皮肉之苦"。赵、李将鲁、宋二人带到车上，并一起在车上等候。其间，鲁、宋二人除不得进入收费站外，可自行活动。马某则按照高速公路计费标准对通行车辆收费，但称发票用完，不给司机开发票。收费 6 小时后，马某等人离开，共获得人民币 3 万元。

二、分歧意见

第一种意见认为马某等三人构成诈骗罪，虽然马某等三人以暴力手段相威胁将两名收费人员赶出收费站，但并没有从收费人员那里强行劫取财产，反而还让收费人员将已收钱款和发票都带走。在赶走收费人员后，马某隐瞒自己的真实身份，冒充收费人员，虚构发票已经用完的事实，最终从通行车辆司机那里骗得钱款，所以应当认定诈骗罪。

第二种意见认为马某等三人构成抢劫罪。马某等三人使用胁迫的手段"控制"两名收费人员，强行取得高速公路收费权，将本该由两名收费人员收

---

* 本文发表于《中国检察官》2009 年第 7 期。作者简介：施长征，天津市人民检察院第二分院公诉处干部。

取的费用非法占为已有，已经触犯了我国刑法第 263 条的规定，构成抢劫罪。

三、评析意见

（一）马某等人的行为不构成诈骗罪

诈骗罪，是以非法占有为目的，使用虚构事实或者隐瞒真相的方法骗取数额较大的公共财物的行为。诈骗行为的成立必须同时具备以下几个要素：（1）行为人采用了欺骗手段；（2）受害人发生了错误认识；（3）受害人基于错误认识而实施了自愿处分财产的行为；（4）行为人获取财物或者财产性利益，且数额较大。

在本案中，马某确实实施了隐瞒自己真实身份、冒充收费人员收费的行为，但通行车辆司机对于马某的隐瞒、冒充行为不存在是否发生错误认识的问题，因为通过公路收费站必须交纳公路通行费，这既是法律规定也是常识性知识，收费人员不是也不应是司机有意识去认识的对象，司机根本不用理会收费站里收费的人到底是谁，司机更没有对具体的收费人员进行辨识的义务。司机交纳通行费，这一自愿处分财产的行为也不是基于对具体收费人员的认识错误而作出的，而是基于对通过收费站应当交纳通行费的当然认识而作出的，这一当然认识来自于司机个体的法律性认知、常识性认识或经验性事实。本案中马某等人的行为根本不符合诈骗罪的行为构造。而且，本案定性的关键是要注意到在财产属性的转化，如果只认识到马某等人的犯罪行为取得的财产的形式——钱或货币，而不分析实质的财产属性，就会产生错误的定性。

（二）马某的行为构成抢劫罪

抢劫罪是以非法占有为目的，以暴力、胁迫或其他方法，强行劫取公私财物的行为。暴力、胁迫或者其他强制方法，是抢劫罪的手段行为；强行劫取公私财物，是抢劫罪的目的行为。

本案中，马某等人使用以暴力相威胁的胁迫手段，将收费人员赶走，并一直用胁迫的手段限制收费人员的活动范围使其不能进入收费站，这是为抢劫高速公路通行费做准备。在司机通过收费窗口交付货币时（无论具体接收钱款的人是谁），与高速公路通行计费额度等值的货币的属性已经发生了变化，即由属于个人所有的货币转变为由收费站所有的高速公路通行费。马某并非从过路司机那里骗得属于司机个人所有的财产，而是非法占有了属于收费站所有的高速公路通行费。马某等人以暴力相威胁的手段赶走收费人员，并持续以胁迫的手段使工作人员不能进入收费站正常履行职责，强行将属于收费站所有的高速公路通行费据有己有，符合抢劫罪的"两个当场"的特征，显然构成抢劫罪。

　　在认定抢劫罪的同时，又得出抢劫的对象是高速公路收费权的结论，这显然是不正确的。高速公路收费权是依据法律规定经特定程序赋予特定机构或工作人员的权利，即使犯罪分子从形式上做出了收费的行为，也不能就此认定其行使的是高速公路收费权。

　　财产属性的转化可能影响案件的定性，不能只看到钱款或货币的形式，而不分析其财产属性。一定数量货币在司机那里，属于个人所有的财产，司机在收费站交纳钱款的时候，从钱款的来源、用途和其所处环境、系统分析，此钱款已经具有了高速公路通行费的属性。同等数额的货币在不同地方可能有不同的属性。认识财产属性的转化，有助于帮助我们对其他犯罪构成要件事实的判断。

浅谈对送达程序违法的检察监督 *

郭　锐

司法公正要靠正确执行程序法和实体法来保证，法律监督不仅要保障最终实体上的公正，更要注重在执法过程中严格遵守程序要求和规范。送达程序是诉讼程序组成部分，虽然看似简单，但却是保障当事人诉讼权益，确保实体判决的合法、公正的第一环节，稍有不慎就会造成申诉上访案件的发生，引发不稳定因素。几年来，天津市检察院第二分院民行处受理的几起因送达程序违法而出现的申诉案件当引以为鉴。

一、问题的提出

（一）三则送达程序违法引发的申诉案例

1. 张某运输合同纠纷案。2007 年 6 月刘某经人介绍，为天津市某区华明家园工程进行小型自卸车辆运输，由于运输费一直未付，刘某诉至法院，主张张某系该工程发包人，要求张某给付运输费 3180 元并承担诉讼费用。法院在未采用直接送达或者其他送达方式的情况下，直接采用公告方式对张某送达诉讼文书，致使申诉人张某未能到庭参加诉讼、进行抗辩，剥夺了申诉人应享有的诉讼权利，根据民事诉讼法的相关规定，我院对该案提出抗诉，法院采纳我院抗诉意见，已裁定再审此案。

2. 李某物业纠纷案。2008 年 3 月 7 日，嘉禾物业公司向某区法院起诉李某，请求判令李某给付 2005 年 1 月至 12 月的物业管理服务费 1267.68 元。某区法院于同年 3 月 10 日立案。嘉禾物业公司在起诉状和法院要求其填写的《送达地址及联系方式确认书》中均写明李某的地址为某区宁波道某小区 10 栋底商 957 号 F 座，而法院却在同年 3 月 13 日向已无人居住的李某户籍地邮寄送达相关法律文书，邮件被退回后，法院又于同年 4 月 16 日在户籍地进行

---

　　* 本文发表于《中国检察官》2011 年第 16 期。作者简介：郭锐，天津市人民检察院第二分院民事行政检察处干部。

公告送达，而始终未向嘉禾物业公司写明的底商地址直接送达、邮寄送达和公告送达，致使李某在不知情的情况下始终未能参加此次诉讼。

3. 李某租赁合同纠纷案。申诉人李某因与某公司租赁合同纠纷案，某公司于9月向法院起诉李某，要求李某支付所欠的租赁费。法院于11月23日径直在人民法院报公告通知李某开庭，而后11月27日向李某邮寄传票，法院先公告后邮寄送达，且人民法院发出的传票标明的开庭日期与公告应开庭日期和实际开庭日期三者并不同一，客观上造成了申诉人无法到庭应诉，剥夺了其应有的诉讼权利，且申诉人知道时已经过了上诉期限，故来我院申诉，我院依法抗诉，法院已裁定再审。

（二）违规之环节

民事诉讼中的送达，是人民法院按照法定的方式和程序，将诉讼文书交给当事人及其他诉讼参与人的行为。民事诉讼法上规定了5种送达方式，加之相关的司法解释，对送达程序和方式进行了规定。但上述3个案例，均为法院违反法定送达程序引起检察机关抗诉的案例，具有一定的代表性。主要表现有：（1）随意扩大了公告送达的适用范围。公告送达作为送达方式的一种，是法院在受送达人下落不明，或者以其他方式无法送达的情况下，法院发出公告，公告发出后经过一定的时间即视为送达的方式。公告期满，法院可依法缺席判决。法律规定公告送达必须以穷尽其他送达方式为前提。实践中，部分法院未优先采用当事人已经提供联系方式，包括与当事人电话联系即可获取的联系方式，径直采用公告送达方式，使得法律有严格限定的公告送达条件被随意扩大，导致了当事人提出质疑，发生申诉、缠访等问题。（2）审判人员审查当事人提供的信息责任心不够、不细致，未按照当事人提供的联系方式送达。当事人在诉讼中准确提供了有效联系方式，但案件承办人却不严格按照当事人提供的地址送达诉讼文书，致使当事人未能有效收到相关法律文书，进而剥夺了其参与庭审和辩论的权利。（3）同时采用多种送达方式送达，随意变更诉讼进程。实践中，部分审判人员为了节省时间，提高效率，违反规定，同时采用两种以上送达方式送达，造成了司法程序混乱。

司法实践中，往往就是这些看似不起眼的细小环节的瑕疵，给当事人合法权益带来严重的损害，进而构成社会不稳定因素。

二、送达程序违法带来的影响和危害

严格依法定程序办案是确保取得司法公信力的必要前提，也是审判机关和检察机关共同的追求。司法程序1%的缺失，都会导致当事人100%的损失，进而成为引发不和谐音符的诱因之一。在司法实践中，因送达程序不规范引发的危害性结果主要有以下几种：

1. 当事人程序性权利被剥夺，引发了不必要的缠访缠诉，影响社会稳定。这三起案例，前两起都是因为法院工作人员没有根据当事人提供的有效送达地址采取合法的送达方式致使被告一方没有接到法院传票，导致当事人没有参加诉讼，丧失了出庭申辩的权利，致使其在没有充分行使权利的情况下败诉，甚至在财产被强制执行情况下才知晓被诉讼，必然导致当事人不满和怨恨。这些案件，如果按照正常程序审理，当事人或许也会败诉，但被剥夺权利的败诉和权利正常行使的败诉导致的社会和法律效果是截然不同的。权利正常行使的败诉充其量是引起败诉方依法上诉，剥夺权利的败诉则会导致当事人对法律权威性的质疑，进而使案件的当事人将不满情绪转化成怨愤，由上诉变为申诉，甚至缠访缠诉，在一定程序上影响了社会稳定。

2. 导致诉讼效率降低，造成了司法资源的浪费。一些案件法律关系简单、事实清楚，本来能够及时审结，但是由于送达程序的违法，致使案件还要经历抗诉、再审等程序，既降低了诉讼效率，又造成了诉讼资源的浪费。这三起案例都属于事实清楚，关系简单的案件，如果不是在送达程序出现纰漏，通过一审，至多二审就可以案结事了。但由于这一细节的瑕疵，当事人通过申诉渠道，启动了抗诉、再审等诉讼程序，这无疑使本来就紧张的诉讼资源雪上加霜，不仅导致诉讼的低效率、重复审判，也导致人、财、物等司法资源的极大浪费。

3. 在一定程度上损害了司法公正和司法权威。司法公正要靠正确执行程序法和实体法来保证，两者缺一不可。对程序的不严格遵循，一方面可能会造成"冤假错案"，另一方面会导致公众对其实体结果是否公正的质疑，损害了司法公信和权威。"徒法不足以自行"，程序法也好，实体法也罢，再好的法律也要通过司法人员的正确履行而得以实施。如果法律得不到正确有效的实施，就是对法律的亵渎和否定，法律的权威性和公正性也就无从谈起。送达程序也是如此，看似简单，但因为它是民事司法程序的开端，如果出现不规范就会影响到整个程序的公正和权威。在第三起案件中，同一案件，却出现了"传票标明的开庭日期"、"公告应开庭日期"、"实际开庭日期"3个不同的时间，使当事人纵有分身之术，也是难以应付，这不能不说是对法律的亵渎，是对司法权威性的挑战。

三、对违法送达程序的检察监督

综上所述，在民事行政检察工作中，我们不仅要关注诉讼程序关键环节的流程，也要关注细小环节的规范执行和遵守，不管哪一个诉讼环节只要关乎法律统一正确实施、只要涉及当事人切身的权益都应成为民行检察工作监督的重点。鉴于送达在当事人程序利益保障、民事实体正义实现上所具有的重要意义，以及实践中存在为数不少因送达不当而引发申诉、上访的申诉案件，从民行工作的职能要求出发，加大对送达程序不当民事案件的监督，对于切实保障当事人的合法权益，维护法律的神圣与尊严无疑具有重要意义，鉴于此，对送达程序的监督应该引起民行检察工作的重视。

1. 对于严重违反送达的法律规定，并且对实体判决产生影响的，检察机关应当依法履行抗诉职权进行监督并纠正错误。对于下列符合《民事诉讼法》第 179 条列举的再审条件申诉案件：（1）第 179 条第 1 款第 9 项规定的"无诉讼行为能力人未经法定代理人代为诉讼或者应该参加诉讼的当事人，因不能归责于本人或者其诉讼代理人的事由，未参加诉讼的"；（2）第 179 条第 1 款第 10 项规定的"违反法律规定，剥夺当事人辩论权利的"；（3）第 179 条第 1 款第 11 项规定的"未经传票传唤，缺席审判的"；（4）第 179 条第 2 款规定的"对违反法定程序可能影响案件正确判决、裁定的情形……"要依法通过抗诉的形式予以监督纠正，确保法律的统一正确实施。

2. 对于当事人隐瞒正确的信息情况进行恶意诉讼及与司法人员勾结故意违法送达从而侵害一方当事人合法权益的，检察机关要予以关注，发现有司法人员滥用职权、徇私枉法等犯罪情节的要根据《关于对司法工作人员在诉讼活动中的渎职行为加强法律监督的若干规定（试行）》等相关规定及时将案件线索移交渎职侵权部门审查。

3. 对送达程序中反复出现的同一类问题，检察机关应以相关的案例为基础，说明法院送达不符合规定、操作不规范从而引发的矛盾和问题，根据最高人民法院和最高人民检察院最近联合签发的《关于对民事审判活动与行政诉讼实行法律监督的若干意见（试行）》第 9 条向法院发出对这些问题进行研究并纠正的检察建议。

4. 对于个别司法承办人员因为责任心不强、不遵守相关程序规范，致使送达程序存在一定瑕疵，引起申诉人上访、缠诉进而影响社会稳定的，检察机关应采用纠正违法通知书或者监督意见书等形式予以监督，并将相关问题通报承办人所在法院纪检监察部门。

笑里藏刀贩毒品　法网难逃入牢房[*]

盛国文

一、典型案件

三十六计第十计为笑里藏刀，其文曰："信而安之，阴以图之；备而后动，勿使有变。刚中柔外也。"意思是说，施计者为了达到不可告人的目的，故作友好的状态，使对方信以为真，从而麻痹大意，进而实现自身意图。这是一个暗藏杀机而外示友好的策略。这一策略不仅在战场上层出不穷，在商场上也是屡见不鲜。特别是一些不法之徒为了达到险恶目的，笑里藏刀几乎成了他们的惯用伎俩。

外籍人员刘易斯在中国无固定职业，靠批发小家电出口至非洲谋生。2009年年底，其通过网络聊天结识了从事商贸经营活动的天津人徐某，经过往来逐渐取得徐某信任。2010年年初，刘易斯致电徐某称其外籍朋友欲将在津投资从事假发加工出口活动，意欲在天津寻找合伙人，负责处理假发产品生产及销售工作，徐某欣然应允。而后刘易斯告知徐某其朋友近日会将假发样品通过国际快递途径邮寄至天津，要求徐某领取。天津海关驻邮局办事处对以徐某为收件人、申报品名为假发的进口邮寄包裹进行查验，发现其中除假发数小袋以外，另夹藏一包干草状植物。经鉴定，该植物为毒品大麻，重量约为10克。

海关缉私人员在徐某前往邮局收取邮件时将其依法控制，徐某对该邮件内装毒品无法进行解释，也无法提供刘易斯的真实姓名及详细情况，司法机关以涉嫌非法持有毒品罪对其采取强制措施。后经技术性侦查工作措施，缉私人员将身在广东东莞的刘易斯抓获，其供述了伙同境外人员以商务合作为幌子，骗取中国公民信任及其联系方式，利用无辜公民收领含毒包裹后再亲身前来索取的方式非法走私毒品的事实。这一供述，证实了徐某对毒品不知情、确系被蒙

<hr>

[*] 本文发表于《天津日报》2012年4月12日。作者简介：盛国文，天津市人民检察院第二分院公诉处干部。

骗的事实。后徐某被解除强制措施，刘易斯被判刑。这就是刘易斯"笑里藏刀贩'毒'计"，缉私局"金睛拯救迷茫人"。

二、检察官警示

近年来，为非法牟取暴利并逃避司法机关的制裁，毒品犯罪分子贩卖、走私毒品的手法也日益翻新，而邮递渠道走私贩毒具有见货不见人、成本低、利润大的特点，成为毒贩觊觎的重点走私途径，该类案件在广州、北京地区频发，而近年天津市检察机关办理走私毒品案件数量显著增多，呈现出逐步向天津扩展的态势。走私毒品犯罪分子往往是外籍人员或者是被外籍人员雇佣的中国居民，其常用作案手法是先以交友为名，骗取群众信任，获取家庭地址等联系方式，后以商务合作收领样品、帮助代领包裹转寄等幌子，将含毒邮件以被骗者为收件人邮寄，被骗者收到邮件后或者被要求转寄他处或者由另人来取，从而达到毒贩不法目的。在邮件的流转过程中，毒贩严密监控，一旦发现收件人被控制，便立即切断联系，大大降低了其本人被抓获的风险。而由于毒贩提供给他人的信息纯系虚假，联系过程也较为隐蔽，用语含糊晦涩，导致收件人领取毒品被司法机关控制后，往往难以提供自己确系被蒙骗的证据，从而增加了在证据法意义上被追诉的法律风险。最高人民法院、最高人民检察院、公安部《办理毒品犯罪案件适用法律若干问题的意见》明确规定："具有下列情形之一，不能做出合理解释的，可以认定为对毒品的明知，有证据证明确系被蒙骗的除外……以蒙蔽手段逃避海关检查，在邮寄的物品中查获毒品的；采用高度隐蔽的方式交接毒品，明显违背合法物品惯常交接方式的……"即如果当事人无法进行合理解释，亦无证据证明自己被蒙骗的，就要承担受到法律追究的风险。如果不是海关缉毒人员将正犯抓捕归案，徐某将难逃此劫。

检察官特提醒市民在与外籍人士交往，特别是在进行商贸活动过程中，要切实增强防范意识，遇到不熟悉之人，切不可被其虚伪的仁义假象所蒙蔽，尤其是当遇到境外人员要求帮助代收邮件或者收领所谓产品样品邮件时，一定要多加思考、谨慎而行，以防成为不法分子的贩毒工具和帮助者。

李代桃僵获利　焉能逃过法眼*

马　望

张某某、刘某某采取"李代桃僵"的办法，以一家成立当日即因违章违法被注销的 B 商贸公司的名义与一家外资公司签订了销售协议和分销协议，由外资公司供给商贸公司装饰材料，先销售后返款。货款达到 50 余万元时，张某某以其个人成立的销售部的名义偿还了外资公司 12 万多元，并对剩余欠款进行了确认。刘某某也以其个人经营的销售部对欠款予以盖章认可。之后就以对 B 商贸公司债务没有履行义务为由，对近 38 万元尾款拖欠不还，双方多次协商，未达成一致意见。无奈外资公司将张某某、刘某某诉至法院要求还款。

在审理过程中，张、刘二人利用注销的 B 公司签订合同的行为未引起两审法院的注意，因此，法院审理后认为，张某某、刘某某的行为属于职务行为，该欠款应由商贸公司偿还。在此期间，张某某、刘某某虽然偿还了外资公司 12 万余元，并不能说明 B 商贸公司的债务转移到张某某、刘某某名下。因此，外资公司应向 B 商贸公司主张权利，而不应向张某某、刘某某索要欠款，判决驳回外资公司的诉讼请求。

本案判决生效后，原告某外资公司向检察机关提出申诉，检察机关民事行政检察部门经过认真审查、核实证据，发现了 B 商贸公司成立当日因违章违法而被注销的法律事实。张、刘二人采取"李代桃僵"的方式用被注销的商贸公司与外资公司签订销售和分销协议书，有规避法律之嫌。其行为不仅有失诚实信用的商业原则，也有违相关法律规定。《最高人民法院关于适用〈中华人民共和国民事诉讼法〉若干问题的意见》第 49 条规定："冒用法人名义进行民事活动的以直接责任人为当事人。"因此，此案中虽然两份协议书都盖有 B 商贸公司的印章，但因 B 公司被注销的法律事实在先，张、刘以此名义签订

---

　　* 本文发表于《天津日报》2012 年 3 月 15 日。作者简介：马望，天津市人民检察院第二分院民事行政检察处干部。

合同而导致的一切后果应由其个人承担法律责任。

为此，检察机关依法行使对民事审判的检察监督职权，提起抗诉。该案被指令再审，最终法院支持了检察院的抗诉意见和外资公司的诉讼请求，改判张、刘二人承担还款责任。

市场经济是诚信经济，没有诚实信用体系作保障，市场经济就会成为社会怪胎。在此案中，张、刘二人以为通过"李代桃僵"之计即可达到规避法律、获取非法利益目的之行为，是对诚实信用规则的破坏，如果不予遏制，将会引发示范效应，从而破坏良好的市场经济规则。市场经济更是法治经济，没有良好的法治环境，就不可能有健全的市场经济。张、刘二人用注销的公司签订合同是对法律的亵渎，如果任其所为，就会破坏我市良好的投资环境。司法机关是社会公正的最后防线，在维护正常的市场经济的法治环境中起着举足轻重的作用。在案件审理中，无论是作为肩负审判职责的人民法院，还是肩负监督使命的人民检察院，都必须坚持事实的客观性和法律的严谨性，不枉不纵，维护法律的公正，只有如此，才能维护社会诚信原则，遏制破坏社会主义市场经济规则的各种行为发生，为经济社会的良性发展提供坚实的司法保障。

本案的意义不仅在于通过抗诉实现了公正裁判，案结事了，更大的意义还在于，体现了检察机关强化法律监督职能、维护国家法律统一、营造法治软环境助推我市经济发展的重要地位作用，并且在外资企业面前展示了中国检察机关和检察官队伍严谨、公正、清廉、文明的职业形象。

走为上只为赖账　网恢恢疏而不漏[*]

盛国文

俗话说，三十六计走为上计。"走为上"是三十六计的最后一计，其文曰："全师避敌。左次无咎，未失常也。"意思是说在不利的形势下，主动而有序地撤退，是保存实力的最佳选择。古人云，两害相权取其轻，两利相权取其重。走为上计是不得已而为之，属于两害相权取其轻也。伟大的战略家在战场上为了保存自己，消灭敌人，在敌强我弱的情势下，常用此计。但现实生活中，个别"老赖"也希冀用此办法达到赖账的目的就未免"机关算尽太聪明"了。

一、典型案例

易某原在天津某高校从事外语教学工作，为赶时髦，申领了某银行天津分行的信用卡进行透支消费。易某因欠缺透支消费、按期还款的信用卡使用的良好习惯，在其开卡后的一年内，出现多次逾期未归还欠款的情形，但由于透支数额较小，且逾期时间较短，银行在其还款时除按照规定收取逾期滞纳金及利息外，并未认定其信用卡使用存在异常情况。后易某在境外出差时使用该信用卡透支进行大额购物消费，本意欲分期按照最低额还款，但因其消费数额巨大，已经超出了其正常的收入水平，归还欠款已力不从心。于是，易某干脆放弃还款的打算，并玩起了走为上之策略。在未按期归还透支欠款的状况下，他辞去了在津的工作，应聘至山东某高校，也未将改变后的住所及联系方式通知发卡银行，与银行玩起了失踪游戏。数月后，银行工作人员按照易某在开卡时预留的原住址和工作单位进行多次上门催收，但均未能联系到本人。后银行报警，公安机关以易某涉嫌信用卡诈骗罪立案侦查，并在山东找到易某，易某遂联系亲友将所欠银行透支款项归还。2012年初，

* 本文发表于《天津日报》2012年5月10日。作者简介：盛国文，天津市人民检察院第二分院公诉处干部。

法院以易某犯有信用卡诈骗罪依法判处其有期徒刑并处罚金。看来，做了违法之事，走，非上计。

二、检察官警示

信用卡是一种以诚实信用原则为基础的现代金融服务方式。具有购物便利、支付快捷、适度透支的优点，不仅改变了传统的现金交易方式，也方便了消费者的日常生活。但关于信用卡的使用及还款规则，银行有着严格的规定，透支取现出现逾期归还或不还，持卡人不仅承担多缴高额滞纳金及利息并造成信用污点记入银行征信系统等民事责任，而且一旦被认定为恶意透支，数额较大，将跌入犯罪的深渊，科处刑罚。

《中华人民共和国刑法》第 196 条第 2 款及《关于办理妨害信用卡管理刑事案件具体应用法律的若干问题的解释》第 6 条明确规定："恶意透支是指持卡人以非法占有为目的，超过规定限额或期限透支，并经发卡银行两次催收后超过三个月仍不归还的行为……具有下列情形之一的，应当认定为非法占有为目的：……明知没有还款能力而大量透支，无法归还的；肆意挥霍透支资金，无法归还的；透支后逃匿、改变联系方式，逃避银行催收的……"可见，我国刑法关于认定恶意透支型信用卡诈骗罪的成立条件为超额超期透支、银行两次催收、三个月不还、非法占有为目的 4 个方面要件同时具备，而其中非法占有为目的的认定均依照持卡人的客观行为进行直接推定，大额资金的透支取现而未归还的行为极易被认定为主观不法。更值得注意的是，刑法并未明确催收必须是实际催收到本人，一旦持卡人改变联系方式未通知银行，银行只要按照开卡时的原留联系方式进行符合法律规定次数的催收，即使持卡人不知道已被催缴，也具备刑法上的效力。另外，从信用卡诈骗罪的犯罪构成及既未遂标准上来看，在银行催收 3 个月后不归还即视为持卡人非法占有了银行财产，该罪名即告成立。因此，在公安机关立案以后归还欠款的，仅属于从轻酌定量刑情节予以考虑。

从检察机关办案实践来看，除却部分人员在申领信用卡时即怀有透支恶意不法动机的案件以外，普通公众由于使用信用卡不当，存在由正常使用逐步演变成恶意透支的群体。还有部分群众，虽然计划按照最低额分期还款，但缺乏对信用卡使用规则及法律规定的了解，在联系方式变更的情况下，不及时通知银行导致银行无法查找本人，或者在银行催缴后改变联系方式予以回避，而被认定为恶意透支，触犯刑律。

检察机关特此提醒广大市民，使用信用卡应谨慎理性，坚守诚实守信之立场，严格遵守信用卡使用规则，要根据自己的实际收入水平，量入为出，保持良好的信用记录；在单方变更联系方式时，及时通知发卡银行，保证银行账单及催收单的及时收复，规避被认定为恶意透支的法律风险；发放信用卡的银行也要严格信用卡管理和使用制度，建立相应的透支预警和惩戒制度，及时提醒使用者保持良好的诚信记录。

保险利益：以经济价值衡量的正当利益[*]

郭　锐

2009 年 2 月 28 日，十一届全国人大常委会第七次会议表决通过了修订后的保险法。修订后的保险法于 2009 年 10 月 1 日实施，新保险法对"保险利益"作了修改和完善，本文对保险利益的基本问题作一些探讨，以期抛砖引玉。

一、保险利益界定：一切可以经济价值衡量的正当利益

我国新修订的《保险法》第 12 条明确指出，"保险利益是指投保人或者被保险人对保险标的具有的法律上承认的利益"。相较原法，补充了被保险人这一利益主体，但关于保险利益的界定，仍沿用原法的定义。

理论上一般将保险利益描述为投保人或被保险人对于保险标的所具有的一种利害关系，即投保人或被保险人因保险事故的发生而受损，或因保险事故的不发生而受益的损益关系。目前，学者对保险利益范围的界定，主要可以分为经济利益说和法律利益说。

（一）经济利益说

经济利益说主张保险利益是投保人或被保险人对保险标的物或被保险人人身具有的经济利益。同时对于保险利益原则是否可适用于人身保险的问题，经济利益说者内部又有不同的看法。多数英美法系国家的学者，长期以来一直认为，保险利益系指经济上可以金钱计算之利益，包括财产保险合同和人身保险合同。而持经济利益说的多数大陆法系学者，基于人的生命是无法以金钱来衡量的理论，认为保险利益原则不适用人身保险合同。

经济利益说与保险"无损失无保险"的理念相符，然而，利益不仅仅只有经济利益一种，损失也不可能只会发生经济利益的一种损失。有人以人身保

---

　　[*] 本文发表于《检察日报》2009 年 10 月 27 日。作者简介：郭锐，天津市人民检察院第二分院民事行政检察处干部。

险的这种补偿与保费只能以经济的形式（货币）体现出来作为主张经济利益说的理由。笔者认为这种理由是站不住脚的，以"经济的形式体现"和人身保险中的"保险利益是经济利益"是两个不同的概念，以"经济的形式体现"在这里不能被偷换成人身保险中的保险利益是经济利益。例如，父母为子女投保意外伤害保险，显然其中的保险利益是人身利益而不是财产利益，尽管这里的人身利益最终要以金钱的方式进行补偿。

（二）法律利益说

保险利益之法律利益说又可分为利害关系说和适法利益说。

1. 利害关系说。利害关系说主张保险利益是投保人或被保险人对保险标的物或被保险人人身所具有的利害关系。作为目前台湾地区的通说，利害关系说主要是依据英国《海上保险法》第 5 节第 1 款的规定，"凡对于特定海上冒险有利害关系者，有保险利益"，其目的是解决经济利益说无法适用于人身保险的问题。利害关系说力求调和保险利益在财产保险和人身保险之间适用所产生的矛盾，寻求两者之间的平衡点，在一定程度上解决了经济利益说无法适用于人身保险的局限。

2. 适法利益说。适法利益说认为保险利益是投保人或被保险人对保险标的物或被保险人人身所具有的合法利益。我国李玉泉、邹海林等诸多学者均持此观点，这种观点多少反映了国家干预私人民商事活动的思想，与我国新《保险法》第 12 条保险利益的定义是一致的。适法利益说主张法律承认的利益方可谓之保险利益，即保险利益的合法性，使保险利益原则在合法性的要求下较统一地适用于财产保险和人身保险合同。但这种对保险利益理论上的统一却忽视了法律本身所具有的局限性即滞后性、调整范围的有限性等，使保险人在日新月异的社会经济生活和激烈的市场竞争中无法根据实际具体情况及时创新出新的险种以满足不断扩大的被保险人的需求。

综上，对保险利益定义学说的分析，笔者更倾向于经济利益说理论，保险利益是"保险利益的归属者"对保险标的物或被保险人人身所具有的正当利益。其中"正当"的判断标准不应为仅限于"法律所承认的"，因为法律本身的滞后性、调整范围的有限性会造成保险利益认定的局限，而应当从最初设计保险利益的目的，即区分保险与赌博行为、防范道德风险出发考虑，只要该保险利益的享有不为赌博、不违背法律的强制性规定及社会的公序良俗，即为保险利益。如对于期待利益是否构成保险利益这一问题，笔者认为，只要该期待利益不违背法律的强制性规定及公序良俗，而且该期待利益的丧失的确会导致投保人或被保险人实际可能利益的减损，那么承认其具有保险利益是符合保险弥补损害这一功能设定的。树立保险利益是一个发展的、开放性的观念，有助于保险事业开拓新的空间，发挥更大的积极效用。但是，新修订的保险法并未改变原保险法对保险利益的界定。

二、保险利益对保险合同效力影响

原《保险法》第 12 条第 2 款笼统地规定"投保人对保险标的不具有保险利益的保险合同无效"，既不符合法理，实践中也难以操作。新《保险法》第 12 条则详细规定了对保险利益适用时限的要求，即"人身保险的投保人在保险合同订立时，对被保险人应当具有保险利益。财产保险的被保险人在保险事故发生时，对保险标的应当具有保险利益"。

在保险利益应为谁享有的问题上，原法没有区分财产保险合同和人身保险合同，只规定保险利益是对投保人的要求。在人身保险合同中被保险人对自身生命、健康、安全自然具有保险利益，无须法律再刻意规定，而受益人指定和变更需要被保险人同意，被保险人"同意权"法律规定在实践中的运用，实际上达到受益人对被保险人具有保险利益的效果，无须法律明文规定。所以，法律应规定在人身保险合同中，投保人应当具有保险利益。在财产保险合同中，财产保险合同为被保险人的利益存在。发生保险事故后，也只有被保险人有权领取赔款。如果被保险人与投保人不是同一人，投保人只不过是最初订立保险合同缴纳保险费用的人。因此，在财产保险合同中，保险利益是对被保险人的要求。新保险法规定人身保险合同保险利益为投保人享有，财产保险合同保险利益由被保险人享有，更科学、更合理，便于理解和实践操作。

在保险利益时间效力的要求上，保险利益应当在什么时间存在，才能成为制约保险合同效力的因素。是在投保时还是保险事故发生时，或保险利益须一直存在。原法对这一问题没有明确规定。财产保险的目的在于弥补被保险人所遭受的损失，如果投保时被保险人具有保险利益，事故发生时已经丧失了保险利益或保险利益发生了转移，此时的被保险人仍不能要求赔偿损失。因此，一般认为保险事故发生时，被保险人对保险标的须具有保险利益。人身保险合同涉及被保险人人身、生命和健康，并且有时人身保险合同兼具投资和储蓄的功能，如果投保时不要求投保人具有保险利益，有可能引发道德风险。因此，新保险法对此作出了区分和修定，要求人身保险合同在"投保时"具有保险利益，而财产保险合同要求被保险人在"保险事故发生时"具有保险利益。

在缺失保险利益情况下保险合同是否有效，从原《保险法》第 12 条的规定可以看出，无论是人身保险合同还是财产保险合同，都要求投保人具有保险利益，否则保险合同无效。由于没有讲明保险利益应该何时存在，所以实践和理论上认为保险利益是保险合同的效力要件，但对于具体为生效要件还是失效要件抑或既是生效要件又是失效要件，存在较大的争议。"失效要件说"认为保险利益为保险合同的失效要件，并非保险合同的成立要件。保险合同成立时，保险利益即使尚未存在保险合同也生效。"生效要件说"认为保险利益是保险合同的生效要件。"生效兼失效说"主张保险利益既是保险合同的生效要件又是失效要件。

新《保险法》对这一问题作出了明确的规定，第 31 条规定："订立合同时，投保人对被保险人不具有保险利益的，合同无效。"如果人身保险合同中在投保人不具有保险利益的情况下订立了合同，那么投保人、保险人至少有一方肯定是存在故意或重大过失。因此在人身保险合同中，投保人在投保时具有保险利益，是保险合同的生效要件。即投保人对被保险人无保险利益合同不生效，生效之后保险合同不因投保人丧失保险利益而失效。

在新的保险法中，法律只要求保险事故发生时被保险人具有保险利益，也就是说，在保险合同的订立时或者保险合同成立后到保险事故发生前的时间内，被保险人很可能还不具有保险利益。被保险人只要预期将来发生保险事故时其具有保险利益，即可以与保险人订立保险合同。所以保险利益不是财产保险合同的生效要件。被保险人的预期是尚未确定的事件，将来发生保险事故时被保险人有可能不具有保险利益，那么此时保险合同应否因此失效呢。预期的保险利益没有产生不能据此推断出订立合同时被保险人和保险人存在过错，被保险人在保险事故发生时对保险标的不具有保险利益，可能是因为保险标的已经转让，或被保险人未能如期获得保险利益，从而不能获得保险合同保障，而当初订立的保险合同不应因此而无效，但是被保险人却没有遭受损失不具有保险利益，被保险人能否依据有效保险合同得到补偿。新《保险法》第 48 条规定："保险事故发生时，被保险人对保险标的不具有保险利益的，不得向保险人请求赔偿保险金。"此时，合同有效，但被保险人丧失保险金请求权。投保人有权基于自己的利益考虑，就保险合同的存续做出选择，不愿继续保险的，可以通知保险人解除保险合同。

从新保险法的规定看，无论保险合同订立时还是保险事故发生时，财产保险合同不因被保险人不具有保险利益而失效。被保险人是否具有保险利益，既不是财产保险合同的生效要件，也不是财产保险合同的失效要件。

三、保险利益的质疑主体

谁有权利提出保险利益（即谁有起诉的资格）？新保险法对此问题没有作出规定。一些学者、专家认为只有保险人才具有这种资格来质疑被保险人究竟是否具有保险利益。也就是说，除了保险人以外的任何人都无权提起这一类的诉讼。做出这样推断的理由在于：只有合同的一方才能合法地拥有这样一种权利来提起诉讼以保护其本人的合法权益。这一论断既适合于人身保险，也适合于财产保险。但是，如果说只有合同的一方当事人，即保险人才有资格提起有关保险利益的诉讼，其结果可能会使第三人的利益得不到保护。比如说，当保险合同出现了纠纷，保险人本应当以保险利益为由提起诉讼，但出于某种原因（诸如商业利益的因素）结果没有提起诉讼。这样一来，保险利益原则难免就成了一个空架子。但从另一方面讲，将提出保险利益是否存在这一问题的唯一主体定为保险人在很大程度上是一个为司法界所接受的原则，可能是基于以下几点原因：

1. 如果允许保险合同当事人以外的人有权提出这一类的诉讼，就会产生这样一种"鼓励诉讼"的嫌疑，可以想见这样做的后果将使诉讼案件大量增加，而法院会不堪重负。

2. 如果允许合同之外的任何人都可以提起诉讼，那么合同关系的稳定性将不复存在。然而，令人感到两难的是，将除保险人以外的任何人排除在可以提起诉讼请求的当事人以外，并不能完美地解决问题，因为，它可能会违反社会的公序良俗，可能使公众的利益遭受损失。

对于此问题，笔者认为，按我国民法一般的理论，无效的民事法律行为双方当事人及与该行为有利害关系的人都可以主张无效。另外，我国民事诉讼法对起诉资格的规定也表述为"与本案有直接利害关系"，因此笔者主张质疑保险利益的主体应限于直接利害关系人有权质疑，直接利害关系人包括但不限于作为合同当事人的保险人和投保人，而社会一般大众无权质疑，以免使合同效力的稳定性处于不确定的风险中。

行政审批制度改革的四个价值取向[*]

任平安

当前，制定行政程序法已列入全国人大常委会的立法规划，全国人大常委会法制工作委员会已经开始征求意见，进行立法调研。笔者认为，统一的行政程序法典的制定与实施，是中国行政法制现代化的必然要求和必然结果。在这种统一的行政程序法的规范下，各级政府如何进行行政审批（即行政许可）制度的创新成为我们亟待解决的问题。目前的行政审批制度的创新还存在不少问题，最主要的是政府创新大多是应急型、浅层型和减量型的，创新偏向审批项目数量上的压缩。导致行政审批制度诸多问题的原因是多方面的，但最主要的还是来自政府方面的观念制约、利益驱动和体制惯性。在此过程中，首先确定一些基本的价值取向是至关重要的，否则创新就可能异变为没有明确趋赴的盲动。

一、观念创新——审批范围最小化

行政审批作为一种管理行为尽管还有其存在的合理性，因为市场主体追逐利益最大化的努力有时会损及公共利益，为此，政府必须通过审批规约市场主体的此种努力，为公共利益提供屏障。但必须明确的是，行政审批的适用范围必须最小化。凡不符合社会主义市场经济条件下政府职能定位的行政审批事项，不符合政、事、企分开的行政审批事项，妨碍企业的自主经营、妨碍市场的开放、妨碍公开公正竞争的审批事项，都必须坚决裁撤。另外，审批范围也不能由政府单方面主观确定，而必须立基于市场社会的内生要求。市场通过一个试错过程终将逐渐型构出一种妥适的制度安排。

---

* 本文发表于《检察日报》2009 年 10 月 12 日。作者简介：任平安，天津市人民检察院第二分院机关党委副书记。

二、流程创新——审批程序最简化

行政审批往往直接关涉行政相对人的权利与义务，为此必须注重建立环节简省、侧重于保护行政相对人权利的行政审批程序，明确审批机关和责任人员，告知提交审批所必须具备的有关要件以及各个环节的法定逻辑次序和审批时限，建构有关审批的听证制度和申诉复议机制。

三、结构创新——审批过程公开化

"暗箱操作"是现行审批制度的一大弊端，是滋生腐败的适宜条件。因此，铲除腐败的一剂猛药是审批权力运行过程最大限度地公开化，增强审批制度的透明度，尽力压缩审批机关自由裁量的空间，通过全方位、全过程的监控，实现权力运行的规范化。

四、制度创新——行政审批法治化

为了保障行政审批权的规范运用，就必须致力于行政审批的法治化，加强审批法律法规建设，通过严格的高层级的（省级人大和政府及以上）立法程序设置行政审批事项，防止审批事项设置上的随意性。要依法确立审批主体、审批权限、审批程序、审批时限，保证行政审批的公正性和规范化。对除人大通过的审批法律之外的一切有关行政审批的抽象或具体行政行为实行司法审查。通过司法途径解除一切与宪法法律相抵触、与权利自由精神相悖反的非法管制行为，确保作为个人和社会活力之源的权利自主性。另外，还要建立健全行政审批的责任追究制度和全方位监督制度，明确审批部门和审批人员应负的责任，主办部门和直接责任人应对违法审批、以权谋私审批、过失审批及延误时间的审批造成的后果负行政和法律责任。唯有如此，规范化的行政审批才有最终的保证。

律师职业规则有待规范*

任平安

　　律师不仅是一种职业，也是一种行业性很强的紧密群体。律师在职业活动中除了遵守法律和社会公德外，还必须遵守自己特有的职业行为规则。我国关于律师职业行为规则的规定主要集中在全国人大常委会通过的律师法、国务院司法行政机关和中华全国律师协会制定的以及地方有关部门发布的行政规章和规则性文件之中。笔者认为，我国律师职业行为规则具有以下几个特点：

一、立法层次多，具浓厚行政色彩

　　在律师法颁布之前，有关律师职业行为都是由司法行政机关制定并监督实施的，这是由我国律师以行政管理为主的特征决定的。律师法颁布之后，中华全国律师协会根据律师法，在司法部制定的《律师职业道德和职业纪律规则》基础之上，制定了新的《律师职业道德和职业纪律规则》，这在一定程度上反映了我国律师职业行业管理职能的加强，反映了律师管理工作的进步。但由于长期以来律师工作行政管理的惯性，在制定包括监督律师职业行为规则实施方面依然具有浓厚的行政化色彩，存在多头立法、多头管理的问题。如律师同业竞争问题，本应由律师协会规制的，却由司法行政机关制定了《关于反对律师行业不正当竞争行为的若干规定》。又如中华全国律师协会虽然制定了《律师职业道德和职业纪律规则》，却没有规定对违反该法的处罚权，而有关违反律师职业行为规则的处罚权却由司法行政机关行使等。这些都反映了我国律师业由行政管理向行业管理过渡阶段的特征和缺陷。

二、内容抽象，现实中难操作

　　虽然律师法对律师职业行为规则的规定比《律师暂行条例》和《律师十

---

　　* 本文发表于《检察日报》2010 年 7 月 19 日。作者简介：任平安，天津市人民检察院第二分院机关党委副书记。

要十不准》具体些，但条文仍显笼统，内在逻辑层次不甚明晰。1996 年全国律协制定的《律师职业道德和职业纪律规则》比前述内容有较大的进步，对律师职业行为既有原则性规定，如关于律师职业道德的规定，又有具体的规则性要求。

三、体系混乱，随意性大，缺乏整体规划

由于在律师管理上所谓两结合的管理模式的弊病，在有关律师管理的分工上难免有重叠部分，容易各行其道，各行其是。1993 年 12 月 27 日司法部以司法部令的形式发布《律师职业道德和职业纪律规则》，1996 年 10 月 6 日中华全国律师协会也制定了《律师职业道德和职业纪律规则》，二者不仅标题相同，而且体系、结构和内容也非常相近。此外，现行的中华全国律师协会的《律师职业道德和职业纪律规则》缺乏对律师执业过程中规律性行为规则的充分揭示，有许多重要的内容没有规定进去，如关于律师广告、律师收费规则等。此外，律师职业行为规则没有与律师职业行为的惩戒规则统一于一体，由于律师职业行为规则的制定权和监督实施权分立，严重影响了律师职业行为规则的实施。虽然美国《律师职业行为标准示范规则》也没有律师职业惩罚性规则，只是一个示范规则，对各州律师协会具有强制效力，但是各州律师协会对律师的违法职业行为都有处罚权。而我国，不仅地方律师协会没有对律师的处罚权，就是中华全国律师协会也没有对律师的处罚权。根据律师法，对律师违反职业行为规则惩戒的权力全部由司法行政部门行使。因此，律师协会制定的行为规则充其量也只能是示范性规则，没有相应的约束效力。

司法规律视野下的
刑事诉讼翻译制度之检视与重构[*]

——以检察工作为出发点

施长征

当前,针对司法规律、检察权配置等问题的研讨,可以大致分为三个层次,即宏观的基础理论研究,中观的原理、制度剖析,以及微观的程序、操作建构。综观现在的主要研究成果,集中在宏观和中观层次,尤其是第一个层面的研究成果较多,可谓是汗牛充栋、多如牛毛,而关于中观和微观层次的研究,尤其是第三个层次方面的具体研究,则可谓是凤毛麟角、寥若晨星。这种局面的形成,可以归因于中国人特有的东方思维方式,也符合中国法学历来的研究传统,也可以在研究者所归属的学术阵营的分派中找到些许答案,尤其是当谈到"司法是什么"、"检察权是什么"、"法律监督权的内涵是什么"等宏大问题时,由于问题的答案将直接决定国家权力在不同机关之间的初次配置情况,所以各派的研究者争相在理论高地上插上写着不同姓氏的旗帜。被宏大的话语牵着鼻子走,却忽略了中观的制度建构问题以及微观的程序操作,而后者是构筑中国法治大厦的基石,是承载司法规律基因的细胞,更是确保权力配置合理性和正当性的最基本的保障。笔者力图从问题出发,从检察实践出发,以刑事诉讼翻译制度这一具体问题切入,使司法规律及检察权配置的研究深入到中观和微观层次。

一、检视:违背司法规律的刑事诉讼翻译制度之"乱象"

刑事诉讼翻译是刑事诉讼中重要的工作之一,也是较难的工作之一,更是容易动摇证据客观性和真实性的环节之一,美国法学家瓦尔特·L.莫尔曾说

---

* 本文发表于《检察日报》2010 年 1 月 5 日。作者简介:施长征,天津市人民检察院第二分院公诉处干部。

过："所有的翻译都是一种解释，某种程度上这是事实",① 翻译人员在翻译过程中做且必须做一些"创造性的工作"，所以翻译环节是最需要程序控制、严格监督的，但在我国刑事诉讼中，刑事诉讼翻译的实践出现了不少问题。②

（一）刑事诉讼翻译制度的立法存在空白

当谈到法律问题时，老生常谈的首要原因就是立法空白或法律有漏洞，很多人对此种论调早已心生厌烦。其实立法空白是否成为问题或导致问题发生的原因，要针对不同情况来说。法律规则从功能上来说可以区分为调整性规则和构成性规则，调整性规则是调整行为的，这些规则所调整的行为在逻辑上独立于行为，如限制车速的规则，而构成性规则的情况恰好相反，它们所调整的行为在逻辑上是依赖于行为的，如各种比赛规则。③ 实体法中的规则大部分可以归类于调整性规则，当实体法领域出现本属法律管辖而法律却没有相应规则的问题时，人们归咎于立法空白是有道理的，而程序法的规则几乎完全属于构成性规则，当事人正是依赖于这些程序法而进行行为。如果人们必须进行某些类似程序法的行为，但程序法却一片空白，这本身就是一个很大的问题，由此产生的弊端种种也是必然之事。

我国关于刑事诉讼翻译制度——严格来说并没有形成制度——的规定非常少，《刑事诉讼法》第 9 条、第 94 条分别规定了诉讼参与人和聋、哑人的翻译制度；第 28 条至第 31 条规定了翻译人员的回避制度；第 82 条规定"诉讼参与人"包括翻译人员等，而仅有的这几条关于翻译制度的规定，大部分都是附随在其他制度当中的，对于翻译制度本身并没有专门的规定。

司法重要的特征之一就是程序性,④ 而司法的程序性并不仅仅体现在按部就班的操作，这些按部就班的操作是依据规则来进行的，没有这些程序性规则，就无法构成司法行为，司法规律的运行也就没有相应的载体。无"法"

---

① 转引自 ［奥］欧根·埃利希：《法社会原理》，舒国滢译，中国大百科全书出版社 2009 年版，第 577 页。瓦尔特·L. 莫尔曾将德文版的《法社会学原理》翻译成英文，引言出自莫尔为英文版所作序言。舒国滢教授在将该书从德文版翻译成中文版过程中，对照了莫尔的英文版，发现了其中数十处误译，有些误译完全违背原意。

② 王言祥、许秀兰：《刑事诉讼翻译制度有待细化》，载《检察日报》2009 年 9 月 15 日。

③ See J. R. Searle, Speech Acts (Cambridge University Press, 1969), 转引自 ［英］A. J. M. 米尔恩：《人的权利与人的多样性——人权哲学》，中国大百科全书出版社 1995 年版，第 16 页。

④ 张文显主编：《法理学》，高等教育出版社、北京大学出版社 2007 年版，第 252 页。

可"司"的刑事诉讼翻译制度，就如脱缰的野马，完全在司法规律外运行。

（二）聘请翻译人员程序随意性大

在刑事诉讼中的侦查、审查起诉等阶段，如果证人、犯罪嫌疑人为外国人、聋哑人或其他需要配备翻译的人员，在询问或讯问时必须为其聘请翻译人员，而在法律、司法解释中对聘请程序几乎没有任何规定。在实践中，聘请翻译人员程序体现了极大的随意性，有的案件由主管副检察长批准，有的是办案处室的领导（处长或副处长）批准，有的案件甚至直接由办案人决定。由于聘请程序过于随意，使翻译人员的回避制度无法得到贯彻落实，而办案人员和翻译人员之间的行为以及翻译人员和需要翻译人员之间的行为也无法得到有效制约和监督。

（三）翻译人员的专业水平良莠不齐

"现在司法体系的运作离不开由法官、检察官、律师组成的法律家群体，而司法体系运作良好与否，司法产品的质量高下，进而司法机关是否能够完成它们所承担的实现社会正义的神圣使命，都与法律家群体的素质密切关联。"①这是司法规律对司法人员的专业性要求，执掌司法神杖的人必须有相当的专业知识，"没有金刚钻不揽瓷器活儿"。

刑事诉讼中的翻译是司法活动的重要环节之一，翻译人员在司法活动中有准司法人员的地位，翻译人员的专业水平直接决定了言词证据的客观性和真实性，翻译工作要求翻译人员对所使用的翻译媒介和法律都要达到精通的程度。在实践中，翻译人员的来源相当庞杂，有的来自翻译公司，有的来自外语学院，有的甚至是外语学院的研究生，更有甚者是从社会上聘请的"翻译小时工"。翻译人员的来源如此庞杂，水平如此参差不齐，很难想象这样的乱象是出现在刑事诉讼这样庄重的法律程序之中。笔者曾在旁观一次庭审中见到了这样的现象，被告是一个涉嫌贩毒的外国人，其母语为英语，但有严重的地方口音，当庭讯问时由于翻译人员多次误译、错译，公诉人不得已多次打断翻译予以纠正，最后审判长每次在翻译完之后都要询问公诉人翻译的是否正确。这样荒谬的故事居然是发生在审判阶段，那么如果在侦查、审查起诉阶段，难辨真伪的翻译记录可能成为呈堂之证，可能导致错案的发生。

（四）翻译过程操作程序混乱

在一般的询问、讯问过程中，都要求有两名检察人员在场，并且由被询问人或被讯问人签字确认，这样是为了保证笔录的真实性与客观性。在被讯问和询问对象为外籍人士时，由于增加了翻译过程，程序设计上应该更加严格。在

---

① 贺卫方：《司法的理念与制度》，中国政法大学出版社1998年版，第218页。

实践中，参与询问或讯问的一般都只有一名翻译人员，由于法律没有相应规定，多聘请一名翻译人员会徒增司法成本。在翻译过程中，翻译人员在检察人员和被讯（询）对象之间充当语言中介角色，被讯（询）对象所听到的问题和检察人员所记录的被讯（询）对象的笔录其实都出自翻译之口，那么在这个过程中，如果翻译人员出现了漏译、错译、误译等情况，根本就没有人发现，但依托合法的程序外衣，错误的翻译结果却可能成为有效证据。虽然，在翻译过程中检察人员是在场的，但由于语言障碍，翻译人员不自觉地成为主导者，而本应该担当法律监督者的检察人员却成为翻译人员的"记录机"。

（五）对翻译人员缺乏有效制约

司法必须是一种责任司法，任何执掌司法权杖的人，如果任意司法"不按常理出牌"，都会产生对其不利的法律后果，拥有再大权力的司法者都只能"跳带着镣铐的舞蹈"。而翻译人员参与刑事诉讼的准司法者的翻译行为，却没有相应的责任制约。如果因重大失误或故意错译导致刑事错案，应该追究翻译人员什么样的责任，法律没有规定，各级检察机关甚至没有对翻译人员的权利义务提示告知制度。有些翻译的文本没有翻译的签字，只盖有翻译公司的章，责任主体都无法明确，更不要谈追究翻译者的责任了。

二、重构：司法规律视野下的翻译制度重构之"愿景"

司法规律是司法活动的客观规律，是司法活动必须遵循的规律，对司法规律认识至今没有形成完全统一的共识，但有些东西是司法规律的最低限度。用司法规律的视野去看待事物，其实就是用客观的、科学的眼光去看待事物，按照司法规律办事就是使各项制度更加完善，使完善的制度更有利于提高司法效率、限制权力滥用、保障被告人权利。"明智的人对病下药，而不是对病名下药；改革针对的是弊端的长久起因，而不是起作用的临时机关及赖以出现的一种模式"，① 上述已经从司法规律角度剖析了我国刑事诉讼翻译制度存在的主要问题，由于程序规则属于构成性规则，所以说规则的付之阙如是重构翻译制度的根本。

（一）制定完善的刑事诉讼翻译制度规则

翻译是一种极其复杂的工作，就语言翻译而言，"翻译是两个语言社会之间的交际过程和交际工具"，② 而刑事诉讼的翻译不但是语言转换媒介，而且

---

① ［英］埃德蒙·伯克：《法国大革命反思录》，转引自［英］雷·威廉：《文化与社会》，吴松江、张文定译，北京大学出版社 1991 年版，第 34 页。

② 孙致礼：《新编英汉翻译教程》，上海外语教育出版社 2003 年版，第 4 页。

是由普通语言转变为证据的关键环节，对于这样的过程必须有严谨的、科学的构成性规则作为制度运行的基础。以往人们把翻译当成一种工具，但进行翻译工作的不是机器而是翻译人员，翻译人员的工作直接关系到证据的客观性与真实性，也将决定司法工作质量的好坏。职是之故，构建符合刑事诉讼翻译制度的根本前提就是建构科学完善的翻译制度规则，使翻译工作可控、可查，降低翻译随意性，明确翻译人员的法律责任。

（二）建立专业的翻译人才库

刑事诉讼翻译不同于一般的翻译，翻译人员应当是通晓法律并精通语言（含手语等其他翻译工具）的"两面手"。省一级或有条件的地市级检察机关应当建立自己的翻译人才库，翻译人员应当从社会中的翻译人才层层遴选，可以参照既有语言或其他能力等级作为依据，① 必须通过检察机关组织的笔试、面试，各省乃至全国逐步建立刑事诉讼翻译资格准入制度，即只有取得了刑事诉讼翻译资格证的人员才能参与刑事诉讼翻译工作，而该资格证可全国通用。

（三）完善翻译人员聘请程序

在刑事诉讼过程中，需要聘请翻译人员的，应当经过办案人、处领导、主管副检察长的层报审批制度，在决定聘请翻译人员之后，从人才库中运用电脑随机选择翻译人员。在聘请翻译人员时，应向其告知相应的权利和义务，尤其要告知其错译的法律责任，并让其在告知书上签字。

（四）科学设置翻译工作程序

在刑事诉讼过程中，必须聘请两名以上的翻译人员，对于重大疑难案件必须另行聘请一名资深翻译专家参加，有翻译参与的笔录记录方式有别于一般的笔录，应当把翻译的内容也一并记录，对于两种语言之间翻译的记录可以采用两种方式：一是每种语言单独记录法，二是双语并行记录法。翻译全过程必须采用同步录音录像，尤其是对于手语翻译过程必须采用远近景结合进行录像。这样可以保留完整的翻译过程，全面记录翻译结果，事后可以通过多种方式验证翻译结果的客观性和真实性。

（五）当事者参与遴选翻译人员机制

在司法过程，要保障当事者的合法权益，尤其是犯罪嫌疑人和被告人参与程序的权利。"在公正的程序之中，当事人的主张或异议都可以得到充分表达，

---

① 如英语翻译方面的"律思"考试，TOLES，全称"Test of Legal English Skills"，它是世界上第一个国际法律英语水平考试，是由世界知名的英语培训专家和法律领域资深的专家共同合作开发的，其目的是满足律师事务所、公司、法律机构、律师和法律系学生测评个人法律英语水平的需要。

互相竞争的各种层次上的价值或利益都可以得到综合考虑和权衡，其结果，不满被过程吸收了，相比较而言一种最完善的解释和判断最终采纳。"[①] 翻译人员能力的高低、翻译工作质量的好坏，将直接决定证据的内容，而这些内容将直接影响到当事者的切身利益，必须设置相应的程序，允许当事者对翻译人员的选定提出异议。

　　需要翻译的对象有权利对检察机关选定的翻译人员提出更换要求，尤其是当事者自身有能力鉴别翻译人员能力的，如果对翻译人员的翻译能力提出合理质疑，检察机关应当予以更换。

---

　　① 季卫东：《法律程序的意义——对中国法制建设的另一种思考》，中国法制出版社2004 年版，第 91 页。

肇事者逃逸，出租车司机
将伤者弃至医院死亡如何定性[*]

郝晓敏

一、典型案例

某日凌晨，张某驾驶汽车不慎将骑车人李某撞成重伤，后张某拦下王某驾驶的出租车送李某去医院。途中，张某对王某谎称要去旁边的自动取款机取钱，然后下车逃逸。王某发现张某逃逸后，考虑到李某伤势严重，且害怕被误认为是肇事者，遂开车将李某放置在医院门口后离开。1 小时后，李某被他人发现送医院抢救，后李某因流血过多抢救无效死亡。

二、案例分析

对王某行为性质的认定存在以下不同意见。第一种意见认为，王某的行为构成过失致人死亡罪。第二种意见认为，王某的行为不构成犯罪。笔者同意第二种意见，理由如下：

（一）行为缺乏构成犯罪的主客观两方面的要件

从客观要件来看，不能只因结果的出现就要追究行为人的刑事责任。结合案情，王某的行为并不必然导致李某死亡结果的发生，导致李某死亡的真正原因是张某肇事后中途下车逃逸以及没有得到及时救治。从主观要件来分析，王某并不具备过失致人死亡罪的主观要件。首先李某重伤不是王某造成的，其次王某对李某的死亡显然不可预见，因为他是将被害人放置在医院的门口。从常识、常理、常情来看，把一名伤者放在医院门口，医院作为一个 24 小时的特殊服务场所，应当是病人、家属、医护人员经常出入并且人流不断的地方。

---

* 本文发表于《检察日报》2011 年 12 月 11 日。作者简介：郝晓敏，天津市人民检察院第二分院公诉处干部。

（二）没有避免死亡结果发生的义务

法律上的注意义务只是赋予特定人的。本案中，张某因为撞到了李某，所以其负有把李某送到医院接受救治的义务。而王某只是因为张某租用其车，才搭载张某和李某的。依据合同法相关规定，王某负有将病人及时送往医院的义务。但他并没有像张某那样负有避免伤者死亡结果发生的义务。要求王某履行的义务等同于张某的义务是不合理的。进一步让伤者就医并及时得到救治的义务，并非王某法律上的义务。法律只是最低限度的道德，对王某不能期许他履行这种超法规的道德义务。

（三）"风险升高理论"认为王某不应承担刑事责任

"风险升高理论"来自德日刑法学的客观归责理论，本案可以使用该理论作有利于被告人的辩护。王某的行为自始至终都没有提升法益侵害性。王某发现张某逃逸后，考虑到李某伤势严重，但害怕被误认为是肇事者，遂开车将李某放置在医院门口后离开。这不但没有升高反而是在降低法益侵害性（李某的生命身体法益）。如果王某不是这样做，而是开车将李某带到很难被别人发现救助的地方，则是在升高法益风险。对于王某将被害人送到医院门口的这个积极行为，应持肯定的态度。但他并没有避免李某死亡结果发生的义务，其已经尽到了自己的注意义务，因而对于李某死亡结果的发生是无须负刑事责任的。

案前财产保全：破解刑事
附带民事诉讼执行难[*]

施长征

　　刑事附带民事诉讼案件的执行难一直是困扰司法实务界的重点、难点问题，被害人因判决得不到执行而无法得到赔偿，不得不在经历了犯罪行为的伤害之后又经历着另外一种伤害。刑事附带民事诉讼案件不能执行，一部分是因为被告人确实没有财产而无力执行，还有相当数量的案件是因为被告人及其家属在刑事案件审判之前已经将被告人的财产进行了转移、隐匿或变更处理。在后一类案件中，有些地方利用被害人救助基金对被害人进行救助其实是用国家财政为被告人的犯罪行为"埋单"。英国著名法学家边沁早就认识到补偿被害人权益的重要性及这种补偿缺失的害处，他认为："如果对犯罪只适用惩罚，而不采用补偿措施，那么，尽管许多犯罪受到惩罚，但很多证据证明，惩罚的效力甚微，并且，必然给社会增加大量的令人吃惊的负担。"① 在刑事附带民事案件中建立完善的财产保全制度，尤其是案前财产保全制度很有必要。

一、倒置的赔偿阶梯

　　贝卡利亚认为，刑罚与犯罪应当相对称，"如果说，对于无穷无尽、暗淡模糊的人类行为组合可以应用几何学的话，那么也很需要有一个相应的、由最强到最弱的刑罚阶梯……对于明智的立法者来说，只要标出这一尺度的基本点，不打乱其次序，不使最高一级的犯罪受到最低一级的刑罚，就足够了"②，其实，对被害人权益造成的权益损失也存在赔偿阶梯，不使高一级的"不轨

---

　　* 本文发表于《检察日报》2011年1月3日。作者简介：施长征，天津市人民检察院第二分院公诉处干部。

　　① ［英］边沁：《立法理论——刑法典原理》，李贵方等译，中国人民公安大学出版社1993年版，第37页。

　　② ［意］贝卡利亚：《论犯罪与刑罚》，中国大百科全书出版社1993年版，第66页。

行为"①（含侵权行为和犯罪行为）受到低一级的赔偿或没有赔偿。当前，我国在保护被害人利益方面，法律制度对待犯罪行为和侵权行为存在明显的悖论，即较轻的侵权行为反而可以得到更严重的救济措施，而较重的犯罪行为却采用了较轻缓的保护措施，即中国的赔偿阶梯是倒置的。举例来说，甲因交通肇事行为（不构成犯罪）而导致丙残疾，需要赔偿 20 万元，在甲乙沟通协商赔偿事宜期间，乙发现甲有明显的转移财产的行为，乙依法向法院提出了诉前财产保全，最后判决得到了顺利执行。第二种情况，甲因构成交通肇事罪或故意伤害罪（如驾驶汽车直接将乙撞伤）而致乙残疾，同样需要赔偿 20 万元，且在案发后甲立即被刑事拘留且批准逮捕，在侦查阶段及审查起诉阶段，乙即使发现甲有转移财产的行为，也无法提出财产保全，最后等到判决生效后，甲的名下几乎没有可以执行的财产。也就是说，这个本末倒置的制度悖论应当通过修正立法而予以消除。

二、历史生成的"制度悖论"

有的人可能会质疑，这么明显的悖论难道立法者浑然不觉吗？其实，由于当初的立法背景和立法宗旨有所不同，这个悖论并没有产生或凸显出来，而且这种现象在立法上颇为常见，既有的法律体系不可能已经巨细靡遗地规范完毕了世上过去和未来一切的事态。② 我国刑事诉讼法立法之初，更加偏重于国家对犯罪的追诉即被告人的刑事责任，被害人的利益保护问题并没有成为关注重心，而因犯罪行为产生的民事责任问题以刑事附带民事诉讼的形式解决，主要是考虑到节省司法成本、提高司法效率，当时执行的问题并没有浮出水面。时过境迁，现在被害人权益保护问题和判决执行问题成为中国社会的主要问题，刑事附带民事诉讼的原告因为拿不到赔偿而求诸上访等法律之外的救济途径，司法公信力一再受到来自政治系统和社会系统的双重考问，这时制度悖论就成为亟待解决的问题，可以说，赔偿阶梯是在不知不觉中倒置过来的。

三、问题症结所在

现在，刑事附带民事案件面临的主要问题就是，赔偿权利人能够提起财产保全的时间太晚，使犯罪嫌疑人（被告人）及其家属有十分充裕的时间转移、隐匿财产。依据法律规定，刑事附带民事诉讼只有在刑事立案以后，人民法院

①　不轨行为指受社会控制的行为，参见［美］布莱克：《法律的运作行为》，唐越、苏力译，中国政法大学出版社 1994 年版，第 10 页。

②　参见林立：《法学方法论与德沃金》，中国政法大学出版社 2002 年版，第 3 页。

认为有必要的可以查封、扣押被告人的财产，而在侦查、审查起诉阶段，只能向公安机关或者检察院提出赔偿要求，公安机关、检察机关也只是记录在案，并没有采取强制措施的权力，一般刑事案件，经过侦查、审查起诉，最少也要3个月，这个时间对于转移、隐匿财产来说足够了。而且，由于在刑事立案之前，赔偿权利人只能提出要求而不能采取财产保全措施，这种规定却可能得到适得其反的效果，被告人可以提前知道赔偿权利人的请求而在法院立案前对财产做出处理。在实践中，有不少辩护律师认为即使被告人赔偿被害人损失对于被告人的量刑也没有太大影响的，就建议犯罪嫌疑人及其家属尽快转移财产，这种广泛存在的专业意见，使案前转移财产的情形更加普遍。

四、案前财产保全的制度设计

制度上存在悖论，规定上存在漏洞，社会现实迫切需要，制度更新有明确参照，所以，在刑事附带民事诉讼案件中确立完善的财产保全制度是完全有必要且可行的。在制度的具体构建上，可以实行"平行处理，细节有别"的原则，即总体上参照民事案件诉前财产保全的规定进行制度设计，但在具体规定上要与刑事诉讼程序相适应。为了区别民事案件的诉前财产保全制度，刑事附带民事诉讼案件的诉前财产保全称为案前财产保全。提出案前财产保全需注意以下几点：

1. 申请案前财产保全的主体与刑事附带民事案件的原告相同。

2. 有采取案前保全措施的必要性和紧迫性且申请人应当提出证据加以证明。客观上存在需要立即采取保全措施的紧急情况，如被申请人即将或正在转移、隐匿、出卖或者毁损有关财产，[①] 申请人应当提出相关证据对上述情况进行证明，但是证明标准不宜要求过高。

3. 申请案前财产保全的，必须提供担保，如果提出财产保全有错误给被告人造成损失的，应当相应赔偿。这一点与普通民事案件诉前财产保全保持一致，犯罪嫌疑人的权利得到了必要保护。有的人认为，被害人已经因为犯罪行为受到的伤害而承受了医疗费等财产负担，再提供担保有相当的困难，能不能不提供担保？应该说这样做是不可以的，正义的基本理念是同样情况同样对待，无论是刑事附带民事案件还是民事案件，当事人在遭受财产损失和对财产救济的需求方面是一致的，而诉前财产保全采取的担保是必要条件，所以案前财产保全也应当将财产保全设计为必要条件。对于当事人自己确实无法提供担保的，可以从完善被害人救助制度考量，毕竟替被害人提供担保比现在的替被

---

① 参见江伟主编：《民事诉讼法学》，复旦大学出版社2002年版，第229页。

告人"埋单"的状况要更好。

4. 案前财产保全的提出时间和受理机关。在检察机关批准逮捕以后，适格主体在符合法律规定的情况下即可提起案前财产保全，为了保障案前财产保全工作的效率，在侦查阶段，由侦查机关受理，在审查起诉阶段，由检察机关受理。

后　　记

　　在实践中学习，在学习中实践，不断提高自身修养和工作能力，是我党的一贯作风。胡锦涛同志在十八大报告中讲到全面提高党的建设科学化水平时指出："全面加强党的思想建设、组织建设、作风建设、反腐倡廉建设，增强自我净化、自我完善、自我革新、自我提高能力，建设学习型、服务型、创新型的马克思主义执政党，确保党始终成为中国特色社会主义事业的坚强领导核心。"再次强调了广大党员干部加强理论学习，改进思想作风的必要性和紧迫性。

　　中国特色社会主义检察制度是中国特色社会主义政治制度、司法制度的重要组成部分，是在不断探索和积累我国法治建设经验的基础上建立和发展起来的，因此，检察工作的科学发展与对检察实践积累和检察理论研究密不可分。作为承担承上启下艰巨任务的检察分院，既是各项检察实践工作的重要舞台，又是检察理论反思探索的前沿阵地。近几年来，按照最高人民检察院及天津市人民检察院关于加强和改进检察理论调研工作的各项工作部署要求，天津市人民检察院第二分院党组立足检察工作实际，围绕"强化法律监督，维护公平正义"的检察工作主题，坚持"以理论调研提升检察实践，以检察实践丰富理论调研"的工作思路，把检察理论研究与检察实务活动当成检察工作的两个相辅相成、互相促进的轮子。党组成员以身作则，全体干部精心投入，对承担的各项检察工作进行了认真的总结和提炼，形成了一大批具有较高理论价值和实践指导意义的论文。不仅提升了广大干警的理论思维水平，也使我院的检察实践工作发生了质的飞跃。

　　这本论文集，展示了近几年二分院广大干部撰写并转化的60余篇论文。这些论文有四个特点，一是成果转化形式层次较高。文章有的在相关的重要期刊、报纸刊载，有的被天津市各级领导批阅，有的在各种论坛和论文评选活动中获奖。二是文章内容全面。文章涉及检察工作的方方面面，刑事检察、职务犯罪侦查、各项诉讼法律监督、综合业务工作应有尽有。从检察活动到检察管理，从静态规定到动态运行，有宏观的法治理念思考、检察理论研究，有微观的检察业务的实证调研，有干警思维火花的拾翠。三是文章的时效性和针对性较强。每篇文章都以宪法和法律为准绳，紧贴司法工作中遇到的问题，正视社会管理过程中的焦点，进行理性而辩证的思维，反映着二分院在这几年时空隧道内的工作理念、业务状况、难点透析，体现着检察理论与实践的有机结合，为检察理论和实践的丰富发展作出了应有贡献。四是文章写作主体多样。有的文章是集体智慧的结晶，有的文章是几名干警优势互补的集成，更多的是广大干警个人对各项检察工作的沉思展示，有党组成员的战略思维，也有普通干警的战术探讨。这些论文只是近几年二分院广大干部理论调研成果的一部分，但"窥一豹，而知全身"，从这一个侧面，我们体会到的是二分院的一种精神，一种干事创业，求真务实，积极向上的精神。

作为宪法定位的法律监督机关，如何在社会主义法治建设工作中，不负法律监督的历史使命，确保国家法律的正确统一实施，绝不是上几年学，读几本书，办几个案子就能胜任的。这就像医生诊病，若想成为一个妙手回春的名医，需经历一个理论与实践长期积累、反复思忖、不断提高的过程。明朝思想家王廷相曾说"行得一事，即知一事，所谓真知也"，检察工作也是如此。仅仅拘泥于法条，或仅仅受限于办案的经验，都是片面的，必须善于把理论与实践相结合，用理论指导实践，以实践丰富理论，在学中干，在干中思，在思中提高，实现由理论抽象到理论具体的飞跃。检察理论调研则是一个必不可少的理性思维阶段，只有养成这种善于总结，善于积累，办一件案子，证一项观念，办一类案子，证一个法律，才能循序渐进，逐渐成为法律监督战线的行家里手。论文集展示了一个事实：二分院的广大干警正在向这个目标迈进着。

十八大闭幕不久，新一届政治局会议首先审议通过了关于改进工作作风，密切联系群众的八项规定。在这八项规定中，加强和改进调查研究工作列为第一项，由此可见，调研工作在党的思想作风建设中的地位和作用。十八大政治报告提出要建设"经济发达、政治民主、文化丰富、社会和谐、生态文明"五位一体的中国特色社会主义国家，每一个环节的顺利发展，都离不开社会主义法治制度保障。身为司法一线的检察干警，更应该按照党中央的要求，不断加强理论学习，强化自身素质，在检察理论与实践的舞台上呈现更加绚丽的风采。

张铁英

2013 年 4 月 5 日

图书在版编目（CIP）数据

检察理念与实务研究集萃/张铁英主编.—北京：中国检察出版社，
2013.8
ISBN 978 - 7 - 5102 - 0924 - 6

Ⅰ.①检⋯ Ⅱ.①张⋯ Ⅲ.①检察机关 – 工作 – 中国 – 文集
Ⅳ.①D926.3 - 53

中国版本图书馆 CIP 数据核字（2013）第 126712 号

检察理念与实务研究集萃

张铁英　主编

出版发行：中国检察出版社
社　　址：北京市石景山区香山南路 111 号 （100144）
网　　址：中国检察出版社 （www.zgjccbs.com）
电　　话：(010)68650028(编辑)　68650015(发行)　68636518(门市)
经　　销：新华书店
印　　刷：三河市西华印务有限公司
开　　本：720 mm×960 mm　16 开
印　　张：28 印张
字　　数：510 千字
版　　次：2013 年 8 月第一版　　2013 年 8 月第一次印刷
书　　号：ISBN 978 - 7 - 5102 - 0924 - 6
定　　价：64.00 元